权威·前沿·原创

皮书系列为
"十二五""十三五""十四五"时期国家重点出版物出版专项规划项目

GREEN BOOK

智 库 成 果 出 版 与 传 播 平 台

中国社会科学院创新工程学术出版资助项目

旅游绿皮书
GREEN BOOK OF CHINA'S TOURISM

2023~2024年中国旅游发展分析与预测

TOURISM DEVELOPMENT IN CHINA:
ANALYSIS AND FORECAST (2023-2024)

组织编写 / 中国社会科学院旅游研究中心

顾　问 / 何德旭　陈国平　夏杰长　张广瑞　刘德谦
主　编 / 宋　瑞
副主编 / 金　准　李为人　吴金梅

社会科学文献出版社
SOCIAL SCIENCES ACADEMIC PRESS (CHINA)

图书在版编目(CIP)数据

2023-2024年中国旅游发展分析与预测 / 宋瑞主编；金准，李为人，吴金梅副主编.--北京：社会科学文献出版社，2024.1

（旅游绿皮书）

ISBN 978-7-5228-3146-6

Ⅰ.①2… Ⅱ.①宋… ②金… ③李… ④吴… Ⅲ.①旅游业发展-研究报告-中国-2023-2024 Ⅳ.①F592.3

中国国家版本馆CIP数据核字（2024）第014173号

旅游绿皮书

2023~2024年中国旅游发展分析与预测

顾　　问 /	何德旭　陈国平　夏杰长　张广瑞　刘德谦
主　　编 /	宋　瑞
副 主 编 /	金　准　李为人　吴金梅
出 版 人 /	冀祥德
组稿编辑 /	邓泳红
责任编辑 /	陈　颖　郭聪燕
责任印制 /	王京美
出　　版 /	社会科学文献出版社·皮书出版分社（010）59367127 地址：北京市北三环中路甲29号院华龙大厦　邮编：100029 网址：www.ssap.com.cn
发　　行 /	社会科学文献出版社（010）59367028
印　　装 /	三河市东方印刷有限公司
规　　格 /	开　本：787mm×1092mm　1/16 印　张：27　字　数：406千字
版　　次 /	2024年1月第1版　2024年1月第1次印刷
书　　号 /	ISBN 978-7-5228-3146-6
定　　价 /	168.00元

读者服务电话：4008918866

版权所有 翻印必究

中国社会科学院旅游研究中心
"旅游绿皮书"编委会

顾　问　何德旭　陈国平　夏杰长　张广瑞　刘德谦
主　编　宋　瑞
副主编　金　准　李为人　吴金梅
编　委　(以姓氏音序排列)
　　　　冯　珺　金　准　李明德　李为人　厉新建
　　　　刘德谦　刘彦平　秦　宇　宋　瑞　宋子千
　　　　孙鹏义　魏　翔　魏小安　吴金梅　夏杰长
　　　　曾博伟　张广瑞　赵　鑫

本书编撰人员名单

总报告1

    撰稿人 中国社会科学院旅游研究中心

    执笔人 宋　瑞　冯　珺

总报告2

    撰稿人 中国社会科学院旅游研究中心

    执笔人 宋　瑞　金　准　周功梅　胥英伟

专题报告撰稿人（以专题报告出现先后为序）

曾博伟	牛冠丽	付　磊	邹统钎	王一丁
张丽荣	仇　瑞	王薪宇	王　莹	黄家扬
张金山	詹雪芳	石美玉	程遂营	薛岩欣
张诗涵	李　静	章雪婷	沈　涵	宋洋洋
高舜礼	金　准	夏亚龙	宋昌耀	李亚雪
王晓乐	厉新建	吴金梅	蒋依依	王石峰
吴文智	陈　星	郭　娜	刘祥艳	杨劲松
赵梓希	郭晓璐	李咪咪	唐继宗	陈伍香
张进福	秦佳君	傅君伟	朱亚慧	

编辑部

    杨晓琰　赵　洁　夏亚龙　孙鹏义

主编简介

宋 瑞 中国社会科学院旅游研究中心主任,中国社会科学院财经战略研究院研究员,中国社会科学院大学教授、博士生导师,文化和旅游部"十四五"规划专家委员会委员,国家社科基金重大项目首席专家,文化和旅游部研究基地首席专家,世界旅游城市联合会专家委员会特聘专家,《旅游学刊》《旅游管理》等期刊编委,长期担任"旅游绿皮书""休闲绿皮书"主编,从事旅游产业、可持续发展和休闲研究。主持国家社科基金课题3项、国家社科基金重大项目子课题2项以及中央宣传部、国家发改委、中国社会科学院、文化和旅游部、世界旅游城市联合会等机构委托课题20余项,先后在瑞典哥德堡大学、美国宾夕法尼亚州立大学做访问学者,在《财贸经济》《旅游学刊》及 *Journal of Sustainable Tourism* 等发表大量学术文章,出版专著译著近20本。

金 准 中国社会科学院旅游研究中心秘书长,中国社会科学院财经战略研究院副研究员、管理学博士、中国社会科学院大学硕士生导师、世界旅游城市联合会专家委员会特聘专家,主要研究领域为旅游产业政策、国际旅游比较、休闲产业等。在《人民日报》(理论版)、《经济管理》、《旅游学刊》等发表大量学术文章,主持国家社科基金课题及中国社会科学院、文化和旅游部、世界旅游城市联合会等委托课题几十项,为《财贸经济》《经济管理》等刊物的匿名审稿人,出版《世界旅游产业新格局与中国旅游强国之路》《"一带一路"与黄河旅游》等多部专著。

李为人 中国社会科学院旅游研究中心副秘书长，中国社会科学院大学应用经济学院副院长、税收政策与治理研究中心主任、"双碳"研究中心副主任、管理学博士、副教授，硕士研究生导师，中国国际税收研究会理事、北京大数据协会财税大数据专业委员会副会长兼秘书长。主要研究领域为旅游经济与管理、区域税收政策、数字经济税收及治理等。编著《税收学》《中国区域税收发展报告》《大数据背景下智慧税务建设研究》等；在《税务研究》《国际税收》等期刊发表学术论文多篇；主持"促进中国文化产业发展的税收政策研究""智慧税务建设研究"等省部级课题多项。

吴金梅 中国社会科学院旅游研究中心副主任，北京首都旅游集团党委常委、副总经理，兼任中国全聚德集团董事长、中国康辉旅游集团董事长，管理学博士、研究员、正高级经济师，担任武汉仲裁委仲裁员、大连仲裁委仲裁员。主要研究领域为企业发展战略、旅游产业政策、文旅产业投融资、都市休闲发展等。出版专著《进军旅游业——中国大企业进入旅游业研究》等，多年来参与国家社会科学基金、中国社会科学院重大项目等多个科研项目，在旅游期刊、报纸等媒体发表论文多篇。自2013年起任"旅游绿皮书"副主编，曾任"休闲绿皮书"副主编、《中国自驾游发展报告》主编。

摘 要

《2023~2024年中国旅游发展分析与预测》（即"旅游绿皮书"No.22），是中国社会科学院旅游研究中心组织编撰的第22本旅游发展年度报告。全书围绕"旅游业的转型与创新"这一主题，通过2篇总报告和22篇专题报告，对2023~2024年中国旅游发展进行了透视和前瞻。

2023年，在全球经济增速进一步下探的背景下，全球旅游业恢复相对稳健，迎来市场重塑的关键契机。我国国民经济恢复向好态势明显，经济基本面回暖重塑企业信心，旅游业复苏潜力显著释放。以假日市场复苏为引领，文化和旅游融合更加深入并实现多业态赋能，助力特色旅游资源开发与活化利用，共同推进旅游业复苏、转型、创新和提质升级。在旅游业高质量发展融入中国式现代化的新实践中，提升旅游发展质量的关键在于资源保障、人才保障和制度保障。为此，要不断推动品质升级，激活有效需求，扩大对外开放，提升治理现代化水平。

除总报告外，全书设置了三篇专题，邀请来自不同领域的专家从不同角度进行全面分析。一是"前沿探索"篇，重点分析当前中国旅游业的转型趋势、动能转换与创新动态。其中，既有对前沿趋势的研判，也有对地方案例的思考。二是"文旅融合"篇，重点分析文化和旅游融合的新实践、新做法和新经验。具体涉及国家文化公园、非遗与旅游融合发展、旅游资源的文创开发、"汉服热"及研学旅行等。三是"科技赋能"篇，重点关注以数字科技为代表的新技术在不同维度给旅游业带来的深刻影响。具体包括沉浸式旅游、科技赋能旅游企业、虚拟现实技术应用以及数字经济对体育旅游以及城市旅游公共服务体系的影响等。作为"旅游绿皮书"的传统优势板块，国内旅游、入境旅游、出境旅游、港澳台旅游等报告则为读者了解相关市场发展提供了翔实数据和系统分析。

关键词： 旅游业　高质量发展　中国式现代化

序

新一本"旅游绿皮书"就要付梓出版了。尽管这是过去 20 余年中每逢岁末的常规事项，然而内心依然并不平静。

2023 年即将过去。放眼全球，这一年，受高通胀、高利率和地缘冲突等因素影响，全球经济增速并不尽如人意；这一年，全球政治局势充满不确定性，中美关系、欧洲一体化、亚太地区的争端及非洲大陆的发展成为关注焦点；这一年，伴随生成式人工智能（AIGC）的创造性成果，第四次科技革命正以超出想象的速度扑面而来，而全球气候变化问题也到了关键节点。着眼中国，这一年，是全面落实党的二十大精神开局之年，是全面建设社会主义现代化国家新征程起步之年；这一年，中国经济持续恢复向好，经济增速和外汇储备等指标总体表现平稳，就业和物价等指标呈现结构性改善；这一年，是"一带一路"倡议提出 10 周年，也是杭州亚运会等盛会举办之年；这一年，随着各项政策的优化调整，以文化和旅游为代表的服务消费成为国民经济企稳的重要支撑。

身处快速变化、全面调整并充满不确定性的宏观环境之中，以人的移动和交流为突出特征的旅游业，也面临系统性变化和结构性转型。在经历了长达三年的疫情之后，旅游业正在快速恢复和全面重建之中。尽管其历程比我们期盼或预期的更为复杂和曲折，但也蕴含新的动能和契机。结合短期冲击的影响和长期变革的作用来看，旅游业发展的外部环境、内在结构、发展动能和增长模式均已不同以往，而其复苏更非简单回到过去。从需求角度看，并非按照旧有结构，同构式、均衡性地恢复，而是呈现有重点、非均衡、结构性的增长；从供给角度看，也无法沿用原有模式，复原式、纯线性地恢复，而是呈现有差别、功能性、创新型的发展。在此转型过程中，文化和科技宛如"两翼"，对旅游发展产生不可替代的催化和赋能作用，为其带来快速恢复和持续增长的契机，而创新更成为决策者和管理者的不二选择。

为此，围绕"旅游业的转型与创新"这一年度主题，我们邀请来自不同领域的专家学者展开全面分析。其中，既有对旅游业转型趋势、动能转换、创新动态等前沿问题的探索，也有对旅游促进生态产品价值实现、"淄博烧烤"现象等热点问题的辨析；既有对国家文化公园建设、非遗与旅游融合发展、旅游文创开发等文旅融合议题的关注，也有对沉浸式旅游、虚拟现实技术应用、数字经济对体育旅游和城市旅游公共服务体系影响等科技赋能话题的研究。

特别值得一提的是，为了全面掌握和及时跟踪我国国民旅游状况，在科研经费捉襟见肘的情况下，我们专门委托专业调研公司，开展了全国性调查，并尽可能地与2020年所做的全国性调查进行比较分析。不出所料，此次调查发现了一些有趣的结果，揭示了旅游需求的诸多新特征和新趋势。感谢研究团队的小伙伴们，在时间和经费极为有限的情况下仍然坚持精益求精，不厌其烦地反复讨论、不断打磨，以确保调查的严谨性和科学性。

时光荏苒，年复一年。感谢参与本书编撰工作的所有人，特别是各位作者，他们中的绝大多数，既是我们长期的合作伙伴，更是旅游学界的中坚力量。感谢长期关注"旅游绿皮书"的朋友们，你们殷切的目光，是我们持之以恒、不断精进的动力所在。

作为中国旅游业的参与者、观察者、记录者和思考者，我们愿与所有关注中国旅游发展的机构和人士一道，为旅游业的健康发展尽绵薄之力。

愿您开卷有益。

宋瑞

2023年12月1日

目 录

Ⅰ 总报告

G.1 2023~2024年中国旅游发展分析与展望
………………………… 中国社会科学院旅游研究中心 / 001

G.2 中国国民旅游状况调查（2023）
………………………… 中国社会科学院旅游研究中心 / 018

Ⅱ 年度主题"旅游业的转型与创新"

前沿探索

G.3 当前中国旅游业发展背景和转型趋势………… 曾博伟　牛冠丽 / 054

G.4 旅游业新旧动能转换与趋向研判……………………… 付　磊 / 068

G.5 中国与共建"一带一路"国家旅游合作10年回顾与展望
……………………… 邹统钎　王一丁　张丽荣　仇　瑞 / 081

G.6 从专利视角看旅游业的创新动态…………………… 王薪宇 / 096

G.7 旅游促进山区生态产品价值实现的实践与探索
　　——以浙江省丽水市为例………………………… 王　莹　黄家扬 / 111

G.8 "淄博烧烤"现象：解析与经验………………………… 张金山 / 124

文旅融合

G.9 非遗与旅游融合发展的中国实践………………… 詹雪芳　石美玉 / 139

G.10 黄河国家文化公园：现状、障碍、路径与趋势
　　………………………………… 程遂营　薛岩欣　张诗涵 / 150

G.11 研学旅行发展趋势：通过具身学习达到知情意行合一
　　………………………………… 李　静　章雪婷　沈　涵 / 180

G.12 从"小文创"到"大文创"：旅游资源的文创开发路径探索
　　——以北京市为例 ………………………………… 宋洋洋 / 192

G.13 洛阳"汉服热"的文旅意蕴与可持续发展 ………… 高舜礼 / 204

科技赋能

G.14 沉浸式旅游发展的现状与趋势 ……………… 金　准　夏亚龙 / 216

G.15 虚拟现实技术在旅游业中应用的模式与优化
　　………………… 宋昌耀　李亚雪　王晓乐　厉新建 / 229

G.16 科技赋能旅游企业高质量发展的践与悟 …………… 吴金梅 / 244

G.17 数字经济时代我国体育旅游高质量发展新变革
　　………………………………………… 蒋依依　王石峰 / 257

G.18 数字经济驱动下城市旅游公共服务体系高质量发展研究
　　——以上海为例 ……………………………… 吴文智　陈　星 / 276

Ⅲ　三大旅游市场

G.19 2022~2024年中国国内旅游发展分析与展望 ……… 郭　娜 / 292

G.20　2022~2024年中国入境旅游发展分析与展望 ……… 刘祥艳 / 309

G.21　2023~2024年中国出境旅游发展分析与展望 ……… 杨劲松 / 320

Ⅳ　港澳台旅游

G.22　2023~2024年香港旅游业发展分析与展望
　　　　…………………………… 赵梓希　郭晓璐　李咪咪 / 333

G.23　2023~2024年澳门旅游业发展分析与展望 ………… 唐继宗 / 351

G.24　2022~2024年台湾旅游业发展分析与展望
　　　　………… 陈伍香　张进福　秦佳君　傅君伟　朱亚慧 / 371

Abstract ……………………………………………………………… / 390

Contents ……………………………………………………………… / 392

皮书数据库阅读使用指南

总报告

G.1 2023~2024年中国旅游发展分析与展望

中国社会科学院旅游研究中心*

摘　要： 2023年世界经济复苏仍面临持续挑战，在全球经济增速进一步下探的背景下，全球旅游业恢复相对稳健，迎来市场重塑的关键契机。在建设中国式现代化的开局之年，结构升级激发增长动力和活力，双循环有效支撑市场需求复苏，宏观基本面回暖重塑企业信心，国民经济恢复向好态势明显。2023年，中国旅游业复苏潜力显著释放。以假日市场复苏为引领，文化和旅游深度融合实现多业态赋能，助力特色旅游资源开发与活化利用，共同推进旅游业复苏和提质升级。在旅游业高质量发展融入中国式现代化的新实践中，旅游市场复苏的关键取决于资源保障、人才保障和制度保障；行业发展质量提升的路径在于不断推动产品和服务品质升级，精准激活有效需求，坚持扩大对外开放，努力实现行业治理体系和治理能力现代化。

---

* 执笔人宋瑞、冯珺。宋瑞，中国社会科学院旅游研究中心主任、中国社会科学院财经战略研究院研究员、博士生导师，主要研究方向为旅游政策、旅游可持续发展、休闲基础理论与公共政策；冯珺，北京体育大学体育商学院讲师、硕士生导师，中国社会科学院旅游研究中心特约研究员，主要研究方向为服务经济学、旅游管理、体育与旅游融合发展。

关键词： 旅游业　高质量发展　中国式现代化

一　2023年国内外发展环境分析

（一）国际环境

1. 全球经济：经济复苏仍面临持续挑战

2023年，地缘冲突和利率上升导致的全球能源价格波动等因素对经济增长形成掣肘，使世界经济基本面愈显脆弱，增长预期的进一步放缓成为全球性挑战。国际货币基金组织（IMF）在《世界经济展望》报告中预计，全球经济增速将从2022年的3.5%降至2023年的3%；其中，发达经济体经济增速将从2022年的2.7%降至2023年的1.5%；新兴市场和发展中经济体2023年经济增速预计为4%，与2022年持平。此外，IMF预计世界贸易增速将从2022年的5.2%下降至2023年的2%，全球通胀水平将从2022年的8.7%（年平均值）下降至2023年的6.8%。

世界银行在最新一期《全球经济展望》中指出，在全球利率上升的背景下，全球经济增速已大幅放缓，新兴市场和发展中经济体的金融压力风险加剧。全球经济增速预计将从2022年的3.1%放缓至2023年的2.1%。世界贸易组织发布的《2023年世界贸易报告》认为，2023年全球货物贸易量将仅增长1.7%。经济合作与发展组织（OECD）发布的最新一期《经济前景展望》报告显示，2023年全球经济增速预期为3.0%，2024年全球经济增速预期为2.7%。世界经济论坛发布的《首席经济学家展望》调查报告指出，63%的首席经济学家认为，2023年全球经济将经历衰退。受访的首席经济学家对欧洲前景最为悲观，68%的受访经济学家预测欧洲经济增长会"非常疲软"，且59%的受访经济学家预计欧洲将经历通货紧缩；对于美国，82%的受访经济学家预测经济增长会"疲软"，9%的人表示会"非常疲软"。

2. 全球旅游：市场重塑与再出发的契机

2023年全球旅游业复苏趋势较为乐观，形成市场重塑与再出发的良好契机。联合国世界旅游组织（UNWTO）发布的《世界旅游晴雨表》数据显示，2023年1~7月全球国际旅游人数已恢复至2019年的84%，达7亿人次，相比2022年同期增长43%。其中，欧洲旅游已达到2019年的90%，北美和南美达到85%，非洲达到88%，亚太地区达到54%，中东地区超过2019年水平的15%。预测2023年全年国际游客数量或将恢复到2019年前的80%~95%。从全球旅游市场重塑的主要特征来看，持续的通货膨胀和不断上涨的能源价格导致交通和住宿成本上升，使全球游客越来越倾向于选择旅游目的地更近、旅行时间更短以及性价比更高的产品和服务。

中国社会科学院旅游研究中心与世界旅游城市联合会发布的《世界旅游经济趋势报告（2023）》预测，2023年全球旅游总人数将达107.8亿人次，全球旅游总收入将达5.0万亿美元，分别恢复至2019年的74.4%和86.2%。全球重点旅游城市通过减税降费、优惠补贴、节庆赛事、服务升级、技术创新、营销推广等多种方式推动旅游业实现更具韧性和更可持续的发展。从支撑旅游市场复苏的核心行业来看，内容共享、社交分享等流量变现方式持续推动在线旅行社（OTA）数字化转型，个性化和定制化产品成为旅行社服务创新的突破口，全球航空业通过削减成本、创新商业模式等方式实现收益稳步增长，数字技术和智慧旅游在博物馆、旅游演艺、主题公园等行业实践中均有重要体现。

（二）国内环境

1. 结构性调整激发增长活力

2023年，中国经济结构性调整持续推进，转型升级成为激发经济增长动力和活力的主基调。国家统计局数据显示，1~9月，中国高技术产业投资同比增长11.4%；电动载人汽车、锂电池、太阳能电池"三新"产品出口值同比增长41.7%；全国可再生能源新增装机1.72亿千瓦，同比增长93%。在结构转型释放增长潜力的同时，中国出台了一系列政策措施，保证经济增长的基本韧性。随着一系列促进经济恢复发展的政策措施不断显效，IMF将中国2023年GDP增长预期从之前的5%上调至5.4%，同时将2024年GDP增长预期上调。世界银行发布的最新一期《中国经济简报》指出，在消费需求反弹的带动下，预计2023年中国GDP将增长5.6%。

2. 双循环有效支撑市场需求复苏

2023年，以国内大循环为主体、国内国际双循环相互促进的新发展格局有效支撑市场需求复苏。一方面，超大规模市场优势畅通国内大循环的作用深刻显现。以《关于恢复和扩大消费的措施》为代表的促消费政策及时出台，与《促进青年就业三年行动方案（2023—2025年）》等就业和收入政策产生协同效应，持续巩固消费复苏基础。10月，社会消费品零售总额增长7.6%，同比增速显著回升。另一方面，以共建"一带一路"倡议提出10周年和上海自贸区建设10周年为契机，更高水平开放型经济新体制优势更加明显。1~10月，我国对外投资持续增长，共建"一带一路"国家非金融类直接投资1816.9亿元人民币，同比增长27%；在共建"一带一路"国家承包工程完成营业额7023.2亿元人民币，同比增长9.6%。《中国（上海）自由贸易试验区建设10周年白皮书》显示，十年来上海自贸区已发展成为全球数据处理量最大的地方国际贸易单一窗口，服务企业数累计超过60万家。

3. 宏观基本面向好重塑企业信心

2023年，中国宏观经济形势企稳回升，基本面向好使企业信心得以重塑。截至2023年9月，制造业采购经理指数（PMI）为50.2%，在经历持续4个月的回升阶段后已重回扩张区间。1~10月，全国服务业生产指数同比增长7.9%。10月服务业商务活动指数为50.1%，业务活动预期指数为57.5%，铁路运输、航空运输、电信广播电视及卫星传输服务等行业商务活动指数位于60.0%以上高位景气区间。为进一步优化企业发展环境，国家发展和改革委员会设立民营经济发展局，围绕政策、交流、合作、监测、评估、宣传全面加强民营企业公共服务支撑。中共中央、国务院出台《关于促进民营经济发展壮大的意见》，切实促进民营经济发展壮大。截至2023年8月，已向民间资本推介4800余个项目、总投资约5.27万亿元。

二 2023年中国旅游业态复苏与潜力释放

（一）高质量推进旅游业"十四五"规划

2023年是全国及地方高质量推进旅游业"十四五"规划之年。从全国和重点区域角度来看，国务院办公厅印发《关于释放旅游消费潜力推动旅游业高质量发展的若干措施》，从加大优质旅游产品和服务供给、激发旅游消费需求、加强入境旅游工作、提升行业综合能力以及保障措施等五个方面，提出了推动旅游业高质量发展的30条工作措施。文化和旅游部、国家发展改革委联合印发《东北地区旅游业发展规划》，从区域深度协调发展的角度强化东北地区旅游业资源统筹，有利于培育东北地区旅游业比较优势和内生发展活力。

从各省区市推进旅游业"十四五"规划的配套举措来看，各地结合自身情况出台相关政策。例如，江苏省印发《关于促进全省文旅市场加快全面复苏的具体政策举措》，推出10条精品线路和10条非遗主题旅游线路，安排1.16亿元文化和旅游发展资金满足市场主体需求；广西壮族自治区人民政府办公厅印发《关于加快文化旅游业全面恢复振兴的若干政策措施》，以旅游助推乡村振兴为抓手，启动农文旅融合发展示范区评定工作，促进乡村旅游全面发展。

从旅游市场治理与服务来看，数字技术和创新经济深度赋能，成为落实和推进旅游业"十四五"规划的有力支撑。文化和旅游部发布专项通知，推行应用文化和旅游市场电子证照，大力推进电子证照信息统一归集和相关应用服务。工业和信息化部、文化和旅游部联合发布通知，加强"5G+"智慧旅游协同创新发展，明确提出，到2025年，我国旅游场所5G网络建设基本完善，5G融合应用发展水平显著提升，"5G+"智慧旅游繁荣、规模发展。

（二）假日市场引领旅游需求强劲复苏

从全年主要假日旅游市场数据来看，复苏强劲、势头稳健。经文化和旅游部数据中心测算，2023年春节假期全国国内旅游3.08亿人次，国内旅游收入3758.43亿元，分别恢复至2019年同期的88.6%和73.1%；清明节假日期间，全国国内旅游人数和国内旅游收入同比分别增长22.7%和29.1%，全国正常开放的A级旅游景区占A级景区总数的84.5%；"五一"旅游市场需求充分释放，国内旅游人数和收入均超过2019年同期水平；端午假期期间，包含国内机票、酒店、周边游、中长线路游等在内的国内旅游服务延续复苏势头，商品订单量继续超越2019年同期；中秋节、国庆节假期期间，国内旅游人数8.26亿人次，实现国内旅游收入7534.3亿元，按可比口径较2019年分别增长4.1%和1.5%。此外，暑期国内旅游人数达18.39亿人次，实现国内旅游收入1.21万亿元，不少目的地接待游客数量达到历史最高水平。

假日市场能够有效引领旅游需求强劲复苏，究其原因，主要有两个方面。一方面是旅游产品供给丰富。中长线游、亚运游、小众游等产品供给成为假日市场主力，文旅融合深度嵌入民俗节庆元素，夜间旅游消费急剧增长，旅游产品创新和供给提质得以更好满足消费者的旅游美好生活需要。另一方面则体现在惠民政策落实到位。各省区市紧抓假日旅游市场窗口，通过延长景区开放时间等方式优化公共服务，与线上平台合作发放消费券或消费包，涵盖旅游住宿、景区产品、文旅融合等多元化业态，从而扩大消费乘数效应，进一步释放旅游需求。

（三）业态赋能推动旅游供给提质升级

在旅游消费需求持续释放的有利条件下，行业主体创新不断涌现，多元化业态赋能推动旅游供给提质升级。具体表现在以下四个方面。一是文化元素赋能交互旅游，泛社交体验受到市场青睐。2023年，文化和旅游部相继公布第二批和第三批国家级旅游休闲街区。休闲街区建设引导开发更具交互性的旅游体验模式，使夜游博物馆、围炉煮茶体验、剧本秀等文旅融合产品成为促进街区夜间经济发展的创新选择。二是情绪价值赋能自助旅游，深度沉浸式旅游快速增长。以城市漫步（Citywalk）为代表的沉浸式旅游能够向游客传递"随心所欲""慢节奏"的情绪价值，从而在乐于追求小众体验的年轻游客群体中迅速走红。2023年暑期以来，北京、上海、广州、成都等大型旅游城市的City Walk发展方兴未艾，河北、南京、西安等地的文旅部门主动面向公众推荐城市旅游的经典Citywalk路线，Citywalk在各大新媒体平台的浏览量和检索量屡创历史新高。三是康养体验赋能主题旅游，露营游等产品形态迎来爆发式回归。随着康养体验在家庭消费中的优先级不断提升，露营游成为旅游与体育和健康融合发展的有力抓手。零售平台数据显示，露营相关用品在假日期间的单日销售额大幅上涨，帐篷天幕、露营工具和露营桌椅等单品均实现成倍增长。四是多元共治赋能城市旅游，旅游品质提升形成品牌效应。以淄博成为热门旅游目的地为例，城市治理改革促使旅游品质提升，包括游客在内的各方市场主体主动参与，推动形成了市场需求释放与供给品质提升相互反哺的旅游市场正循环。

（四）文旅融合互促形成市场叠加效应

面对旅游需求持续复苏的关键契机，针对性的政策引导体现有为政府作用，文化与旅游产品形态的横向融合以及消费链条的纵深驱动双向着力，更高水平的文旅融合互促形成市场叠加效应。

首先，产业政策促进文化与旅游在更广范围、更深层次、更高水平上实现融合发展。国家层面，文化和旅游部发布《关于推动非物质文化遗产与旅游深度融合发展的通知》，通过旅游高质量发展实现非物质文化遗产的市场活化和系统性保护。地方层面，浙江省发布《浙江省文旅深度融合工程实施方案（2023—2027年）》，着力建设富有文化底蕴的世界级旅游景区和度假区，打造文化特色鲜明的国家级旅游休闲城市和街区。山东省出台《关于促进文旅深度融合推动旅游业高质量发展的意见》，构建"两大都市圈拉动、三大公园引领、四廊一线贯通、八大片区支撑"的文旅深度融合发展新格局。

其次，演出市场和音乐节引领复苏进程，"演唱会+旅游"的横向融合成为文旅消费新亮点。演出市场火爆使得更多二、三线城市成为文旅深度融合下的文化体验地和旅游目的地。暑期进行的多场大型演出项目表明，演唱会、音乐节能有效带动大量观众跨区域流动，跨省观演的游客占比显著超过本地观众。中国演出行业协会数据显示，2023年前三季度，大型演唱会、音乐节演出1137场，观演1145万人次，平均跨城观演率超过60%。有测算表明，仅中秋国庆假期，演唱会和音乐节等大型演出活动带动交通、食宿、游览和周边购物等综合消费超过20亿元。

最后，影视旅游长尾效应显现，纵向融合使旅游目的地随热映影视剧走红。例如，动画电影《长安三万里》直接辐射带动了火爆的线下旅游市场，电影上映后重庆白帝城游客陡增，影片中出现的四川松潘在暑假中每天接待游客超过2万人次；电影《封神第一部》对于影视旅游的带动效应同样十分明显，殷墟景区暑假游客数量增至16万人次以上，其中研学营地接纳游客突破2万人次。

（五）旅游开发培育乡村振兴比较优势

在需求回暖和市场下沉的整体背景下，旅游已经成为推动乡村振兴发展、培育乡村经济比较优势的关键助力。2023年初，中央一号文件《中共中央　国务院关于做好二〇二三年全面推进乡村振兴重点工作的意见》公布，明确和强调了实施乡村休闲旅游精品工程、推动旅游景区与乡村旅游重点村一体化建设等工作要求。作为重要配套措施，文化和旅游部、人力资源和社会保障部、国家乡村振兴局公布66个"非遗工坊典型案例"，引导开拓非遗事业发展新路径，带动更多群众通过参与非遗保护传承实现稳定就业增收。

在旅游业培育乡村振兴优势的过程中，数字经济赋能发挥了重要的抓手作用。2023年3月，文化和旅游部资源开发司印发《"美好乡村等你来"乡村旅游数字提升行动方案》，正式启动"美好乡村等你来"乡村旅游数字提升行动，通过线上线下结合的形式展示乡村风光和新时代发展风貌，激发乡村旅游消费潜力和内生发展动力。此外，全国公共文化发展中心联合各省（区、市）推出的"乡村网红"培育计划项目已实施3年，跨越19个省（区、市）37个市县。该项目挖掘、孵化和培育了一批乡村振兴带头人，与多个平台策划实施了《村里有个宝》《乡村振兴红色力量》等内容，全面展示乡村振兴成果，带动周边民宿提质增收，通过乡村民宿增加就业岗位与收入。

随着旅游资源深度开发和优势培育，乡村作为国内国际旅游目的地的建设工作取得显著成果，宣传影响力持续扩大。2023年3月，广西大寨村和重庆荆竹村获颁联合国世界旅游组织"最佳旅游乡村"；2023年5月，联合国粮农组织举行全球重要农业文化遗产系统授证仪式，中国河北涉县旱作石堰梯田系统、福建安溪铁观音茶文化系统、内蒙古阿鲁科尔沁草原游牧系统和浙江庆元林菇共育系统等4地作为新认定的重要农业文化遗产地被授予证书。

（六）赛事旅游优化体旅融合内容体验

2023年综合性运动会带领赛事经济发展，商业体育赛事和群众体育赛事发挥支柱作用，进一步丰富了体旅融合发展的内容体验。从综合性赛事的体旅融合实践来看，"亚运经济"显著带动杭州及周边旅游消费增长。浙江省在9月16日至10月31日面向全球游客推出"大礼包"。全省136个名山公园、风景名胜区、湿地公园、重要湿地、森林公园（国有林场）等单位均面向公众提供门票减免政策。成都大运会注重非遗文旅互动体验，甄选推荐30余项非遗项目和120余件非遗精品在大运村展示，通过体旅融合加快建设世界重要旅游目的地。大运会期间，成都东站客流量高位增长，7月累计发送旅客1077万人次，同比增长104.8%，国际机票预订量、酒店预订量等数据也呈现大幅增长态势。

商业体育赛事方面，马拉松等赛事为城市旅游市场提供了更高品质的内容体验。中国田径协会数据显示，仅2023年上半年，已在中国田径协会备案的路跑赛事达133场,这一数字是2022年全年场次的2倍以上。在上海马拉松、厦门马拉松等"白金标"赛事的基础上,新兴马拉松赛事的体旅融合效应正在加速显现。以布达佩斯世锦赛、杭州亚运会马拉松选拔赛等联合办赛为契机,无锡马拉松赛事吸引了超过70%的外地观众提前到访,显著拉动餐饮、住宿、交通、旅游、展厅销售等方面的经济效益。根据无锡市体育局和大数据管理局相关测算,无锡马拉松赛事带动周边产业效益达1.95亿元。群众体育赛事方面,"村BA""村超"等赛事为"体育+旅游"树立典范。据当地旅游部门测算,"村BA"发源地台江县2022年7月至2023年5月,旅游总人数和旅游综合收入同比分别增长38.79%和81.72%;2023年5~7月,"村超"举办地榕江县累计接待游客42万人次,实现旅游综合收入超1.3亿元。

(七)特色工业旅游促进资源活化利用

工业旅游依托"科技+文旅"融合发展的特色目的地,在实现遗产高效利用、促进资源活化方面具有突出优势。2023年,文化和旅游部根据《国家工业旅游示范基地规范与评价》行业标准,确定重庆市816工业旅游景区、重庆市重庆工业文化博览园等69家单位为国家工业旅游示范基地,为我国工业旅游发展树立"样板"。

一方面,工业旅游已经成为旅游业助推工业遗产活化利用的成熟模式。作为奥运、工业双重遗产的旅游目的地,首钢园在北京冬奥会后持续发挥"双奥"IP影响力和工业特色风貌吸引力,元旦跨年、中秋国庆"双节"以及2023年服贸会期间的游客接待量屡创新高,成为工业旅游的标志性目的地。辽宁充分利用自身工业遗产资源数量多、分布广、价值高的优势,通过工业旅游唤醒遗产,成功将工业"锈带"转化为文旅"秀带"。沈阳味觉博物馆自开馆以来已接待近10万人次游客;始建于1939年的1号楼原料库改造为音乐表演现场空间(livehouse),全年累计演出200余场,年票房收入7000余万元。

另一方面,在新型工业化加快推进的背景下,工业旅游能够让参与者深切感受到"中国智造"的内容魅力。从产业政策规划与实践来看，2023年上海市文化和旅游局指导开展了"上海工业旅游主题日"活动，遍布上海16区的10大主题、39条工业游深度体验线路发布，进一步丰富了上海工业旅游的内涵。从市场主体实践来看，伊利推出现代智慧健康谷工业旅游项目，集聚科普教育、休闲娱乐、观光互动、研学旅游等特色内容，参观者可以沉浸式见证从"一棵草"到"一杯奶"的全过程，使工业旅游成为研学旅游和亲子游的特色形式。

（八）旅游业对外开放重塑可持续价值

2023年，旅游业对外开放重塑出境游和入境游市场，使旅游的可持续发展价值得以恢复和提升。随着全国旅行社及在线旅游企业经营港澳台居民、外国人入境团队旅游和"机票+酒店"业务的全面恢复，2023年上半年我国旅行服务进出口6509.4亿元，同比增长65.4%，成为增长最快的服务贸易领域。其中，我国旅行出口445.5亿元，增长52.4%；进口6063.9亿元，增长66.4%；旅行服务贸易占我国服务贸易整体比重达20.8%，比2022年同期提升7.2个百分点，旅行服务已经回升至我国第二大服务贸易领域。2023年11月，中国国际旅游交易会在云南昆明开幕，来自70个国家和地区的展商、代表介绍特色文化旅游资源，本届旅交会还举办了全球旅行商大会、中国入境旅游政策解读发布会、滇池对话等活动，为加强中外旅游交流合作、促进民心相通发挥了重要作用。

从旅游业对外开放的内容支撑来看，建设边境旅游试验区、跨境旅游合作区具有将双边自然资源价值和文化价值转化为旅游经济价值的开创性意义。2023年3月，文化和旅游部办公厅下发《关于开展边境旅游试验区、跨境旅游合作区申报工作的通知》，在旅游推动共建"一带一路"高质量发展方面形成积极引导。我国第一个跨境旅游合作区——中越德天（板约）瀑布跨境旅游合作区于2023年9月15日至2024年9月14日试运营一年，成为中越两国跨境旅游经济合作与文化交流的重要载体。国务院印发的《中国（新疆）自由贸易试验区总体方案》明确提出支持创建边境旅游试验区和跨境旅游合作区，充分发挥旅游业提供岗位多、带动能力强的优势，打造具有世界影响力的丝绸之路旅游走廊，联合周边国家打造跨境旅游线路、研究开行国际旅游列车等。

2023年11月24日，为进一步促进中外人员往来，服务高质量发展和高水平对外开放，中方决定试行扩大单方面免签国家范围，对法国、德国、意大利、荷兰、西班牙、马来西亚6个国家持普通护照人员试行单方面免签政策。2023年12月1日至2024年11月30日，上述国家持普通护照人员来华经商、旅游观光、探亲访友和过境不超过15天，可免办签证入境。这是继2023年7月我国恢复对新加坡、文莱单方面免签政策之后，免签试点范围的进一步扩大，也是一段时间以来我国不断优化签证政策、便利中外人员往来的最新举措。此举有助于推动高水平开放格局的构建，说明我国高水平开放格局已从货物贸易、商业存在、服务贸易走向更广泛更密切的民众往来，对外开放的大门越开越大。从入境旅游角度看，上述6国人口基数规模相对较大，消费水平相对较高，随着政策落地和未来进一步实施，将对旅行服务、民航、酒店等旅游及相关产业的恢复性增长带来契机。

三 旅游市场复苏与高质量发展

（一）2024年旅游业发展：把握关键契机释放旅游业复苏潜力

1. 巩固并扩大旅游市场复苏趋势

从2024年旅游市场的复苏特点以及消费需求引导来看，需要有效市场和有为政府发挥协同作用，巩固并扩大旅游市场复苏趋势。旅游市场在短期内迅速由疲弱转为活跃，部分出于门槛效应和堆积效应，因此应正确看待市场短期表现与长期复苏基础之间的关系。特别是需要重视游客消费心理、消费能力、消费偏好和消费习惯的变化，在内需和流动性恢复缓慢的市场环境下，科学研判并积极应对"反向旅游"、"平替旅游"、虚拟旅游等消费倾向对传统旅游市场的挤出作用。在政策实践和市场实践层面，旅游公共治理部门应当加强市场引导，强化信息统计和披露工作，针对各类违法违规经营行为加强执法监督，不断改善旅游市场环境；旅游目的地和旅游企业等市场主体应在产品、流程、管理和技术等方面锐意创新，持续优化市场定位、产品服务和营销策略，以更好适应旅游市场复苏过程中的新标准与新要求。

2. 以制度建设保障旅游企业效益

在连续数年的公共卫生风险冲击下，旅游产业链诸多环节均受到较大程度影响。要实现旅游业的全面复苏和繁荣发展，还须加大政策支持力度，充分保障旅游企业的效益实现。一是统筹财政资金，优化税收安排，重点针对旅游业中小企业发挥纾困作用，同时切实体现财税政策安排对旅游消费的促进和支撑作用。二是通过金融政策提振旅游市场主体信心，进一步降低资金的融通和使用成本，优化小微企业生存和发展环境，帮扶旅游领域的民营经济力量持续发展壮大。三是多措并举缓解企业经营成本约束，落实阶段性降低社保费率政策，以扩岗补贴和吸纳高校毕业生补贴践行旅游业就业优先战略。

3. 打造现代化旅游从业人员队伍

人才是释放旅游业复苏潜力的核心要素，是实现旅游高质量发展的重要保障。一方面，2024年应以旅游业需求复苏为契机，引导旅游企业加速吸引此前流失的旅游业务人员回流，稳住核心团队，做好新招人员培训工作，实现从业人员培训和专业人才引进双向着力，切实提升旅游从业人员业务素质和专业能力。另一方面，应拓宽旅游从业人员队伍的引进和转化渠道，提升新时代旅游行业人力资源质量。特别是在民族和区域旅游、乡村旅游等特色领域和细分领域，应重视引导和支持大学生、返乡"新农人"等群体投身旅游行业实现自主就业和创业；通过专业志愿支援、挂职锻炼、人才输送、对口帮扶等方式吸引并补充专业型旅游经营管理人才；立足新媒体渠道特征，充分吸收有意愿参与定制游运营的旅游达人、旅游爱好者等加入旅游人才队伍，以更好适应旅游发展的新形势、新场景和新业态。

4. 加速实现旅游业对外开放

随着中国对法、德等6国试行单方面免签政策，2024年入境游市场迎来重大利好，应把握需求复苏与政策红利叠加的双重机遇，加速实现旅游业对外开放回暖。一是在顶层设计和制度牵引层面积极引导出入境旅游市场复苏。以共建"一带一路"倡议提出10周年和上海自贸区建设10周年为新起点，根据T20等全球主要旅游目的地国家与我国的客流往来情况，动态调整出入境旅游团队管理政策，创造更加有利于旅游业对外开放回暖的制度环境。二是在全球旅游复苏中讲好中国故事，传播好中国声音。充分发挥2024年将在华举办的第14届中美旅游高层对话等平台作用，进一步扩大旅游交流合作，积极引导并共同推动全球旅游市场复苏。三是加强双边和多边协作。在免签政策试行期间，应及时分析旅游目的地国家的出入境政策动向、航运恢复情况、安全保障情况，科学评估各方服务保障能力，加强双边和多边协调。

（二）中国式现代化进程中的旅游业：全面提升行业发展质量

1. 供给多元化和高品质旅游产品

结合中国式现代化的实践特征和长期目标，以及《关于释放旅游消费潜力推动旅游业高质量发展的若干措施》涉及的重点目标，应针对产品供给、消费需求、对外开放、行业主体、保障措施等方面实现系统性优化，协同推进旅游业高质量发展。从加大优质旅游产品供给来看，产业规划、特色理念和融合模式是塑造旅游业供给侧优势的关键要素。一是要以全局思维做好旅游产业规划。体育旅游、乡村旅游、生态旅游、海洋旅游等业态发展均要求在开发相关旅游项目时务必坚持规划先行，对所涉及的旅游资源开展整体规划，在资源开发建设、基础设施布局基础上，注重区域竞合与垂直分工，明确每个区域具有比较优势的旅游项目类型，由目的地引导形成不同层次、不同类型的多元化旅游产品体系。二是要以特色理念开发旅游产品。重视独特的地方生态环境和历史文化底蕴，依托于不同区域独特的产业资源、历史文化、区位优势，实施因地制宜的旅游业发展路径，打造差异化发展格局。三是要以融合模式创新旅游业态。强调旅游与文化、体育、康养、生态、农业等诸多行业进行广泛而深入的融合，实现旅游产品供给由单一形态向复合形态的高质量、深层次转化。

2. 准确把握并激活有效市场需求

从激发旅游消费需求来看，除切实改善旅游消费环境和公共服务供给以外，准确把握并激活有效市场需求是促进旅游消费的重中之重。多样化、个性化的消费需求面向旅游行业提出了市场多元化、经营灵活化、服务专业化的深刻命题。这就要求旅游市场主体必须具备更加敏锐的市场嗅觉、更加细致的市场分析、更加准确的市场定位、更加灵活的组织方式、更加先进的技术手段、更加精准的营销策略、更具特色的人本服务。为更好地满足旅游消费者的个性化需求，应当鼓励市场主体对于传统旅游服务流程进行某种程度的调整、裁剪和变更，在资源获取、产品设计、工作流程、技术支持、营销手段、服务能力等方面进行系统性创新，从而在产品、流程、制度、营销等方面更加凸显新产品概念、优化新服务品质、提供新技术选择、满足新市场需求。

3. 积极有序推进旅游业对外开放

从加强入境旅游工作来看，短期内应重点改善入境游整体环境，着力解决签证、国际航线、跨境支付等问题。中长期内应考虑从支持市场主体的角度为入境游发展注入持续动力和活力。如考虑设立入境旅游市场振兴基金，根据组团量对从事入境旅游业务的旅行社实施梯度税收减免，或者给予入境旅游企业创汇奖励等。长期内应更加重视入境旅游发展中的资源整合与产业链重构，通过政策协调根本性、系统性解决景区门票问题、高铁票问题等阻碍入境游高质量发展的体制机制问题；建立并完善包括导游队伍在内的人才职称体系，优化旅游业人才培养和激励机制；做深做强国家旅游形象推广和营销工作，将国家形象塑造与目的地旅游传播紧密结合，全面有效地促进入境旅游持续健康发展。

4. 推动旅游行业主体高质量发展

从提升行业综合能力来看，在完善政策支撑体系的同时，应注重发挥市场机制的激励作用，通过旅游创新增强旅游行业主体的市场自生能力。对此，应加快制定专门的旅游创新政策，尤其是针对中小企业的创新扶持和引导政策，鼓励旅游企业加大研发投入力度，提高关键技术和产品的自主创新能力。充分利用5G、物联网、人工智能、云计算、区块链、大数据中心、虚拟现实、增强现实、全息技术等新基建、新技术，提升旅游领域的科技水平，把科技创新成果与旅游消费深度融合，拓展科技应用场景，推动科技在旅游领域的深度和广泛应用。在此基础上，通过旅游产品和服务创新使旅游行业主体能够高效对接新时代旅游需求的特点和变化，以更加多样化、个性化、纵深化、专业性的旅游供给满足人民群众日益增长的旅游美好生活需要。

5. 针对痛点和堵点优化公共治理

从强化保障措施来看，针对市场实践的痛点和堵点优化公共治理，是规范引导和积极促进旅游业健康发展的必要条件。一是从健全跨领域、跨部门的沟通渠道着手，加快建立文旅与交通、卫健、体育等领域的部际协调机制，推动解决涉及重点旅游时段和热点旅游目的地的门票预订困难、交通运力负荷大、基础设施和公共服务供给不足等重难点问题，畅通旅游消费各环节，充分释放旅游消费潜力。二是不断完善市场监管法律体系和监管治理机制。针对中国式现代化进程中旅游发展出现的新问题，逐步完善法律体系和竞争规则，建立起高效的法治实施体系和有力的法治保障体系，着力解决行政执法主体不明确、综合执法机构与行业监管部门之间权责不明晰、相关部门间的协作机制缺乏规范化构建等长期制度性问题。三是从旅游业高质量发展的长期目标出发，针对旅游统计体系、指标体系、考核体系加以改革和完善，从而为公共治理、市场发育以及消费决策发挥引导和参考作用。

参考文献

谢伏瞻主编《2023年中国经济形势分析与预测》，社会科学文献出版社，2022。

宋瑞、刘倩倩：《中国式现代化进程中的旅游发展：意义、挑战与路径》，《旅游论坛》2023年第1期。

IMF, *World Economic Outlook*（October 2023），2023-10-03，https：//www.imf.org/

external/datamapper/datasets/WEO.

OECD, *OECD Economic Outlook*, 2023-09-01, https://www.oecd.org/economic-outlook/.

UNWTO, *World Tourism Barometer*, 2023-09-01, https://www.e-unwto.org/toc/wtobarometereng/21/3.

G.2
中国国民旅游状况调查（2023）

中国社会科学院旅游研究中心*

摘　要： 为系统揭示中国国民旅游状况，中国社会科学院旅游研究中心委托专业调研公司，于2023年11月通过网络开展全国性调查。调查对象覆盖中国31个省区市304个地级及以上城市，内容涉及旅游活动参与、旅游消费支出、旅游满意度、旅游行为决策、旅游关注焦点等，最终获得有效样本3420个。与2020年8月的全国性调查相比，本次调查揭示了旅游需求的一些新特征。调查结果显示，中国国民旅游消费正在稳定恢复，且旅游需求所呈现出来的一系列结构性市场动能将为后续发展奠定基础，而旅游需求的长期可持续增长，则有赖于对多方面挑战的积极应对。

关键词： 旅游消费　旅游需求　旅游市场

2023年以来，我国旅游市场复苏态势良好。为系统揭示城乡居民旅游状况，中国社会科学院旅游研究中心委托专业调研公司，通过网络开展全国性调查。本次调查问卷发放时间为2023年11月16~24日，覆盖中国31个省区市304个地级及以上城市。本次调研以人口规模、城市级别为依据，配置各区域调查样本量，并以答题时间、人口学矛盾等为依据去除无

---

* 执笔人宋瑞、金准、周功梅、胥英伟。宋瑞，中国社会科学院旅游研究中心主任、中国社会科学院财经战略研究院研究员、博士生导师，主要研究方向为旅游政策、旅游可持续发展、休闲基础理论与公共政策；金准，中国社会科学院旅游研究中心秘书长，管理学博士、副研究员、硕士生导师，主要研究方向为旅游经济、休闲经济、城市旅游；周功梅，重庆工商大学工商管理学院讲师，管理学博士，主要研究方向为旅游管理；胥英伟，华盛顿州立大学卡森商学院博士研究生，主要研究方向为旅游经济、消费者行为和服务业科技应用。

效样本，最终获得有效问卷3420份（样本结构详见附录）。总体来看，就性别而言，女性占比更高（55.1%）；就年龄而言，出生于1981~1994年的群体占比最高（45.3%）；就城乡而言，居住在城镇的受访者占绝大多数（87.9%）；就收入而言，收入为5000~8000元（含）的受访群体占比最高（31.7%）。

为更好地观察国民旅游状况的历时性变化，在口径可比的情况下，我们将此次调查结果与2020年8月所做的全国性调查进行对比分析。上次调查也是通过网络方式发放问卷，发放时间为2020年8月7~11日，覆盖全国范围内不同经济发展水平地区的用户，调研采用"抽样框+事后配比"的方式，保证用户性别和年龄符合中国互联网络信息中心（CNNIC）报告中的中国网民结构。经过样本回收与清洗，共收集主问卷（A卷）8686份，其中有效问卷6383份，主要聚焦于旅游活动、旅游时间和旅游消费；共收集补充问卷（B卷）8413份，其中有效问卷5837份，主要聚焦于旅游动机、旅游制约因素和旅游关注因素等。

需要说明的是，两次调查中的"旅游"均是指离开惯常居住环境，以旅行游玩（而非商业）为目的的活动。有所不同的是，2020年调查问卷中涉及的是"过去一年"，具体指调查年度，而非自然年度；本次调查问卷中涉及的是"自2023年以来"，具体涵盖11个月。对相关数据进行对比分析时，在必要的情况下，会根据统计学要求做相应处理。

一 旅游活动状况

（一）旅游活动

1. 参与状况：超过97%的受访者参与过旅游活动

2023年以来，超过97%的受访者参与过旅游活动，较2020年增长15.5个百分点（2020年调查结果显示，18.3%的受访者没有旅游行为）。其中，超80%的受访者有1~3次旅游活动，近17%的受访者出游达4次及以上（见图1）。通过加权计算得出①，2023年以来，人均出游2.4次。

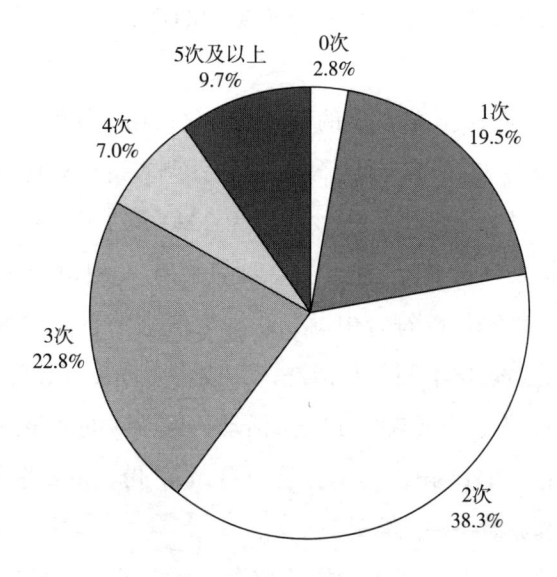

图1 受访者出游次数

2. 出游空间：周边游＞省内游＞省外（境内）游＞港澳台游＞出国游

就出游范围而言，本次调查将旅游活动划分为周边游、省内游、省外（境内）游、港澳台游和出国游五类。从图2可见，2023年以来，超过78%的受访者有周边游和省内游，超过70%的受访者有省外（境内）游，分别有20.7%、15.8%的受访者进行港澳台游、出国游活动。加权计算结果显示，2023年以来，周边游、省内游和省外（境内）游的平均旅游次数分别为1.69次、1.40次、1.19次，港澳台游和出国游的平均旅游次数小于1次，符合"由近及远"的出游规律。

---

① 计算方法为：人均出游次数 =（0×出游0次占比+1×出游1次占比+2×出游2次占比+3×出游3次占比+4×出游4次占比+5×出游5次及以上占比）。

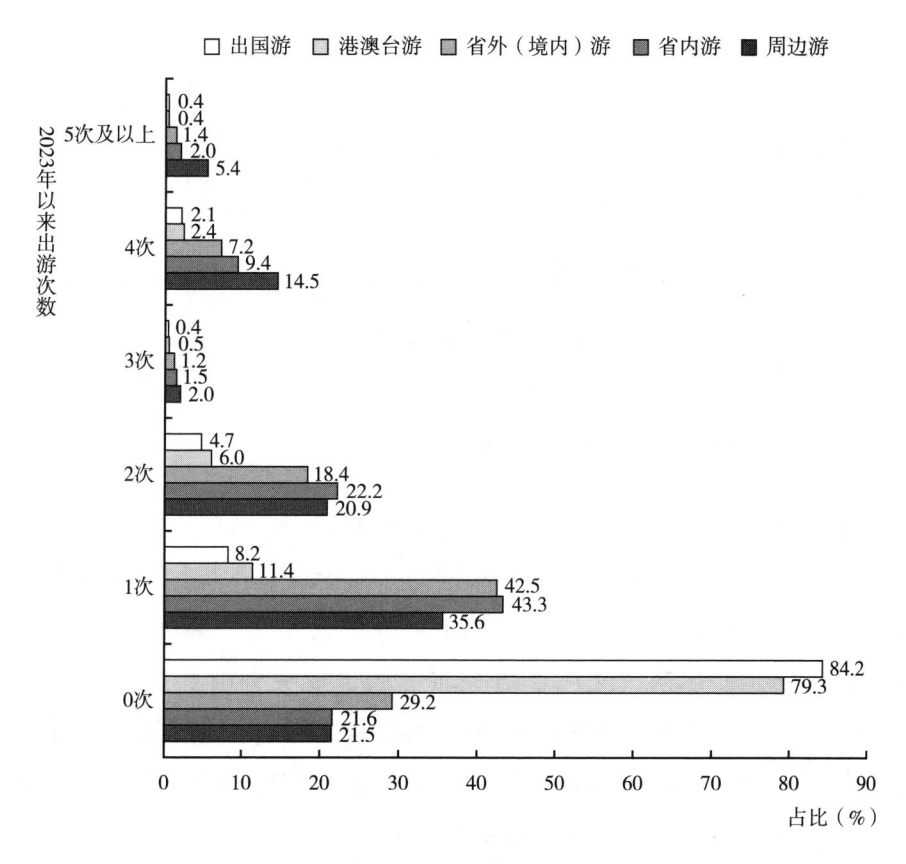

图2 受访者参与不同出游范围旅游活动的情况

3. 假日旅游：国庆节和劳动节为出游高峰

本次调查特别关注了假日出游情况（见图3）。结果显示，82.0%的受访者在国庆节期间有旅游活动，63.1%的受访者在五一劳动节期间安排了旅游行程，春节、中秋节、元旦和端午节也有较高出游率。与其他节假日相比，清明节出游率最低。

图3 受访者假日出游状况

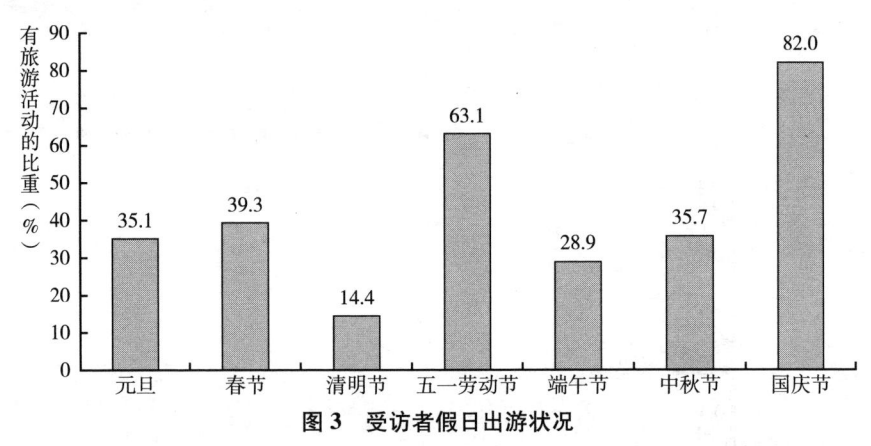

元旦 35.1、春节 39.3、清明节 14.4、五一劳动节 63.1、端午节 28.9、中秋节 35.7、国庆节 82.0

（二）旅游消费

1. 旅游消费状况：家庭人均旅游花费为4984元

2023年以来，受访者家庭人均旅游花费在1000元及以下、1000~3000元（含）、3000~5000元（含）、5000~8000元（含）、8000~10000元（含）、1万~2万元（含）、2万元以上的占比分别为9.2%、27.9%、29.6%、16.6%、8.7%、5.1%和2.8%（见图4）。加权计算得出，2023年以来家庭人均旅游花费为4984元，在不考虑物价上涨因素情况下，按可比口径，较2020年增加1189元，增长31.3%。

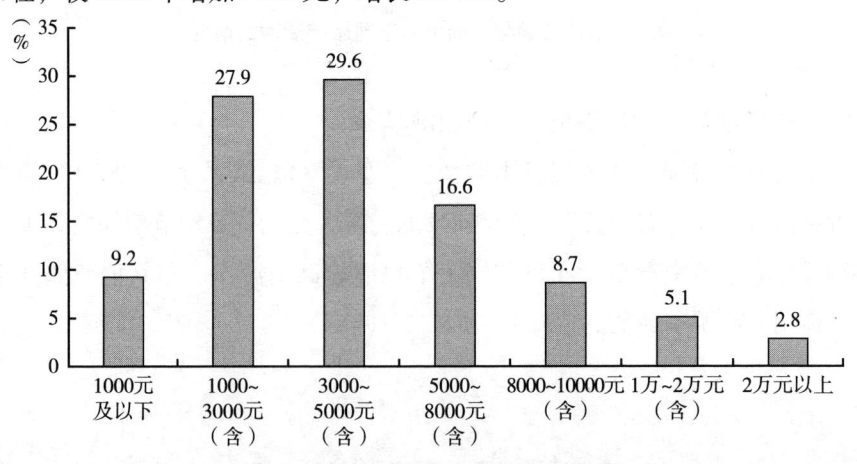

图4 受访者家庭人均旅游花费情况

2. 旅游消费增加：以"住""吃"为核心

与过去相比，2023年以来，受访者旅游消费支出增加项目中排名前三的依次为住宿消费（77.8%）、餐饮消费（71.9%）和购物消费（45.0%）（见图5）。受访者增加交通消费（35.2%）和门票消费（27.1%）支出的比例相对较低，而增加娱乐消费（8.3%）支出的最少。

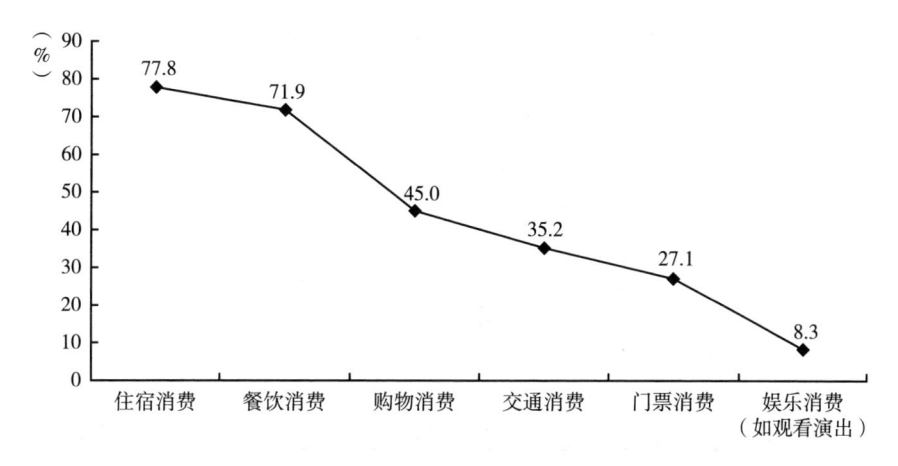

图5 旅游消费支出增加最多的项目（多选题，最多选三项）

3. 旅游文创购买：旅游过程中购买文创产品人均花费640元

调查结果显示，2023年以来，分别有21.1%、28.2%和24.6%的受访者在旅游过程中花费了101~300元、301~500元、501~1000元用于购买文创产品（见图6）。加权计算表明，2023年以来，个人在旅游过程中购买文创产品平均花费金额为640元。

在购买文创产品类别偏好方面（见图7），工艺品类、收藏纪念类和食品类最受青睐，占比分别为57.5%、55.4%和50.2%。这说明旅游文创产品设计既要将其作为旅游体验及记忆的承载体，来彰显其收藏价值和艺术价值，也要考虑游客的实用性偏好。

4. 未来消费预期：45.3%的受访者未来一年会增加旅游消费支出

就2024年旅游消费预期状况而言，分别有18.2%、27.1%、6.0%、47.7%和1.1%的受访者预计2024年家庭人均旅游花费较2023年增长30%

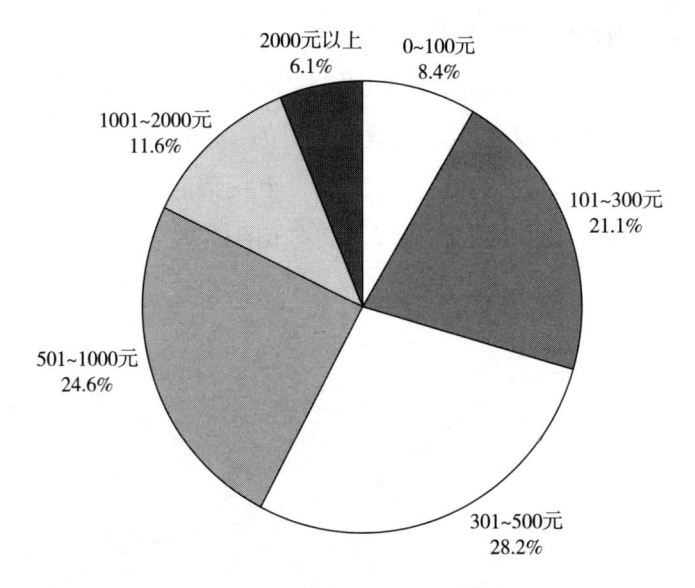

图6 受访者购买文创产品花费情况

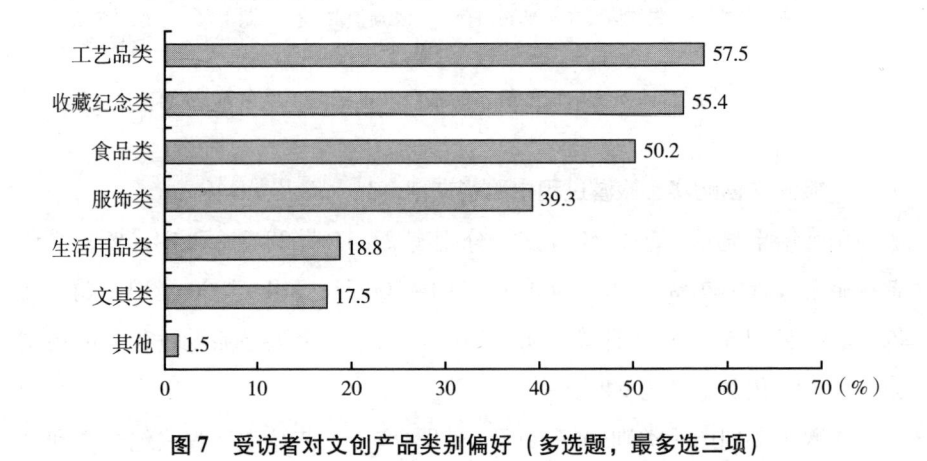

- 2000元以上 6.1%
- 1001~2000元 11.6%
- 501~1000元 24.6%
- 301~500元 28.2%
- 101~300元 21.1%
- 0~100元 8.4%

图7 受访者对文创产品类别偏好（多选题，最多选三项）

- 工艺品类 57.5
- 收藏纪念类 55.4
- 食品类 50.2
- 服饰类 39.3
- 生活用品类 18.8
- 文具类 17.5
- 其他 1.5

及以上、增长30%以内、不变、减少30%以内、减少30%及以上（见图8）。加权计算发现，家庭人均旅游花费预期增长指数为106.8[①]，大于100。

[①] 指数值=（100×增长30%及以上+50×增长30%以内-50×减少30%以内-100×减少30%及以上）+100，指数值越大表示受访者对未来旅游消费预期向好的信心越强。

```
        (%)
    100                                              47.7        1.1
     80
     60                            27.1
                                              6.0
     40        18.2
     20
      0
         增长30%及以上  增长30%以内   不变    减少30%以内  减少30%及以上
```

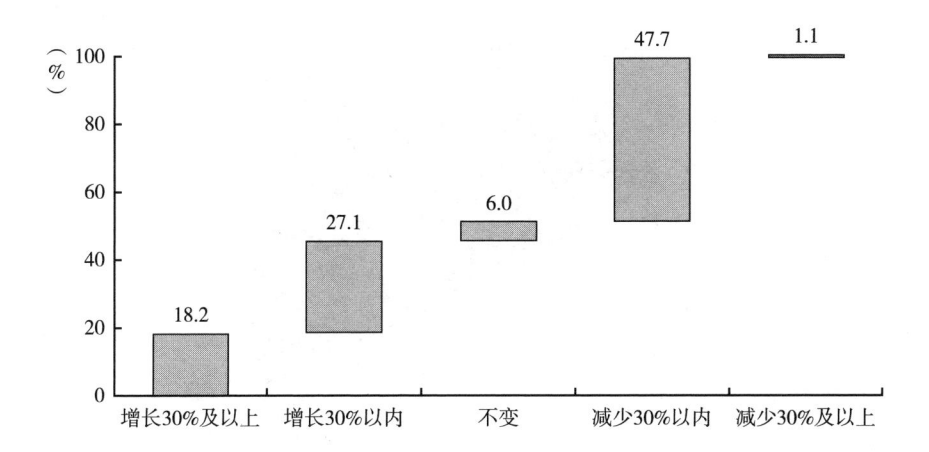

图8　受访者预计2024年家庭人均旅游花费增减情况

（三）旅游满意度

1. 总体旅游满意度：较2020年有明显提升

就旅游满意度而言，结果显示，对旅游体验持"非常满意""比较满意"的受访者占比分别为39.6%和51.6%，对旅游体验持"一般""不太满意""非常不满意"的受访者占比不超过10%（见图9）。计算均值发现，受访者对其旅游体验的总体满意度均值为4.3，较2020年有明显提升（2020年调查显示，旅游满意度均值为3.7）。

2. 旅游分项满意度：对旅游购物和旅行社满意度较低

就旅游交通、旅游住宿、旅游购物、旅游娱乐、旅游景点、旅行社和公共服务等各分项的满意度而言，调查结果显示，受访者对旅游景点（4.12）、旅游交通（4.11）、公共服务（4.10）、旅游娱乐（4.05）和旅游住宿（4.03）给予较高评价，满意度均值均超过4，而对旅游购物和旅行社的评价相对偏低，满意度均值分别为3.81和3.70（见图10）。

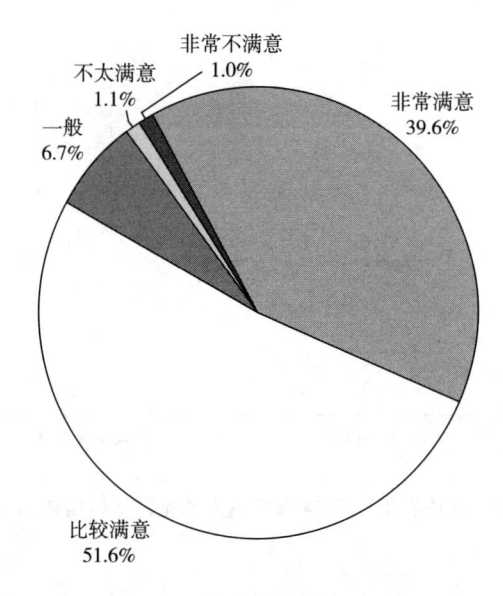

图 9 受访者整体旅游满意度

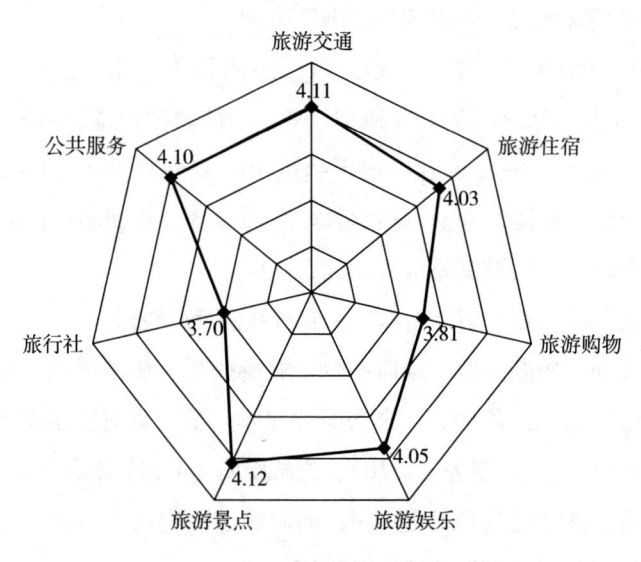

图 10 受访者对各旅游分项的满意度（最高分 5 分）

二 旅游行为决策

（一）旅游类型：传统自然观光游仍占主体

就旅游类型而言，在16种旅游类型中，最受青睐的依然是自然观光游，占比高达70.9%，名胜古迹游、度假休闲游分别居第二、第三位，均超过50%（见图11）。此外，旅游市场需求逐步向多元化、纵深化拓展，民俗风情游、美食购物游、健康疗养游、亲子旅游等主题游需求旺盛，夜间旅游、探险旅游、冰雪旅游、工业旅游等也受到关注。

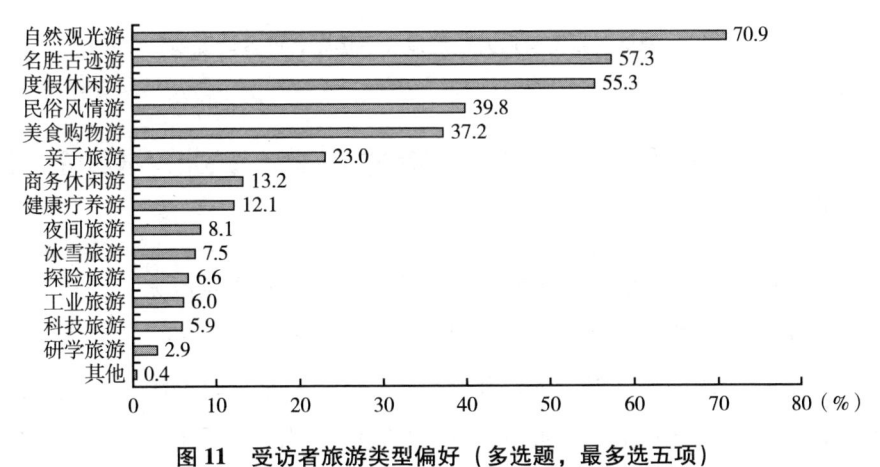

旅游类型	占比(%)
自然观光游	70.9
名胜古迹游	57.3
度假休闲游	55.3
民俗风情游	39.8
美食购物游	37.2
亲子旅游	23.0
商务休闲游	13.2
健康疗养游	12.1
夜间旅游	8.1
冰雪旅游	7.5
探险旅游	6.6
工业旅游	6.0
科技旅游	5.9
研学旅游	2.9
其他	0.4

图11 受访者旅游类型偏好（多选题，最多选五项）

（二）旅游交通方式：火车/高铁是首选

就旅游交通方式而言，调查发现（见图12），2023年以来，受访者在开展旅游活动时，最常选择的交通方式为火车/高铁，占比高达78.2%；第二为自驾车（含租车自驾），占比为59.6%；第三为飞机，占比为51.0%；第四为汽车/大巴，占比为40.1%；第五为目的地公共交通，占比为22.1%；其余交通方式的占比相对偏低，小于10%。

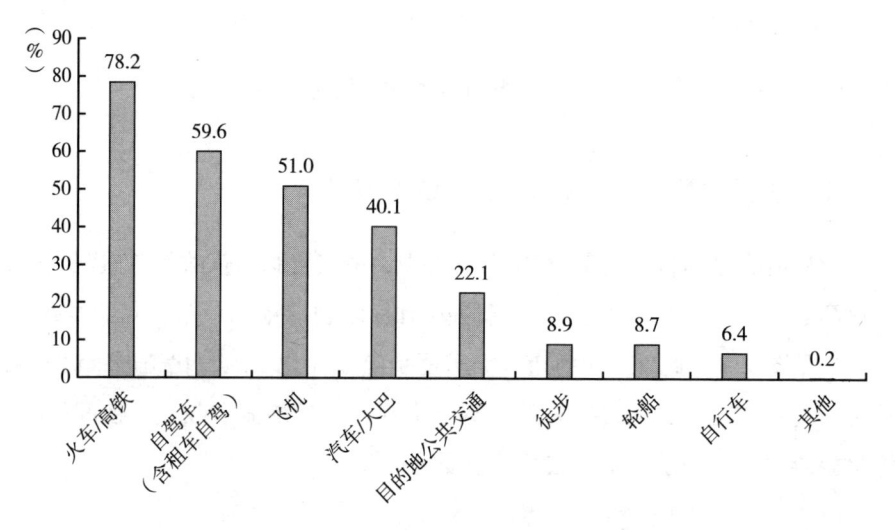

图12 受访者旅游交通方式选择（多选题，最多选五项）

（三）旅游组织形式：自助游>半自助游>私人定制游>跟团游，定制游偏好明显上升

就旅游组织方式而言，调查发现（见图13），2023年以来，受访者参与频率由高到低依次是自助游（75.1%）、半自助游（34.5%）、私人定制游（30.0%）、跟团游（26.5%）和其他（1.3%），呈现自助游>半自助游>私人定制游>跟团游的态势。而2020年的调查结果显示，受访者对跟团游的偏好高于定制游，可见，目前人们对跟团游的偏好明显下滑，而对定制游的偏好明显升高。

（四）旅游同伴选择：与亲朋结伴旅游最为普遍

就旅游同伴而言（见图14），仅有7.5%的受访者独自出游，与家人、朋友一起出游的受访者占比分别为79.0%和58.8%，与恋人、同事/同学结伴旅游的受访者占比在20%~30%，6.7%的受访者选择与旅游爱好者/驴友结伴出游。

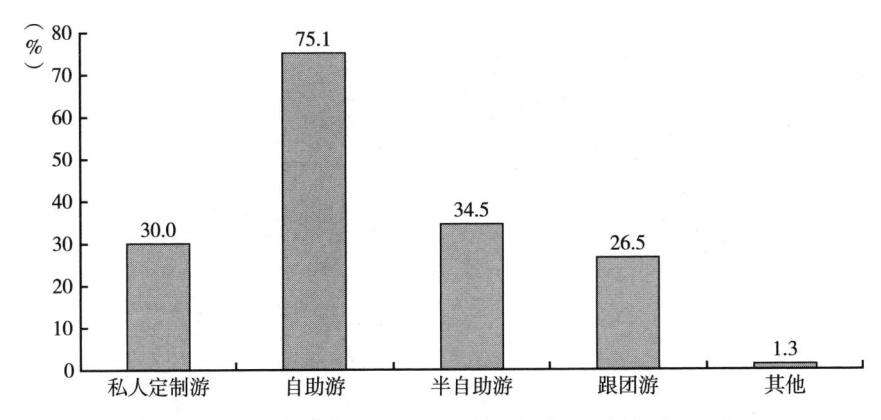

图 13 受访者旅游组织形式偏好（多选题，最多选三项）

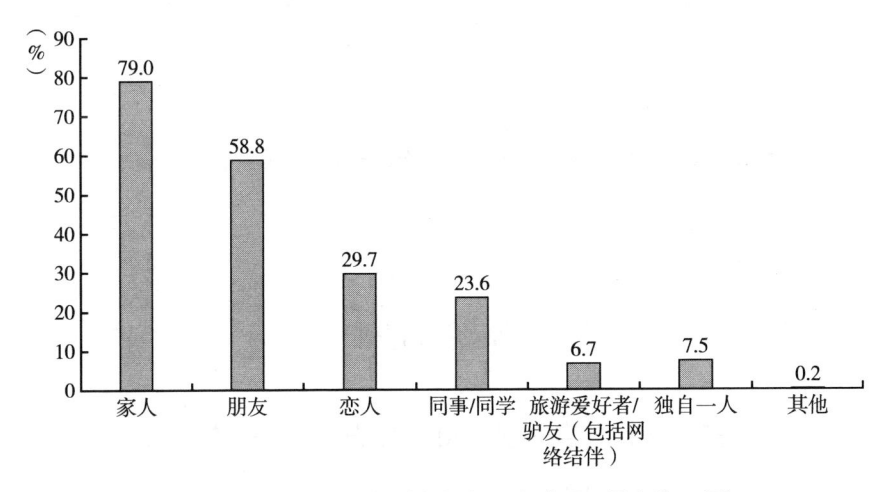

图 14 受访者旅游同伴选择偏好（多选题，最多选三项）

（五）信息获取渠道：社交媒体的影响力不容小觑

就获取旅游信息的渠道而言，总体来看，呈现多样化趋势，且以线上渠道为主（见图 15）。其中，短视频平台和网络社群平台位居前二，占比分别为 69.3% 和 59.7%；亲朋好友推荐位列第三，占比为 51.1%；景区/目的地官方网站、在线旅游服务商分别排名第四、第五位，占比分别为 47.6% 和 34.6%；而仅有 25.3% 的受访者会选择广播电视等媒体获取旅游信息。

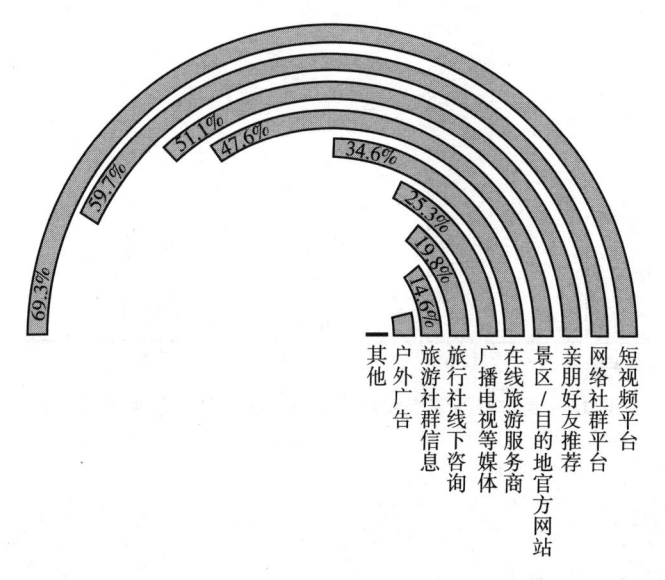

图15 受访者获取旅游信息渠道选择偏好（多选题，最多选五项）

数据（由外到内）：69.3%、59.7%、51.1%、47.6%、34.6%、25.3%、19.8%、14.0%

标签（由外到内）：短视频平台、网络社群平台、亲朋好友推荐、景区/目的地官方网站、在线旅游服务商、广播电视等媒体、旅行社线下咨询、旅游社群信息、户外广告、其他

三　旅游关注焦点

（一）目的地选择：自然景观和住宿条件最受关注

问卷列出了选择旅游目的地时可能会关注的14项因素。调查结果显示，自然景观、住宿条件和餐饮条件是受访者主要考虑的因素，占比分别为65.1%、62.2%和52.3%（见图16）；此外，对交通状况、价格费用、民俗风情、文史景观的关注度也比较高；相对而言，对旅游保险、应急措施、退费政策等方面的关注程度较低。

进一步地，将14项因素归纳为"游、娱""吃、住、行、购""价格、卫生和安全"三大类，分析发现，受访者在选择目的地时，在"游、娱"类因素中最关注"自然景观"（在所有因素中位居第一），在"吃、住、行、购"类因素中最关注住宿条件（在所有因素中位居第二），在"价格、卫生和安全"类因素中最关注"价格费用"(在所有因素中位居第五)。总体来看,受访者对目的地旅游吸引物本身及其"吃、住、行、购"相关配套设施更为关注。

与之相比,2020年调查显示,受访者对"社会安全"的关注指数位列第一,且对与"卫生、安全"相关的"卫生健康""应急措施"的关注度较高。可见,疫情之后,公众对旅游本质内容的关注明显上升,对卫生、安全等的关注度下降。

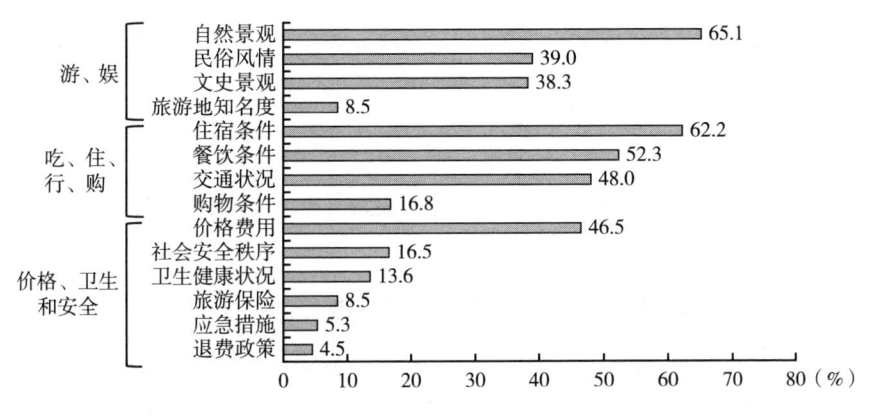

类别	因素	比例(%)
游、娱	自然景观	65.1
	民俗风情	39.0
	文史景观	38.3
	旅游地知名度	8.5
吃、住、行、购	住宿条件	62.2
	餐饮条件	52.3
	交通状况	48.0
	购物条件	16.8
价格、卫生和安全	价格费用	46.5
	社会安全秩序	16.5
	卫生健康状况	13.6
	旅游保险	8.5
	应急措施	5.3
	退费政策	4.5

图16 受访者选择目的地时关注的因素(多选题,最多选五项)

(二)旅游公共服务:旅游交通和目的地信息最受关注

就旅游公共服务而言(见图17),受访者对旅游交通的关注程度最高,达64.2%;对目的地信息的关注程度次之,为58.5%;此外,受访者也较关注消费补贴优惠(37.9%)和客流预警及疏导(37.5%)。

(三)"智慧文旅"服务:"景区自助导览"的认知率和使用率最高

本次调查关注了受访者对"智慧文旅"服务的认知程度和使用情况(见图18)。调查发现,超90%的受访者了解或使用过各类"智慧文旅"服务。就认知程度而言,受访者对"景区自助导览""景区在线直播""线上博物馆"最为了解,占比均超50%,对"网络虚拟景区""线上文博小程序"也有较高程度的了解。就使用状况而言,"景区自助导览"使用率最

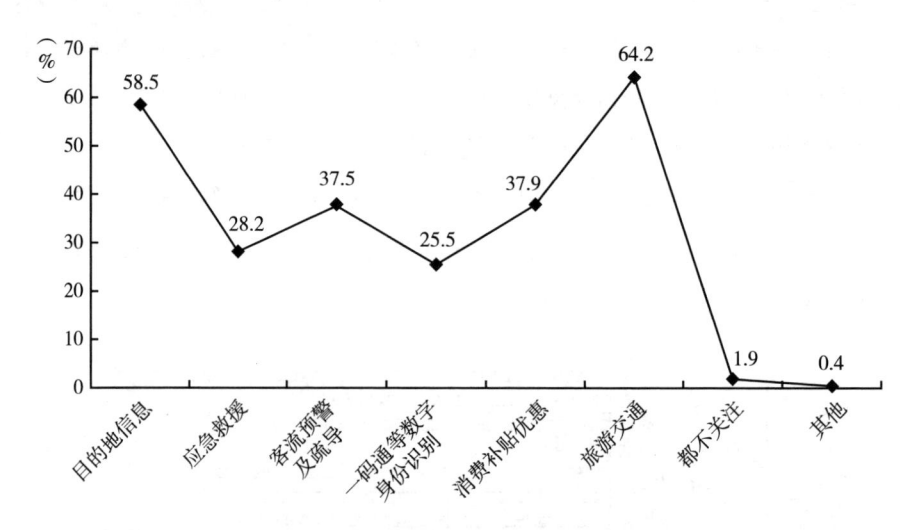

```
  %  70
      60   58.5                                          64.2
      50
      40           37.5      37.9
      30    28.2        25.5
      20
      10                                                      1.9   0.4
       0
         目的地信息 应急救援 客流预警 一码通等数字 消费补贴优惠 旅游交通 都不关注 其他
                          及疏导    身份识别
```

图17　受访者对旅游公共服务的关注程度（多选题，最多选三项）

高，为54.6%；此外，对其他"智慧文旅"服务的使用程度由高到低排序依次为"景区在线直播"、"线上博物馆"、"网络虚拟景区"和"线上文博小程序"。对"智慧文旅"服务的认知程度和使用状况排序具有较高的一致性。

（四）出游担忧因素："人多拥挤"和"时间限制"是主要顾虑

本次调查列出了14项出游时可能面临的担忧（见图19）。结果显示，在旅游目的地及旅游产品维度，涉及"交通不畅""旅游产品价格高""旅游产品、目的地选择少""人多拥挤""公共卫生安全""人身安全""交通、住宿、餐饮、娱乐等场所不够卫生"等7个方面。其中，受访者最为担忧"人多拥挤"，占比高达60.5%；"交通不畅""旅游产品价格高"也是重要担忧。在自身因素方面，涵盖经济、时间、心理等维度，具体涉及"经济条件不允许""时间限制""出游过程中心情紧张压力大""计划变更可能承担资金损失"等方面。其中，列首位的是"时间限制"，占比为59.9%。

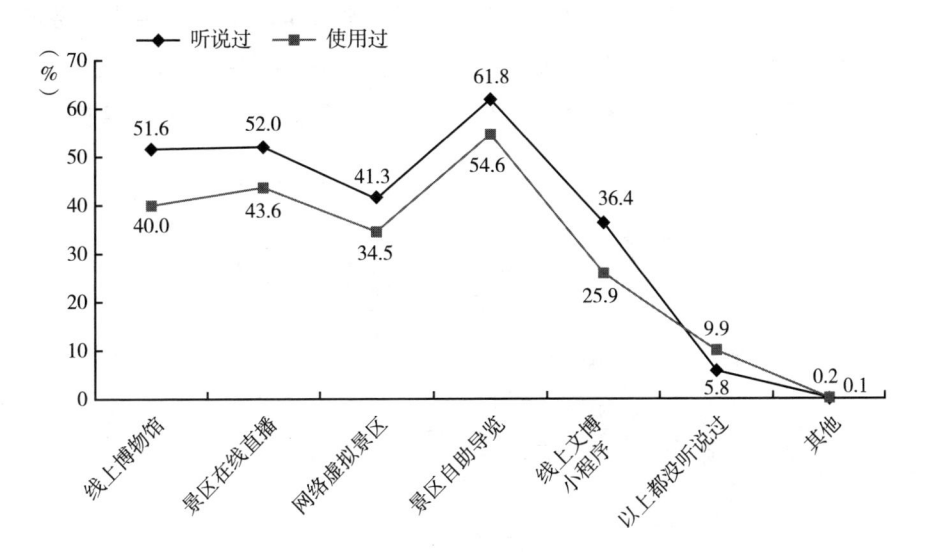

图 18 受访者了解、使用"智慧文旅"服务状况（多选题，选项不限）

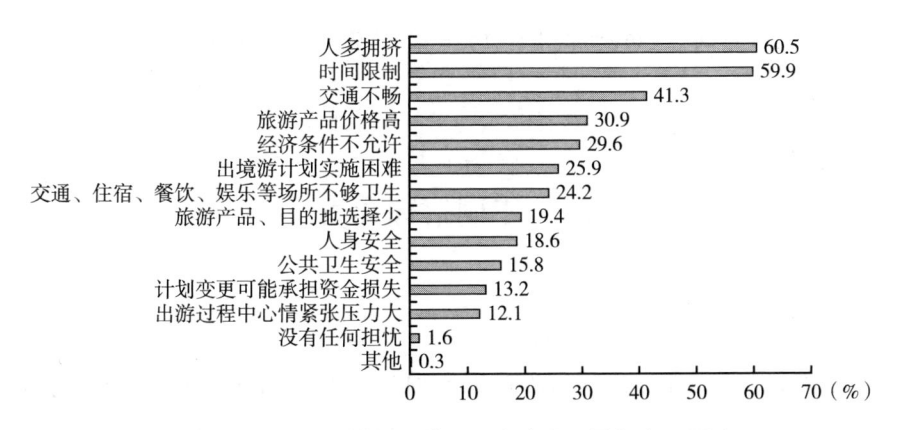

类别	听说过	使用过
线上博物馆	51.6	40.0
景区在线直播	52.0	43.6
网络虚拟景区	41.3	34.5
景区自助导览	61.8	54.6
线上文博小程序	36.4	25.9
以上都没听说过	5.8	9.9
其他	0.2	0.1

图 19 受访者出游担忧情况（多选题，最多选五项）

担忧事项	占比（%）
人多拥挤	60.5
时间限制	59.9
交通不畅	41.3
旅游产品价格高	30.9
经济条件不允许	29.6
出境游计划实施困难	25.9
交通、住宿、餐饮、娱乐等场所不够卫生	24.2
旅游产品、目的地选择少	19.4
人身安全	18.6
公共卫生安全	15.8
计划变更可能承担资金损失	13.2
出游过程中心情紧张压力大	12.1
没有任何担忧	1.6
其他	0.3

（五）主要缓解方式：获取多元信息为主要手段

为了缓解出游担忧，受访者常采取多种应对策略。调查结果显示（见图20），"收集更多来源的信息"是最常用的方式，占比达58.3%；排名第二的应对策略是"选择性价比更高的旅游目的地"，占比为48.4%；此外，

"旅行中注重卫生防护""选择品牌和信誉好的平台和旅行社""确保旅游地得到政府的认可与承诺"等多种方式也是受访者缓解旅游担忧的常见做法；再者，受访者也通过购买保险、购买售后保障优质旅游产品等措施降低或规避经济损失等风险。

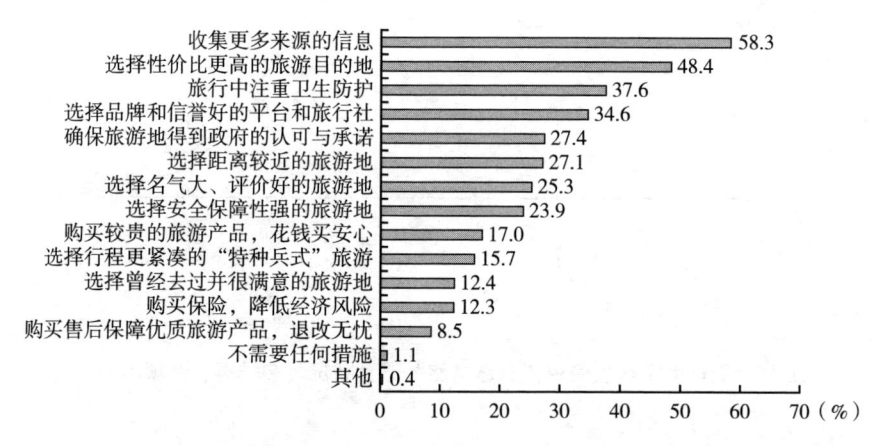

缓解方式	比例(%)
收集更多来源的信息	58.3
选择性价比更高的旅游目的地	48.4
旅行中注重卫生防护	37.6
选择品牌和信誉好的平台和旅行社	34.6
确保旅游地得到政府的认可与承诺	27.4
选择距离较近的旅游地	27.1
选择名气大、评价好的旅游地	25.3
选择安全保障性强的旅游地	23.9
购买较贵的旅游产品，花钱买安心	17.0
选择行程更紧凑的"特种兵式"旅游	15.7
选择曾经去过并很满意的旅游地	12.4
购买保险，降低经济风险	12.3
购买售后保障优质旅游产品，退改无忧	8.5
不需要任何措施	1.1
其他	0.4

图 20　受访者缓解出游担忧方式（多选题，最多选五项）

四　不同群体差异

（一）代际差异

本次调查依据出生年份将受访人群划分为 1964 年及以前、1965~1980 年、1981~1994 年、1995 年及以后等 4 个年龄阶段群体。结合不同人群的旅游状况，有如下几点发现。

1. "95后"群体：出游次数最多，花费最低

调查显示，这类群体的平均旅游次数排名首位，而其家庭人均旅游消费居于末位。

就旅游次数而言（见图 21），加权计算发现，2023 年以来，平均旅游次数由高到低排序分别为 1995 年及以后群体、1981~1994 年群体、1964 年及以前群体、1965~1980年群体。1995年及以后群体人均出游次数最多，为2.52次，较排名末位的1965~1980年群体多出0.27次，说明旅游市场呈现明显的年轻化趋势。

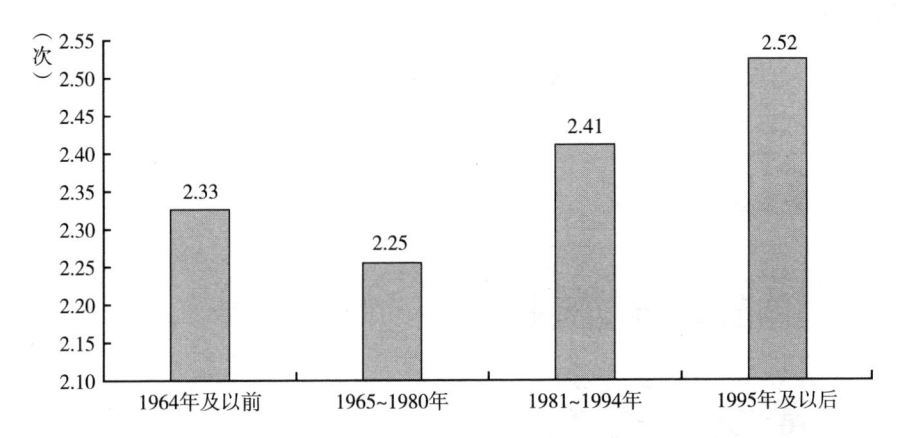

图21 旅游次数的代际差异

从家庭人均旅游花费来看（见图22），由高到低排序依次为1981~1994年群体（5223元）、1965~1980年群体（5064元）、1964年及以前群体（4901元）和1995年及以后群体（4571元）。1995年及以后群体家庭人均旅游消费支出明显低于其他三类群体，较排名第一的1981~1994年群体低652元。

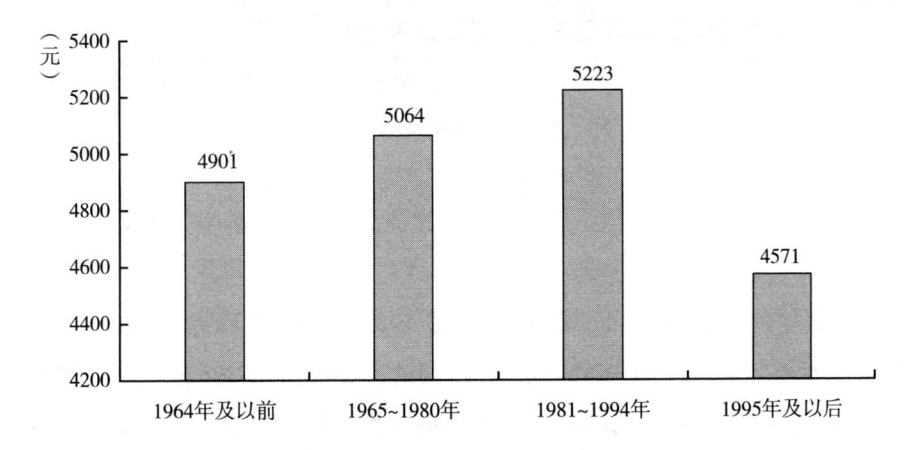

图22 家庭人均旅游花费的代际差异

2. "95后"群体：旅游中"爱吃也爱玩"

从旅游花费增加的项目来看（见图23），"95后"群体最愿意在"餐饮消费"（80.1%）上增加支出，在"娱乐消费"（12.6%）上增加支出的比重也明显高于其他年龄群体。

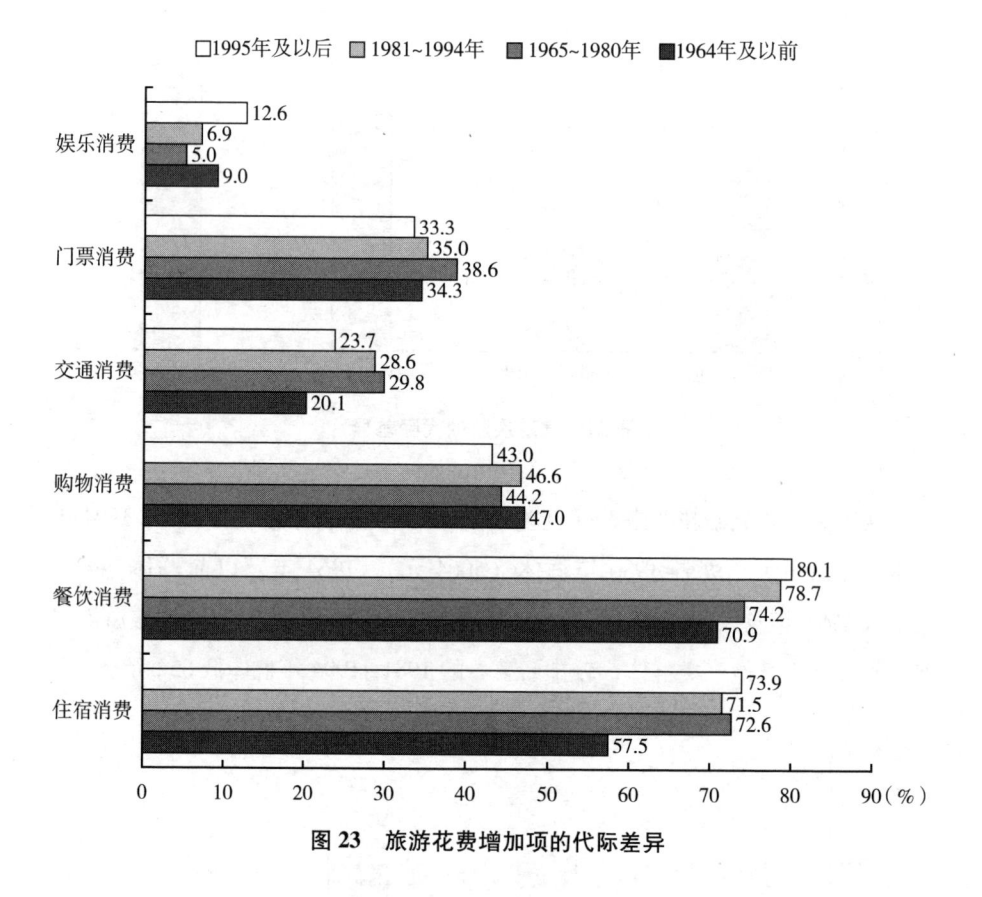

□1995年及以后　■1981~1994年　■1965~1980年　■1964年及以前

娱乐消费
- 12.6
- 6.9
- 5.0
- 9.0

门票消费
- 33.3
- 35.0
- 38.6
- 34.3

交通消费
- 23.7
- 28.6
- 29.8
- 20.1

购物消费
- 43.0
- 46.6
- 44.2
- 47.0

餐饮消费
- 80.1
- 78.7
- 74.2
- 70.9

住宿消费
- 73.9
- 71.5
- 72.6
- 57.5

图23　旅游花费增加项的代际差异

3. 在私人定制游中，"95后"群体占比最高；在跟团游中，"80前"群体选择更多

较其他年龄群体而言，跟团游更受1965~1980年群体（32.5%）和1964年及以前群体（29.9%）偏爱，说明这两类群体相对注重旅游便利性，通过购买旅行社产品降低旅游风险和不确定性。1995年及以后群体对私人定制游的偏好达34.4%，明显高于其他三类群体，对半自助游（28.9%）、

跟团游（21.5%）的倾向显著低于其他年龄群体，说明该类群体相对注重个性化和独特性（见图24）。

```
□ 1964年及以前  ■ 1965~1980年  ■ 1981~1994年  ■ 1995年及以后
```

旅游组织形式	1964年及以前	1965~1980年	1981~1994年	1995年及以后
私人定制游	29.9	28.1	28.1	34.4
自助游	73.1	72.5	76.7	74.7
半自助游	38.8	36.8	36.6	28.9
跟团游	29.9	32.5	26.8	21.5
其他	0.7	1.6	0.9	1.7

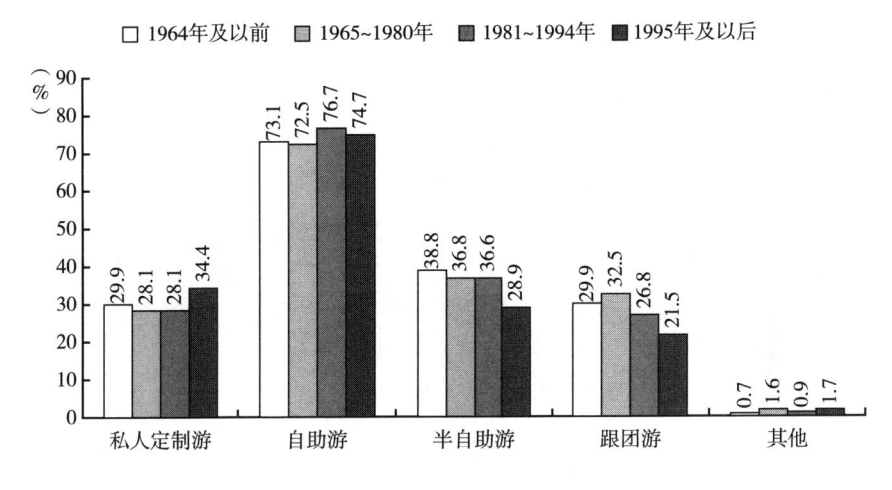

图24　旅游组织形式的代际差异

4. 年龄越大，对商务休闲游、健康疗养游、工业旅游关注程度越高；年龄越小，对冰雪旅游、探险旅游关注程度越高

整体来看，自然观光游成为所有居民的首选。就代际差异而言（见图25），年龄越大，对商务休闲游、健康疗养游和工业旅游的关注程度越高，1964年及以前群体对商务休闲游、健康疗养游和工业旅游的偏好分别为17.9%、16.4%和7.5%，分别是1995年及以后群体的1.7倍、2.0倍和1.9倍。年龄越小，对冰雪旅游、探险旅游的关注程度越高，1995年及以后群体对冰雪旅游、探险旅游的偏好为8.6%和9.1%，分别是1964年及以前群体的2.3倍、6.1倍。1981~1994年群体对亲子旅游的倾向显著高于其他三类群体。1995年及以后群体对美食购物游和民俗风情游的偏好度明显高于其他年龄群体，而对亲子旅游的偏好度显著低于其他年龄群体。

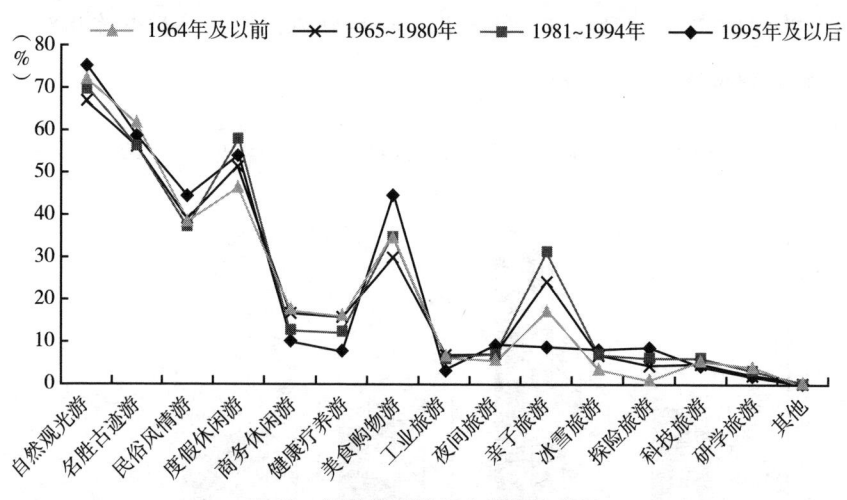

图 25 旅游类型选择上的代际差异

（二）性别差异

1. 平均旅游次数与家庭人均旅游花费无明显性别差异

2023 年以来，男性、女性平均旅游次数分别为 2.43 次、2.39 次（见图 26），家庭人均旅游花费分别为 5180 元、4824 元（见图 27），男性略高于女性，但差异不明显。而 2020 年调查显示，男性个人平均旅游花费较女性多 1189 元，高出女性 32.9%。

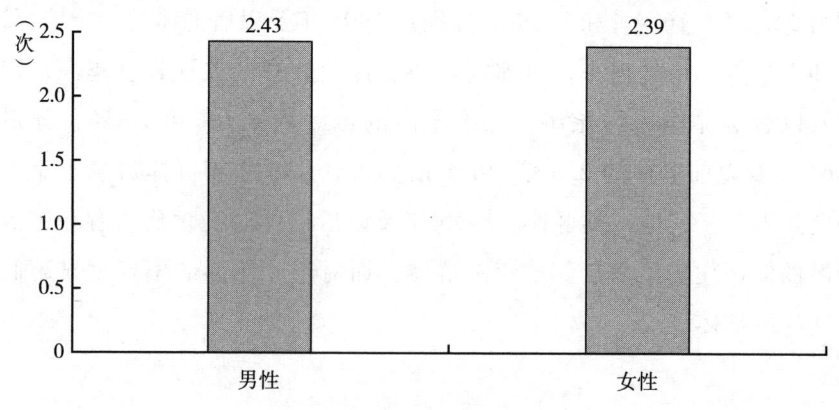

图 26 旅游次数的性别差异

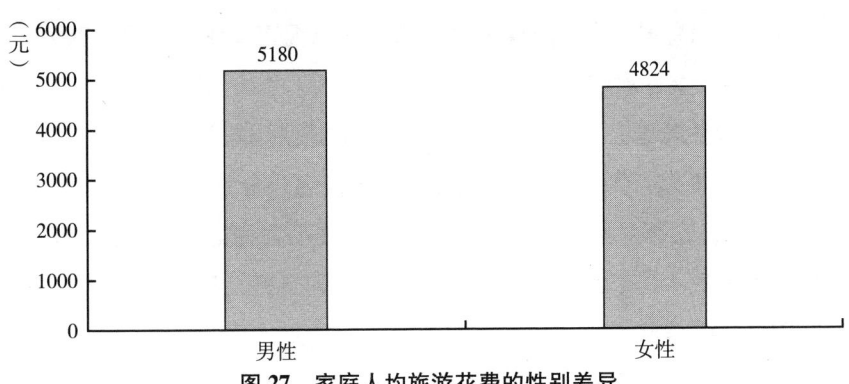

图 27　家庭人均旅游花费的性别差异

2. 在自然观光游和名胜古迹游上，男性偏好更强，在美食购物游、健康疗养游和商务休闲游上，女性偏好更强

在旅游类型上（见图28），男性对自然观光游（78.4%）和名胜古迹游（59.9%）的偏好相对更强。与男性相比，女性对美食购物游（41.0%）、健康疗养游（14.9%）和商务休闲游（16.5%）更为青睐。

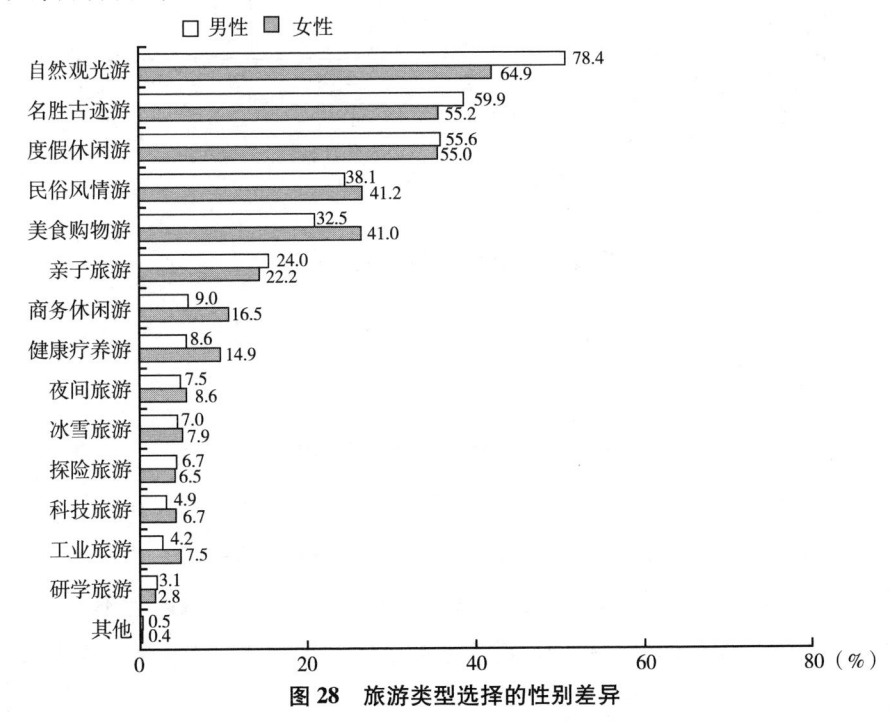

图 28　旅游类型选择的性别差异

3. 在获取信息渠道上，短视频平台和广播电视等媒体更受男性喜爱，网络社群平台更受女性欢迎

在获取信息渠道上（见图29），男性更偏好使用短视频平台（72.4%）和广播电视等媒体（28.2%）搜集旅游相关信息，分别较女性高5.6个和5.3个百分点；女性对网络社群平台、旅行社线下咨询的倾向更强，分别高出男性6.1个和4.0个百分点；亲朋好友推荐和景区/目的地官方网站两类信息获取渠道的偏好上不存在显著性别差异。

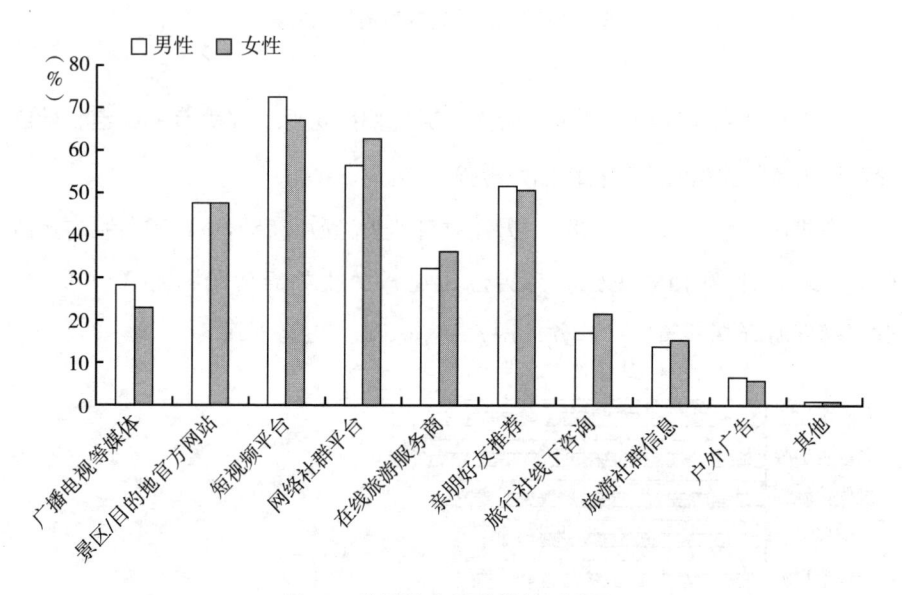

图29 获取信息渠道的性别差异

（三）家庭结构差异

1."二人世界"群体的平均旅游次数和家庭人均旅游消费水平均最高

基于生活状态视角（见图30），2023年以来，处于"二人世界"生活状态群体的平均旅游次数为2.53次，明显高于其他类别群体，处于"三代同堂""独居""两代同堂"生活状态的受访者平均旅游次数差异不大；生活状态为"其他"的群体平均旅游次数明显较低，较"二人世界"群体少

0.41 次。进一步分析发现，生活状态为"其他"群体多为在校学生，更受经济状况制约，旅游次数相对偏低。此外，加权计算表明，"二人世界"群体家庭人均旅游花费为 5469 元，显著高于另外四类群体，较"其他"群体高出 1812 元（见图 31）。

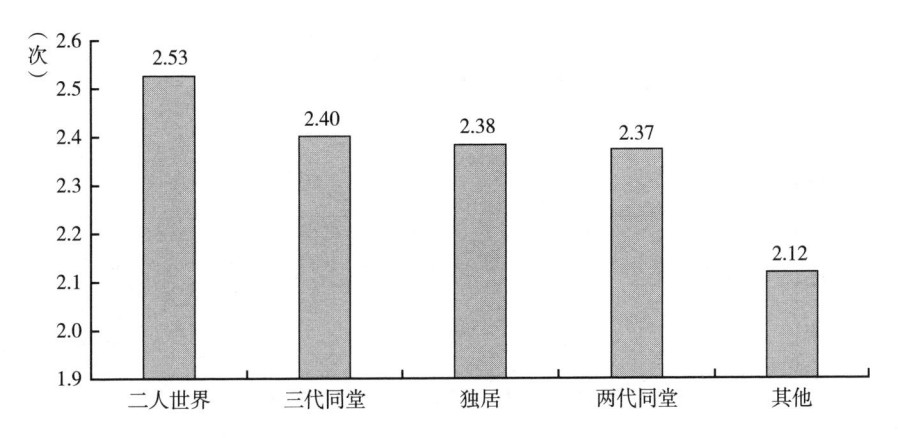

图 30 不同生活状态的旅游次数

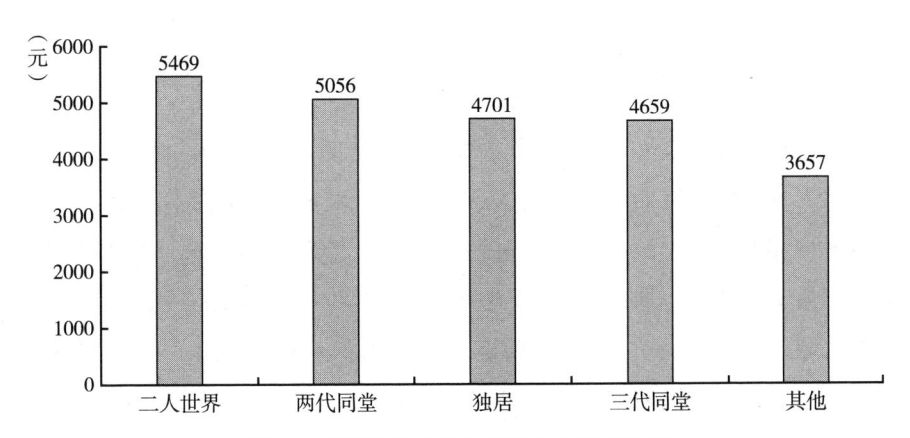

图 31 不同生活状态的家庭人均旅游花费

2. 最小孩子年龄为 18 岁及以上的家庭人均旅游花费最高

从家庭孩子抚育状况来看（见图 32），加权计算表明，抚育最小孩子年龄在 0~3 岁（包括怀孕中）的家庭人均旅游花费最低，为 4571 元；最小孩子已成年的家庭人均旅游花费最高，达6254元；后者较前者高1683元。抚育最小孩子年龄在3~18岁的家庭人均旅游花费处于5000~5500元水平。可见，不同年龄阶段小孩需要的关注和照顾程度存在差异，这对家庭旅游消费行为产生显著影响。

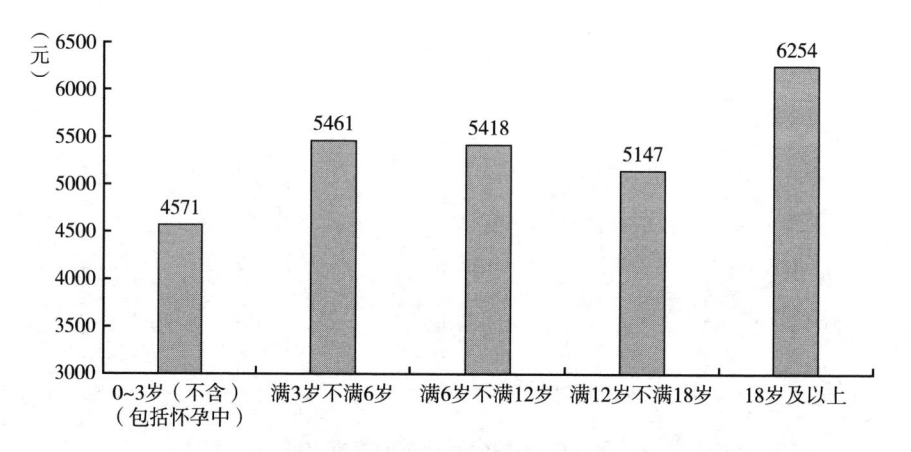

图32　不同抚育最小孩子年龄情况的家庭人均旅游花费

（四）收入差异

1. 人均旅游次数及家庭人均旅游花费随个人收入水平提升而增长

从人均旅游次数而言（见图33），2023年以来，个人月收入在3000元及以下群体的人均出游不超过2次，月收入在3000~50000元（含）的群体人均出游2~3次，月收入在50000元以上的群体人均出游3次以上。人均旅游次数随收入水平的提升持续增长，收入最高群体的人均旅游次数达3.27次，是收入最低群体（1.57次）的2.1倍。

从家庭人均旅游花费来看（见图34），2023年以来，个人月收入在8000元及以下的群体家庭人均旅游花费小于5000元，月收入在8000~30000元（含）的群体家庭人均旅游花费在5000~10000元，月收入在3万元以上的群体家庭人均旅游花费超过10000元。从变化趋势来看，月收入在5万元及以下群体，家庭人均旅游花费随个人收入水平的提升持续增长，其中个人月收入在 30000~50000 元（含）的群体花费最高，达 12250 元，虽然个人月收入在 50000 元以上的群体家庭人均旅游花费略有下滑，但仍超过 1 万元，处于高位水平。

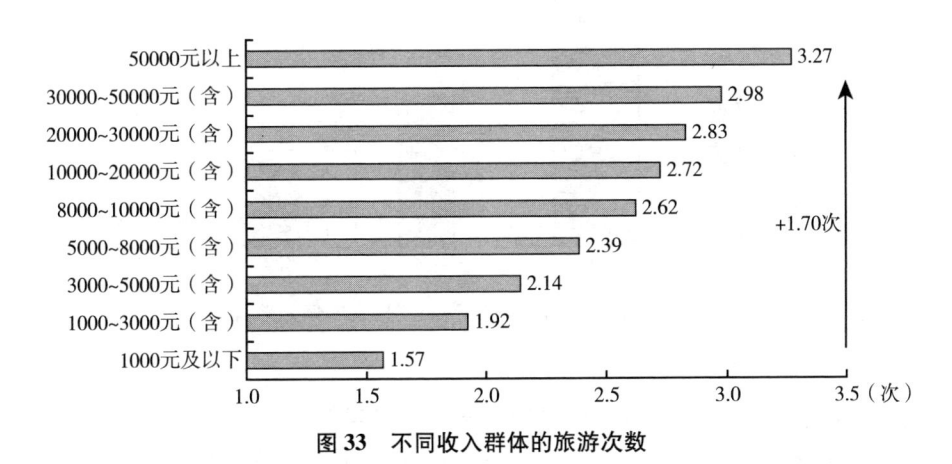

图 33　不同收入群体的旅游次数

- 50000 元以上：3.27
- 30000~50000 元（含）：2.98
- 20000~30000 元（含）：2.83
- 10000~20000 元（含）：2.72
- 8000~10000 元（含）：2.62
- 5000~8000 元（含）：2.39
- 3000~5000 元（含）：2.14
- 1000~3000 元（含）：1.92
- 1000 元及以下：1.57

+1.70 次

图 34　不同收入群体的家庭人均旅游花费

- 50000 元以上：10417
- 30000~50000 元（含）：12250
- 20000~30000 元（含）：8434
- 10000~20000 元（含）：7020
- 8000~10000 元（含）：5489
- 5000~8000 元（含）：4512
- 3000~5000 元（含）：3470
- 1000~3000 元（含）：3127
- 1000 元及以下：2235

+10015 元

2. 个人收入水平越高，对私人定制游偏好越强

从旅游组织形式看（见图 35），随着个人收入水平的提升，受访者对私人定制游的偏好愈加凸显，月收入 20000 元以上的群体选择私人定制游的占 39.4%，明显高于其他类别群体，高出月收入为 5000 元及以下群体 10.3 个百分点。

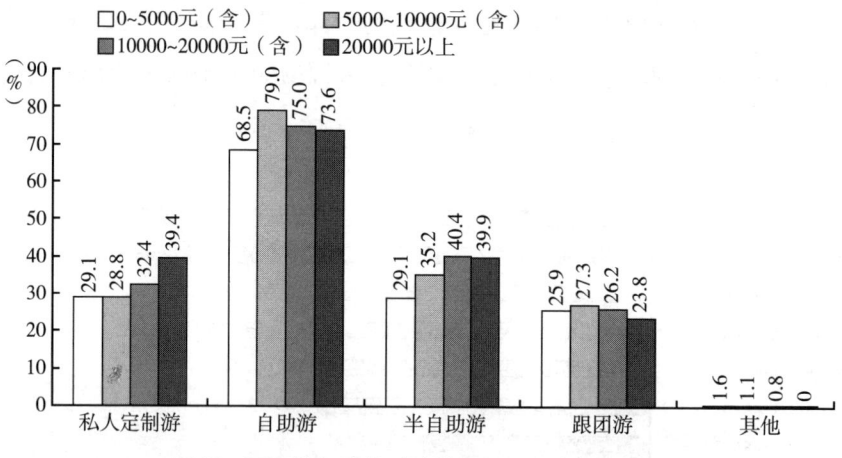

图 35 不同收入群体对旅游组织形式的偏好差异

3. 高收入群体对度假休闲游和亲子旅游偏好更强

从旅游类型选择而言（见图 36），个人月收入在 10000～20000 元（含）、20000 元以上的群体对度假休闲游的偏好分别为 65.2%和 64.8%，明显高于其他两类收入群体。受访者对亲子旅游的偏好随收入水平的提升逐步提升，个人月收入在 20000 元以上群体对其偏好为 32.6%，高出月收入 5000 元及

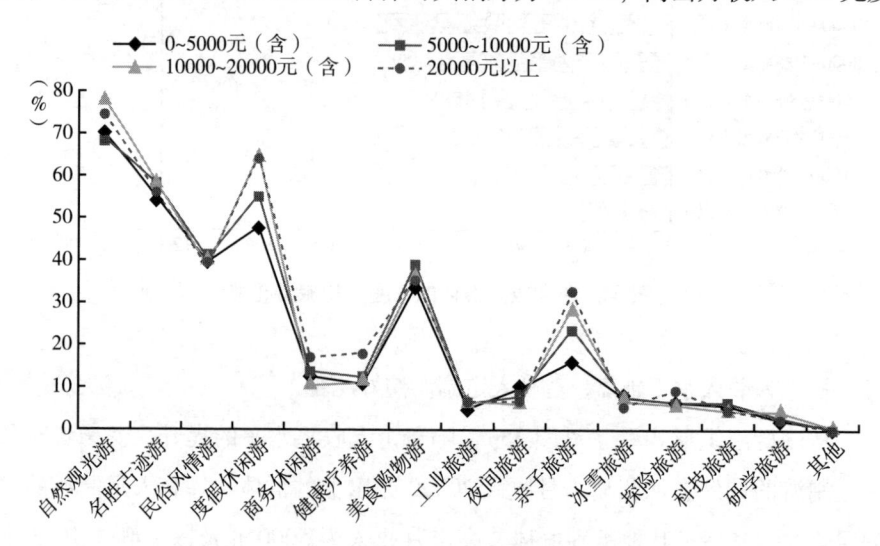

图 36 不同收入群体对旅游类型的偏好差异

以下群体16.4个百分点。月收入为20000元以上群体对健康疗养游（18.1%）、商务休闲游（17.1%）、探险旅游（9.3%）的偏好显著高于其他三类收入群体。

（五）地域差异

1. 国民出游潜力"东强西弱"

从区域差异来看，2023年以来，受访者平均出游次数呈现"东部>中部>西部"的格局，东部区域群体人均出游2.49次，明显高于中、西部区域，中部（2.38次）、西部（2.34次）区域差异不大（见图37）。2023年以来，受访者家庭人均旅游花费呈现"东部>西部>中部"的格局，东部区域家庭人均旅游花费为5325元，明显高于中、西部区域，中部、西部区域差异不大，西部略高（见图38）。由此可见，国民出游潜力展现出明显的"东强西弱"区域发展格局，东部区域在出游次数和家庭人均旅游花费上均大幅领先。

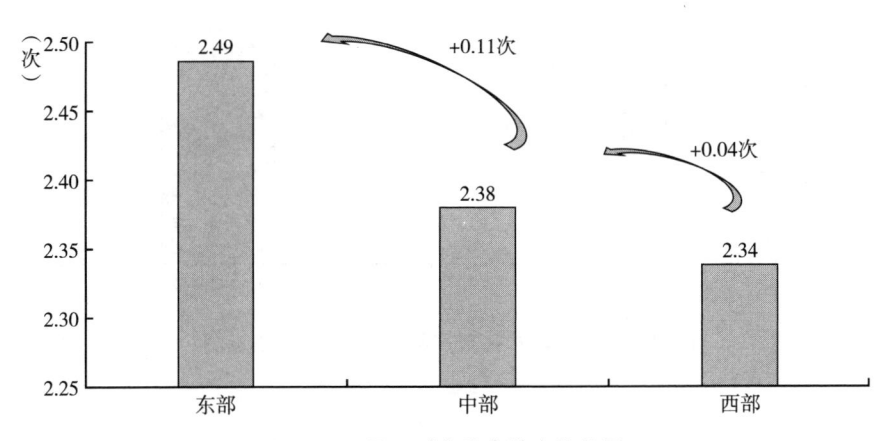

图37 不同区域人均出游次数差异

2. 城镇居民旅游消费能力显著高于农村居民

从城乡二元结构差异来看（见图39），加权计算得出，城镇居民和农村居民家庭人均旅游花费分别为5143元和3827元，城镇居民高出农村居民1316元，是农村居民的1.3倍。

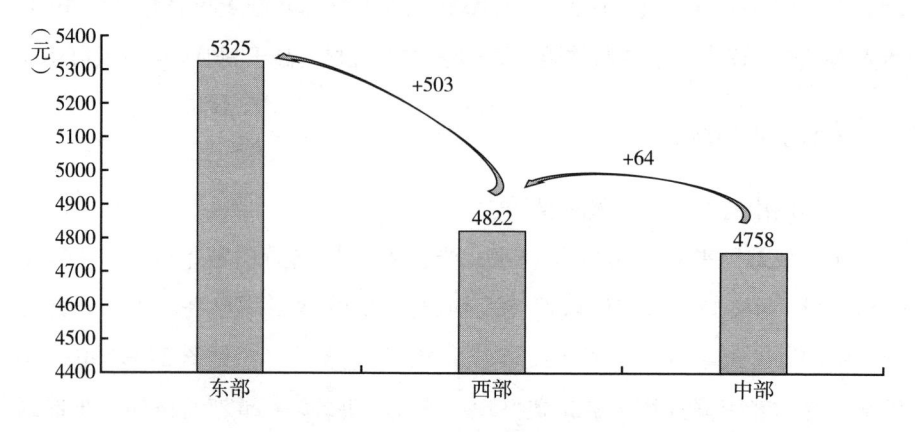

图 38　不同区域家庭人均旅游花费差异

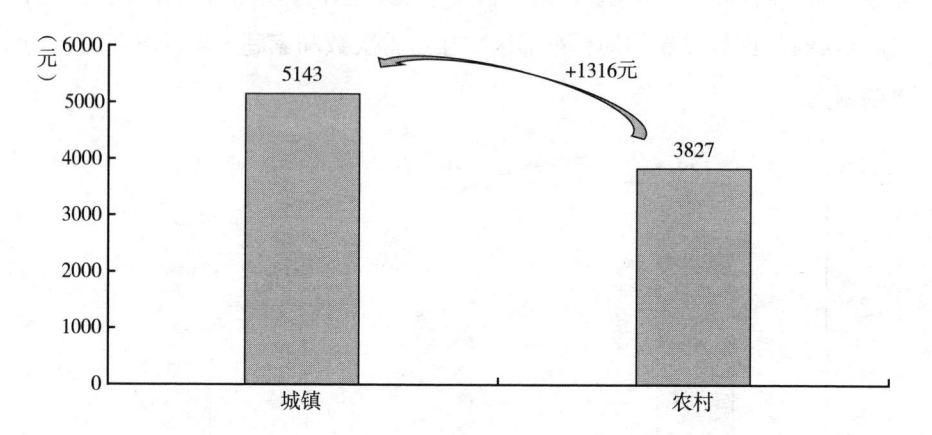

图 39　城镇和农村在家庭人均旅游花费上的差异

（六）受教育程度差异

1. 受教育程度越高，人均出游次数和家庭人均旅游花费越高，低学历群体旅游花费增长更为明显

从出游次数而言（见图 40），2023 年以来，初中及以下、高中/中专/技校、大学专科、大学本科、硕士及以上群体的平均出游次数分别为 1.59 次、2.10 次、2.25 次、2.55 次和 2.61 次，硕士及以上群体的出游次数是初中及以下群体的1.6倍。这一结果反映出居民受教育程度越高，出游活动越频繁。从家庭人均旅游花费来看（见图41），初中及以下、高中/中专/技校、大学专科、大学本科、硕士及以上群体的家庭人均旅游花费分别为2750元、3881元、4517元、5337元和6442元。硕士及以上群体较初中及以下群体高出3692元，前者是后者的2.34倍。

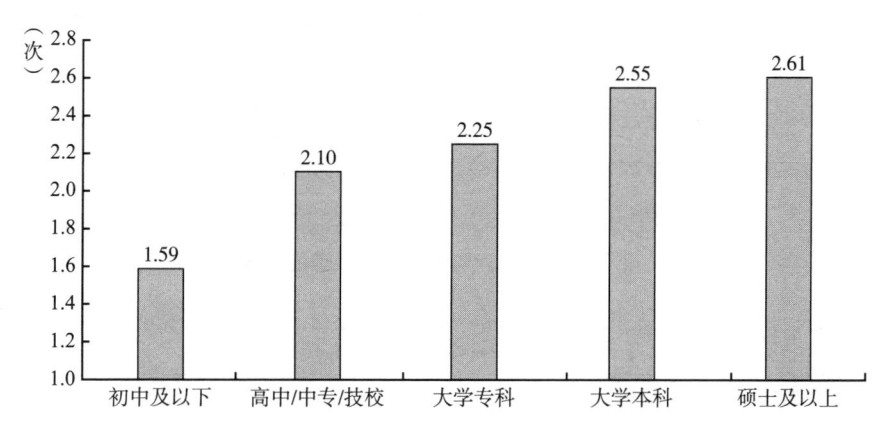

图40　不同受教育程度群体出游次数差异

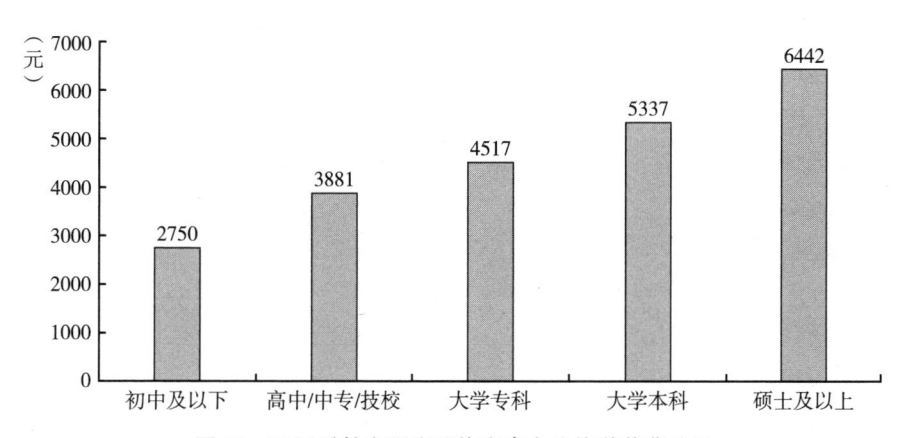

图41　不同受教育程度群体家庭人均旅游花费差异

2020年调查结果显示，初中及以下、高中/中专/技校、大学专科、大学本科、硕士及以上群体的个人平均旅游花费分别为1881元、2390元、

3705元、5308元和8566元。按可比口径分析,此次调查结果显示,初中及以下、高中/中专/技校、大学专科、大学本科的家庭人均旅游花费分别较2020年增长59.5%、77.2%、33.0%和9.7%,而硕士及以上群体家庭人均旅游花费较2020年下降18.0%。由此可见,低学历群体的旅游花费增长率高于高学历群体。

2. 高学历者对自然观光游、度假休闲游、美食购物游和亲子旅游更加偏好

从旅游类型而言(见表1),高学历者(大学本科及以上群体)对自然观光游、度假休闲游、美食购物游和亲子旅游的平均偏好分别为73.7%、57.9%、39.8%和24.7%,较其他学历群体而言明显更高。

表1 不同受教育程度群体对旅游类型的偏好差异

单位:%

旅游类型	初中及以下	高中/中专/技校	大学专科	大学本科	硕士及以上
自然观光游	55.0	68.3	67.7	73.0	74.3
名胜古迹游	50.0	53.9	57.4	58.1	57.8
民俗风情游	41.7	37.9	42.2	40.2	31.3
度假休闲游	33.3	39.7	54.5	59.7	56.1
商务休闲游	15.0	15.7	16.5	11.3	11.7
健康疗养游	16.7	12.5	12.5	11.9	10.4
美食购物游	21.7	31.9	34.2	39.9	39.6
工业旅游	10.0	8.0	6.2	5.3	7.4
夜间旅游	8.3	9.7	9.3	7.2	8.3
亲子旅游	13.3	21.2	21.5	24.1	25.2
冰雪旅游	1.7	7.0	7.5	8.0	4.8
探险旅游	6.7	6.2	7.1	6.8	4.3
科技旅游	5.0	6.2	7.4	5.4	3.5
研学旅游	3.3	1.5	3.0	2.7	6.5
其他	3.3	1.5	0.4	0.2	0.0

五 简要结论与趋势展望

2023年以来，前期被抑制的旅游需求得以充分释放。本课题组从旅游活动整体状况、旅游行为决策、旅游评价、关注焦点、不同人群旅游需求差异等维度，对2023年以来国民旅游需求状况及变化趋势进行全面调查和详细分析。基于此次调查以及与2020年调查的比较可以看出，中国国民旅游呈现如下趋势。

（一）超大规模的旅游消费市场正在经历集中性恢复增长，对国民经济呈现重要的支撑作用

我国具有超大规模的旅游消费市场。这一市场在经历三年受阻后，在2023年呈现集中性爆发。自2023年春节以来，旅游需求快速复苏，形成强劲增长。从调查数据看，2023年以来，超97%的受访者有旅游行为，较2020年增长15.5个百分点，家庭人均旅游花费为4984元，按可比口径，较2020年增加1189元。微观的旅游消费的增长投射到大规模的市场尺度上，将呈现巨大而显著的消费拉动效应。根据中国旅游研究院研究人员在本年度"旅游绿皮书"国内市场报告中的预测，2023年预计全年国内旅游人数和旅游收入将达到54.07亿人次和5.2万亿元，分别恢复至2019年同期的90%和91%，则2023年全年的旅游消费将比2022年增长超过3.16万亿元，这一增长量相当于2019年的全国电影总票房[1]的50倍，也相当于2022年全年社会消费品零售总额的7.18%[2]。而这一巨幅增量主要集中于2023年的节假日和寒暑假。国内旅游的快速恢复和集中增长，对国民经济的企稳起到了重要支撑作用。按照文化和旅游部数据中心发布的数据，2023年上

---

[1] 《2019年电影总票房为642.66亿元》，https://www.gov.cn/xinwen/2019-12/31/content_5465531.htm。

[2] 据国家统计局数据库数据，《2022年全国社会消费品零售总额为439732.5亿元》，https://data.stats.gov.cn/search.htm?s=社会消费品零售总额。

半年我国国内旅游收入达到2.3万亿元，比2022年同期增加1.13万亿元[①]，这一增长量相当于国内旅游对居民消费增长的贡献率达到59%，对经济增长的贡献率达到38%。旅游消费正在成为驱动国民经济复苏、推动社会消费增长的重要支撑。

（二）旅游需求呈现新的结构性市场动能，推动未来旅游业发展

从调查结果看，我国旅游需求的复苏，具有结构性特征。旅游消费并非按照旧有消费结构，同构地、平均地、无差别地恢复，而是呈现有重点、非均衡、结构性的增长。其中尤其需要关注旅游需求所呈现出来的一系列结构性的市场动能，这些动能将塑造未来旅游业的格局，推动未来旅游业的发展。

其一，"95后"群体在旅游市场中的主体地位日渐显现。"95后"中占很大比例的一部分，已经年满18岁，成为具有独立旅游消费决策权的人群。调查显示，"95后"群体人均出游次数在所有受访群体中最高。作为数字时代的"原住民"，这个群体最易受数字媒体影响，具有迅速集中和放大市场热点的作用。2023年以来的"进淄赶烤"美食游、"特种兵式"打卡游、心灵疗愈"寺庙游"、"Citywalk"深度游等诸多旅游热点，其后都有这一群体在起助推的作用。"95后"群体作为市场主体，将对未来旅游业格局产生不可忽视的影响。

其二，农村居民具有巨大的市场潜力。2023年以来，城镇居民和农村居民人均出游次数分别为2.4次、2.3次。农村居民在人均旅游次数上与城镇居民已无实质性差异，农村居民蕴含着巨大的市场潜力，将成为未来推动旅游消费增长的重要力量。

其三，"她力量"更加凸显。2020年调查发现，个人和家庭平均旅游消费开支女性均低于男性。而此次调查显示，2023年以来，男性和女性人均旅游次数保持一致，均为2.4次，且女性更多担任家庭旅游决策者，旅游消

[①] 《2022年上半年为1.17万亿元》，https：//zwgk.mct.gov.cn/zfxxgkml/tjxx/202207/t20220715_934711.html；《2023年上半年为2.30万亿元》，https：//zwgk.mct.gov.cn/zfxxgkml/tjxx/202307/t20230713_945923.html。

费的"她力量",带来的是亲子旅游、美食购物游、健康疗养游、私人定制游的市场契机。

(三)旅游市场仍将延续需求涨势,并逐步形成旅游需求的新常态

从调查结果看,2024年旅游消费仍将延续涨势,并在连续性的涨势中逐步形成新的常态。具体包括:第一,人均出游次数逐步提升,旅游需求日益呈现刚性;第二,周边游成为旅游消费的核心形式,国民出游次数中的绝大部分是周边游;第三,假日仍是出游的高峰时段;第四,自然观光游、名胜古迹游和度假休闲游仍是出游的基础选项;第五,自助游和私人定制游成为趋势;第六,短视频平台和网络社群平台成为旅游信息获取的主渠道;第七,"智慧文旅"服务日渐深入人心。

(四)未来发展机遇与挑战并存

一方面,未来旅游消费将进一步增长。调查结果显示,家庭人均旅游花费预期增长指数为106.8,人们在未来一年仍将增加旅游消费,其中高达18.2%的受访者表示2024年家庭人均旅游花费较2023年增长30%及以上。另一方面,旅游需求的长期可持续增长,仍然面临多方面的挑战。从制约受访者出行的主要因素看,"人多拥挤""时间限制"是人们出游两大核心担忧因素。大规模出游与有限的时间窗口之间的矛盾,依然是制约旅游高质量发展的核心因素,而收入因素也将影响未来旅游需求释放。

参考文献

王瑞婷、宋瑞、周功梅:《21世纪以来国内外旅游需求研究述评与展望》,《社会科学家》2023年第3期。

金准、夏亚龙:《数字化对文化和旅游融合的推动机制研究》,《旅游论坛》2023年第10期。

王瑞婷、宋瑞、胥英伟:《新冠疫情背景下旅游需求新趋势——基于国内外文献综

述的发现》,《资源开发与市场》2023年第3期。

刘德谦:《需求与关注度:40年国内旅游发展的动力》,《旅游学刊》2019年第2期。

宋瑞主编,金准、李为人、吴金梅副主编《2020~2021年中国旅游发展分析与预测》,社会科学文献出版社,2021。

附录:调查样本结构

单位:%

项目	分类	频数	占比
性别	男	1537	44.9
	女	1883	55.1
	总计	3420	100.0
年龄	1964年及以前	141	4.1
	1965~1980年	722	21.1
	1981~1994年	1550	45.3
	1995年及以后	1007	29.4
	总计	3420	100.0
受教育程度	初中及以下	68	2.0
	高中/中专/技校	416	12.2
	大学专科	835	24.4
	大学本科	1867	54.6
	硕士及以上	234	6.8
	总计	3420	100.0
生活状态	独居	629	18.4
	二人世界	733	21.4
	两代同堂	1408	41.2
	三代同堂	583	17.0
	其他	67	2.0
	总计	3420	100.0
	0~3岁(包括怀孕中)	436	19.6
	3~6岁	531	23.8
	6~12岁	576	25.8
	12~18岁	367	16.5
	18岁及以上	319	14.3
	总计	2229	100.0

续表

项目	分类	频数	占比
收入水平	1000元及以下	81	2.4
	1000~3000元(含)	259	7.6
	3000~5000元(含)	664	19.4
	5000~8000元(含)	1083	31.7
	8000~10000元(含)	645	18.9
	1万~2万元(含)	494	14.4
	2万~3万元(含)	122	3.6
	3万~5万元(含)	42	1.2
	5万元以上	30	0.9
	总计	3420	100.0
行政区域	东部	1262	36.9
	中部	1259	36.8
	西部	899	26.3
	总计	3420	100.0
城乡结构	城镇	3006	87.9
	农村	414	12.1
	总计	3420	100.0

年度主题
"旅游业的转型与创新"

·前沿探索·

G.3 当前中国旅游业发展背景和转型趋势

曾博伟　牛冠丽*

摘　要： 伴随新冠疫情防控政策的调整，中国旅游业进入恢复和振兴时期，与此同时，一些影响中国旅游业的深层次问题也逐渐凸显，并成为推动中国旅游业转型发展的重要因素。通过分析当前中国旅游业发展的背景，并结合中国旅游业发展的趋势，可提出未来旅游业转型的方向。

关键词： 旅游发展　旅游政策　旅游业

---

* 曾博伟，博士，北京联合大学旅游学院教授，中国旅游协会休闲度假分会秘书长、中国社会科学院旅游研究中心特约研究员，主要研究方向为旅游政策研究；牛冠丽，北京联合大学旅游学院硕士研究生。

一 当前中国旅游业的发展背景

（一）经济变化

自 1978 年改革开放以来，中国经济持续增长，成为世界第二大经济体。进入"十三五"时期，国内生产总值突破 100 万亿元大关，但相较过去 8% 甚至两位数以上的增速，总体增速开始下降到 7% 以下。进入"十四五"时期，我国经济投资开始放缓，特别是房地产业的萎靡使得过去以投资拉动增长的模式难以持续。伴随国际产能的恢复和部分国内产能的转移，我国"世界工厂"的出口优势下降并在 2023 年受到诸多挑战。此外，新冠疫情对我国城乡居民收入增长造成实质冲击，加之居民预期转弱，也造成消费恢复的乏力。因此，未来一段时期，我国经济增长速度将从高速转向中低速。尽管旅游业有时会表现出逆周期的"口红效应（经济不景气时销量反而会增加）"，但总体而言，作为国民经济产业链下游的旅游业，其发展受国民经济的影响很大。可以预见：一方面，由于当下国民经济高速增长的难以持续，旅游市场"蛋糕"将很难如过去一般持续快速增长；另一方面，由于旅游行业进入门槛较低，伴随资本有机构成增长更快行业的供给资源的大量挤出，其中一部分将会进入旅游业，这无疑会进一步加剧旅游行业的竞争。

（二）技术变革

全球范围内新一轮的科技革命，以及一批具有前瞻性、战略性国家重大科技项目的实施推进，将对旅游产业的发展产生深远影响。特别是数字化、网络化、智能化引发的科技创新，将推动传统旅游业态升级，促进旅游产品和服务的创新，倒逼旅游业从资源驱动向创新驱动转变。具体而言，这种影响主要体现在三个方面。

一是技术变革极大拓展了旅游体验的内容和边界。旅游本质上来讲是一种体验经济。一方面，越来越多的非传统旅游资源，通过技术进步，成为新的旅游消费对象；另一方面，很多与技术相关，特别是与数字化相关的体验内容不断涌现，比如VR、AR等体验活动，在旅游景区、旅游度假区特别是主题公园和旅游演艺中，越来越受到游客的欢迎。未来数字化本身形成的虚拟内容，会和越来越多的线下体验有机结合起来，从而极大地丰富游客对于旅游体验的感受。

二是技术变革根本重构了旅游产业运行的格局。技术的进步促使大量平台型线上旅游企业涌现出来，与此同时，技术进步带来的去中心化，让旅游经营更加分散化。中心化的平台和去中心化的企业有机结合，构建了旅游产业的新生态。未来，只有实现线上和线下体验的无缝衔接，对业态创新的作用才可以有效体现，而这种融合对旅游产业运行的格局正在产生越来越大的影响。

三是技术变革深刻影响了旅游产业的生产模式。一方面，传统的旅游服务业在生产的过程中面临很多的问题，比如服务的精准度不够、服务效率不高等。但数字技术等技术的进步可以从供给端重构一套供应链，这意味着旅游业虽然是劳动密集型行业，但通过数字化的助力，也可以成为效率很高的产业。另一方面，旅游需求是个性化的需求。个性化的需求需要柔性的生产去满足，而通过技术赋能的柔性生产，更符合消费者需求的定制旅游有了更为广阔的前景。借助技术的力量，未来旅游产业可以更充分地满足更细分的小众市场的需求。而小众市场意味着更高的客单价，这本身也是一种业态创新。

（三）消费变动

伴随旅游业发展的不断深入，试图依靠同一均质化的产品满足不同细分消费群体需要的发展模式已经不可持续。为不同细分消费群体提供差异化的产品和服务将成为未来旅游业发展的主流。其中值得关注的细分消费群体主要有以下几类。

一是中产阶层旅游消费。中产阶层是我国旅游市场消费的主力军，伴随纺锤体社会阶层结构的逐步形成，中国的中产阶层规模在不断扩大。据初步估算，目前中产阶层占总人口的比例在30%左右。中产阶层旅游消费不一定追求奢华，但是关注品质和细节，对价格也比较敏感，这实际上已成为大众旅游产品的基本要求。

二是亲子游消费。据携程旅行发布的《中国亲子游消费趋势报告》，通过平台下单出游的"80后"父母占比高达41%，"90后"父母紧随其后占比为32%，"70后"占比为20%。在参与亲子游的儿童群体中，0~3岁婴幼儿占比为7%；4~6岁学龄前儿童占比为13%；有60%的客群集中在7~12岁，以求知与探索为需求的小学生成为亲子游市场主力军。从发展趋势看，亲子游不仅仅是市场概念，更应该变成产品供给的重点，这就需要从游览体验、住宿体验、餐饮体验、玩乐体验等方面对旅游产品进行全面更新。

三是老年旅游消费。老年旅游占市场旅游总额的20%左右，并且呈现需求旺盛、不断攀升的趋势。特别是伴随中国改革开放之后成长起来的"60后"开始进入退休年龄，其收入水平和消费观念都与"50后"、"40后"有很大不同，这也意味着老年游将不再是低价和麻烦的代名词，与国外发达国家类似，中国未来老年旅游的消费频次和水平都将大幅提升。未来老年旅游将成为旅游市场新的增长点。

四是Z世代旅游消费。Z世代通常是指1995~2009年出生的一代人，他们一出生就与网络信息时代无缝对接，受数字信息技术、即时通信软件、智能手机产品等影响比较大。尽管Z世代总体旅游消费水平不算太高，是"特种兵式旅游"的主要群体，但Z世代在一定程度上是网络时代舆情的风向标，同时也是未来快速成长的消费群体。因此如何针对这个群体推出爆款的网红打卡点，将极大地影响旅游市场的走向。

（四）产业变迁

在旅游行业内，除旅游免税商品等少数领域存在垄断，绝大多数领域都处于完全市场竞争状态，这造成旅游产业整体的快速变迁。在旅游产业总体供大于求的背景下，中国旅游业过剩和短缺的问题同时并存，一方面传统旅游景区、传统星级饭店、传统旅行社等传统产品供给过剩，市场大幅萎缩；

另一方面，一些旅游新产品和新业态异军突起，受到市场的追捧。这其中也折射出旅游产业结构变化的深层次问题。大体而言，主要涉及几个方面的产业结构。一是开发结构。主要的特点是布局从分散到集中，商业模式不断创新。二是运营结构。既包括总体运营结构（涉及行业结构、企业类型、企业数量、企业能力），也包括企业的运营结构（涉及对各种生产要素如土地、资金、管理、人才、技术的配置等一系列的结构问题）。三是组织结构。即旅游企业的规模配置，简单地说就是"顶天立地"与"铺天盖地"相结合，即少数"顶天立地"的大企业，加上大多数"铺天盖地"的小企业，形成当下相对合理的旅游产业结构。

二　当前中国旅游业的转型趋势

（一）旅游市场趋势的转变

传统旅游市场总体而言是均质化和稳定化的，因此对旅游市场的开发也是相对单一化和常态化的。随着旅游业发展进入新阶段，旅游市场变得更加碎片化、多元化和非稳定化，这就需要认真研究旅游市场的变化趋势，不断探索更有效的市场开发策略。大体而言，新旅游市场趋势呈现以下特征。

一是从市场方式看，新旅游正在从传统团队旅游市场为主向散客旅游市场为主转变。以国内旅游数据为例，2019年国内旅游人次达到60.1亿人次，同期旅行社接待游客1.85亿人次，只占国内旅游人次的3%。当然，传统团队旅游市场的总体式微只是表明传统旅行社简单化、同质化组团和接待模式的萎缩，在新旅游时期，更具个性化的旅游组团模式同样具有广阔的市场前景。同时，伴随旅游市场的进一步去中心化，"趣味"取代"区位"成为划分旅游市场的重要标准，依托不同兴趣划分出的目标市场，对旅游市场开发更具现实意义。

二是从市场划分看，新旅游正在从外来市场和本地市场的简单划分向外来旅游市场和本地休闲市场融合的方向转变。传统旅游市场主要关注点是外来游客市场,特别是关注境外游客市场还有省外市场。伴随交通格局的转变,决定旅游客源市场的关键因素不再是空间物理距离,而是实际交通时间。此外,由于新冠疫情的冲击,长线旅游受到抑制,中短线旅游快速上升,"发现身边之美"也正在成为旅游市场的新趋势。与此同时,消费习惯的变化,使得外地旅游者与本地居民在吃住行游购娱的消费内容上重叠度大大提高(在美团等本地生活平台的使用者中,外地游客的比例在快速上升)。这些变化意味着传统旅游市场区域分析的方式需要做新的调整。

三是从市场传播看,新旅游正在从单向市场推广向交流互动营销转变。过去传统旅游市场宣传推广的模式是有什么宣传什么,而不是市场关注什么营销什么。这使得传统旅游市场宣传刚性有余,柔性不足;自说自话很多,针对性不够。虽然目前通过中央电视台做旅游形象宣传,依托报纸杂志进行官方旅游传播,通过旅游交易会等载体参加市场展览等方式还有一定的效果,但不可否认的是,传统旅游宣传触达市场的效果在不断减弱,而新兴的微信、微博、抖音、快手、小红书等以互动交流为主要方式、社交属性强的新媒体正在成为旅游市场引流的主渠道。这就意味着未来旅游营销的重点应该从吸引游客关注、让游客产生情感共鸣出发,将潜在旅游消费意愿转变成现实旅游消费市场。

(二)旅游产品业态的转变

旅游产品业态是旅游体验的主体,也是决定一个地方旅游吸引力的主要因素,旅游产品业态对应的主要是吃住行游购娱旅游六要素中"游"这一因素。在旅游发展早期,消费者旅游经历较少,出游频次较低,以看新奇、见世面的旅游为主。在这个阶段,依托各大旅游景区的观光游览产品成为旅游产业的主体。但随着旅游发展阶段的变化,除了资源品位极高的世界遗产和5A级旅游景区外,绝大多数传统旅游景区的市场吸引力都在下降。在传统旅游景区之外,如何根据市场需要打造新型旅游产品业态就成为旅游目的地需要重点解决的问题。大体而言,新旅游产品业态的转变呈现以下特征。

一是在产品的资源依托方面,正从传统人文、自然类旅游资源向社会生活类资源拓展。过去旅游产品业态开发的依据主要看是否有国家级风景名胜区、国家文物保护单位等传统的自然和人文旅游资源，但在新旅游资源观视域下，依托社会生活类资源开发的旅游产品越来越受到游客的喜欢，并成为旅游市场的主角，诸如2023年淄博烧烤的出圈、贵州"村超"和"村BA"的热潮、天津老大爷跳水的爆红都体现了这一特征。

二是在产品的旅游体验方面，正从好看景观向好玩项目转变。一方面，过去旅游主要追求极致的旅游景观。由于极致的旅游景观总是少数，加之顶级景观对同类景观一定程度上的屏蔽（诸如"九寨归来不看水""五岳归来不看山"），以追求"好看"为主要目标的"悦眼"类旅游产品发展存在很大局限。另一方面，虽然没有非常特异的景观，但是参与度高、体验感强，全方位满足游客各种需求的旅游产品同样也可以受到游客的青睐。这意味着，是否"好玩"正在成为衡量旅游产品市场欢迎度的主要指标。

三是在产品的呈现方式方面，正从单一产品向复合产品转变。随着各类旅游产品界限的更加模糊，产品复合化正在成为新旅游发展的重要特征，依托相同的空间场景，通过不同的转化方式，开发不同的旅游产品正在成为旅游目的地和旅游企业新的选择。

具体来说，有三类新旅游产品业态值得特别关注：一是高品质度假类旅游产品。这类产品以高端旅游度假住宿为依托，以长停留时间和高客单价为目标，通过营造全新的度假环境，打造丰富多彩的度假项目，提供周到细致的度假服务，满足中高收入群体持续增长的度假需要，目前这类旅游产品的代表是63家国家级旅游度假区（截至2023年6月）。相对于318家5A级旅游景区（截至2023年6月），国家级旅游度假区的数量还明显偏少，未来国家级旅游度假区应该超越5A级旅游景区创建，成为地方政府发展旅游业关注的重点。

二是户外运动类体育旅游产品。在欧美发达国家，户外体育旅游一直是旅游市场的主流，并呈现持续上升的态势，据美国经济分析局统计，2021年美国户外运动类休闲经济总计达到1594亿美元，占美国国内生产总值的0.67%。在疫情冲击下，尽管传统旅游产品市场大幅萎缩，但中国的户外运动类体育旅游产品市场却呈逆势上升态势。据携程旅行的数据，2023年上半年，与户外运动相关的订单量较2022年同期大幅增长79%，与疫情之前的2019年同期相比，订单量甚至增长221%，复苏势头强劲，户外运动的市场规模也超过疫情之前。据马蜂窝的数据，2022年度，露营、漂流、滑雪、徒步等项目一直稳居户外运动搜索热度前列，成为人们关注度最高的运动；此外，航空运动、冲浪、桨板、潜水、登山、攀岩、骑行、路跑、垂钓、定向运动等户外运动方兴未艾，也正在成为都市青年旅游方式的主战场。未来，更多的地方文化和旅游部门将联合体育部门，把户外运动体育旅游作为发展的重点，打造一批高水平的体育旅游示范基地，为游客提供更多特色化体育旅游产品。

三是康养旅游类产品。根据相关机构研究数据，从全球来看，2012~2018年，全球康养旅游市场年均复合增长率超过10%，这一增长率超过全球经济增长率，也超过了全球同期国际旅游市场增长率。从区域发展看，适合作为康养旅游目的地的地方，客观来说工业化相对弱一些、污染少一些、环境好一些，这样的地方恰好是发展康养旅游非常好的区域。与此相对应的是，其他城镇化很快、工业化过度的区域，居民的收入普遍较高，恰好又有康养旅游的需求，这意味着未来一段时期，康养旅游会有广阔的市场空间。近年来，国家和地方纷纷出台相关政策支持康养旅游发展。在国家层面，2016年，国家出台《"健康中国2030"规划纲要》；国家发改委和卫健委等部门推出医疗旅游先行区、支持国际医学开放试验区建设；文化和旅游部、国家中医药局等部门也在推动康养旅游示范基地、国家中医药健康旅游示范区（基地、项目）建设。在地方层面，山西、江西、河南、海南、云南等地纷纷出台支持康养旅游发展的政策或者规划，超过10个省市把建设康养旅游目的地作为未来发展战略或目标；云南甚至提出打造国际康养旅游示范区，建设世界一流健康生活目的地。未来越来越多的地方政府将加大对康养旅游的支持力度，培育出一批有市场吸引力的康养旅游产品，建设新型康养旅游目的地。

（三）旅游市场主体的转变[①]

旅行社、旅游景区和旅游饭店是传统旅游市场主体的三大支柱。伴随旅游需求的变化，一方面传统旅游市场主体的发展格局正在发生转变；另一方面新兴旅游市场主体的经营模式也在加速转变以适应市场需要。此外，一些跨界市场主体进入旅游业，进一步加剧了旅游市场主体的转变。

在传统旅游市场主体方面，以下三类值得特别关注。

一是旅行社。2022年，全国旅行社总数为45162家，从业人员243227人，平均一个旅行社5~6人；营业收入1601.56亿元，利润总额-58.82亿元。从数据来看，旅行社数量在增长，规模在缩小，收入在下降，利润在萎缩。尽管旅行社面临重重困难，但旅行社并非夕阳行业。只要旅行服务需求还在，旅行社的核心模式就不会消失。总体来看，旅行社对碎片化旅游需求的资源整合功能还在，对接旅游市场和旅游目的地的资源中介功能还在，在吃住行游购娱旅游环节中的过程服务功能还在，因此旅行社就还有存在的必要。未来旅行社转型的可能方向是以导游为中心，重新构造类似于律师事务所的小而美的服务企业；与此同时，针对细分市场，打造高附加值的定制游也应成为旅行社关注的重点。

二是旅游景区。2022年末，全国共有A级景区14917家（其中5A级景区318家），直接从业人员147万人，全年接待总人数26.3亿人次，实现旅游收入1818.5亿元。在疫情冲击的同时伴随旅游消费方式的转变，传统旅游景区面临巨大挑战，未来亟须通过转型实现新的发展。大体而言，旅游景区转型方向主要有：从过分依赖门票经济向通过延长旅游时间，创造消费场景，扩大二次消费转变；从纯粹观光为主的旅游方式向注入更多体验性、参与性、活动性内容的旅游方式转变；从对应单一大众观光市场向挖掘细分市

[①] 部分观点来自魏小安先生的文章《传统旅游企业转型》，https://mp.weixin.qq.com/s?__biz=MzIxMTk2NTU1Mg==&mid=2247502212&idx=1&sn=651448ae5ff87e061845e812b83c8bad&chksm=974fca9ba038438debdb98e7a83694c77f483fedad38ab1b94fd3e6da9719ebff667696eb441&scene=27。

场精准打造新型产品业态转变；从以旅游景区作为单一赢利点向以旅游景区带动旅游目的地发展转变。

三是旅游饭店。2022年，经过省级文化和旅游行政部门审核的星级饭店为7337家，客房数111.41万间、床位数204.67万张，营业收入总额1177.68亿元，从业人员63.69万人，利润总额-173.24亿元。总体来看，除个别具有很强市场影响力的老牌星级饭店之外，绝大多数星级饭店都面临转型的压力。受多重因素的影响，星级饭店标准对投资业主和消费市场的吸引力都在持续下降，未来星级饭店在整个旅游住宿业中份额下降是大概率事件。面对新的形势，未来旅游饭店的转型有两个方向，一是围绕城市化，通过向文化创意综合体、医疗服务综合体、教育服务综合体、社区服务综合体、小微企业服务综合体、乐园配套综合体等方向转变，全面对接城市新型住宿需要；二是对应乡村振兴发展要求，建设度假功能完善的乡村度假酒店、乡村生活气息浓郁的民宿以及新型露营空间将成为旅游住宿业新的发展方向。除此之外，旅游饭店业的转型需要围绕专业化，针对细分市场的痛点，聚焦主要功能，发展会议、商务、度假等专业型旅游酒店；围绕主题化，植入特色地域文化，发展主题文化旅游酒店；围绕科技化，发展智能旅游酒店。

在新兴旅游市场主体方面，以下领域需要特别关注。

一是旅游演艺类企业。未来转型的方向是以沉浸式为中心，统筹大型演艺和小型演艺，并兼顾不同类型的演艺形式，打造旅游演艺精品。

二是旅游餐饮类企业。未来转型的方向是社会类餐饮和旅游类餐饮的进一步融合，与此同时，加大具有地域文化特色旅游餐饮的开发力度，将美食旅游作为旅游目的地发展的新爆点也将成为转型的重要内容。

三是旅游交通类企业。未来转型的方向是从满足功能性需求向满足体验性需求转变；从固定的运营方式向灵活运营方式转变；从单一式发展向场景化发展转变。

四是旅游购物类企业。未来转型的方向在创新机制，除积极研发新型文创商品，还需要将旅游购物企业与推动地方特产的旅游商品化相结合，与拓宽销售渠道相结合，有效激发游客的购物欲望。

此外，针对旅游市场主体的转型，新东方等教育企业，小红书、抖音等新媒体企业的跨界介入，将极大地改变旅游行业的运行规则，进而重塑旅游市场主体的发展格局。

（四）旅游投资逻辑的转变

旅游投资对应的是未来的旅游供给。随着整个经济形势变化以及旅游业发展模式的调整，旅游投资也在发生根本性的变化，主要表现在以下四个方面。

一是旅游投资规模的变化。在"十三五"之前的时期，从上到下都在追求旅游大投资，都在以百亿级旅游投资项目作为发展的目标。随着国家宏观经济进入调整期以及新冠疫情对旅游业的冲击，旅游投资开始从粗放型的"大干快上"阶段进入集约型的"精准投资"阶段。值得注意的是，在一些旅游大投资项目陷入困境甚至"烂尾"的同时，一些数亿元甚至几千万元"小而美"的旅游投资项目反而成为旅游市场的网红项目。可以预见，未来相当长一段时期，中小规模投资将成为旅游投资的主流。

二是旅游投资模式的变化。由于旅游项目投资周期长，回收慢，过去旅游投资的主体模式，大多不关注旅游投资项目本身的回报，而仅仅把旅游投资作为带动地产升值或与地方政府谈判争取优惠对价的手段。"挂旅游的羊头，卖地产的狗肉"，成为传统旅游投资的主流方式。随着我国房地产投资进入衰退期，这种以旅游为"幌子"的投资模式也在发生根本的变化。未来，关注旅游项目本身客流量以及投入产出的投资模式将成为主流，特别是成为民营企业投资旅游业主要的关注点。此外，地方国企投资旅游项目除了满足政府通过旅游业激活地方消费的需求，对旅游项目本身收入和成本的关注度也会大大提高。伴随旅游投资逻辑的转变，旅游投资的盲目性将大大减小，旅游项目的运营将成为旅游投资优先考虑的重点，"无运营不投资"将成为新时期旅游投资的普遍法则。与此同时，鉴于过去"高歌猛进"旅游投资时代积累了大量旅游不良资产，未来增量的旅游投资将变得更加谨慎，而通过少量投资盘活存量旅游资产将成为旅游投资新的热点。

三是旅游投资方向的变化。① 在传统赛道陷入残酷"红海"竞争的背景下，城市大休闲和乡村微度假作为旅游投资新赛道的潜力正在被释放。从城市大休闲看，背景是城市化的全面转型。随着狂飙猛进的城市化运动开始刹车，增量型模式基本过去，存量挖掘和深度发展构造城市有机更新的新模式。主要有两种形态：一是城市原有的消费项目提升，比如百货大楼、购物中心（shopping mall）等，不约而同转向休闲综合体，这也是原有项目的提升。二是老旧厂区仓库改造，文商旅业态进入，构造新的城市休闲综合体，进而是老旧街区的重新改造。因为对应城市空间新变化、城市生活新提升、城市价值新成长，同时既关注外地游客旅游消费也重视本地居民休闲消费，城市大休闲项目能够有较大的客流支撑，形成良好的现金流。从乡村微度假看，一方面，对应乡村振兴国家战略，依托国家在乡村大量公益性的资本投入，与旅游发展相关的基础设施条件大幅改善；另一方面，随着农村土地政策的不断优化，乡村旅游项目落地的风险在降低。未来在乡村地区，村庄旅游化改造、旅游民宿集群、旅游特色餐饮、旅游娱乐等与乡村生活相关的旅游投资都面临新的机会。

四是旅游融资渠道的变化。由于旅游企业上市门槛很高，因此通过在证券市场公开发行股票的方式融资很难成为多数旅游企业的选择；此外由于国家层面对PPP模式态度的变化，通过PPP模式为旅游融资变得更为困难。除传统的债权融资方式之外，未来需要在旅游融资上开辟新的渠道。2023年9月，国务院办公厅印发的《关于释放旅游消费潜力推动旅游业高质量发展的若干措施》明确提出，"探索在部分地区开展旅游项目收益权、旅游项目（景区）特许经营权入市交易、备案登记试点工作。鼓励在依法界定各类景区资源资产产权主体权利和义务的基础上，依托景区项目发行基础设施领域不动产投资信托基金（REITs）"。可以预见，未来不

---

① 关于旅游投资方向的观点主要来自魏小安先生的文章《新形势下旅游投资分析》，https://baijiahao.baidu.com/s?id=1748813430476045172&wfr=spider&for=pc。

动产投资信托基金等与旅游项目本身特点匹配度更高的融资方式将因此受到更多关注。

（五）旅游竞争格局的转变

对一般商品和服务而言，企业是主要的市场竞争主体。例如汽车业，其竞争主体主要是基于不同品牌的汽车生产厂商；再比如软件服务业，消费者关注的是某一公司生产的软件，而不会在意这家公司所在的区域。但旅游业发展与一个地区差异化的特定资源紧密联系，具有不同地域化特征的旅游目的地也因此成为向游客提供不同旅游体验的主要载体。就旅游习惯来说，游客进行旅游选择的时候，也是先选择旅游目的地，再选择旅游企业。正因为如此，尽管不同的旅游企业之间也存在市场竞争，但从游客的需求看，旅游目的地之间的竞争居于主导地位，旅游企业之间的竞争在多数情况下是依附于旅游目的地这个第一竞争主体的。旅游目的地并非抽象的存在，在多数情况下，旅游目的地与行政区划的范围基本一致，这也为各级地方政府通过动员方式提高旅游业整体竞争力提供了激励条件。

从实践看，在旅游业新的发展阶段，旅游目的地政府在旅游竞争中的主导作用也在不断加强。无论是西安、洛阳等历史古都的旅游出彩，还是长沙、淄博这样的新晋网红城市出圈，后面都有旅游目的地政府作为强大推手。除此之外，像广西、四川等省（区）通过创建旅游名县等方式积极推动县域旅游目的地发展也取得了很好的效果。在这个过程中，旅游目的地政府不仅充分发挥文化和旅游部门的作用，还在旅游资源开发方面，动员民宗、环保、城乡建设、水利、农业、体育、林草、海洋、中医药管理等部门；在保障游客流动便利方面，动员公安、交通等部门；在优化旅游产业运行方面，动员工商、质检、税务、安监、统计等部门；在加强旅游产业促进方面，动员发展改革、财政、自然规划、民政、人力资源和社会保障、商务、标准、教育、卫生、科技、工业和信息化、交通、国资、金融、气象等部门。与此同时，为全面提高旅游竞争力，旅游目的地政府的工作重点也进一步转型：在城市旅游品牌营销方面，更加注重运用互联网平台，用更具创意的方式吸引市场关注；在城市旅游产品打造方面，更加注重打造具有"烟火气"的生活化产品，为游客深度体验城市生活创造条件；在旅游消费环境营造方面，更加注重完善旅游信息咨询、旅游安全保障、旅游交通改善、旅游惠民政策、旅游权益保障等旅游公共服务，不断提高游客的满意度；在旅游市场主体培育方面，更加注重营造亲商的发展环境，并通过出台各类奖励政策鼓励旅游企业做大做强。未来，在旅游目的地政府的动员下，全面整合市场主体和社会的力量参与竞争，努力建设体验性、友好型和生活化旅游目的地将成为新旅游发展的重要特征。

参考文献

曾博伟、程金燕：《经济新发展格局下的旅游改革道路》，《旅游学刊》2021年第1期。

曾博伟、李柏文：《非遗赋能乡村振兴的政策选择与措施》，《云南民族大学学报》（哲学社会科学版）2023年第5期。

G.4
旅游业新旧动能转换与趋向研判

付 磊*

摘　要： 进入21世纪后，除了产业自身的内生动力外，城市化、房地产业在事实上成为中国旅游业发展的主要动能，旅游业所取得的巨大绩效与这两个动能直接相关。进入"十四五"时期，这两个动能明显衰减。结合国家战略和各地实践综合考量，城市更新、乡村振兴和人口迭代是旅游业发展的新动能。在新旧动能转换之际，出现了城市度假、乡村休闲、旅行化等新的旅游形态，虽初露端倪，但在新动能推动下，已成为趋势。

关键词： 动能转换　城市更新　人口迭代　旅行化

在物理学意义上，动能是指物体由于运动而具有的能量，其大小定义为物体质量与速度平方乘积的1/2。质量越大，运动速度越大，具有的动能就越大。在经济学意义上，动能则是指推动增长的主要因素，比如技术、能源、人才、资金、模式等。现在常说新动能，是指新一轮科技革命和产业变革所形成的经济社会发展的新动力，比如新能源、新技术、新业态、新模式等。新旧动能转换，即通过新模式代替旧模式，新业态代替旧业态，新技术代替旧技术，新材料新能源代替旧材料旧能源，以实现产业的转型升级和更加可持续的增长。

旅游经济存在两种基本力量，即拉力和推力。一方面，旅游业是吸引力产业，是以吸引物和服务为中心的产业体系。吸引物包括旅游景区，但不仅

---

* 付磊，经济学博士，北京同和时代旅游规划设计院院长，中国社会科学院旅游研究中心特约研究员，主要研究方向为旅游规划、标准化和产业政策。

仅是旅游景区，凡是有足够吸引力能招引旅游者的事物都是吸引物。吸引物所产生的动能就是拉力，包括资源的拉力、产品的拉力，也包括服务的拉力。另一方面，旅游经济是消费经济，而且是终端消费经济，即旅游消费直接产生收入和税收，直接带来就业。对于旅游消费而言，可支配收入和闲暇时间就是推力。简单地说，人们收入越高，节假日越多，旅游消费就越高。

进入"十四五"时期，旅游业面临新的机遇和挑战，其中就有新旧动能的转换。这个转换既有拉力方面的，也有推力方面的，目前已见成效。

一 传统动能

中国当代旅游业是从改革开放之初的入境旅游起步的，到21世纪初，在国内旅游带动下进入一个黄金发展时期，到"十三五"末，为期约20年。除了庞大的人口规模这个整体共享的红利，这20年旅游业发展的主要动能是城市化和房地产业，两者之间是相互交织、相辅相成的。城市化进程和房地产业的兴盛，一方面带来财富效应，提高整体消费水平；另一方面，大量旅游项目、旅游设施随之兴建，极大丰富了旅游吸引物。

在1950年，中国的城镇化率只有11.18%，同年的印度为17.04%，而美国和日本在20世纪70年代以前就已超过70%，俄罗斯、巴西、韩国也在20世纪90年代以前完成了这个进程。在1950~1995年的45年间，中国的城镇化率一直低于30%。进入21世纪后，中国的城镇化突飞猛进。2010年中国城镇人口首次超过农村人口。

城镇化最为突出的现象就是新城区的规划和建设。自20世纪80年代以来，新城新区成为我国地方经济建设和城市拓展的主要载体，极大地推动了国民经济的发展，带动了城市面貌的快速变化。一般认为，我国的新城新区是县级以上人民政府或有关部门为实现特定目标而批复设立，拥有相对独立管理权限的空间地域单元，是城市集中建设区的组成部分，主要包括国务院批复的国家级新区，国务院及省级人民政府批复的各类开发区，省市县级人民政府批准设立的产业园区、工业集中区、各类功能性新城等。

根据2015年住房和城乡建设部对全国各类新城新区的普查数据以及六部门联合发布的《中国开发区审核公告目录》（2018年版）、19个国家级新区的相关统计等数据汇总全国新城新区信息，截至2018年底我国新城新区数量共3846个，各级各类新城新区批复面积7.5万平方公里，规划面积14.8万平方公里，规划建设用地面积7.3万平方公里，已建面积2.9万平方公里，规划人口4.3亿人，现状人口1.55亿人。

为了聚集商业，提高人气，提高吸引力，相当一部分新区都确立了旅游功能，从规划、设计到建设，从环境、景观到设施、项目都有所体现。即便是产业园区，也具备旅游功能。比如1994年启动建设的苏州工业园区，环境优美，景观优良，在1997年首期建成后迅速成为旅游热点，有金鸡湖国家5A级旅游景区、阳澄湖半岛度假区等旅游功能区。类似的，青岛的东部新区引入了港中旅海泉湾，珠海的横琴新区引入了长隆度假区，宁波的杭州湾新区引入了方特主题乐园。北京则在新的城市副中心引入了环球影城。大量的城市新区建设，为旅游项目提供了宽余和低廉的土地，扶持政策则极大降低了建设和运营成本。

进入21世纪后，旅游成为房地产开发的一个重要组合项。旅游项目的引入，除了提高物业品质，增加楼盘吸引力，还有聚集人气，提高增值预期的功能。华侨城集团以欢乐谷为抓手，率先开辟了"旅游+地产"的先河，取得了可观的市场绩效。万达、恒大、融创、鲁能等房地产企业，以及方特等主题公园企业，都陆续形成了"主题公园+地产"或"度假区+地产"的模式。还有一些地产集团则形成了"酒店+地产"或者"商业+地产"的模式，比如华润、碧桂园、阿那亚等。旅游项目的导入，迎合了地方发展的需要，提高了房地产企业拿地的概率，降低了拿地的成本。而房地产业相对较高的利润，也弥补了旅游项目的回报。在房地产市场的上升期，旅游业也伴随着地产企业的扩张而快速增长，形成了一批标杆性的项目，比如欢乐谷、海泉湾、方特欢乐世界、万达度假区、鲁能胜地、恒大童世界、融创乐园等。当然，也有不少纯粹的、不依托房地产而建成的精品旅游项目，比如乌镇、古北水镇、拈花湾等。

毫无疑问，旅游行业自身也在不断成长和扩张，互联网的普及、信息技术的应用，推动了旅游服务的升级和旅游业态的创新。但不可否认的是，在进入21世纪之后，旅游业成为各省区市县普遍支持的支柱产业，这与快速推进的城市化、兴旺发达的房地产业是分不开的。当然，这与中央—地方分税制、城市本身的现代化升级等因素也是紧密相关的。新城区的建设带来城市的空前扩容，大量农村居民进城务工、学习、就业，成为新市民。房地产业的兴盛、房价的持续上涨，带来了个人财富积累的增值，在一、二线城市造就了一大批有车、有房的中产阶层，其成为旅游的主力群体。

简要总结，无论是从拉力角度，还是从推力角度，回顾旅游业的发展历程可以明确，以新城区建设为代表的城市化，以及房地产业的兴盛，是21世纪初到"十三五"期末这20年旅游业发展的主要动能。

二　动能转换

一般认为，城市化率达到70%是发达国家的重要指标。住建部公开数据显示，截至2022年底，我国城镇化率已经达到65.22%，有9.2亿人生活在城镇，城市建成区面积达到6.3万平方公里。虽然还有继续提高的空间，但余地已经不大。曾经如火如荼的新城区建设开发，随着严格的国土空间用途管制和实施"多规合一"而迅速消退。经济增速放缓，下行压力加大，中小企业经营遇到困难，城市的就业吸纳作用减小，土地财政举步维艰，城市化进程在总体上放缓。

"多规合一"是将国民经济和社会发展规划、城乡规划、土地利用规划、生态环境保护规划等多个规划融合到一个区域上，实现一个市县一本规划、一张蓝图，解决各类规划自成体系、内容冲突、缺乏衔接等问题。2014年，国家发改委、国土资源部、环保部和住建部四部委联合下发《关于开展市县"多规合一"试点工作的通知》。2016年12月，中共中央办公厅、国务院办公厅印发了《省级空间规划试点方案》。《土地管理法》第18条规定：国家建立国土空间规划体系。经依法批准的国土空间规划是各类开发保护建设活动的基本依据。已经编制国土空间规划的，不再编制土地利用总体规划和城乡规划。

国土空间用途严格管制要求下的"多规合一"，普遍遵循了"控制增量，优化存量"的原则，这是在深刻反思之前突击型城乡建设和粗放式国土开发方式之后的科学决策，也意味着新城区遍地开花的日子已经过去。北京、上海等超大城市率先施行。国务院批复的《北京城市总体规划（2016年—2035年）》，就以资源环境承载能力为刚性约束条件，确定人口总量上限、生态控制线、城市开发边界，实现由扩张性规划转向优化空间结构的规划，提出城乡建设用地规模在2015年2921平方公里的基础上，2020年要减到2860平方公里左右，2030年减到2760平方公里左右。根据《上海市城市总体规划（2017—2035年）》，对土地利用采取"五量调控"——总量锁定、增量递减、存量优化、流量增效、质量提高；至2035年规划建设用地总规模由3226平方公里减至3200平方公里。

经过20多年的市场化发展，我国房地产形成了巨大存量。从"十二五"开始，在土地财政、宽松货币政策等因素刺激下，一些城市和地区的房价涨幅较快，出现了明显的房地产泡沫，即便是限购政策也未能明显抑制房价。很多地方经济过度依赖房地产业，导致经济系统风险加大。进入"十四五"后，房地产业整体出现下降。其实在"十三五"期间，就已经出现了苗头。房地产企业负债率高企，大量购房者使用贷款等方式购买房屋。一旦市场出现调整或房价下跌，极易出现债务违约等问题。随着头部企业频繁"暴雷"，"旅游+地产"的光环也迅速褪去。

受到房地产"拖累"的不仅仅是主题公园和商业项目，还有酒店。就像万达广场之于万达地产一样，碧桂园、富力等地产企业的楼盘标配资产是酒店，而且基本都是高档酒店。在房地产销售遇阻后，酒店成为出售换现的主要资产。例如富力地产旗下有93家酒店，其中包括2017年从万达集团接手的73家，为缓解流动性危机，从2022年开始分批挂牌出售。上文的"拖累"之所以加引号，是因为这些旅游项目与地产项目其实就是一个共同体。没有房地产项目的开发，单纯就旅游项目的投入产出来决策的话，就不会有这些旅游项目。毋庸置疑，大多数地方上马的那些脱离自身资源的新型旅游项目，都是与房地产项目共生的。"成也萧何，败也萧何。"在房地产遇阻后，旅游项目不得不回到自身的轨道上来，交由市场来决定生死。

综上可见，大规模城市化时代已经过去，房地产继续兴盛的基础条件也不再具备。城市也好，房地产也好，都进入了存量时代。在去泡沫、去杠杆的背景下，高房价难以维持，随着房价的下降，很多中产家庭面临财务危机，由此也就带来旅游消费人群的缩水。人口出生率下降，老龄化社会来临，人口红利也在逐步消失。总体上看，进入"十四五"时期，对于旅游业而言，曾经作为主要推动力的城市化和房地产业已经是旧动能，亟须转换。

三 新动能

一个产业要持续发展，除了有其自身的规律和路径之外，还需要与经济和社会的大环境相匹配、相适应。如果匹配得法、适应得当，就能搭上快车，实现超常规发展。之前旅游业恰是与城市化和房地产业形成了良好匹配，从而乘风借力，实现了跨越式发展。但这两个动能在消退，在失去推动力。在新的发展时期，需要找到新动能。

新旧动能的转换，并非一定是高档的替代低端的、时尚的替代传统的，而是匹配的替代错配的，时宜的替代过时的。近年来站在风口的人工智能、新能源等新技术，以及新媒体等新业态，是普适性、渗透性的，各行各业都受到影响，或积极，或消极，但对旅游业而言没有格外的特殊性。综合考量，有三个因素正在成为或是有望成为旅游业的新动能：城市更新、乡村振兴和人口迭代。

城市更新可以认为是城市化的替代动能。城市化阶段主要是做增量，通过吸引、吸纳来提高城市在整个经济社会中的比重。当然城市化对于乡村而言就是减量。这是伴随着城市化也要发展乡村的根本原因。无论是新农村建设、美丽乡村建设，还是乡村振兴，都是出于这个逻辑。因此，乡村振兴在很大程度上也是城市化的替代动能。

城市更新就是对城市中衰落的区域进行新的投资和建设，使之恢复活力。在欧美各国，城市更新起源于第二次世界大战后，一些大城市中心地区的人口和工业向郊区迁移，中心区步入"衰落"——设施老化，建筑陈旧，环境恶化，经济萧条，失业率高，社会治安差。为解决这些问题，许多国家兴起城市更新运动。进入20世纪80年代后，欧美的大规模城市更新基本结束，进入了以社区为主要对象的小规模再开发阶段。美国这个阶段的城市更新被称为"土地再利用"，即对小块土地或建筑物调整用途，比如将工业区、码头区转变为商业区、创意园。在英国、德国、法国等老牌工业化国家，喜欢使用"城市再生"，其含义不仅是物理环境的改善，还包括社区再造、文化复兴等内容。

很多论述将城市更新等同于旧城改造。其实二者还是不能画等号。城市更新包含两方面的内容：一方面是硬件改造，即基础设施、景观环境等物理条件的改造；另一方面是功能调整，即引入新产业、新要素，激活旧空间。旧城改造主要是第一方面，即硬件改造。城市更新还包括产业更替和空间赋能的内容。从这个意义上讲，我国的城市更新是从20世纪90年代末开始的。主要背景就是分税制和土地市场化，地方政府有途径也有动力通过土地批租为旧城更新提供资金，使其土地得以增值。在北京、上海、南京、杭州等地的城市更新活动中，涌现了北京798艺术区、上海世博园、南京老城南、杭州中山路等一批城市更新实践与探索，更涉及基础设施、老工业基地改造、历史街区保护与整治以及城中村改造等多种类型。从2015年开始，广州、深圳、东莞、济南等地陆续成立城市更新局。在国家层面，2019年12月的中央经济工作会议首次提出"城市更新"，于2021年3次写入当年政府工作报告，并进入《中华人民共和国国民经济和社会发展第十四个五年规划和2035年远景目标纲要》。

改革开放以来，中国经历了世界上规模最大、速度最快的城市化运动。目前，城市发展从大规模增量建设转向存量提质改造和结构优化阶段，尤其是在新城区开发热潮过后，老城区成为各类问题集中的区域。为防止各地将城市更新再异化为新城区建设，2021年8月，住建部发布了《关于在实施城市更新行动中防止大拆大建问题的通知》，要求不大规模、成片集中拆除现状建筑，原则上城市更新单元（片区）或项目内拆除建筑面积不应大于现状总建筑面积的20%；不随意迁移、拆除历史建筑和具有保护价值的老建筑，最大限度保留老城区具有特色的格局和肌理。在这个原则指导下，休闲和旅游成为城市更新中的重要功能选择和赋能元素。

休闲是城市的基本功能之一。之前的城市规划和建设，要么是为生产服务，要么是为居住服务，在生活服务方面欠账较多。进入城市更新阶段后，老城区的一些空间在区位、历史、文化等方面，具备发展休闲旅游的优良条件，是产业更替的主要方向。《北京市城市更新专项规划（北京市"十四五"时期城市更新规划）》明确了三种城市更新方式，其中第三种就是实现老旧楼宇与传统商圈、低效产业园区与老旧厂房"腾笼换鸟"等产业类更新改造，推动产业升级、激发经济活力。比如对于文化商业区内的老旧厂房，鼓励发展文化、旅游等新型服务消费载体，打造新型文化消费与体验空间。

除了798艺术区，北京在城市更新中出现的新地标还有首钢园、朗园Station、龙徽1910等项目，都是在老旧厂房和工业园区基础上形成的。上海的工业遗产丰富，在城市更新进程中涌现出力波1987、今潮8弄、M+马利、云间粮仓、1862时尚艺术中心、THE WEAVE 吴界等一批极具特色的园区。类似的还有成都的梵木Flying、东郊记忆、峨影1958等园区，杭州的丝联166、大运河1986、临平新天地、东信·和创园等园区，天津的棉3、C92、意库等园区。这些园区，都是在老城区已经废弃的旧厂房、老园区基础上，实施城市更新而形成的新空间、新园区。其由于文化创意性突出，时尚与传统交织，休闲业态丰富，迅速成为旅游热点和网红打卡地。

城市更新中形成的文化空间和休闲旅游项目，大部分都取得了较好的市场绩效，人气、商气、财气很旺。究其原因，大致有四。首先是有政策支持，各地在用地价格、场地租金、资金信贷、税费减免等方面都给予了优惠。其次是业态新颖，无论是驻场机构，还是商业形式，都瞄准了年轻人等市场主流群体。再次是区位优良，就在城区之内，交通便利，迎合了夜生活和周末休闲需求。最后还有设计感强、艺术性强、景观独特、富有创意等因素，易于新媒体传播，满足了人们求新求异的心理。

目前阶段，此类项目主要还是在超大城市以及省会和区域中心城市实施。本轮城市更新周期预计可到2035年。可以预见，经过探索和培育，在既有先行模式基础上，相关市场主体会迅速形成规模，此类项目还会向一线、二线城市蔓延，成为旅游领域一道持续、亮丽的风景线。

与城市更新基本同步的是乡村振兴。中国是农业大国，农耕文明悠久而灿烂。耕读传家，为历代中国人所推崇，即便是身体离开了乡村，但精神很难离开乡村。乡村是中华文化的根脉和载体，当代中国改革也是从农村开始的，乡村振兴具有重大现实意义和深远历史意义。2021年4月29日，第十三届全国人大常委会第二十八次会议表决通过《中华人民共和国乡村振兴促进法》，全面实施乡村振兴。

乡村振兴与新型城市化是一个硬币的两面，交织并行，同属一个主旋律。乡村经济和产业首先是面向城市需求。向往田园生活的一定是城里人，而且是具备一定条件的城里人。这部分人并不是追求原汁原味的乡村生活，而是经过提纯、增味和优化之后的乡村生活，即理想中的田园生活。陶渊明在《归园田居》里描写：方宅十余亩，草屋八九间……久在樊笼里，复得返自然。"乡村"与"农村"不是画等号的。"乡村振兴"而非"农村振兴"，一字之差，其涵盖的理念和实践、能量和影响是不同的。同样，"田园"与"农村"也不是画等号的。田园与乡村是近义词，是与城市、世俗相对应的，是回归的、超然的。从发生和发展路径上看，城市是"逆乡村"的，但作为母体，乡村对城市一直产生着影响。最为典型的是田园城市。

关于乡村振兴与旅游业的结合有诸多精彩论断和实践案例。中国农耕社会几千年，中国人对乡村、田园有割舍不了的情结，继而成为一种信仰。田园生活在中国乃至世界上都是一种高级的、超然的生活状态和精神境界。在城市化进程放缓乃至停滞的背景下，这种乡村信仰、田园情结会随着乡村振兴而不断得到强化，推动乡村旅游保持兴盛，从农家乐到特色民宿，再到乡村酒店、田园度假……这种场景在欧美、日本等发达国家已经持续多年，经久不衰，而且常见常新，成为后工业化社会的一个典型特征。

第三个新动能是人口迭代，其驱动力存在不确定性。从数量上讲是减弱的，人口规模进入下降通道，多年积累形成的人口红利也逐渐消失。从质量上讲也是减弱的，经济增长趋缓，就业压力加大，不动产增值性下降，年轻人无力或是放弃大额消费。大前研一在《低欲望社会》中这样描写20世纪90年代泡沫经济之后日本的状态：人口减少、超高龄化，年轻人失去上进心、没有欲望……货币宽松政策或公共投资都无法提升消费者信心。

"低欲望社会"与现阶段的中国社会较为相似，人们一般用"躺平"来表述接受现状的心态和行为。从近年来的相关调查和现实情况看，"躺平族"在年轻人中确实有相当的比重，且逐步上升。这其实是一个世界性的社会问题，主要在发达的或经历了高增长的国家和地区的青年阶层中产生，例如英国尼特族（NEET, Not currently engaged in Employment, Education or Training），即不就业、不升学、不进修或参加就业辅导，无所事事的族群，以及美国的归巢族（Boomerang Kids）。

针对欲望低迷、人力不足、经济不振等问题，大前研一在《低欲望社会》中借鉴了欧美有先例国家的做法，提出了一系列建议，如都市再开发、闲置土地再利用、改善移民政策、优化观光地、刺激"熟龄大人"消费、人才教育转型等。这些基本就是城市更新、乡村振兴、促进新消费等存量优化的举措。

人口迭代是个普遍现象，每一代人都有其共性，都是对上一代人所作所为的结果的反馈。为便于归类，一般把出生于20世纪60年代中期至70年代末的一代人称为"X世代"，把1983~1995年出生的人称作"Y世代"。现在流行的"Z世代"指1995~2009年出生的一代人，也称"互联网世代""二次元世代"，即一出生就与网络信息时代无缝对接，受数字信息、即时通信、智能终端等影响大。其实，在数字生活、新媒体表达、智能手段等信息化消费上，Z世代是积极的、充分的、高欲望的。无论是工作岗位也好，产品形态也好，服务方式也好，旅游休闲也好，只有投其所好，与其共性产生共振，才能不被放弃，才能避免"躺平"。

四 结论和展望

综上，旅游业的新动能是城市更新、乡村振兴和人口迭代，替代了城市化、房地产业等旧动能。在新动能推动下，出现了三个新动向，值得认真对待。

首先是城市度假，即以城市为度假目的地。一般认为，度假区是度假旅游的主要场所，其实不然。绝大多数度假生活是以城市为基地的。专门的度假区都是基于特殊的度假资源和条件而形成的，比如阳光、海水、沙滩、温泉、气候等。如果没有这些资源条件，则无法形成吸引力。城市则不同，本身具有良好的基础设施和服务要素，如果再具备气候等条件，或者在适宜季节，就是优良的度假目的地。国内的很多城市事实上都是度假城市，滨海的比如大连、秦皇岛、青岛、厦门、三亚，高原的比如贵阳、昆明、大理、丽江。在秋季和春季，北京、西安、成都、杭州、苏州等也是优良的度假城市。近年来，城市越来越完善，大中小城市在基础设施条件上已经没有实质性差距。一些区位好、生态好、成本低、有特色的中小城市也成为度假的热点，比如遵义之于重庆、张家口之于北京、咸宁之于武汉。

城市度假的兴起，得益于交通、环境等基础设施的完善，也得益于城市公共服务体系的形成，尤其是公益性、开放性的公共空间。城市都有开放的公园、绿道、滨水区、商业、运动场……公共文化设施更是丰富，博物馆、美术馆、文化馆、展览馆、文化公园……都免费开放，而且环境设施优良，藏品、展品的品质很高，很多都成为网红打卡地。除了住宿和餐饮，人们在城市里几乎不用额外花费就能玩得非常精彩。相比之下，城市比在度假区更加便利、更加丰富、更加自由，而且更加经济。可以预见，随着基础设施和公共服务的完善，城市度假将成为主流。传统的旅游度假区面临客源分流的巨大挑战。

其次是乡村休闲。乡村振兴与城市化结合的结果，就是城乡一体化，即乡村不再是自给自足的封闭体系，而是加入城市经济与社会分工中来。这在超大城市和区域中心城市周边最为突出，例如北京、上海、广州、苏州、成都、重庆、西安、武汉等，乡村承接了市民休闲生活的溢出，不仅仅是在周末，也成为8小时之外的夜生活空间。这与交通便利化、汽车普及化是相适应的。在城乡一体化、休闲近郊化的驱动下，乡村旅游的主体要素从农家乐转向特色民宿，继而转向精品酒店、时尚餐饮、当代艺术、亲子、研学等与城市生活相匹配的休闲项目，推动了乡村非农化，促进了乡村振兴。

最后是旅行化，即旅游向旅行演化。本文不做术语和定义的讨论，仅是从市场行为和行业实践上予以阐述。一般而言，旅游是行、游、住、食、购、娱等六大要素的组合，至少在旅游产品和线路上是这样体现的。旅行则是旅游的简化，目的明确，一般是行与其他一、两个要素的组合，比如"行+住""行+游""行+娱""行+食"。所谓"为一间房，赴一座城"就是"行+住"。2023年流行的特种兵式旅游、城市漫游（Citywalk）就是"行+游"，例如五天游完五岳，一天打卡全城；淄博烧烤就是"行+食"；"村超""村BA"以及演唱会经济就是"行+娱"。2023年几个典型的热点，其实就体现了旅游向旅行的转变。尤其是"村超""村BA"以及演唱会所引发的旅游潮流，实质就是"事件旅行"，只不过以前多是体育赛事、节日活动，现在则是大众娱乐。

在城市度假、乡村休闲以及旅行化的趋向下，单体旅游要素面临更大的机遇，比如酒店、餐饮、康养、娱乐等，可以脱离开旅游产品或线路而独立生存和发展，这在之前是不可想象的。与之相对应，依托旅游产品或线路，或者功能被替代的要素则面临巨大挑战，比如旅游景区、旅游度假区、主题公园、旅游小镇。这些要素多是吸引物，在之前是各地最为重要的旅游要素，是旅游要素产生组合的基础，但重要性在快速下降。现在说"无景区旅游"未必一定成立，但"无景区旅行"已经大量存在，并逐渐成为主流。

城市度假、乡村休闲以及旅行化这三个动向，是建立在快速城市化、美好乡村建设等发展成就之上的，与城市更新、乡村振兴、人口迭代等新动能

息息相关，因此具有明显的趋向性，很可能引发旅游业下一步的需求更新、行业再生，乃至产业重构。

参考文献

大前研一：《低欲望社会》，上海译文出版社，2018。

武敏、彭小雷、叶成康等：《国家治理视角下我国新城新区发展历程研究》，《城市规划学刊》2020年第6期。

G.5 中国与共建"一带一路"国家旅游合作10年回顾与展望

邹统钎 王一丁 张丽荣 仇 瑞*

摘 要： 十年来，中国与共建"一带一路"国家旅游合作日益密切，涵盖旅游基础设施、旅游产业投资、数字丝绸之路建设等领域，交通的互联和数字经济发展为"一带一路"旅游带来新发展机遇。当然，受政治动荡、安全风险复杂、开放程度有限等因素影响，中国与共建"一带一路"国家旅游合作面临一定挑战。未来，需加强市场对外开放，构建新开放格局；改善基础设施，打通最后交通阻碍；加强标准软联通，构建国际规则体系；完善合作机制，共建命运共同体，继续发挥旅游产业先联先通的独特优势，推动中国与共建"一带一路"国家旅游合作纵深发展。

关键词： "一带一路" 旅游合作 命运共同体

一 "一带一路"旅游发展概况

自"一带一路"倡议提出以来，中国与共建国家已逐步建立起多层次、宽领域的合作格局。截至2023年6月，已有152个国家、32个国际组织与中国签署200余份共建"一带一路"合作文件，内容涵盖土地投资、科技

---

* 邹统钎，博士，北京第二外国语学院中国文化和旅游产业研究院教授，丝绸之路国际旅游与文化遗产大学教授，主要研究方向为旅游、文化、"一带一路"；王一丁、张丽荣、仇瑞均为北京第二外国语学院旅游科学学院硕士研究生，主要研究方向为遗产旅游、旅游目的地开发与管理。

人文、海洋贸易、数字经济、互联网金融、绿色创新等多个领域。在各方的共同努力下，"一带一路"已成为全球最受欢迎的公共产品和世界规模最大的国际合作平台。作为实现"民心相通"的重要途径，旅游在"一带一路"交流合作中发挥着举足轻重的作用。十年来，中国与各共建国家之间旅游交往日益密切，合作成效显著。截至2023年9月，中国与共建"一带一路"国家和地区双向旅游交流规模超过5000万人次，且市场热度未来有望持续走高[1]。

（一）"一带一路"入境旅游发展概况

在"一带一路"倡议的推动下，越来越多的国家对华放宽签证政策。根据阿顿资本的数据，2023年中国护照的流动性分数为93，达到历史新高[2]。其中，"一带一路"地区对华免签证的国家有28个，推行落地签政策的国家51个（见表1）。此外，在"一带一路"倡议的推动下，共建国家交通基础设施得到大幅改善，国家与国家之间的交通流动方式更加多元。交通带来的"时空压缩"效应进一步平衡了共建"一带一路"国家发展水平差异，以航班、铁路、海运为主要方式的跨国出行服务体系更加完善，为我国与共建国家旅游互惠共赢奠定了坚实的通道基础。

2013~2019年，共建"一带一路"国家入境旅游人次呈直线增长，年均增长率达到5%左右，高于同期全球入境旅游市场年均增长率。值得一提的是，土耳其、沙特阿拉伯、泰国、马来西亚等国的入境旅游热度一直排名前列。此外，"一带一路"倡议也带动了共建国家旅游收入的快速增长。中国经济信息网"一带一路"统计数据显示，共建"一带一路"的65个国家中，近50个国家2013~2019年度入境旅游收入呈正向增长，"中国—中亚—西亚经济走廊"国家的增长率最为显著。其中，中国作为共建国家入

---

[1] 《"一带一路"朋友圈不断扩大 旅游交流合作走深走实》，中国旅游报，https://rmh.pdnews.cn/Pc/ArtInfoApi/article?id=37781388，2023年9月14日。

[2] The Passport Index, Arton Capital, https://www.artoncapital.com/passport-index/，2023年10月29日。

境游的主要客源市场，所占规模逐年扩大。中国赴共建"一带一路"国家旅游人数由2013年的1549万人次，增长至2019年的3000多万人次，年增速高于15%。

与此同时，共建"一带一路"国家来华旅游热度也持续攀升。从空间维度看，入境旅游流在中国扩散呈现等级性与近程性，扩散路径多样化。其中，入境游客多选择北上广等热门旅游目的地为起始地向周边城市扩散。以"人流"为代表的入境旅游之间的同向联动，成为加快"一带一路"旅游增长的重要发力点①。

2019年底，受全球封锁、广泛的旅行限制和游客需求低迷的影响，各国入境旅游人数锐减。相较于2020年的低谷，2021年全球旅游有所复苏，但各国进度不一。从共建"一带一路"国家入境旅游人次年均增长率来看，土耳其、阿联酋、新加坡等交通和物流枢纽国家入境旅游恢复速度较快，年均增长率达70%以上，但南亚与东北亚地区恢复较慢。

表1 共建"一带一路"国家或地区签证政策情况

签证政策	免签	落地签
亚洲	伊朗、哈萨克斯坦、马尔代夫、巴勒斯坦、泰国、乌兹别克斯坦、阿联酋	巴林、孟加拉国、文莱、柬埔寨、印度尼西亚、伊拉克、老挝、黎巴嫩、马来西亚、缅甸、尼泊尔、阿曼、巴基斯坦、卡塔尔、沙特阿拉伯、斯里兰卡、东帝汶、越南、土耳其
非洲	安哥拉、贝宁、赤道几内亚、加蓬、摩洛哥、莫桑比克、突尼斯、赞比亚	布隆迪、佛得角、科摩罗、刚果（布）、科特迪瓦（象牙海岸）、吉布提、埃及、埃塞俄比亚、几内亚、几内亚比绍、肯尼亚、莱索托、马达加斯加、马拉维、毛里塔尼亚、尼日利亚、卢旺达、圣多美和普林西比、塞内加尔、塞舌尔、塞拉利昂、索马里、南苏丹、坦桑尼亚、多哥、乌干达、津巴布韦
美洲	安提瓜和巴布达、巴巴多斯、多米尼加、格林纳达、牙买加	古巴

---

① 郑鹏、刘壮、王洁洁等：《"因商而游"亦或"寻文而至"？——"一带一路"倡议与中国入境旅游业》，《中国人口·资源与环境》2023年第3期。

续表

签证政策	免签	落地签
欧洲	阿尔巴尼亚、白俄罗斯、塞尔维亚	阿塞拜疆、波黑、俄罗斯
大洋洲	斐济、基里巴斯、密克罗尼西亚、瓦努阿图	萨摩亚、汤加

资料来源：Arton Capital Passport Index。

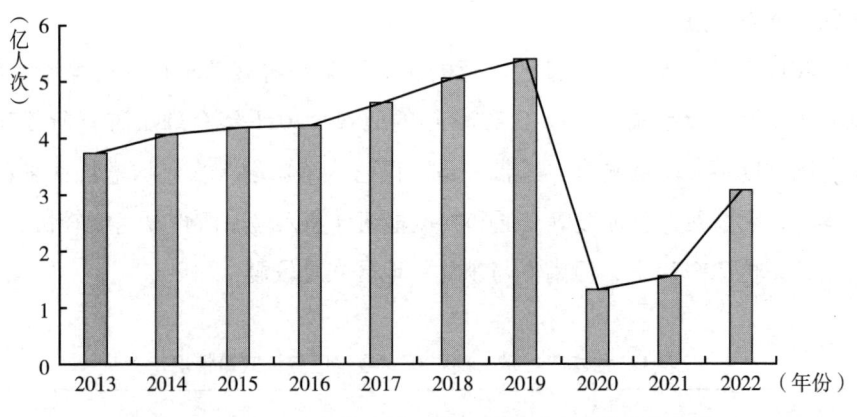

图1 2013~2022年共建"一带一路"国家入境旅游人次

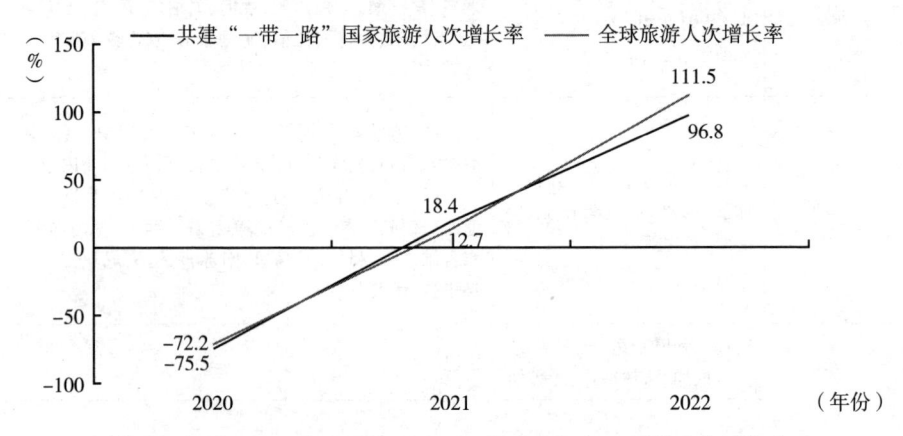

图2 2020~2022年全球与共建"一带一路"国家旅游人次增长率

资料来源：根据世界旅游组织（UNWTO）入境旅游数据绘制。

（二）"一带一路"出境旅游发展概况

十年来，"一带一路"倡议不仅推动了区域经济强劲增长，也激活了共建各国出境旅游市场。特别是乌兹别克斯坦、柬埔寨、泰国以及包括斯洛伐克、罗马尼亚在内的部分中东欧国家出境旅游市场呈现强劲的增长势头，疫情前的年均增长率在10%左右。2019年，乌兹别克斯坦的出境旅游人次大约是2013年的3倍，这一显著增长与该国积极开展旅游业促进活动和与中国等合作伙伴的密切合作密不可分。同时，世界旅游组织数据显示，俄罗斯、乌克兰、印度、罗马尼亚、沙特阿拉伯、阿联酋、波兰、印度尼西亚、新加坡、哈萨克斯坦、泰国、土耳其等国在2013~2019年共建"一带一路"国家出境旅游市场中名列前十，虽有波动，但整体局势稳定。

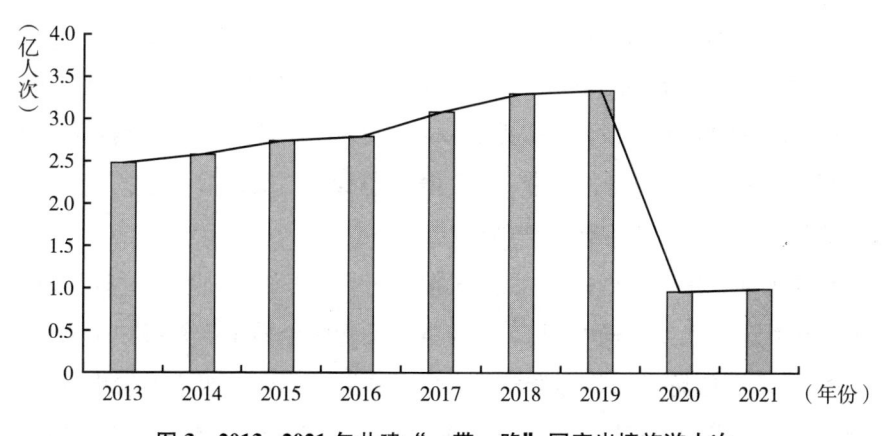

图3　2013~2021年共建"一带一路"国家出境旅游人次

资料来源：根据世界旅游组织（UNWTO）出境旅游数据绘制。

随着2023年中国出境游市场加速复苏，共建"一带一路"国家在中国出境游市场的热度也持续走高。根据中国旅游研究院发布的《2023年上半年出境旅游大数据报告》，中国内地居民赴共建"一带一路"国家旅游意愿明显上升，且在目的地停留的时间也有所延长。在单个旅游目的地停留时间Top20的目的地中，共建"一带一路"国家占了七成。

二　中国与共建"一带一路"国家旅游重点合作领域

（一）旅游基础设施合作：保障通达性的基础

基础设施联通是"一带一路"旅游高质量发展的率先推进领域。十年来，共建"一带一路"国家基建需求强劲，航空、铁路、公路、海运等旅游基础设施"硬联通"建设迅猛发展，"六廊六路多国多港"的互联互通架构已基本形成。

其中，中蒙俄、新亚欧大陆桥、中国—中亚—西亚三条经济廊道自北向南排布、横越亚欧大陆东西两岸，以中亚大片区为中轴，将相对发达的欧洲经济体与极具成长潜力的东亚经济体相连。中国—中南半岛、中巴、孟中印缅三条经济走廊则串联起东南亚、南亚板块上支点经济体的核心城市，充分激发区域内人口密集的旅游发展潜能，积极推动以铁路、公路和边境口岸为主体的跨境基础设施建设。以公路、铁路、水路、空路、管路、信息高速路"六路"为形式，以共建"一带一路"国家枢纽和重要港口为依托，逐渐形成优势互补的区域旅游经济合作新模式。

铁路方面，中欧班列是"一带一路"成果显著的规划项目。截至2022年底，中欧班列已经联通欧洲25个经济体的208个城市，并将在未来发展"人文班列""旅游班列"等新模式。中老铁路开通运营也为推动中老经济走廊建设发挥了积极作用。复兴号与澜沧号动车组安全、快捷，提升了两国之间的可进入性。国内段已累计发送旅客720万人次。老挝段已累计发送旅客130万人次，较好地满足了中老旅客出行需求①。公路方面，中巴经济走廊喀喇昆仑公路二期、拉合尔至卡拉奇高速路、肯尼亚内罗毕快速路等旗舰工程铺就共同发展的康庄大道。海运方面，截至2022年底，"丝路海运"

---

① 《打造黄金线路　造福两国人民　中老铁路开通运营一年交出亮眼成绩单》，中国铁路，https://baijiahao.baidu.com/s?id=1751103142967417662&wfr=spider&for=pc，2022年12月2日。

航线达94条，联盟成员单位超250家，通达31个经济体的108座港口。航空方面，国际民航运输网络不断拓展，截至2022年底，我国与128个经济体签订双边政府间航空运输协定①，其中包括100个"一带一路"沿线经济体；与全球64个经济体拥有定期客货运通航，构建起新时代"空中丝绸之路"②。旅游基础设施"硬联通"的实现，为共建"一带一路"国家间的旅游要素高效流通提供有力支撑。

（二）旅游投资合作：旅游业发展的引擎

旅游项目投资合作是"一带一路"旅游高质量发展的重要内容。十年来，中国与共建国家着力解决贸易投资自由化、便利化问题，大力消除投资壁垒，"一带一路"区域投资环境得到改善。

2017年，乌兹别克斯坦成立首个自由旅游区——恰尔瓦克自由旅游区，并划分出高达1亿美元的优惠信贷额度、设置系列税费减免优惠政策以支持区内旅游投资项目。同年，我国发起《推进"一带一路"贸易畅通合作倡议》，鼓励相互投资，提出举办中国国际进口博览会，为各国经贸交流搭桥建梁。在疫情导致全球对外投资大跳水期间，东盟10国和中国、日本、韩国、澳大利亚、新西兰等15国领导人联合签署了全球最大的自贸协议《区域全面经济伙伴关系协定》（RCEP），极大地提振了区域贸易投资信心。2013~2022年，中国与共建国家双向投资累计超过3800亿美元，其中，2022年，我国企业在共建"一带一路"国家非金融类直接投资更是高达209.7亿美元。

从投资行业来看，主要流向旅游交通、在线旅游、数字文旅、旅游演艺等促进产业和消费升级的新业态。旅游交通投资涉及铁路、航空等多领域，包括与新马泰三国合资建设的昆明—新加坡高速铁路、在肯尼亚和埃塞俄比

---

① 《"丝路海运"发布第十批命名航线》，中国一带一路网，https://www.yidaiyilu.gov.cn/xwzx/gnwx/274769.htm，2022年9月9日。

② 《民航局：四大世界级机场群建设初具雏形 民航国际地位和影响力显著增强》，民航资源网，http://news.carnoc.com/list/597/597583.html，2023年1月6日。

亚的部分铁路、欧洲的布达佩斯—贝尔格莱德铁路以及在格鲁吉亚入股投资的迈威航空公司等项目。关于在线旅游投资，2018年携程旗下途风网收购印度B2B旅游预订平台——Travstarz Global Group，进一步完善了出境游和国际旅游业务。数字文旅和旅游演艺投资方面也是蒸蒸日上。中国文化和旅游部自2018年以来积极面向全国征集"一带一路"国际合作重点项目，将数字文旅、艺术旅游、旅游演艺设为重点投资方向，已投资金额约130亿元人民币，涉及"一带一路"20个共建国家和地区。

从投资热点区位来看，中国对共建"一带一路"国家的投资主要流向东盟国家、巴基斯坦、阿联酋、哈萨克斯坦等国。据中国商务部统计，2021年我国对东盟累计投资总额达到1402.8亿美元，是我国第二大直接投资目的地，并主要流向新加坡和印度尼西亚，占我国对东盟投资总额的60%以上，而我国对阿联酋、哈萨克斯坦、巴基斯坦的直接投资存量总额也高达248.1亿美元[1]。

（三）旅游数字化合作：科学高效地提升旅游服务与治理能力

旅游数字化合作为"一带一路"旅游高质量发展培育了新动能。"一带一路"跨越了东西方的多元文明，汇聚了大量的旅游资源。当前，"一带一路"旅游数字化合作体现为在已有资源和网络平台技术的基础上对分散的资源进行整合，突破旅游资源利用和共享的障碍，提升旅游数智管理和服务水平。

疫情期间，数字旅游产品逆势上扬，成为推动旅游行业复苏、促进消费转型升级的重要选项。2022年，"丝绸之路"超级IP授权中心正式成立，以"丝绸之路"为核心，打造"丝绸之路文化之旅"数字品牌，促进各地充分发挥地缘、人缘等优势，加强文化旅游的交流与合作，推出一批历史遗产修复、考古展览合作项目。截至2022年底，中国与17个国家签署数字丝

---

[1] 《2021年度中国对外直接投资统计公报》，http://images.mofcom.gov.cn/fec/202211/20221118091910924.pdf，2022年11月7日。

绸之路合作谅解备忘录，推动了世界各国人民共享开放相融机遇①。在数字化交通方面，腾云基于"一部手机游云南"项目的经验，探索尝试"一机游"模式与"一带一路"相结合，推进跨境智慧旅游平台建设。腾云基于云南建设面向南亚东南亚辐射中心的定位，开发上线"中老铁路游"和"游泰东北"小程序，通过数字化为共建"一带一路"国家提供交流渠道，推进共建"一带一路"国家旅游数字化合作高质量发展。中国北斗导航系统在中东阿拉伯国家的推广，以及数字化网络控制技术在埃及铁路的运用，均为推动世界旅游交通数字化贡献了中国力量。在智慧旅游方面，2023年，泰国国家旅游局同华为泰国公司签署关于智慧旅游数字化转型与创新发展的谅解备忘录，加快推进5G、AI和VR等技术与旅游产业的深度融合，助力泰国发展智慧旅游，促进旅游业数字化升级。

三 中国与共建"一带一路"国家旅游合作的机遇与挑战

2023年，"一带一路"旅游市场快速恢复。与此同时，基础设施的互联互通与数字技术的发展也为"一带一路"旅游合作带来了新的机遇。当然，在百年未有之大变局下，复杂多变的环境仍使"一带一路"旅游合作面临重重挑战。

（一）交通互联与数字经济为"一带一路"注入新生活力

1. 基础设施稳固"一带一路"旅游联通保障

"一带一路"设施相通是旅游发展的基础，中国基建技术尤其是高铁技术的输出为"一带一路"旅游带来了新突破，使"一带一路"人员交流更加快速便捷，将持续推动区域内旅游投资合作与人文艺术交流。首先，中国

---

① 《"一带一路"这十年·述说丨八方来聚 擘画"一带一路"数字经济新图景》，《中国经济时报》2023年10月23日。

援建的中欧班列、雅万铁路等陆上交通不仅改善了当地交通条件，还极大提升了共建"一带一路"国家物质与人员的联通水平，在全世界范围内起到了巨大的示范作用，未来中欧旅游班列、中吉乌铁路等的规划与建设将使"一带一路"旅游更加便利，丰富"一带一路"旅游产品，创新服务模式。其次，我国一直致力于与共建"一带一路"国家规划直航航班。2023年以来，我国与伊斯坦布尔、阿斯塔纳等城市首次实现直航，与卡塔尔等国的直航航班也即将开通，未来随着航线规划与航空运力的增加，"空中丝路"将为"一带一路"旅游提供强大的交通助力。另外，港口通航等也将进一步使共建"一带一路"国家游客的目的地选择多样化，发挥枢纽优势实现"一带一路"海、陆、空、港同频共振。

2. 数字建设赋予"一带一路"旅游发展新动能

近年来，"一带一路"旅游数字化转型逐步加快，大数据、云计算等技术在旅游营销、产品运营、旅游服务等方面发挥着重要作用，扩大了共建"一带一路"国家旅游合作空间。智慧海关、智慧口岸建设大大提高了游客的通关效率，电子钱包、跨境支付服务体系的建立有效完善"一带一路"金融服务，提升当地生活便利度。在数字技术的驱动下，"一带一路"有望缩小数字鸿沟，提高互联互通水平，推动信息共享及互信互认。

3. 线上直播拓展"一带一路"旅游贸易新空间

"一带一路"旅游在社交媒体的蓬勃发展下不断转型升级，尤其是在疫情期间，以抖音、快手等应用为载体的线上直播为"一带一路"旅游贸易搭建了新平台。卢旺达、肯尼亚、新加坡、俄罗斯等国家都纷纷借助直播平台宣传本土特产，携程直播打造的"超级全球游"携手泰国国家旅游局开启海外直播首站，老挝中国文化中心策划"2022年海外中国旅游文化周"向老挝民众推介中国各地美景及中华传统文化。社交媒体强大而精准的流量加持让"机+酒"产品、景区门票、美食、度假产品等旅游产品更加直观地展示给观众，有效提高了旅游交易的转化率。这种高效精准的新电商渠道有效促进了"一带一路"旅游市场复苏，并将有望扩大"一带一路"旅游消费空间。

4. 云端对话丰富"一带一路"人文交流新渠道

依托数字经济发展红利,"一带一路"文化交流活动克服了地域限制,在云端空间大放异彩,拓展了"一带一路"人文交流实践路径。共建"一带一路"国家以丰富的形式加快推进民心相通,如2020年中意首次以云端汇演的方式庆祝两国建交,2021年中国与希腊青年通过线上论坛进行人文对话增进共识,还有全球青少年大运河线上文化体验活动等。这种模式带动了"云演艺""云娱乐""云看展"等一系列新业态的涌现,搭建起了"一带一路"文化交流的桥梁,增进了共建国家民众的相互理解与尊重,不仅促进了文旅活力的快速恢复,也有助于"一带一路"凝聚共识,强化友好合作。

(二)"一带一路"旅游面临内外双重挑战

1. 国际政局动荡与贸易摩擦带来挑战

大国博弈、地区冲突与贸易摩擦对"一带一路"的发展形成挑战。首先,以美国为首的西方资本主义国家对"一带一路"倡议有较多干扰,激化合作伙伴间的利益关系,影响国际游客的正常往来。其次,"一带一路"覆盖中东、俄乌、北非等政治形势复杂地区,部分国家内部宗教复杂,外部面临领土争端。当前愈演愈烈的俄乌冲突、硝烟不断的中东局势等都阻断了"一带一路"旅游的自由畅通。另外,在恶劣的经济形势下,单边主义、贸易保护主义渐有抬头趋势,中澳、中欧间贸易摩擦给"一带一路"倡议的顺利推进带来挑战。

2. 安全风险致使游客人身及财产安全难以保障

自然灾害、武装冲突及违法犯罪等使"一带一路"旅游面临安全隐患。首先,近年来受极端气候影响,各类自然灾害频发,暴雨、洪水、台风等对旅游景观造成破坏,给旅游产业供应链如交通、住宿等造成冲击。其次,在地缘政治冲突及经济下滑的形势下,诈骗、盗窃、恐怖袭击等违法犯罪行为严重危害游客人身健康与财产安全,引发游客对目的地的恐慌及抵触心理。最后,由游乐设施安全保障不到位、环境过载导致的坍塌、踩踏等安全风险,以及疫情、传染病等公共卫生风险等都会严重损害"一带一路"旅游目的地的口碑，对旅游业的持续健康发展产生负面影响，给共建"一带一路"国家旅游合作的深化带来了巨大阻力。

3. 开放程度影响旅游交流通畅度与服务便利性

共建"一带一路"国家在网络、金融等软联通方面的开放程度影响着跨国旅游过程中的便利性与舒适度。"软联通"始终是共建"一带一路"的重要着力点，在国内外环境深刻复杂变化的背景下，加强规则标准"软联通"，有利于提高共建"一带一路"质量和"正外溢"效应①。首先，除交通等硬件设施的影响外，各国在签证方面的限制是影响旅游便利度的一大要素。出于各类安全因素的考虑，目前共建"一带一路"国家只有28个国家对我国公民实行免签。其次，在互联网和信息化时代，游客入境目的地国后往往面临本地网络难以接入的困境。各国之间数字技术发展不平衡，这种数字鸿沟也影响着游客的体验。

四 "一带一路"旅游合作展望

在第三届"一带一路"国际合作高峰论坛开幕式上，习近平主席宣布中国支持高质量共建"一带一路"的八项行动，把构建"一带一路"立体互联互通网络、支持建设开放型世界经济、开展务实合作、促进绿色发展、推动科技创新、支持民间交往、建设廉洁之路、完善"一带一路"国际合作机制作为未来"一带一路"高质量发展方向②。当前，世界之变、时代之变、历史之变正以前所未有的方式展开，"一带一路"旅游合作作为高质量共建"一带一路"的重要组成部分，需时刻秉持"共商共建共享"合作原则，以"构建人类命运共同体"为旨归，加快推动"一带一路"旅游市场

---

① 王宛：《新形势下强化共建"一带一路"规则标准"软联通"的思路和建议》，《宏观经济研究》2022年第8期。
② 《习近平在第三届"一带一路"国际合作高峰论坛开幕式上的主旨演讲（全文）》，新华网，https://baijiahao.baidu.com/s?id=1780064815242319182&wfr=spider&for=pc，2023年10月18日。

开放、旅游基础设施改善、旅游标准规则"软联通"以及旅游合作机制的完善。

（一）加强市场对外开放，构建新开放格局

开放是合作的前提，加强市场对外开放是推动中国与共建"一带一路"国家旅游合作共赢、促进经济全球化的重要战略举措，需要从多方面入手。

一是促进签证便利化。"一带一路"区域在交通上的互联刺激了各国出入境旅游消费，但由于各国签证政策不一，国际旅游的流动性受到阻碍。未来，沿线各国需进一步扩大落地签、免签范围，加快推进在线签证申请和电子签证的使用，长远目标是在"一带一路"地区实施统一签证制度，打造"一带一路"区域旅游经济带。

二是加强国际合作，升级支付服务。优化移动支付，是便利出境旅游消费的重要手段。共建"一带一路"国家和中国需要加强支付服务的国际合作，建立共享支付基础设施，加快推广国际支付卡和移动支付的使用，如Visa、MasterCard、Alipay和WeChat Pay。

三是鼓励跨境旅游投资，支持旅游企业"走出去"和"引进来"。一方面，从旅游投资准入、便利化措施、旅游投资促进和旅游投资保护等方面加大吸引外商投资力度，完善促进外商投资的政策和法律体系，持续优化外商投资环境；另一方面，继续完善政策支持体系，包括降低关税和非关税壁垒，加大金融支持力度，鼓励中国企业"走出去"，并着重打造、落实好一批具有标志性意义的旅游产业重点合作项目，如旅游演艺、在线旅游等。

（二）改善基础设施，打通最后交通阻碍

基础设施是经济社会发展的生命线，当前中国与共建"一带一路"国家最外围的旅游交通通道已经初步打通，未来"一带一路"要继续把改善末端基础设施"硬联通"作为重要方向，逐渐完善"海陆空网"联通体系。首先，要加快建设铁路、公路、港口互联互通，重视中欧班列、中吉乌铁路等工程的示范作用，发挥重要交通节点的枢纽作用，完善"一带一路"交

通网的细枝末节；加快在国内丝绸之路沿线旅游枢纽城市和港口城市建设丝路国际旅游港，积极推进"丝路海运"港航贸旅一体化发展。其次，要扩大直航覆盖范围，推动航权开放，构建更加通达的航线网络，增加"一带一路"主要旅游目的地城市间的直飞航线航班或旅游包机。另外，要加速网络设施和通信设备等数字信息基础设施的一体化发展，推进5G网络、基站、光缆等的建设，以及以数字技术为基础的智慧海关、智慧物流等数字基建，奠定开放互联的硬件基础，实现"一带一路"旅游信息畅通。

（三）加强标准软联通，构建国际规则体系

规则标准联通是提高"一带一路"共商对接水平的重要支撑，未来"一带一路"要建设高标准的政策、规则、标准开放联通之路。这需要在国际层面促进合作和协调，加快构建更加适用于共建"一带一路"国家性质与发展阶段的国际标准，包括统一的酒店评级标准、旅游产品质量标准、旅游安全标准等。同时，要做好战略协同与政策衔接①，搭建双边规制合作平台，推动规制部门之间的沟通和对接，消除或削减"边境后"公共政策壁垒，促进双边贸易提质增效②。

（四）完善合作机制，共建命运共同体

开放才能互通，合作才能共赢，促进"一带一路"旅游高质量发展必须构建更加开放的格局，打造更坚实的合作基础，建立更稳定的伙伴关系。为此，要做好三方面工作。一是完善旅游合作交流机制，在成立丝绸之路国际剧院、艺术节、博物馆、美术馆、图书馆等联盟的基础上，成立丝绸之路旅游城市联盟，同时持续扩大服贸会、广交会、进博会等交流平台的影响力，进一步支持民间交往。二是政府相关部门要继续加强旅游专业人才国际

---

① 张辉、吴唱唱：《"一带一路"高质量发展对加快构建新发展格局的影响与实践路径》，《社会科学辑刊》2023年第5期。

② 赵龙跃：《协同推进高水平对外开放与高质量共建"一带一路"》，《当代世界》2023年第9期。

交流的基金支持，重点打造旨在促进丝路青年旅游研究合作的学习项目，资助更多旅游学科人才赴共建国家交流学习。三是要清楚认识到地缘纷争、文明冲突、恐怖主义暗流、自然灾害等引发的旅游安全风险，加强游客海外利益保护、国际反恐、安全应急等机制的协同协作。加强大数据管理在旅游安全合作中的应用，创建跨国旅游安全数据共享平台，提前预警和应对潜在风险。

G.6
从专利视角看旅游业的创新动态

王薪宇*

摘 要: 专利技术是衡量企业创新能力的一项重要指标。本文汇总了国内重点旅游企业的专利申请情况,通过专利的视角,展示旅游企业技术创新的特征、动态和趋势。从整体情况来看,旅游业不属于技术驱动型行业,旅游企业对专利技术的重视程度普遍不高。不过,随着旅游业迈向高质量发展阶段,消费者对旅游产品和服务的要求越来越高,越来越看重创意、创新和特色内容,旅游企业的创新意识和创新能力也随之不断提升,对专利的重视程度越来越高,申请专利数量快速增长。当前,旅游相关专利主要分布在在线旅游、主题乐园、游乐设备制造、文旅演艺、文创产品等几个重点领域。

关键词: 旅游创新 旅游专利 旅游科技

自 1984 年我国正式实施《中华人民共和国专利法》以来,专利制度在保护知识产权、激励创新和技术进步、协调市场资源配置方面发挥了巨大的作用。各行各业也积极申请专利,据统计,截至 2022 年底,我国发明专利有效量为 421.2 万件[①],位居世界第一,是名副其实的专利大国。

在传统的发展格局里,旅游业通常不被认为是技术含量较高的行业,对专利技术的需求度不高。因此,业界对旅游专利情况关注和研究较少。然而,随着旅游业迈向高质量发展,创意、创新和特色内容成为旅游企业在市

---

* 王薪宇,知酷文旅主理人,资深文旅媒体人,主要研究方向为文旅报道、旅游研究、产业咨询。
① 谷业凯:《知识产权高质量发展态势更显著》,《人民日报》2023 年 1 月 17 日。

场竞争中取胜的关键,专利技术作为对智力成果、创意创新的一种法律认可和保护手段,将在旅游产业创新升级中起到重要作用。因此,可通过梳理旅游企业的专利情况,揭示旅游行业的技术升级、创新动态和发展趋势。

本文中专利数量资料来源于国家知识产权局以及企业调研数据,仅选取其在中国境内拥有的专利,不含海外专利,统计截止时间为2023年7月30日;旅游企业数量众多,本文难以全部覆盖,只选取重点文旅集团和部分文旅供应链企业;部分旅游集团为多元化集团公司,含大量非旅游业务,本文仅统计其旅游板块的专利,非旅游板块的专利暂不收录;拥有专利数量少于10项的旅游企业,暂不收录;专利数量统计不易,疏漏在所难免,本文数据仅供参考,不作为权威排名依据。

经过多方调研和数据查询,并对100多家重点文旅企业的专利情况进行摸底,最终筛选出32家符合上述数据选取标准的旅游企业,其专利数量见表1。

表1 重点文旅企业拥有专利情况(企业名称写全)

单位:项

序号	企业名称	专利数
1	携程集团	2787
2	华侨城集团	581
3	华强方特文化科技集团	572
4	凯奇集团	357
5	深圳奥雅设计股份有限公司	197
6	同程集团	156
7	上海恒润数字科技集团	155
8	长隆集团	152
9	马蜂窝旅游网	150
10	无锡拈花湾文化投资发展有限公司	144
11	融创文旅研究院	142
12	广东金马游乐股份有限公司	130
13	大连博涛文化科技股份有限公司	129
14	北京趣拿信息技术有限公司(去哪儿网)	101
15	深圳市普乐方文化科技股份有限公司	91
16	深大智能集团	81
17	广州山水比德设计股份有限公司	73

续表

序号	企业名称	专利数
18	季高集团	72
19	环宇文化科技有限公司	68
20	山东金东数字创意股份有限公司	65
21	当红齐天集团	57
22	宋城演艺发展股份有限公司	45
23	景域集团	41
24	南京途牛科技有限公司	37
25	陕西旅游集团	31
26	北京巅峰智业旅游文化创意股份有限公司	24
27	北京大地风景文化旅游发展集团	24
28	恐龙园文化旅游集团	24
29	北京阿派朗创造力科技有限公司	20
30	深圳数虎图像股份有限公司	20
31	峨眉山旅游股份有限公司	19
32	黄山旅游发展股份有限公司	14

一 旅游企业专利的现状和特征

（一）拥有专利的文旅企业数量稀少

据统计，截至2022年底，我国国内拥有有效发明专利的企业达35.5万家，企业拥有的有效发明专利有232.4万件[①]。然而，在旅游行业，全国100余家知名旅游企业中，仅有32家旅游专利数量超过10项，大多数文旅企业未拥有专利或专利数量过少，其中不乏一些经营多年的老牌旅游集团。

造成这种现象的原因，主要是传统模式下，旅游业不是技术驱动型的行业，旅行社、旅游景区、酒店等旅游产品和服务不产出实体产品，没有生产工艺和技术研发，也就少了专利技术诞生的重要土壤。

---

① 《国家知识产权局：截至2022年底我国国内拥有有效发明专利的企业达35.5万家》，新华社，2023年1月16日。

（二）拥有专利的旅游企业中，民营企业数量居多

32家旅游企业中，民营企业的数量为26家，国有企业6家，且排名靠后，民营旅游企业有更强的创新活力。

国有旅游企业往往掌握最优质的旅游资源，采用成熟的经营模式，对创新的重视程度不足，而民营企业由于不具备资源优势，需要时刻关注市场的新需求、新动向，开发一些新的产品和品类。因此，民营旅游企业创新踊跃，创新成果更多，专利数量也更多。

（三）旅游上下游供应链企业占比较高

旅游业涉及吃、住、行、游、购、娱等多项要素，具有内涵丰富、场景多元的特点，其本身不是技术驱动型的产业，但能够为许多技术提供应用场景。因而，旅游业有很多服务于景区、目的地、酒店等上下游供应链的企业，他们有较强的技术实力和创新意识。

如上海恒润数字科技集团、深圳普乐方文化科技股份有限公司、环宇文化科技有限公司、大连博涛文化科技股份有限公司、当红齐天集团、山东金东数字创意股份有限公司、深圳数虎图像股份有限公司等，通过向景区、旅游目的地提供高科技数字文娱产品，引领了沉浸式体验、夜游经济的风潮；凯奇集团、季高集团等，为景区提供儿童无动力游乐设备；广东金马游乐股份有限公司生产过山车、旋转木马等主题乐园常规游乐设施；深圳奥雅设计股份有限公司、广州山水比德设计股份有限公司、北京巅峰智业旅游文化创意股份有限公司、北京大地风景文化旅游发展集团、景域集团等为景区、旅游目的地提供策划规划、景观设计、项目咨询、管理运营等各项服务。

旅游供应链企业拥有专利技术多，一方面说明了旅游业的产业分工越来越细化，各个环节都有专业的公司提供服务；另一方面说明，随着旅游业产业链的专业化，上下游企业的创新能力也在提升。

（四）专利数量和企业的经营实力呈现正相关态势

企业经营实力越强、品牌知名度越高、营收业绩越好，其专利数量往往

也越多。例如,在主题乐园领域,华侨城集团、华强方特文化科技集团、长隆集团是公认的主题乐园前三强,均有专利数靠前,其中,年度营收最高、接待游客人次最多的华侨城集团拥有581项专利。在线旅游领域,携程集团、同程集团、马蜂窝旅游网、北京趣拿信息技术有限公司(去哪儿网)、南京途牛科技有限公司均拥有诸多专利,其专利数量和其年度营收业绩具有一致性。旅游策划规划、景观设计领域,深圳奥雅设计股份有限公司、广州山水比德设计股份有限公司是这一领域为数不多的A股上市公司,都拥有较多的专利。无动力游乐设备生产领域,凯奇集团是拥有专利最多的企业,也是该领域的销量冠军,产品远销全球130多个国家和地区,并参与起草了多项该领域的国家标准。

这表明,重视创新、重视技术研发,企业往往能够在市场竞争中占据优势。同时,企业在市场中获得了经营优势,也会有更多资源投入研发中。拥有专利技术最多的携程集团,2022年产品研发费用高达83.41亿元,占当年营收的42%[1]。由此,携程集团能够凭借技术优势提供更好的服务体验、更丰富的产品体系,实现更高的效率以及更国际化的业务布局,牢牢占据国内在线旅游企业的第一梯队。

(五)旅游专利交易转化不活跃

专利制度对市场创新的激励主要体现在两个方面:一方面是保护企业的研发成果、原创技术,防止他人抄袭,使企业通过独创的技术成果取得市场竞争优势;另一方面,专利技术可以作为一项资产,进行买卖交易,企业可出售或授权有价值的专利,直接获得收益。专利技术的交易买卖,可以激励企业、机构和个人去研发更有市场价值的专利,使专利更有实用性,且这种专利的申请人以推广该专利技术为目的,更容易在全行业普及新技术、新应用。

但旅游企业的专利交易并不活跃,绝大多数专利为企业在生产经营中自

---

[1] 乐琰:《对标小红书 携程大模型欲破内容"种草"瓶颈》,《第一财经》2023年8月27日。

主研发，申请专利的目的是保护自己的知识产权，鲜有专利购买、出售或授权的行为。出现这种情况的原因有：第一，旅游专利的泛用性不强，往往是企业在所属的细分领域针对具体产品、服务和工艺而研发的专利技术，需要这种专利技术的潜在群体不多，因此很难形成专利交易的市场生态；第二，旅游专利不存在"卡脖子"的情况，一项产品功能可供选择的技术方案多种多样，某家企业申请了其中一项技术方案的专利保护，其他企业可以采用其他替代方案实现类似的功能和效果，不需要通过购买或专利授权的方式。例如，在线旅游企业中，携程集团、同程集团、马蜂窝旅游网都开发过基于用户兴趣点推荐旅游产品的技术，其实现的功能一样，但技术方案不同，因此各家的专利相互独立，彼此不需要购买或授权。

相较之下，一些专利市场生态成熟的科技行业，专利费是一笔不菲的收入。例如，华为2022年专利费收入5.6亿美元，超过350家公司向华为支付了专利费①。

整体来看，旅游专利在旅游企业的经营中，处于相对边缘的位置，旅游企业普遍对专利重视程度不足，有能力、有意愿申请旅游专利的企业极少。目前，申请旅游专利的主体为在线旅游企业、主题乐园企业、游乐设备供应商以及规划设计单位，民营企业居多。这些企业申请专利的主要目的是保护知识产权、杜绝模仿抄袭，很少有专利买卖、专利授权等直接变现的行为，旅游专利的市场生态还未构建。

二 各类旅游企业专利特点

不同类别旅游企业的专利有不同的特点，从中可以看出其创新状态。

（一）在线旅游类

在线旅游企业拥有专利的代表性企业有携程集团、同程集团、去哪儿

---

① 柳书琪：《华为扩大专利收费范围，去年专利收入5.6亿美元》，《财经十一人》2023年7月14日。

网、马蜂窝旅游网、南京途牛科技有限公司。在线旅游是旅游专利数量最多的一个领域。

在线旅游属于技术含量较高的细分领域，以携程集团为例，携程集团拥有专利2787项，专利数量远超同行水平。携程在专利领域之所以一骑绝尘，一方面是其技术能力强、研发能力强，另一方面是其专利意识很强。携程集团的专利主要为App、预订网站的外观专利和数字技术专利。

外观专利方面，携程为旗下App和网站的主要页面都申请了专利保护。一项旅游产品，从宣传展示、搜索预订到售后评价，每一个步骤都需要在线交互。携程针对这些在线交互页面的外观申请专利，以保护自己的设计风格不被模仿和抄袭，保持携程在用户群体中的辨识度（见表2）。

其实，在线交互页面是互联网企业和海量用户在长期交互中不断迭代和完善的。这些设计虽然不算是"硬核科技"，但也是企业长期经营中摸索出来的好方式、好设计，属于企业的智力成果，具有保护价值。

表 2 携程集团部分专利展示

申请号	申请日	发明名称
CN202310627505.3	2023年5月30日	用户界面的搭建方法及系统、电子设备、存储介质
CN202310532618.1	2023年5月11日	针对航班过站的告警方法、系统、设备及存储介质
CN202310532296.0	2023年5月11日	页面表单的生成方法、系统、设备和介质
CN202310519189.4	2023年5月9日	广告数据的投放方法、系统、设备及介质
CN202310512871.0	2023年5月8日	用户信息的分析方法、系统、设备和介质
CN202310512431.5	2023年5月8日	数据分析报告的生成方法、装置、设备及存储介质
CN202310484913.4	2023年4月28日	链接的配置方法、系统、设备及存储介质
CN202310461943.3	2023年4月26日	视频处理方法、装置、设备及介质

在"硬核科技"方面，携程拥有与数字技术相关的发明专利和实用新型专利1700多项，超过自身专利总数的60%，这些技术覆盖大数据、人工智能、推荐算法、智能客服、AR科技等，从技术后台到前端交互再到企业数字化管理，体现出浓浓的科技含量。

在线旅游企业对技术的需求，主要源自其庞大的订单量。携程平均每天成交额约24亿元,每天要处理数百万笔订单,必须通过足够高效、智能且完善的数字化系统,满足旅游产品从浏览、预订到履约、售后的各个环节需求,在给用户提供良好使用体验的同时,最大化地减少人工的介入。

(二)主题乐园类

主题乐园企业有华侨城集团、华强方特文化科技集团、长隆集团、恐龙园文化旅游集团等,主题乐园是旅游专利数量仅次于在线旅游的一个领域。主题乐园对技术的需求,主要源自生产各类新奇好玩的游乐设施,这些游乐设施融合了机械、光电、多媒体特效,既要保证安全,又要为游客提供非同寻常的感官体验,这需要企业投入大量时间精力进行钻研。此外,主题乐园还需要有创意新奇的外观,以及融合了影视IP的项目设计,为此主题乐园企业也申请一些外观类专利(见表3)。

表3 华强方特文化科技集团部分专利展示

申请号	申请日	发明名称
CN202310246065.3	2023年3月2日	刹车检测系统及方法
CN202320284663.5	2023年2月22日	一种游览船输送装置、游览船站台及输送模块
CN202310184649.2	2023年2月21日	一种悬挂装置和一种车
CN202320271207.7	2023年2月21日	一种多角度花瓣打开机构
CN202320244076.3	2023年2月17日	一种同步旋转装置及旋转设备
CN202320234529.4	2023年2月16日	一种球幕舞台结构
CN202320170137.6	2023年2月9日	一种仿真天平左右晃动机构
CN202320170140.8	2023年2月9日	一种表演机器人

以华强方特为例,华强方特是少有的从事主题乐园创意设计、研究开发、内容制作、施工建设、市场销售全产业链运营的文旅企业。为了研发出更好玩的项目,华强方特设立了创意院、研究院、设计院,分别承担方特主题乐园的内容创意、技术研发与规划设计。这三个团队集合了来自不同领域的专业复合型人才,既包括创意、美术、音乐、电影等艺术人才,也有自动控制、机械制造、计算机等技术领域人才,拥有不同知识背景的专业化人才

长期协作沟通，使艺术和科技碰撞出火花，不断创造出兼具文化味与科技感的创新主题游乐形式。

华强方特研究院的技术研发工作包含机械设计、自动控制、计算机图形处置、特种数字影视制作，还包括特技特效、特种车辆、特种舞台、机器人设计及声、光、机、电一体化等众多技术研发。通过对这些新技术的研发和整合，华强方特研究院可以创新出多种多样的主题游乐项目表现形式。这些技术成果很多都申请了专利。

（三）旅游供应链类

旅游供应链企业包括上海恒润数字科技集团、深圳市普乐方文化科技股份有限公司、环宇文化科技有限公司、大连博涛文化科技股份有限公司、当红齐天集团、山东金东数字创意股份有限公司、深圳数虎图像股份有限公司、凯奇集团、季高集团、广东金马游乐股份有限公司、深圳奥雅设计股份有限公司、广州山水比德设计股份有限公司、北京巅峰智业旅游文化创意股份有限公司、北京大地风景文化旅游发展集团、景域集团等，旅游供应链是旅游专利数量最多的领域。这类企业的专利主要围绕各自的核心产品和服务，不断创新研发、技术升级，提供更优的产品和服务，以满足客户的需求。

以大连博涛文化科技股份有限公司为例，博涛文化是知名高科技文旅项目创意设计公司。其为景区开发的球幕影院产品，融合了球幕成像技术、裸眼特效技术、动感震动平台技术等多种高科技，集合了球幕影院、飞行影院、多维影院、过山车等主流特种影院和游乐设备优点，是典型的高科技文旅项目（见表4）。

表4 大连博涛文化科技股份有限公司部分专利展示

申请号	申请日	发明名称
CN202222226788.0	2022年8月23日	一种用于仿生设备足部的双链传动机构
CN202221998288.2	2022年7月29日	一种应用于巡游车的电缆沟盖板结构

续表

申请号	申请日	发明名称
CN202221867348.7	2022年7月19日	一种观光游览车辆用伸缩梯
CN202221636845.6	2022年6月28日	一种仿生设备腮毛部位的多向变换结构
CN202221537710.4	2022年6月20日	一种用于仿生设备的颈部联动机构
CN202221537950.4	2022年6月20日	一种智能升降防晒防雨棚
CN202230355099.2	2022年6月10日	凤凰机甲雕塑模型

博涛文化的"巨型仿生机械艺术装置",采用机械传动和智能仿生原理,保留了蒸汽朋克的机械质感,在功能上实现智能仿生效果,可完成行走、跃起、俯首、摇头、摆耳、眼球转动等多个高难仿生动作。博涛文化自主研发的"中华巨马",从策划到落地,历时三年,博涛团队画了3000多张设计图,在智能控制系统、力学工程、材料等方面攻克了大量难题,为此申请了20多项专利。

（四）文旅演艺及创新型景区类

该类企业有宋城演艺发展股份有限公司、无锡拈花湾文化旅游投资发展有限公司、北京阿派朗创造力科技有限公司,主要以创意的内容和精致场景,提供特色的游玩体验。其专利主要集中于创新内容、特色场景和设计外观。

以无锡拈花湾文化旅游投资发展有限公司（以下简称拈花湾文旅）为例,拈花湾文旅是以中国创意文旅集成商为核心定位,提供策划、规划、设计、建设、运营等全产业链服务的大型国有文化旅游企业,策划、设计和运营了拈花湾禅意小镇、金陵小城、尼山圣境等多座创新型景区。拈花湾文旅对创意和设计十分重视,旗下每一个项目都是董事长吴国平亲自带队,在世界各地进行采风,走访各大历史博物馆进行观摩学习,汲取灵感,还聘请知名历史学家、古建筑大师担任顾问,指导旗下项目的设计开发。因此,拈花湾文旅旗下的项目风格优雅别致、古韵浓厚,吸引了众多游客前往打卡体验。为此,拈花湾文旅申请了大量的外观设计专利,保护自己辛劳创作出的作品,防止竞争对手"复制粘贴"（见表5）。

表5　无锡拈花湾文化旅游投资发展有限公司部分专利展示

申请号	申请日	发明名称
CN202130413848.8	2021年1月4日	屋脊装饰件
CN202130001936.7	2021年1月4日	屋脊装饰件（鸱尾）
CN202130002127.8	2021年1月4日	窗楗装饰板
CN202130002105.1	2021年1月4日	建筑物（客栈）
CN202130001968.7	2021年1月4日	宝顶
CN202130001924.4	2021年1月4日	窗
CN202130002119.3	2021年1月4日	建筑雕花板

（五）传统景区类

传统景区申请专利的代表性企业有黄山旅游发展股份有限公司和峨眉山旅游股份有限公司。传统景区的专利不多，通常为长期经营中所积累的一些专利技术，如景区伴手礼、景区文创雪糕、索道缆车等特种设备维护保养技术等（见表6）。

表6　峨眉山旅游股份有限公司部分专利展示

申请号	申请日	发明名称
CN202230422210.5	2022年7月5日	茶叶包装盒（峨眉雪芽飘雪）
CN202130292796.3	2021年5月17日	茶叶包装盒（清音雀舌）
CN202130292746.5	2021年5月17日	茶叶包装盒（禅音茉莉）
CN202130102150.4	2021年2月23日	茶叶包装盒（峨眉雪芽观山阅海）
CN202130097180.0	2021年2月18日	茶叶包装盒（峨眉雪芽禅心）
CN202130097184.9	2021年2月18日	茶叶包装盒（峨眉雪芽慧欣）
CN202030558785.0	2020年9月19日	茶叶包装盒（四味人生四件套）

黄山景区是国内应用索道较早的旅游景区，景区在应用索道方面积累了丰富的经营，专门针对黄山冬季索道易结冰的问题，研发了索道除冰技术，并申请了专利。峨眉山茶是峨眉山景区重要的经营产品，峨眉山每年从旅游收入中提取一部分用于鼓励农民种茶，并且成立了峨眉雪芽茶叶专业合作

社，举办种植、管理、焙茶等培训班，培训茶农。为此，峨眉山旅游股份也申请了多项峨眉雪芽的包装专利，提高其品牌认知度。

三 旅游企业专利的发展趋势

（一）旅游企业的专利数量增长迅速

目前统计的大量专利为近三年所申请，仅携程一家企业近三年申请量就超过 1000 项，占其专利总数的 37%。华强方特约有 40% 的专利为 2020 年以后申请。这说明旅游企业的专利意识正在提高，申请专利的积极性正在加强，也说明了旅游企业的自主研发能力在提升。

（二）申请旅游专利的新锐企业数量增加

拥有专利较多的旅游企业往往是耕耘旅游业多年的老牌企业，如华侨城集团成立于 1985 年，携程集团成立于 1999 年，华强方特文化科技集团的前身可追溯到 1993 年成立的深圳远望城多媒体公司。但近几年，一些新锐企业也开始注重专利研发和申报，例如北京阿派朗创造力科技有限公司、当红齐天集团、无锡拈花湾文化投资发展有限公司等。

以北京阿派朗创造力科技有限公司为例，该企业成立于 2017 年，是一家将人工智能等前沿技术场景化应用的创造力智玩公司，目前主要产品为儿童游乐园。2022 年其在北京通州的旗舰项目开业，该项目历时 5 年时间研发设计，凭借高颜值、高创意度迅速爆红，前去观摩的业内同行很多，阿派朗早在 2021 年就开始对乐园标志性的景观和特色体验项目申请专利保护，防止竞争对手抄袭模仿（见表 7）。

表 7 北京阿派朗创造力科技有限公司部分专利展示

申请号	申请日	发明名称
CN202230235746.6	2022 年 4 月 25 日	儿童游玩设施（能量收集器）

续表

申请号	申请日	发明名称
CN202230235761.0	2022年4月25日	儿童游玩设施（超级咔咔）
CN202230235722.0	2022年4月25日	儿童游玩设施（大机械羊）
CN202230235748.5	2022年4月25日	儿童游玩设施（小机械羊）
CN202230235692.3	2022年4月25日	儿童游玩设施（能量机器人）
CN202230233810.7	2022年4月24日	机器人玩具（履带机器人）
CN202130872976.9	2021年12月30日	雕塑（过滤机）

（三）旅游专利与经济热点、前沿科技的结合度正在提高

过去，旅游专利大多数来自企业自身经营中探索出的一些好创意、好方法或好设计，属于企业内部的业务成果，基本和当下的经济热点、前沿科技不相关。如今，一些大型旅游企业在经营好主营业务的同时，也将眼光放得更长远，有意识地结合当前消费趋势、经济热点、科技潮流开展前瞻性、战略性的探索。

例如，华侨城集团旗下的创新研究院就结合大数据和人工智能，申请了一项"智能生成全球旅游行业快讯"的专利，通过服务器定时启动计算机网络爬虫程序获取全球网页中与旅游相关的海量数据，然后运用神经网络、语义分析等先进技术对数据进行处理，通过计算机程序一键生成标准化的文本。该技术与当前备受关注的人工智能ChatGPT有异曲同工之妙，显示出华侨城对科技前沿趋势的密切关注，以及将最新科技与旅游业结合的能力。

携程集团也研发了一项酒店AR云健身房的专利技术，该技术结合最新的AR技术，为出差住酒店的用户提供AR健身服务，用户和健身教练利用AR眼镜、摄像头、动作捕捉系统，将教练的动作实时投影到用户的房间，让用户参照来做，并通过系统比对为用户纠正动作，使用户足不出户即可得到专业教练的指导完成健身。

华强方特与著名科技公司英伟达合作，借助英伟达提供的专业平台和数字化工具，搭建主题乐园的数字孪生场景，也即一些媒体宣传的元宇宙。通

过逼真的模拟主题公园的数字孪生场景，华强方特可更好地把控主题乐园的设计效果，更好地实现多业务部门的协同工作，加速游乐体验的项目动态场景构建、渲染和落地。围绕主题乐园的数字化，华强方特也申请了多项专利。

类似的专利还有很多，这说明优秀的旅游企业在保证主业稳健经营的同时，也从战略层面和前瞻视角，对经济社会涌现的各种新概念、新技术、新热点进行跟踪和研究，不断尝试将潮流科技和自身业务经营相结合，探索旅游业发展的更多可能性。

四 关于旅游专利的政策建议

旅游企业的创新研发和技术进步离不开政策的支持，应着力营造鼓励创新的氛围，推动涉旅专利的发展。

（一）设立优秀旅游专利奖

目前，各级政府为鼓励发明创造和技术创新，出台了各种关于专利的政策奖励，其中就有设立"专利奖"。例如，由中国国家知识产权局和世界知识产权组织共同主办的"中国专利奖"，由北京市政府主办的"北京市发明专利奖"等。但在旅游领域，还没有专门评选旅游专利的奖项。建议借鉴其他行业和领域的经验，设立优秀旅游专利奖，专项的旅游专利奖项评选，有助于提升旅游企业的专利意识，激发技术研发和科技创新的热情，同时引导社会和业界关注旅游业优秀的技术应用和创新产品，使创新意识强、研发水平高的旅游企业得到更多的尊重和鼓励。

（二）支持旅游专利的交易转化

目前旅游专利的市场化交易较少，旅游企业各自研发产品和技术，各自申请相关专利，申请成功之后便将一纸专利证书永久锁在企业的档案柜里。这种情况对旅游专利生态是不利的。专利作为一种智力成果，是企业的一项资产,"沉淀状态"的资产得不到企业的重视,资产只有流动起来,为企业带来更加直接的收益,才会有越来越多的旅游企业重视专利技术的研发和申请。建议设立旅游专业交易服务平台,支持旅游领域的知识产品运营公司,以活跃旅游专利交易市场。同时,对旅游企业的专利交易实行专项奖励,补贴中小旅游企业购买专利。此外,支持旅游企业以专利为抵押进行贷款、融资。多层面、多角度盘活旅游专利的市场生态。

(三)常态化加强知识产权保护,营造尊重创新的氛围

旅游业相对来说技术门槛不高,抄袭模仿的难度较低,尤其是旅游业很多场景和产品是以特色外观设计取胜,更容易遭遇侵权。加上过去旅游业界"原创意识"淡薄,尊重知识产权的意识不强,经常发生一个项目在市场上火了,众多模仿者蜂拥而至,同款"网红产品"迅速在行业铺开。这种情况严重影响了创新企业的积极性,也使行业陷入同质化的怪圈。建议面向旅游业举办一些常态化的知识产权普法宣传,开展维护旅游企业知识产权的专项行动,遏制侵权行为,营造全行业尊重创新、尊重知识产权的良好氛围。

参考文献

国家知识产权局战略规划司组织编写《中国专利密集型产业统计监测报告(2022)》,2023年6月。
艾瑞咨询:《2021年中国在线旅游行业研究报告》,2021年12月。
主题娱乐协会TEA、AECOM:《2021全球主题公园和博物馆报告》,2022年10月。
蒙大斌:《中国专利制度的有效性:理论与经验分析》,南开大学出版社,2016。
李昶:《中国专利运营体系构建》,知识产权出版社,2018。

G.7 旅游促进山区生态产品价值实现的实践与探索
——以浙江省丽水市为例

王 莹 黄家扬[*]

摘 要： 山区既是生态产品价值较高的地区，又是经济社会发展相对落后的地区，也是我国实现共同富裕的关键所在。要实现山区的高质量发展，就要利用好山区生态资源优势，激活山区生态产品价值。随着绿色低碳成为发展新动能，旅游在生态产品价值实现过程中的地位与作用充分显现。以浙江省丽水市为代表的实践探索充分显示，旅游是生态产品价值实现的重要市场路径，但针对旅游项目开发的生态产品价值评估缺乏、旅游促进生态产品价值实现对社会福祉增加的贡献衡量不全面、市场主体培育与实现路径的多元化探索不足也是影响旅游促进生态产品价值实现的最大难题，需要在科学核算、政策引导、项目推进等方面进行系统思考与创新突破。

关键词： 山区旅游 生态产品 价值实现 浙江丽水

21世纪的增长由绿色技术和人工智能投资和创新驱动[①]，这加快了全球向可持续发展转型，也为生态环境保护与生态产品价值实现提供了支撑，推

---

[*] 王莹，浙江工商大学旅游与城乡规划学院教授，主要研究方向为区域旅游开发与规划、旅游目的地管理；黄家扬，浙江工商大学旅游与城乡规划学院硕士研究生，主要研究方向为旅游经济与区域发展。

[①] 格兰瑟姆研究所：《21世纪的全球增长故事：由绿色技术和人工智能的投资和创新驱动》，世界经济论坛官网，2023年1月13日。

动绿色产业发展，形成绿色发展的新动力和新优势。自"十三五"以来，我国的绿色发展成为主基调，各地积极探索生态产品价值实现方式与路径，休闲农业、生态旅游、森林康养、精品民宿、田园综合体等生态产业新模式快速发展，成为推动乡村振兴和共同富裕的重要手段。我国山区面积占陆地面积的2/3，广大贫困山区往往与重点生态功能区高度重合，要将山区的生态优势转化为发展优势，生态产品价值实现是山区经济社会高质量发展的重要引擎。

一　山区生态产品价值实现探索中的旅游机遇与挑战

（一）旅游是山区生态价值实现的重要产业选择

旅游资源的自然属性、文化属性决定了旅游对生态产品有着天然的依附性，旅游业的发展不仅需要生态物质产品的保障，生态调节服务、文化服务产品也是旅游重要场景与吸引物的构成因素，特别是对于康养、户外活动类旅游，生态产品品质直接成为旅游项目选址的指向性指标。同时，旅游利用其经济、综合属性以及对经济社会的超强渗透力，可以将生态资源转变为生态资产、资本、产品，促进生态价值实现与山区产业转型升级，为传统农业向现代农业发展打开思路，使保护修复生态环境获得合理回报；旅游的传播效应也使其成为最好的生态产品价值传播渠道，特别是通过旅游者对自然生态环境以及其孕育出来的当地生活方式的体验，叠加新媒体传播的即时性、动态性，受众能主动、多触点地感悟到生态产品的价值。

（二）旅游促进山区生态产品价值实现面临的挑战

人们对山区旅游情有独钟的根本原因是对健康生活方式的追求，促进生态产品价值实现是山区旅游吸引力与竞争力所在，因此，树立绿色发展形象、创新路径、拓展效益是山区旅游发展的重要实现路径。

主动改变山区旅游单向依赖和消耗生态的形象，彰显增加生态系统服务功能中的作用。在山区旅游开发中，存在一些利益主体为片面追求经济效益而忽视山区环境承载力，使生态环境遭受污染甚至破坏，导致社会各界更关注旅游对生态的消极影响，而忽略了旅游对生态积极影响的研究与实践探索，因此，需要利用旅游的创新性、融合性优势，在将生态调节服务与文化服务转化为风景资源以提升审美价值和游憩功能、促进生态环境修复与人工生态系统创新以丰富旅游产品、塑造与传播品牌形象以提升生态产品的附加值等方面进行持续的探索与突破。

科学评价生态产品价值，拓展生态产品价值实现的市场路径。旅游不仅是生态产品价值实现直接市场交易的主要路径，也是财政转移支付、载体价值实现、刺激价值实现的路径之一，需要不断探索解决生态产品价值实现的关键技术问题，即生态产品价值评估，以调动市场主体对生态物质、精神产品创新开发的积极性，并为完善财政转移支付、促进生态资源产权流转、实现生态资本收益提供依据。此外，个体缺乏对生态系统短期性量化、可视化、体验化的感知，客观上为一些利益主体的短视行为提供可能，因此迫切需要用科学的生态产品价值评估方法，对旅游的生态环境影响进行动态监测。

妥善处理各利益群体关系，增加山区居民社会福祉。生态产品的生态属性与经济社会属性并重，公共品和商品双重属性兼具，旅游在提升生态服务功能、促进生态产品价值实现方面涉及的利益群体众多。目前，山区旅游产业现代化生产要素配置水平较低，带来生态价值实现中的阶段性和波动性，需要制定针对性政策来消除市场失灵，同时也要充分发挥市场在资源配置中的主导性作用，释放创新活力，因此需要建立针对旅游的生态产品价值实现利益导向机制，让保护者受益、使用者付费、破坏者赔偿，打通旅游实现生态产品价值、增加居民福祉的通道。

二 旅游促进山区生态产品价值实现的丽水实践

浙江省丽水市九山半水半分田，山地面积 2294 万亩，全市森林覆盖率

79.9%，是中国首个"天然氧吧城市"①，生态环境质量连续19年居全省第一②。丽水市依托良好的生态条件，大力发展山区旅游，促进山区生态产品价值实现，全年旅游总收入从2010年的116.55亿元增加到2020年的655.99亿元，累计发展农家乐民宿3380户，从业人数2.9万人③。旅游带动居民收入增加显著，2020年丽水全市农村常住居民人均可支配收入23637元，同比上年增长7.8%，增幅全省"十二连冠"；低收入农户收入12394元，同比上年增长15.5%，增幅全省"五连冠"④。

（一）创新旅游发展模式，拓展生态产品价值实现路径

其一，以农旅融合创新人工生态系统与产品价值实现。丽水市山区悠久的农耕文化孕育与创造了"稻鱼共生""林菇共育"全球重要农业文化遗产、"茭鸭共生"中国重要农业文化遗产等诸多的人工生态系统，在旅游的加持下，丽水进一步挖掘与传播了传统农业生态系统的生态物质产品价值、环境价值和非遗文化价值。2016年，丽水青田"稻鱼共生"系统核心村——龙现村接待游客10.7万人次，旅游年收入337.06万元，占当地村民收入的62.07%；2021年"林菇共育"遗产地森林景区接待游客15.25万人次，实现旅游收入4291.45万元。

其二，以"旅游+"赋能"山"系区域公用品牌溢价。从丽水山耕开始，丽水市打造了丽水山居、山泉、山景、山路等"山"系列公用品牌。"丽水山耕"统筹各类农业主体与农业主导产业，快速提升农产品的市场影响力和竞争力，2017年中国农产品区域公用品牌价值评估结果显示，"丽水山耕"品牌价值26.59亿元，在百强榜排名第64位⑤；"丽水山居"

---

① 中国气象局：《丽水被评选为中国首个"天然氧吧城市"》，2019年12月27日。
② 丽水市生态环境局：《2022年丽水市生态环境状况公报》，2023年6月12日。
③ 丽水市统计局：《2010年丽水市国民经济和社会发展统计公报》，2011年3月22日；《2022年丽水市国民经济和社会发展统计公报》，2023年3月21日。
④ 农村经济司：《奏响乡村振兴"奋进曲" 绘就"三农"发展新画卷》，2021年9月16日。
⑤ 《丽水全力打造"山"字系品牌——走出新时代美丽乡村产业发展新路子》，丽水网，2021年9月23日。

由最初的"农家乐"发展到第4代"乡村生活",2021年,全市累计培育农家乐民宿3507家、四钻级以上民宿218家,接待游客2660.9万人次,实现营业总收入24.61亿元①;"丽水山景"引导秀山丽水向处处是景发展,加强对度假农庄、运动休闲基地、果蔬采摘基地、自驾车旅居车营地、乡村酒店五大类示范基地的培育;为破解山区旅游的交通难题,推出"丽水山路"以助于山地旅游路线规划与交通服务的提升。丽水市立足"山"的优势,构建探秘山路、潮玩山地、旅居山水的山景山地旅游体系,推进山区旅游集聚化发展,拓展山区生态产品价值实现的渠道,提高了溢价能力。

其三,以服务品质升级提高生态产品附加值。同样的优质生态环境,不同的旅游服务水准会影响生态产品价值的实现水平,丽水市为确保"山"系公用品牌的品质,促进品牌赋能生态溢价,对各类公用品牌制定建设与服务标准,以标准化、规范化保证质量,提升产品的附加值。"丽水山耕""丽水山泉"对标国际标准,制定涉及全过程的安全规范与地方标准,确保食品安全与饮食健康;制定"丽水山居""丽水山景""丽水山路"地方标准,引导生态资源的集约化利用与高效利用。

(二)构建GEP核算体系,为旅游促进生态产品价值实现奠定基础

结合生态产品的类型和特征,考虑旅游业发展的重要性,丽水市构建包括生态物质产品、生态调节服务、生态文化服务3个一级指标,农业产品、水源涵养、旅游休憩等15个二级指标和46个三级指标的生态系统生产总值(Gross Ecosystem Product,GEP)核算体系,出台《丽水市生态产品价值核算技术办法(试行)》②(见表1)。

---

① 《实力丽水,绿色新跨越——喜迎丽水市第五次党代会系列综述之一》,丽水网,2022年2月16日。
② 丽水市人民政府:《丽水市生态产品价值核算技术办法(试行)》,2019年8月1日。

表 1 丽水市三级指标的 GEP 核算体系

一级指标	生态物质产品						生态调节服务								生态文化服务
二级指标	农业产品	林业产品	畜牧业产品	渔业产品	生态能源	其他产品	水源涵养	土壤保持	洪水调蓄	空气净化	水质净化	固碳释氧	气候调节	病虫害控制	旅游休憩
三级指标（部分）	谷物、豆类、薯类等	木材等	畜禽产量、奶类等	水产品	水能、风能、太阳能等	花卉、苗木等	水源涵养量	减少泥沙淤积、减少面源污染氮等	植被调蓄、湖泊调蓄、水库调蓄等	净化 SO_2、氮氧化物等	净化 COD、总磷等	吸收 CO_2、释放 O_2	林地降温、灌丛降温等	森林病虫害控制面积	景区休闲游憩／城市公园景观／农村自然景观

GEP核算量化了生态系统的价值总量，为生态系统保护规划编制与目标的制定、生态资源权益交易、生态保护补偿、政府决策与考核、项目建设与经营等提供技术支撑，为财政转移支付、直接市场交易、附载价值实现、刺激价值实现提供依据。GEP核算有效促进了丽水对生态旅游产品定价的探索，如民宿房价由基准价、空气价、风景价、环境价构成，实现生态产品明码标价；在旅游项目建设中，有助于探索评估土地资源的生态溢价价值，科学量化出让地块的生态价值。

（三）强化体制机制创新，保障旅游助力生态产品价值实现

丽水市是国内首个生态产品价值实现机制试点地级市[①]，浙江省政府给予大力支持[②]，丽水市人民政府发布国内首个地级市生态产品价值实现"十四五"规划[③]，从体制机制、政策与技术层面进行探索创新，为旅游助力生态产品价值实现提供了保障。首先，完善推进工作机制。浙江省政府在丽水市试行与生态产品质量和价值相挂钩的绿色发展财政奖补机制，丽水市探索建立GEP综合考评体系，将GEP综合考评列为市委、市政府综合考核内容，以及干部离任审计与考核之中。丽水市建立试点示范工作推进机制、专班化工作推进机制、清单化工作责任体系、"1+10"协同推进机制、联系指导制度和督查考核机制，并打造数字化生态服务平台助力生态产品价值实现。其次，培育市场化交易主体。为解决生态产品价值实现过程中的主体缺失问题，丽水市探索成立了一批集体性质的"生态强村公司"，负责山区生态资源的保护、修复、开发、经营等，截至2021年5月，丽水市有乡镇级强村公司176家，2496个行政村股份经济合作社成为各级强村公司股东[④]。随着杭州宏逸投资集团有限公司与小舟山乡生态强村公司就"诗画小舟山"

---

① 长江经济带发展领导小组办公室：《关于支持浙江丽水开展生态产品价值实现机制试点的意见》，2019年1月12日。
② 浙江省人民政府办公厅：《浙江（丽水）生态产品价值实现机制试点方案》，2019年3月15日。
③ 丽水市人民政府：《丽水市生态产品价值实现"十四五"规划》，2022年1月12日。
④ 《生态强村公司：让生态为强村富民赋予强大动能》，丽水网，2021年5月26日。

旅游项目区域范围内调节服务类生态产品达成300万元交易标的协议签约，丽水市开启生态产品市场化交易[①]，盘活山区闲置资产，壮大集体经济。最后，完善生态信用管理。丽水市首创全国生态信用体系，实行"绿谷分"，推出10大类53项守信激励创新应用场景和"一码通城"平台建设，建立企业和自然人的生态信用档案、正负面清单和信用评价机制，将破坏生态环境、超过资源环境承载能力的开发等行为纳入失信范围。丽水市以生态信用为资格与手段，充分发挥其在资源配置中的功能，有效防止旅游开发中对生态旅游资源和环境的破坏。

三　旅游助力山区生态产品价值实现的关键问题

包括丽水市在内的我国山区旅游促进生态产品价值实现探索得到政府高度重视与大力推进，但从可持续发展角度，若市场动力不能有效激活、社区居民福祉没有真正提升，也都将是昙花一现。

（一）针对旅游项目开发的生态产品价值评估缺乏

对于市场化交易，科学评估是生态产品价值实现的基础，但存在核算方法多样、核算指标体系差异大、数据质量不高、供需关系等关联性因素考虑不足等问题，即使针对同一生态产品核算结果也会存在明显差异，导致对生态产品价值的核算结果缺乏公信力，也影响奖励、补贴、放贷等政策落实。针对旅游项目，生态产品价值评估难点在于：一是旅游项目的差异化评估。不同旅游项目对生态物质产品、生态调节服务、生态文化服务依赖程度不同，而目前对于后两者的评估更为缺乏，因此在康养旅游、研学旅游、户外活动等高度依赖生态产品的项目中，因缺乏科学评估，生态产品价值在市场交易中无法很好体现。二是不同规模的旅游产品评估。旅游项目开发规模不

[①] 《让优生态实现好价值！青田小舟山的水土空气"卖"了300万元》，《浙江日报》2020年7月9日。

一，涉及生态系统空间范围不一，而在不同的地理空间生态系统中，生态产品功能也存在一定差异，特别对于山区，小系统、小气候、小环境特征明显，使得山区生态系统具有多样性、差异性、独特性，给跨系统生态旅游产品评估带来难度。三是影响生态级差关联性研究。生态产品价值实现需要产业渠道，不同产业有不同的特征与发展规律，正如旅游业发展依靠的是人流，山区交通就成为影响生态产品价值实现的重要因素；同时，旅游不仅是物质享受，更是精神享受，在个性化时代，消费理念与习惯、消费者的经济社会背景等都会影响旅游促进生态产品价值的实现水平。

（二）旅游促进生态产品价值实现对社会福祉增加的贡献衡量不全面

山区旅游发展关乎生态系统健康、文化传承、社会融合和经济可持续，需要综合的评估方法来衡量其发展的效益，反映旅游对人类福祉的贡献和影响，然而，目前我国在这方面还缺乏统一的标准和方法，各地区各部门各机构的评价结果存在差异和不可比性，难以形成全面客观的评价结果。具体表现在以下两方面。一是生态效益绩效评估存在不足。在旅游发展绩效评价中，经济效益定量化评价指标研究充分，生态效益绩效评估薄弱，特别是定量化评价旅游开发带来的环境效益需要引起高度重视。二是对增加社会福祉贡献研究不够全面。山区居民社会福祉增进与权利的维护是旅游促进生态价值实现的最终目标，在旅游发展中，福祉增进较多被解读为利益与福利的增加，但随着社会的进步，福祉被赋予更丰富的时代内涵，幸福作为一种人们对生活发自内心的强烈的正向心理感受，通过幸福可以观察福祉状况，特别是对于相对贫困、人口结构中老幼妇比例较大的山区，在增加福利、利益的基础上增加幸福感应该成为衡量社会福祉增加的核心内容。

（三）市场主体培育与实现路径的多元化探索不足

生态产品是人类生存与可持续发展所必需的特殊产品，生态产品价值的实现是一个长期、复杂、艰巨、创新的持续过程，因此要在政府的主导下，充分发挥市场主体作用，引入多元化的市场主体，调动私营企业、合作社、农民专业合作社等积极性。目前面临的关键问题：一是生态产品产权界定不够明晰。生态产品产权界定清晰是鼓励社会资本投入、民营企业参与生态产品价值实现的前提，但由于生态产品类型多样、属性复杂，所有权、使用权、经营权等权益安排与产权区域界线划分存在一定困难，而山区由于生态产品更容易产生交叉、重叠，产权界定难度更大。二是缺乏调动市场主体积极性的针对性政策。旅游是综合性产业，对于促进生态资源多元化利用、生态修复产业化发展、生态溢出效应提升等都具有十分重要的作用，因此，关键要制定激励政策，激活市场主体的创新能力，提升山区生态产品价值实现水平与效率。

四 生态产品价值实现与旅游发展对策

山区生态产品价值实现的核心是推动生态资源资产化、资产资本化、资本产品化，发挥旅游产业的作用，就是要在确权的前提下盘活资源，因此要进一步加强在生态产品价值核算、生态产品市场化、生态数据共享等方面的研究，加快出台相关政策，大力发展生态旅游产品，合力助推生态产品价值的实现。

（一）加强基础研究，完善针对旅游发展的生态效应评价体系

为有效促进生态产品价值实现，各地纷纷开展 GEP 核算试点工作，积累了丰富的经验，旅游主管部门要在此基础上，加强与科研部门的联系、合作，开展针对山区旅游发展生态效应的基础性研究，科学评估旅游促进生态产品价值实现的贡献，更好地对旅游开发进行追踪监督管理。第一，探索建立旅游生态效益评价指标体系。研究制定针对旅游开发的 GEP 核算规则，探索设立体现生态效益的核心指标，在此基础上，加大对生态效益"乘数效应"、生态保护投入产出效应的研究，以及利用生态监测与大数据分析，构建测量模型，科学判断、预测旅游发展对生态环境的影响与产生的效益。第二，研究不同类型旅游项目的 GEP 核算方式。根据不同类型旅游项目对

生态依赖程度的差异和旅游功能的区别，选择最合适的价格估算方法，差异化探索生态物质产品、生态调节服务和生态文化服务的价值，特别是对于康养旅游等高度依赖生态产品的旅游项目，研究指向性指标，为项目建设提供依据。第三，加强针对旅游开发的生态经济级差关联性研究。旅游促进生态产品价值实现不但要受到由自然立地条件决定的生态经济级差地租的影响，还要考虑到山区旅游产生要素、交通等公共设施、绿色消费理念以及供—需关系的影响，因此，需要加强对生态产品价值实现的影响因子的探索及其作用机理的研究。第四，完善与生态旅游相关的数字化平台建设。根据旅游业的特点与 GEP 核算的需要，研究旅游所需的相关生态环境检测指标，并与相关部门合作，实现数据分享；在基础数据的研究上，加大针对旅游开发的类似风湿指数等的环境舒适指数研究，为旅游开发提供依据；建立完善针对旅游开发的生态系统服务价值核算体系和数据库，提升生态系统产品价值核算的权威性和时效性，通过开放共享机制，规避生态产品供需不平衡和价格扭曲，以促进制定统一的生态产品交易规范和标准。

（二）明确政策导向，完善生态产品价值实现的推进机制

将绿色发展作为未来山区旅游发展的首要目标、政策制定的核心内容、工作的重点与抓手，促进山区旅游在生态产品价值实现中发挥更大的作用，使山区旅游发展获得持续的动力。第一，制定山区旅游绿色发展指导意见。在全面掌握目前山区旅游促进生态产品价值实现的实践经验与现实问题的前提下，在我国自然保护地体系建设的总框架下，尽快制定出台推进我国山区生态旅游发展的意见与办法，全面推进山区生态旅游的高质量发展。第二，量化生态效益指标并将其纳入考核体系。将提升生态效益作为旅游产业发展的重要目标任务，并将生态效益指标纳入旅游发展的五年计划之中，同时，也要将生态产品价值实现纳入部门业绩考核之中，建立常态化考核机制。第三，选准生态产品价值实现的工作抓手。进一步发挥 A 级景区评定、度假区建设、绿色酒店创建等在行业发展中的导向作用，在对应的各类创建标准与建设意见中，更多地体现绿色发展的内容与指标，全方位推进旅游在生态

产品价值实现中的作用。第四，完善与旅游相关的生态信用体系建设。与相关部门合作，推进生态信用体系建设，引导旅游企业、社区居民包括旅游从业者、旅游者等相关信用主体积累生态信用资本，并以此获得在融资、生产、销售以及消费等经济活动中相应的利益，以生态信用引导绿色生产、绿色消费。

（三）加强项目建设引导，完善相关配套政策措施

生态旅游项目建设是实现生态产品价值的重要抓手，要针对山区自然生态与经济社会环境特征，本着有利于生态资源增值、有利于生态资源开发、有利于生态资源招商引资、有利于集体经济和农民收入增加的目的，制定相关政策。第一，加强生态旅游项目建设引导。编制山区生态旅游产品开发的指导性目录，当前要特别鼓励开展三大类生态旅游产品，一是大力推动创新人工生态型旅游产品开发，依托不同地区独特的生态资源禀赋，创新人工生态系统，以旅游赋能，延伸产业链，从生态产品到旅游食品、旅游文创产品，拓展生态产品价值；二是全力支持生态修复型旅游产品开发，鼓励将生态环境保护修复与生态旅游产品经营开发权挂钩，使之成为旅游者接受生态教育的生动课堂；三是全面发展生态依赖型体验项目，鼓励康养类、运动类、研学类等旅游项目的开发，在最大限度减少人为扰动前提下，增强人与自然生态的互动。第二，营造良好的政策环境。明确生态产品权益界定，创新市场化补偿机制，完善生态环境保护者受益、使用者付费、损害者赔偿的利益导向机制；利用财政转移支付、人才培养政策、绿色金融政策、用地政策等配套政策，吸引企业投入生态旅游项目开发；配套投入交通、能源等基础设施和基本公共服务设施建设。第三，实行生态旅游项目的跟踪管理。以年度GEP核算为依据，科学评估旅游项目对生态环境的影响以及其在生态产品价值实现中的作用，并以此为依据，对经营企业进行考核，作为实施优惠政策与违规处罚的依据。第四，建立和规范生态旅游产品认证评价标准，构建具有中国特色的生态旅游产品认证体系，鼓励打造特色鲜明的生态旅游产品区域公用品牌，加强品牌培育和保护，提升生态产品溢价。

参考文献

欧阳志云、朱春全、杨广斌等：《生态系统生产总值核算：概念、核算方法与案例研究》，《生态学报》2013 年第 21 期。

黄如良：《生态产品价值评估问题探讨》，《中国人口·资源与环境》2015 年第 3 期。

郭韦杉、李国平：《欠发达地区实现共同富裕的主抓手：生态产品价值实现机制》，《上海经济研究》2022 年第 2 期。

窦亚权、杨琛、赵晓迪等：《森林生态产品价值实现的理论与路径选择》，《林业科学》2022 年第 7 期。

G.8
"淄博烧烤"现象：解析与经验

张金山*

摘　要： 作为工矿城市，在全国的烧烤格局中长期默默无闻的三线城市淄博，从2023年3月以来，却因"大学生组团到淄博撸串"的话题而火爆出圈。仅仅一个月的游客总量就超过全市常住人口的总和，"进淄赶烤"一度成为流行和时尚，淄博的火爆程度以及持续时间超乎想象，突然就达到一众网红城市都望尘莫及的巅峰。经过近一年时间的观察，本文对"淄博烧烤"火爆出圈的背后逻辑进行梳理和思考。"淄博烧烤"发端于疫情期间大学生在淄博隔离被精心照料的暖心故事，随后更是不断上演新的动人故事。"淄博烧烤"的火爆出圈，可谓是天时、地利、人和等因素的相互叠加与发酵，有如释放巨大能量的核裂变反应。本文分析了"淄博烧烤"火爆出圈的时代背景因素，梳理了"淄博烧烤"火爆出圈的经过和演变，最后总结了值得借鉴的经验。

关键词： "淄博烧烤"　火爆出圈　网红城市

淄博，作为一个地处山东中部的三线城市，长期以来在全国的城市格局中主要以工矿城市的形象而展露，身上张贴有石化、陶瓷、纺织、医药、建材等标签，与人头攒动的旅游城市、趋之若鹜的网红城市似乎并不沾边，在全国的烧烤江湖之中更是默默无闻。按照《人生一串》纪录片总导演陈英杰所说，"从知名度、影响力来说，'淄博烧烤'也就排在中等稍微偏上一

---

* 张金山，产业经济学博士，北京联合大学旅游学院副教授、中国社会科学院旅游研究中心特约研究员，硕士生导师，主要研究方向为城市发展与旅游经济、旅游产业、旅游规划。

点儿；但在这次全国性传播之前，在外面是没有声量的，知道的人很少"①。

2023年3月初，"大学生组团到淄博撸串""坐高铁去淄博撸串"等相关话题在各大平台上突然成为热议的话题，"小饼、烤炉加蘸料"的"淄博烧烤""灵魂三件套"在社交媒体上突然爆火。与此同时，牵连出来一个口口相传的疫情期间在淄博隔离的大学生被请吃烧烤的暖心故事，这也被解读成为"淄博烧烤"能够为大学生所青睐的"密码"。随后的阳春三月，大学生们如约而至，并通过微信朋友圈、抖音号等自媒体平台发布照片和视频。"大学生组团坐高铁去淄博撸串"这一在外人看来不可思议的事件迅速在网上传播。政府部门迅速开展行动，助推全国各路网红及游客浩浩荡荡"进淄赶烤"。仅3月的来淄游客就猛然达到480万人次，超过淄博市常住人口的总和。② 这是淄博有史以来从来没有出现过的情况。有网友戏称，淄博这么热闹，还是2000多年前的"五国伐齐"③ 时候。

根据以往经验，突然爆火的网红城市或打卡地，经常昙花一现便迅速沉寂，淄博的火爆出圈一度引发了人们有关淄博是否能够"长红"的担忧，然而淄博从3月突然出圈一直到5月，人流持续暴涨，随后虽有短暂回落，难掩整个暑期的持续火热，到了"十一"黄金周更是火爆异常，其间还不断涌现新的热点或高潮。这个位于山东腹地的三线城市，到底有何魔力，能够凭借烧烤一鸣惊人？当前有关针对"淄博现象"的分析解读研讨难以胜数。经过近一年的观察，有必要沉静下来，抽丝剥茧，思考"淄博烧烤"走热背后的诸多逻辑。

一 "淄博烧烤"的缘起与脉络

淄博有着辉煌灿烂的历史，曾经是齐国故都和齐文化的发祥地，自古繁

---

① 王宇：《〈人生一串〉总导演：没必要"一窝蜂"似的全去淄博》，《中国新闻周刊》2023年4月27日。
② 根据《2022年淄博市国民经济和社会发展统计公报》，2022年末淄博全市常住人口470.59万人，其中，城镇常住人口352.37万人。
③ "五国伐齐"是指在2300多年前的公元前284年，燕国、赵国、韩国、魏国、秦国五国大军联合攻打齐国的战争，五国在短时间内攻下齐国70余城，直入齐国都城临淄。

华富庶。周武王灭商之后的第二年,封姜尚于齐地,定都临淄。①《史记·齐太公世家》记载,"太公至国,修政……通商工之业,便鱼盐之利,而人民多归齐,齐为大国"。从公元前1024年至公元前221年,齐国绵延有800多年的历史,《左传·襄公二十九年》记载当鲁国乐工为吴国公子季札演奏《齐风》的时候,季札称赞曰:"美哉,泱泱乎,大风也哉!表东海者,其大公乎!国未可量也。"自此齐国便有泱泱大风之誉。齐桓公在"天下第一相"管仲的辅佐下,"九合诸侯,一匡天下",成为春秋五霸之首。曾经的齐国都城临淄,被晏子描绘成"张袂成阴、挥汗成雨、比肩继踵"的一派繁华景象。春秋战国时期的临淄城,妥妥的国际一线大都市。烧烤,作为人类学会用火之后的一种食物加工方式,早已悄然出现并深深沉浸于齐鲁大地的悠远历史长河之中。

(一)"淄博烧烤"历史源远流长

淄博临淄赵家徐姚遗址,是一处距今大约1.32万年前的旧新石器时代过渡阶段人类遗址,在这里就发掘有烧烤食物的遗存,该遗址入选2022年度全国十大考古新发现。《战国策·魏策二》记载,"齐桓公夜半不嗛,易牙乃煎熬燔炙,和调五味而进之"。这是淄博地区与烧烤有关的最早文字记载,易牙为齐桓公烹制的烧烤,已经配备蘸料,这与当前"淄博烧烤"的吃法竟然如出一辙。潍坊诸城出土的《庖厨图》汉代画像石,已经描绘有贵族进食烧烤的场景。北魏末年贾思勰所著的《齐民要术》,是一本主要介绍黄河中下游地区并以齐地为重点的农学著作,也是中国现存最早的一部完整的农书,其中在《炙法》篇介绍了20多种烤肉方式。贾思勰祖籍魏孝文帝时期的青州益都,今山东寿光人,据考证其曾经做过青州侨置高阳郡

---

① 《史记·齐太公世家》记载,"武王已平商而王天下,封师尚父于齐营丘"。最初的营丘是否就在现在的临淄存争议,从公元前9世纪50年代七世献公建都临淄也历经有600多年。参见侯仁之《淄博市主要城镇的起源与发展》。侯仁之:《历史地理学的理论与实践》,上海人民出版社,1984。

(郡治现淄博临淄)的太守。① 《齐民要术》对烤肉有如此多的记载,想必与贾思勰的耳濡目染亲身体验有着直接关系。

虽然烧烤在淄博地区有着悠久的历史,然而在漫长的历史长河中,却被鲁菜的巨大光环所掩盖。淄博还是鲁菜的发源地,② 而鲁菜被誉为八大菜系之首,是历史最悠久、技法最丰富、难度最大、最见功力的菜系,是明清时期的宫廷菜。春秋以来的齐地饮食就已经非常注重礼仪和秩序,比如《管子·弟子职》中就提到,"置酱错食,陈膳毋悖。凡置彼食:鸟兽鱼鳖,必先菜羹。羹胾中别,胾在酱前,其设要方。饭是为卒,左酒右酱"。而烧烤这种简洁灵活的小吃形式难登大雅之堂,长期以来并不是淄博地区人们餐饮的主流,当前的烧烤在最近三四十年才发展起来。

(二)"淄博烧烤"模式成型于21世纪

随着城镇化和现代生活节奏的加快,烤串这种快餐形式开始在淄博地区萌生并流行起来。20世纪80年代中后期,被御赐为"天下第一村"的周村郊外开始出现烤羊肉串,这如同星星之火在城镇的街头巷尾以燎原之势迅速蔓延开来。③ 烧烤一开始主要由流动商贩或沿街店铺在夏季提供,华灯初上,三五好友坐着小马扎围绕在低矮的小方桌四周,打开几瓶啤酒,烧烤师傅将烤熟的肉串呈上,人们蘸料食用,这便成为"淄博烧烤"的基本场景。以上种种以及蘸料食用而不是刷酱烧烤,适应了淄博作为工矿城市人们生活方式的快节奏特征。淄博地区长期以来有吃面饼的习惯,用小面饼卷着撸串,同时配以小葱去油腻的吃法得到普及。这是"淄博烧烤"的1.0版。

为了生态文明建设和推动产业转型升级,淄博作为老工业城市,生态环保的压力陡增。截至2014年,全市有4000余家烧烤经营业户,其中主城区

---

① 孙金荣:《贾思勰为官"高阳"郡治考》,《山东社会科学》2014年第1期。
② 2016年,中国食文化研究会将淄博市博山区正式认定为中国鲁菜发源地。
③ 邹宗森:《淄博烧烤的"前世与今生"》,https://baijiahao.baidu.com/s?id=1762949102564604198&wfr=spider&for=pc。

就有1000多家。① 2015年，淄博市打响治理露天烧烤的"战役"，按照"进店、进场、进院"的思路，开启了为期三年的集中治理攻坚，推动建设了博山烧烤街、临淄烧烤大院、周村烧烤城和烧烤一条街等烧烤集聚化经营场所，这就是在淄博可以看到往往位于城镇建成区边缘，类似临淄大院这种多家烧烤店集中经营的大型烧烤场地的原因。淄博还淘汰了直接用木炭烧烤、不经任何净化直排油烟的烧烤炉，发明并推广了"无油烟净化炉"和"小保温炉"，烧烤师傅只需在主炉具上将肉串烤至七八成熟，然后拿到安放在食客小方桌上的小保温炉上，食客自助烤至完全成熟。如此烧烤方式富有仪式感和趣味性，同时实现了无油烟污染的目标。这是"淄博烧烤"最终定型的2.0版。

（三）"淄博烧烤"走热的前期基础

近些年来，"淄博烧烤"的治理成效以及独特吃法开始引起人们的关注。特别是2021年以来的多部有影响力的美食纪录片开始聚焦"淄博烧烤"。2021年8月，CCTV4播出的《美食中国》之《淄博·和为淄味》，其中博山区的烧烤得以出镜。同年11月，《人生一串》第三季开播首地便聚焦临淄区的稷下烧烤广场；这部从2018年开始上映的首档以烧烤为主题的专题片，一开播就拿下B站9.8的高分，播放量上亿次，尤其受到年轻一代的喜爱。② 同年12月，《至味山东》之《"淄博烧烤"酱的传奇》直接聚焦"淄博烧烤"，其中的宣传文案写到"旋转跳跃是烧烤，温柔拥抱是面饼，最讲究用火的'爱'，最炙热的CP！'淄博烧烤'，带你探寻烧烤的另一种打开方式！"如此形象传神又温情脉脉，饮食男女怎能不怦然心动。

"淄博烧烤"从遥远的古代走来并逶迤前行，在生态文明建设的过程中得以定型，在系列美食纪录片中频频出镜，具有出圈的强大基因，已经准备

---

① 邹宗森：《淄博烧烤的"前世与今生"》，https：//baijiahao.baidu.com/s?id=1762949102564604198&wfr=spider&for=pc。
② 《开播9.8分，2亿播放量，〈人生一串3〉开席》，澎湃新闻，https：//m.thepaper.cn/baijiahao_ 15518584。

好了随时出圈的"食材"和"佐料",然而是否能够火爆出圈,尚差火候,需要静待时机。

二 "淄博烧烤"走热的背景与演进

(一)"淄博烧烤"走热的背景分析

当进入基于移动互联的自媒体时代,从西安永兴坊的"摔碗酒",到长沙的"文和友",再到洛阳的"汉服秀"以及天津海河的"跳水大爷",不断引领网络出圈的风向和焦点。这些出圈城市,凭借新奇的场景和事物赢得网友青睐进而成为网红打卡地,主要是满足了人们的一时猎奇心理,岁月不惊、芳华易逝,一般引领风骚几个月就被新的热点所取代。然而"淄博烧烤"不论是持续时间,还是火爆程度,都达到了一众传统旅游强市网红"顶流"都难以望其项背的高度,仅仅用人们的猎奇心理已经难以解释。"淄博烧烤"的火爆出圈,绝非政府或者某个机构的有意策划,实为时势造英雄,天时地利人和因素的相互叠加与发酵,进而产生"链式核裂变反应"。

2023年的3月,这是一个极其微妙的时间节点。自国家宣布进入疫情防控新阶段之后,社会积累了巨大的出行势能,正准备寻求释放。英国传播学家丹尼斯·麦奎尔(Denis McQuail)认为,人们使用媒介主要基于释放情绪、建立人际关系、自我确认和监视环境的需求。[1] 由自媒体发端的大学生感恩疫情期间在淄博隔离时的精心照料,坐着高铁返回淄博吃烧烤的事件,就如同链式反应的第一个中子,一下子击中了人们内心深处最柔软的部分,击中了"积压出行势能"和"情感宣泄势能"相互交汇的总出口,引发社会的广泛共鸣,相关的势能借助前往淄博吃烧烤的机会如排山倒海一般释放出来。

---

[1] 〔英〕丹尼斯·麦奎尔:《受众分析》,刘燕南等译,中国人民大学出版社,2006。

（二）"淄博烧烤"走热的演进过程

"淄博烧烤"的出圈及演进，也充分印证了"机遇总是偏爱有准备的头脑"这句老话。"淄博烧烤"历经大学生坐着高铁来"点火"，政府部门抢抓机遇"煽风"，系列以民为本善举"助燃"以及刀郎《罗刹海市》歌曲"浇油"，其间的系列举措和事件又如同原子核裂变释放的新的中子，不断击打着人们情感的宣泄口，不断撩拨着人们前来淄博的热情。淄博市举重若轻地承接住了汹涌而来的人潮，迅速处理突发事件并坦诚回应民众关切，完美诠释了"好客山东"的全省总体旅游形象。其中过程，跌宕起伏，一个从来没有网红出圈的城市，竟然编写了一本网红城市运营管理教科书。

1. 大学生群体引发关注

合抱之木，生于毫末。起初"大学生组团坐高铁去淄博撸串"的话题以及抖音等自媒体平台展示的烧烤"灵魂三件套"的新奇场景迅速吸引人们的围观，这与其他网红城市或网红打卡点通过满足人们猎奇心理而走红的逻辑并无二致。但当人们开始思考"淄博烧烤"为什么能够赢得大学生青睐的时候，开始知晓疫情期间在淄博隔离时的暖心故事。2022年5月，山东大学12000名学生被送往淄博隔离，政府部门在食宿方面给予精心照料，每天饭菜不重样、发的水果吃不完，隔离期间的大学生们纷纷炫耀被投喂的丰盛伙食。[①] 隔离期满的最后一餐，临淄区政府请隔离的大学生吃了烤串，并约定来年春暖花开，欢迎大家带上亲朋好友再来做客。这与有些城市曾经将大学生连夜驱离的做法形成鲜明对照。人们恍然明白，这源自相互约定并心怀感念的情结。

自2023年3月以来，"淄博烧烤"在自媒体平台的搜索量迅速暴涨。从3月5日起，"淄博烧烤"微信指数持续在10万量级以上，4月12日起，超过千万量级，4月30日高达9800余万。[②] 在3月底，中央广播电视总台

---

① 比如淄博市临淄区对疫情隔离人员，专门委托四季面点给予配餐，而四季面点是临淄区具有很高口碑的快餐店。

② 泰州市海陵区政府课题组：《淄博烧烤这么火，泰州可取什么经》，2023年5月29日。

给予连续关注，聚焦并分析"淄博烧烤"为什么能够火爆出圈；主持人康辉在《主播说联播》中还说道："网红打卡地，红的是火热的生活、干事的热情。"由此"淄博烧烤"又赢得主流一线媒体的打 call 和认可。"淄博烧烤"的点火并出圈，一开始就根植于人们心底的高度情感认同，这与有些网红打卡点仅凭新奇甚至无厘头出圈的摇曳无根有着很大不同，理解这一点或许就能够很好地理解随后"淄博烧烤"竟然如此火爆的底层逻辑。

2. 地方政府抢抓机遇

当"淄博烧烤"的炭火被"点燃"后，淄博市政府捕捉到能够出圈的重大历史机遇并迅速行动起来。2023 年 3 月 10 日，淄博市政府新闻办召开新闻发布会，坦言要紧抓烧烤出圈的契机，提出成立烧烤协会、发布烧烤地图、举办烧烤节庆活动等举措。为方便游客到达高铁站之后的交通换乘，新增 21 条烧烤公交专线。开通从济南开往淄博的烧烤专列，淄博市文旅局党组书记带领各区县文旅局负责人变身"淄博文旅推荐官"集体出战，在烧烤专列推介淄博文旅资源。向青年学生提供住宿优惠，淄博市 38 处青年驿站全部向学生群体开放，来淄实习、游玩、访友的市外高校在校大学生，可享受半价入住优惠。宣布实施景区门票减免优惠政策，淄博全市国有 A 级旅游景区免首道门票，在全市 34 家 A 级景区推出"免费开放日"等活动。利用 20 天的时间，依托海月龙宫物流港，新建了一座占地 100 亩、可同时容纳一万人就餐的新烧烤城，以作为"五一"期间烧烤节的主场地。

淄博市政府这些貌似常规举措的出台，却每每都能够掀起网络舆情波涛的阵阵翻滚，不断煽动"淄博烧烤"大烤炉火苗的蹿升。英国哲学家休谟曾经说过，"理性是激情的奴隶"。一旦获得人们的强烈情感认同，举手投足都有魅力。2023 年 4 月 15 日，北京南站至淄博 5 月 1 日当天的火车票起售，"北京南—淄博"火车票开售即"秒光"。美团数据显示，淄博"五一"的住宿预订量较 2019 年同期上涨超 800%，位列山东第一。即使在疫后全国旅游市场的恢复形势中，也是分外抢眼，让人惊叹。当网友喊出要求身高 185 厘米的公务员来接站的一句玩笑话时，淄博郑重其事将其看作"圈粉"的机遇，第二天阳光帅气大长腿的公务员小哥哥就站在淄博站的出站口，负责接站、与游客合影并赠送礼物。如此举措表明淄博已经掌握了自媒体时代驾驭舆情并圈粉引流的某种秘诀。

3. 系列以民为本善举"助燃"

当游客蜂拥而至，正担心停车难、住宿难的时候，淄博市宣布全市取消智能停车收费系统，对外地游客的违章停车，交警及时提醒挪车而不是直接贴上罚单。为了防备住宿客房价格的快速上涨，淄博市市场监管局及时宣布"五一"期间实行涨价幅度控制措施。热情好客的淄博市民也快速行动起来，自发前往高铁站免费接站，还有的市民接游客到家免费住宿。来到淄博的人们，又突然发现竟然有着陈旧的政府大楼、宽敞整洁的街道，城管会帮助小商贩推车摆摊，地摊摆到政府门口的对面，打烊之后的小商贩会自发地将地摊打扫干净。一派政通人和、百姓安居乐业的祥和画卷同时展现在世人面前，透过烧烤的层层烟火气，感受到满满的人情味。当有的游客看到淄博低廉的房价，就直接上演吃个烧烤顺便买套房的传奇。

系列以民为本的善举如同不断向烧烤炉中添加的炭火，助推"五一"期间淄博的火爆异常，游客量蹿上顶峰。美团、大众点评数据显示，"五一"期间淄博旅游订单同比增长2000%。假期五天淄博站旅客发送和到达量合计有48万多人次，创下历史最高纪录。① 烧烤场所纷纷排起了长队。如果只看这些冰冷的数字，还难以理解游客在吃烧烤的同时纵情高歌、翩翩起舞的激情狂欢，也难以理解3~4月大批路虎车队、越野车队、哈雷车队甚至骑着高头大马的人们从四面八方打着"进淄赶烤"的旗帜，以拉风的、夸张的、充满仪式感的形式往淄博进发的场景。宠溺游客、以民为本的实实在在举措，如同阵阵暖流温暖着人们的心田，符合了人们对理想社会的向往，网友心里已经破防，积压的情感甚至心里的郁结得到宣泄和释解。

4. 刀郎《罗刹海市》歌曲"助攻"

2023年的暑期，"淄博烧烤"依旧没有退烧。7月19日，沉寂多年著

---

① 《五一假期淄博站到发旅客48万人次》，大众网，https://baijiahao.baidu.com/s?id=1764931794377873710&wfr=spider&for=pc。

名歌手刀郎的《罗刹海市》横空出世，有如天降馅饼，突然砸到淄博的头上。《罗刹海市》歌曲直接借用清末短篇小说家蒲松龄《聊斋志异》中《罗刹海市》一篇，具有极强的讽刺和象征意义。有网友评价其歌词极尽讥讽而辛辣，巧妙而隐晦，充满玄机，让人叹为观止，堪称一绝。① 一经发行，当天播放量就过亿，到了8月初不到一个月的时间，点播量竟然高达创纪录的170亿次，堪称世界音乐史的奇迹。② 而"写鬼写妖高人一等，刺贪刺虐入骨三分"的蒲松龄正是今淄博市淄川区蒲家庄人，至今其故居尚存。《聊斋志异》是志怪传奇小说的巅峰之作，其中的《罗刹海市》故事讲述了一个以丑为美、颠倒黑白的荒诞世界。《罗刹海市》歌曲的热播和热议，牵连有复杂的社会舆论及现实背景，同样也符合丹尼斯·麦奎尔有关人们聚焦热点并通过媒体传播释放情绪的动机。

刀郎《罗刹海市》歌曲就像突然瓢泼到淄博的滚烫热油，助推"淄博烧烤"火苗的突然再次蹿高，吃"淄博烧烤"加拜访蒲松龄故居就成为前来淄博旅游的新搭配。蒲松龄故居被动出圈，突然迎来高光时刻。淄博市政府连夜建设了临时停车场，并供游客免费使用；同时加快蒲松龄故居的修缮步伐，8月15日再次正式对外开放，蒲松龄故居及其附近的聊斋城，从原来的游客寥寥突然猛增到每天上万人。

纵观"淄博烧烤"的演进过程，贯穿有一个"情"字，包含有大学生的真情回馈、人们情感情绪的集中释放以及淄博的真情对待、以情动人，全面演绎了人民群众的情之所至、心之所向、爱之所往。

三 "淄博烧烤"走热的经验启示

至此，再探讨或者纠结"淄博烧烤"是否能够"长红"的问题似乎已

---

① 《刀郎翻红，〈罗刹海市〉霸屏，亿万人为何集体高潮?》，沐阳说，https://baijiahao.baidu.com/s?id=1772451638844691301&wfr=spider&for=pc。
② 《刀郎〈罗刹海市〉20天播放170亿次，台湾专家点评一针见血!》，火鱼观点，https://baijiahao.baidu.com/s?id=1773645233384059891&wfr=spider&for=pc。

经显得并不那么重要。"淄博烧烤"火爆出圈之后，前来考察调研的政府部门以及单位络绎不绝，大家都渴望能够从淄博的身上求得真经。泰州市海陵区政府课题组考察淄博之后的报告评价，"'淄博烧烤'的出圈，已经不是电光朝露的网红现象，而是走向长红的城市文化IP"。前来淄博吃烧烤的游客数量自然会波动会下降，但是淄博已经成名已经走红，随时可以再次出圈并掀波澜。人们津津乐道有关淄博的话题，思考总结"淄博烧烤"火爆出圈的经验，文旅领域的从业者更是一度出现开口必谈"淄博烧烤"经验的空前盛况。这也或许可以看作冥冥之中淄博厚重历史文化的某种荫护和传承吧！始建于齐桓公田午时期临淄的稷下学宫，曾经是中华大地百家争鸣的中心，各个学派的代表人物在此著书立说，自由发表学术见解，促进了先秦诸子百家学术争鸣局面的形成。时隔2000多年之后，淄博有幸再次成为全国性话题中心，当时代的大潮或者机遇来临，淄博做了什么？又做对了什么？个中经验，值得思索和总结。

（一）贯彻以人民为中心的发展思想

早在2015年10月召开的党的十八届五中全会上，习近平总书记就明确提出了坚持以人民为中心的发展思想，并多次强调"人民对美好生活的向往就是我们的奋斗目标"，"抓住人民最关心最直接最现实的利益问题，不断保障和改善民生，促进社会公平正义"。在"淄博烧烤"火爆出圈之前，淄博城管执法系统对露天烧烤开展的集中整治，并不是一禁了之，而是苦苦思索兼顾生态和民生的良策。露天烧烤的治理保留了"淄博烧烤"的旺盛火种，推动建设的烧烤街区、烧烤大院等恰好成为随后承接大规模游客前来的集中消费场所。烧烤经营户发明的"小保温炉"，坚持以木炭做燃料并将燃烧的木炭置于小保温炉的两侧内壁，烤串正下方的中间设置小水槽，在食客自助烤制并保温的过程中产生的油脂滴落于小水槽中，因此不会产生油脂燃烧的油烟问题。淄博敏锐地发现该小保温炉的价值并大面积推广使用，这恰好奠定了"淄博烧烤""灵魂三件套"吸引眼球新奇吃法的物理基础。

从淄博露天烧烤的治理，可以看出这是一种坚持以人民为中心的精细化城市管理思路。疫情期间大学生在淄博被精心照料，政府部门迅速反应全方位呵护游客以及以民为本系列"助燃""淄博烧烤"的善举，无一不体现着真心实意贯彻以人民为中心的发展思想，这与中国传统历史上倡导的以民为本、以民为天的理念一脉相承。齐地可以说是最早提出民本思想的地区，早在2600年前的管仲就提出以民为天的思想。《韩诗外传·卷四》记载，"管仲曰：'君人者以百姓为天，百姓与之则安，辅之则强，非之则危，背之则亡。'"《晏子春秋·内篇问下》记载，"晏子对曰：'婴闻之，卑而不失尊，曲而不失正者，以民为本也。'"在先秦诸国中，齐国最为富庶，这与齐国能够倡导以民为本的治国理念有着莫大关系。在"淄博烧烤"持续火爆的过程中，淄博在民生领域也积极推动改革创新。在医疗领域，2023年7月开始在全市的所有医院推广实施一次挂号复诊三日内免费的政策，积极推动解决群众反映比较集中的医院多次挂号问题。在住房领域，淄博也积极开展行动，9月宣布实施购买新建商品住房的居民家庭，可以将自有的存量住房作为部分首付款，进而实现"以旧换新"的政策。搭乘"淄博烧烤"出圈的东风，相关民生领域的改革和积极作为，同样赢得民众的点赞。

（二）强力维护市场秩序

在2023年4月初，淄博出租车司机与乘客的一段对话流出，"我们出租车都有文件，不打表的、拒载的，只要被投诉立马停运，烧烤单位坑人骗人的、收费不合理的立马关门，领导说了，谁砸了我们的锅就砸谁的碗"。透过的哥之口的这段话不但引来人们的大量点赞和转发，更是透露出淄博政府强力维护市场秩序的坚定决心。政府相关部门及时对价格进行有效管控，对食品安全以及缺斤少两问题进行强力监管。物价局要求所有的烤品都明码标价，工作人员几乎每天都在市场出没，同时不断告诫烧烤店老板：生意再忙再火也不能乱抬价。有的烧烤店用的炭火质量好也明码标价依旧被食客投诉后，物价局迅速介入，烧烤店老板及时出面道歉。为了应对"五一"期间住宿价格可能的快速上涨，市场监督管理局提前发布对宾馆酒店客房价格实行涨价幅度控制措施，上浮超过50%的，按哄抬价格行为予以查处。于是在淄博出现因为政府限价,已经预定"五一"客房的游客被酒店及时通知返还差价的情况,淄博的"坐地降价"与有些热门旅游城市的"坐地起价"情况,两相对照,人们心中的天平迅速倾斜。

淄博对竞争性领域价格等方面进行管控的举措,一度还引发是否过度干预市场的争论。按照市场的价格机制,供过于求必然会导致价格上涨,价格上涨进而抑制需求,最终达到市场出清的均衡状态。但是淄博深刻明白,"淄博烧烤"能够赢得大学生群体的青睐以及火爆出圈,也得益于实惠亲民的价格。在很多城市,烧烤消费动辄人均100元起,而在淄博人均50~60元就能管饱。诸多旅游热点地区突然的价格飙涨,引发负面舆情很可能会导致市场的瞬间熄火。与其大幅涨价被"打脸",不如薄利多销赢口碑。市场出清需要时间,"淄博烧烤"的火爆出圈实属突发情况,非常时期需行非常之举。淄博的一些市场管控举措,同时也赢得了居民以及商户的充分理解。当有网红大V拿着电子秤在淄博到处称重的时候,称出的结果竟然是超重,该网红反而成为淄博最好的宣传员。有的游客以偏高的价格购买了锅饼,在网上一度引起热议,结果评论区大量淄博人前来道歉,并直接转账弥补差价,该游客的火气瞬间被浇灭。淄博对市场秩序的有力维护以及市民表现出的好客、热情和真诚,一度曾蒙尘的"好客山东"金字招牌,重新被擦亮而再次变得熠熠生辉。

(三)迅速坦诚处理突发事件

"淄博烧烤"的全城出圈,与有些地区仅仅是局限于网红打卡点的有限范围还存在明显的不同。在"五一"期间的高峰时刻,不但八大局、海月龙宫、临淄大院、浅海美食街等烧烤集中场所熙熙攘攘,就连乡野人稀地区的烧烤店也是人潮攒动,比如临淄区的呈羔村,在历史上曾经是齐国的牧羊场,位于远离市区的边缘地区,村头曾经只是面向周边村落市场的烧烤店,也是一度座无虚席,其中不乏从东北、四川等远距离自驾前来的游客。人流的蜂拥而入对淄博的治安以及突发事件的应急处理提出了极大的挑战。为此淄博制定了系统性的治安安排以及应急处理方案。对烧烤聚集的场所进行交通管制，所有交警都上岗维护交通秩序并引导游客停放车辆。加强治安巡查，特警、民警、保安也是全面出动，实行巡逻监控。2022年某市烧烤店打人事件的教训可谓非常沉痛。因此当在八大局有食客因小事纠纷而突然闹事的时候，附近巡逻的警察第一时间出手并将其制服。

淄博深刻明白，当被置于聚光灯下，即使一个微小的事件也有可能迅速被放大成为难以收场的舆情事件，及时处理并坦诚应对，不包庇不隐瞒，正是应对突发舆情事件的不二法宝。当知名打假人王海爆料"淄博烧烤"所用铁钎重金属超标的时候，淄博市相关部门立即行动，进行全面检查，首先表示坚决整改。经过调查发现商家出示的羊肉串铁钎检测报告实际上是生产厂家的出厂合格证，存疑的重金属超标问题迅速化解，淄博的坦诚赢得了网友的理解和好感。

（四）引导网红效应的扩散和释放

充分借助烧烤火爆出圈的难得机遇，淄博积极疏导网红效应向文旅乃至城市转型升级等方面的扩散。淄博借助开通烧烤专列、举办烧烤节等的机会，全面推介区域文旅资源。2023年9月末还成功举办2023长城国家文化公园建设（齐长城）高质量发展大会，其间开展"走进齐长城"媒体采风行活动。到了中秋国庆假期，"淄博烧烤"的旅游带动作用可谓全面释放，全市接待游客达到945.98万人次，创纪录的高峰，周村古商城、聊斋城景区、中国陶瓷琉璃馆、齐文化博物馆、红叶柿岩旅游区、马踏湖国家湿地公园等游览场所的旅游人次实现新的突破。[①] 临沂市以及福建省还专门前来淄博召开文旅推介会，这在淄博的文旅发展历史上也是鲜有出现的情况。同时还带动社会消费品销售的快速增长，2023年上半年，全市实现社会消费品零售总额639.4亿元，同比增长9.7%，分别快于全国、全省水平1.5个、0.6个百分点。[②] 而2019年，全市社会

---

① 《火爆，暴增294%！淄博情况……》，鲁中晨报，https://travel.sohu.com/a/726109301_349022。
② 淄博市统计局：《全市前三季度消费市场回稳向好》，http://tj.zibo.gov.cn/gongkai/channel_63a2a772e365c6544d5a7d0f/doc_63b66c3a0d4117524d5a8168.html。

消费品零售总额同比增长只有6.2%，增速较2018年还回落1.1个百分点，比全省低0.2个百分点。①

淄博作为老工矿城市，长期以来工业经济占主导地位。面对经济新常态以及推动城市转型发展，淄博近些年正处于转型的阵痛期，一度面临经济下滑、人才流失等方面的严峻情况。2012年淄博GDP增长率高达10.5%，②明显高于全国7.8%③和全省9.8%④的增长率；而到了2019年，淄博GDP的增长率仅为3.5%，⑤明显低于全国6.1%⑥和全省5.5%⑦的增长率。同时，从2012~2019年，淄博市的三次产业结构比由3.5∶59.0∶37.5变为4.3∶49.8∶45.9，特别是第二产业所占比例下降近10个百分点。2023年上半年，淄博GDP增长率为5.3%，不及全国5.5%以及全省6.2%的水平，⑧据此就得出"淄博烧烤"经济带动作用有限的结论，这样的认识是武断的。如此经济增长成绩对淄博来说已经难能可贵，反而有可能成为能够走出转型阵痛期的重要标志。淄博在出圈之前，曾多次出台堪称山东"史上门槛最低"的人才落户政策，然而收效甚微。淄博市人社局乘机积极推介"人才金政50条""技能兴淄26条"等人才政策，在省内外诸多高校开展的人才招聘活动，迅速赢得大量高层次人才的青睐。同时投资促进局还加大招商引资力度，3~5月，来访企业数就高达近700家，明显高于2022年同期仅有200余家的情况。⑨

---

① 淄博市统计局：《2019年淄博市国民经济和社会发展统计公报》。
② 淄博市统计局：《2012年淄博市国民经济和社会发展统计公报》。
③ 国家统计局：《中华人民共和国2012年国民经济和社会发展统计公报》。
④ 山东省统计局：《2012年山东省国民经济和社会发展统计公报》。
⑤ 淄博市统计局：《2019年淄博市国民经济和社会发展统计公报》。
⑥ 国家统计局：《中华人民共和国2019年国民经济和社会发展统计公报》。
⑦ 山东省统计局：《2019年山东省国民经济和社会发展统计公报》。
⑧ 经海拾贝：《网红淄博烧烤火爆出圈，拉动上半年经济增长了吗？》，https：//baijiahao.baidu.com/s？id=1773499759972874544&wfr=spider&for=pc。
⑨ 《淄博烧烤"凉了"？外地游客确实少了，招来的企业项目却同比翻几倍》，凤凰网，https：//news.ifeng.com/c/8RESTv3lDnD。

·文旅融合·

G.9 非遗与旅游融合发展的中国实践*

詹雪芳 石美玉**

摘　要： 非物质文化遗产与旅游的融合发展已成为文旅融合的重要方式之一。中国作为历史文化大国，拥有丰富的非物质文化遗产资源，在政府、传承人、企业、专家、消费者等利益主体的共同推动下，形成了多种非遗与旅游融合发展模式。然而，不容忽视的是，目前仍然存在不同门类的非遗旅游活化程度差异大、非遗与旅游融合深度不够，以及系统保护与异地开发冲突等问题。为此，应加强文化挖掘与社会合作，科技赋能文旅深度融合发展，推动系统保护与融合共生。

关键词： 非物质文化遗产　文旅融合　非遗旅游

一　非遗与旅游融合发展背景

中国的非物质文化遗产（以下简称"非遗"）种类丰富，数量庞大，承载着丰厚的历史文化，为文旅融合发展提供了坚实基础。中国非物质文化遗产网①显示，国务院先后公布了五批国家级项目名录，共计1557个国家

---

* 本文为国家自然科学基金面上项目（项目编号：72073011）的阶段性成果。
** 詹雪芳，北京联合大学旅游学院硕士研究生，主要研究方向为非物质文化遗产旅游；石美玉，经济学博士，北京联合大学旅游学院教授，中国社会科学院旅游研究中心特约研究员，主要研究方向为非物质文化遗产旅游，通讯作者。
① 资料来源：中国非物质文化遗产网·中国非物质文化遗产数字博物馆，http://www.ihchina.cn/。

级非遗代表性项目。按照申报地区或单位统计，共计3610个子项。目前，我国入选联合国教科文组织非遗名录的共43项，国家、省、市、县四级非遗名录共认定非遗代表性项目10万余项。从非遗门类看，国家级非遗名录将非遗分为十大门类，分别是民间文学，传统音乐，传统舞蹈，传统戏剧，曲艺，传统体育、游艺与杂技，传统美术，传统技艺，传统医药和民俗。其中传统技艺类数量最多，有629项，占全国非遗总数的17.4%；民俗类数量位列第二，有492项；传统戏剧类数量位列第三，有473项；传统体育、游艺与杂技类数量最少，仅有166项。

自2004年全国人大常委会批准《保护非物质文化遗产公约》起，我国非遗保护与传承工作全面启动。近20年来，政府大力推动非遗保护传承与活化利用，从非遗保护启动、设立"名录制度"到完善法律法规等持续不断。具体来看，2005~2008年陆续出台《国家级非物质文化遗产代表作申报评定暂行办法》《国家级非物质文化遗产保护与管理暂行办法》《国家级非物质文化遗产项目代表性传承人认定与管理暂行办法》，2011年颁行《中华人民共和国非物质文化遗产法》，加强非遗保护与保存工作，建立起国家、省、市、县四级保护体系。近几年，政府颁布了促进非遗与旅游融合发展的相关政策，如《"十四五"非物质文化遗产保护规划》《关于推动文化产业赋能乡村振兴的意见》《关于推动非物质文化遗产与旅游深度融合发展的通知》等。

非遗是一个国家、地区、民族传统文化的重要组成部分，旅游是现代人们体验文化的重要方式，二者具有天然的契合点。非遗自身具备的独特文化内涵，可以作为旅游资源吸引游客；同时，与旅游融合也有利于推动非遗的保护与传承，促进文化的多样性。从旅游的角度看，通过与非遗的融合，可以实现旅游产品的差异化，赋予旅游更深的文化意义，满足游客对文化体验的需求，从而为旅游业带来更高的附加值和影响力。

二 非遗与旅游融合发展模式

（一）开发模式

不同门类的非遗受其自身特殊性和所处环境影响，与旅游融合的模式不尽相同。总的来讲，传统技艺、传统美术和传统医药等宜产业化型非遗，适合采用生产性保护基地模式；传统戏剧、传统舞蹈等表演艺术类非遗和民俗、传统体育游艺与杂技类非遗则较容易融入旅游节庆活动；而博物馆和非遗特色小镇可以综合展示并让游客体验不同类型的非遗，成为非遗旅游开发的重要模式。不同发展模式下，会出现相同或相似的非遗旅游产品类型。

1. 生产性保护基地模式

生产性保护基地是实现非遗保护并与旅游融合发展的有效方式，适用于宜产业化的传统技艺、传统美术和传统医药类非遗。该模式借助生产、流通和销售等手段，将非遗资源转化为文旅产品，从而获得经济效益。这种模式一般建立专门的非遗展示和传习基地，在此基础上发展工业旅游，即将游客带到企业车间，让游客亲眼看到传统手工艺的制作过程。同时，专门开辟非遗展区或博物馆，以历史图片、工具实物和场景再现等形式，让游客了解传统工艺所蕴含的深厚文化内涵，还可为游客提供能亲手参与制作的体验项目。例如，北京市珐琅厂作为国家级非遗保护项目景泰蓝制作技艺生产性保护示范基地，长期深耕于旅游市场开发，已发展成集工业旅游、景泰蓝博物馆参观、非遗体验和购物等于一体的非遗旅游目的地。

2. 非遗旅游节庆模式

非遗旅游节庆作为动态展示地域、民族传统文化的盛会，可将传统音乐、传统舞蹈、传统戏剧、曲艺、传统体育游艺与杂技和民俗等非遗项目汇聚在一起，通过举办丰富多彩的非遗展示、表演、体验等旅游活动，既集中传播非遗文化，又丰富人们的旅游消费，是非遗与旅游融合的重要模式。如文化和旅游部、四川省政府主办的中国成都国际非物质文化遗产节，通过节庆活动吸引热爱传统文化的国内外游客，不仅传播了非遗文化，还促进了当地产业发展。

3. 博物馆展陈模式

博物馆展陈是目前非物质文化遗产保护、展示与传承的重要方式，特别是将那些在现代生活中濒临灭绝、难以维系其自身传承但具有重要历史价值、科学价值、艺术价值的非遗项目全景式地采制下来，以便游客更好地了解当地的传统文化。该模式主要借助导游人员的讲解、图文展示、影音资料以及现代数字技术全方位展示非遗，满足现代游客对文化旅游的需求。其优势是较好地保持了非遗的原真性，但相对而言对游客文化素养的要求较高。为此，现代博物馆适应人们的文化需求不断深化改革创新，开展各种参与性、互动性、趣味性强的文化活动，让游客能够更深入地体会非遗核心技艺及文化内涵。例如，以新中国成立之后创作的工艺美术作品为主的中国工艺美术馆（中国非物质文化遗产馆），积极与各地方合作开展不同主题的特色非遗展览，还以非遗演出、体验、研学、学术研讨等活动吸引广大游客。

4. 非遗特色小镇模式

非遗特色小镇是一种将非遗作为核心吸引力，通过创意设计、旅游服务和文化体验等方式，将传统文化资源转化为新的旅游经济增长点的发展新模式。该模式包含两种发展路径，一种是以三彩小镇为代表的依靠某一特色非遗产业发展形成的特色小镇，另一种是以丹寨万达小镇为代表的集聚当地非遗资源发展起来的特色小镇。不管哪种发展路径，非遗特色小镇都重视对当地非遗文化的深入挖掘，形成适宜游客参与、体验、消费的产品，如餐饮、酒店与民宿、购物、展览、工艺体验、演艺等，从而推动当地传统文化与旅游产业的融合。

（二）运营模式

非遗与旅游融合过程涉及多方利益主体。其中，传承人作为非遗最重要的活态载体，是非遗旅游开发的核心主体；企业通过投资研发非遗旅游产品，将非遗推广给现代旅游市场；消费者通过参观、购买、体验等方式支持非遗旅游的可持续发展,消费者需求和兴趣的变化推动非遗的创造性转化;专家通过专业知识为非遗旅游发展提供智力支持和指导,以保障非遗的保护传承和活化利用。不同利益相关者在非遗旅游发展中承担的角色不同,其合作促使不同非遗旅游运营模式的产生。

1. 传承人独立开发模式

传承人利用自身技艺和社会资源,开设工作室或创办企业,独立研发设计和生产非遗旅游产品,并直接面向游客提供旅游服务。例如,郑芬兰作为浙江省土布纺织技艺代表性传承人、百丈传梭博物馆馆长,创有土布服装品牌小巷三寻,她依靠非遗手艺带动了研学旅游、非遗体验、女性双创及乡村旅游。当然,这种模式对传承人综合能力的要求较高。传承人一般拥有精湛成熟的非遗生产能力,而旅游产品研发设计和品牌营销能力普遍薄弱,直接影响非遗旅游开发水平。

2. 传承人与企业合作模式

传承人利用自己的技艺与企业合作,为企业生产非遗旅游产品提供技术指导,企业通过敏锐的市场洞察力和较强的市场开发能力,推动非遗旅游的创新性发展。例如,国家级非遗庆阳香包绣制传承人,利用庆阳岐黄文化传播有限公司生产车间、设计平台、销售平台和培训场地,对贫困群众进行产业和技术培训,将文化创意、乡村旅游和非遗技艺相结合。在这种模式下,很多非遗旅游产品的生产在流水线上完成,企业除保留部分关键工序仍由人工完成外,其余部分均由机器完成,且整个生产过程中工人只需掌握该技艺的部分操作方式。虽然这种模式可以提高生产效率,且每个工人因专注于某一工序而技艺更加精湛,但流水作业会使生产工艺碎片化,无法培养精通每个工艺流程的大师,呈现在消费者眼中的只是拼接的工艺品。

3. 传承人与非政府组织(NGO)合作模式

非遗本身的体系庞杂,加之不同地域之间民俗存在差异,很难用统一的政策措施来对其进行保护,仅依靠政府行为难以面面俱到。NGO大多是社会成员为某一特定的共同目的而自愿组成,组织目标的同一性要求这些成员必须具备一定的专业知识技能。很多公益性民间组织利用自身的资源优势,整合政府、院校、企业、媒体等资源，形成良性可再生的社会公益能量。如广东的"东仓计划"团队①，聘请当地掌握传统灰雕、木雕、壁画技艺的师傅，根据村民的回忆对建筑进行了修复，借传统村落保护带动非遗旅游的发展。

4. 高校参与合作模式

高校参与非遗旅游发展，实际上就是"产学研"结合的新模式。传承人凭借丰富的实践经验对学生进行指导，高校帮助传承人系统地梳理非遗制作流程，教授传承人和企业掌握市场需求，并根据市场需求研发设计产品，而高校毕业生也可以到这些企业工作，实现良性循环。例如，清华大学美术学院、雅昌文化集团与哈密地区合作建设新疆哈密传统工艺工作站，共同致力于哈密维吾尔族、哈萨克族等民族传统刺绣的工艺保护传承和市场化开发，其中清华大学美术学院则侧重对民族刺绣的理论学术研究及相关产品的创新设计。

三 非遗与旅游融合发展面临的主要问题

（一）非遗门类与活化利用的差异

非遗是人类宝贵的文化遗产，而旅游则是推动文化传承与发展的重要载体，非遗和旅游融合发展可以实现互利共赢的局面。如上所述，非遗涉及十大门类，不同门类的非遗有其独特的文化内涵和表现形式，因此，在融入旅游发展中需要因地制宜，找准各门类非遗与旅游融合发展的契合处、联结点②，否则容易导致非遗成为旅游的附属商业产品，无法完整表达其独特的文化魅力，甚至为了迎合旅游活动进行不恰当的改编，从而破坏非遗的原真

---

① 邓正恒：《粤港民间组织的非遗保护实践》，《中国文化报》2016年2月24日，第7版。
② 文化和旅游部：《文化和旅游部关于推动非物质文化遗产与旅游深度融合发展的通知》，(2023-2-17)［2023-10-5］，https://www.gov.cn/zhengce/zhengceku/2023-02/22/content_5742727.htm。

性，对非遗的保护传承产生消极影响。

目前，传统技艺、传统美术等宜产型非遗的活化利用程度相对较高，而民间文学、传统戏剧等非宜产型非遗的活化利用程度相对较低，说明非遗旅游的发展与非遗门类密切相关。具体来看，传统医药、传统美术、传统技艺类非遗在当今社会仍然有着较大的市场需求，其观赏性、体验性和实用性较强，为其活化利用奠定了有利的条件。例如，"景泰蓝""湘绣""徽州建筑"等都是享有盛誉的中国传统文化符号，在旅游中可展示这些非遗文化符号，让游客近距离欣赏和体验这些瑰宝的精致工艺和绝妙设计，进而引发游客的浓厚兴趣。而民间文学、传统音乐、传统舞蹈、传统戏剧等类型的非遗在现代社会中的受众相对较少，尤其是年轻一代对这些文化艺术作品的兴趣程度有所下降。与宜产型非遗相比，此类非遗的艺术价值很高，但功能性和实用性相对不足，并且需要观众对传统文化有一定的理解和欣赏能力。因此，这些非遗在旅游开发过程中会面临较大的市场挑战。

（二）非遗与旅游深度融合不够

随着国家对非遗重视程度的提升和旅游业的不断发展，非遗与旅游的融合已经成为当前学术界和业界关注的重要领域。但是，目前非遗与旅游融合的深度还不够。在文旅融合大背景下，旅游企业积极推动"非遗+旅游"，但是在实践中往往未将非遗列入企业发展战略，只是挑选一些被列入非遗名录的项目进行展示，作为宣传的噱头，并未对其进行科学规划。例如，非遗进景区是非遗旅游发展的一大趋势，但很多景区只是将非遗作为一种文化展示或者表演的项目，缺乏对非遗项目的深入理解与文化挖掘，导致非遗旅游产品的同质化现象严重。此外，旅游企业往往更多关注非遗的商业价值，使非遗的文化价值难以得到全面的挖掘和传播。例如，端午节、中秋节、春节等中国传统节日期间，旅游企业通常会邀请传承人入驻，筛选操作简单、体验感强，能够快速见效益的非遗项目展示，而不是把非遗当作长期的文化旅游项目进行开发。从传承人的角度来说，传承人是非遗领域的专家，但他们缺乏对旅游市场的了解，或未能真正认识到旅游对非遗活化利用的重要性，或受自身能力的限制，无法充分利用旅游市场的优势进行非遗资源的开发，导致非遗旅游产品在研发设计、品牌营销方面存在诸多问题，影响非遗与旅游的深度融合。除此之外，非遗旅游发展需要政府、传承人、旅游企业、社区等多方主体的共同推动，而这些不同利益主体之间的冲突与矛盾也会影响非遗与旅游的深度融合。最后，非遗文化具有内容特殊性，一些非遗项目只能在特定的地区、场合、时间展示，从而限制了其与旅游的深度融合。例如，一些非遗展演需要特定的场地和设备，而这些设备和环境在旅游区域内并不容易获得或再现。

（三）系统性保护与异地开发存在冲突

非遗系统性保护就是把非遗保护视为一个系统，结合非遗所处环境、各构成要素以及结构、功能的整体性来进行保护[①]。而异地开发则是将非遗项目移植到其他地区进行开发和传播。对非遗及孕育、发展的人文和自然生态环境进行系统保护，维护和改善非遗赖以生存的土壤和空间，保护当地居民及其生活方式[②]，是解决非遗系统保护与异地开发矛盾的关键路径。

第一，非遗是在特定地域、特定自然社会环境和人们的生产生活中形成和传承的，非遗的系统性保护需要依赖其所在的本土环境和社会背景。如果将非遗项目引入旅游景区、特色小镇等异地开发，非遗与原有的整体环境往往会脱节，失去其根基和传承的土壤，使传统文化变味或流失。第二，非遗的异地开发可以促进地区间的文化交流与融合，扩大非遗的知名度和影响力，但是在异地开发中商业化和功利性倾向普遍严重。非遗的旅游开发需要投入较大的资金和资源，旅游开发者往往期望通过非遗项目吸引游客并增加盈利，导致非遗项目在开发过程中过度商业化，为了追求经济回报而忽视非遗文化的原真性和完整性。第三，异地开发还可能导致非遗的标准化和规模化生产。非遗的旅游开发需要适应大众旅游的需求，需要大量的非遗产品和

---

① 宋俊华：《可持续发展理念与非物质文化遗产系统性保护》，《文化遗产》2023年第3期。
② 刘海红、王竹青、谭志红、秦毅：《化非遗"软实力"为文脉"硬支撑"》，《中国文化报》2023年7月18日，第7版。

服务，从而导致非遗项目的规模化生产和标准化操作，使非遗技艺变得简单化和机械化，严重削弱非遗的个性化特点，使其失去了传统的文化内涵。第四，异地开发也会带来非遗的变异化和表面化。将非遗项目移植到其他地区时，可能会出现对该项目的"再创造"，使其更符合游客的消费需求和审美偏好。这样的开发推动非遗的创新性发展，但是如果把握不好创新的度，会导致非遗受到地方文化的冲击，使其失去原有的文化内涵和特色。

四 促进非遗与旅游深度融合发展的相关建议

（一）加强文化挖掘与社会合作

非遗与旅游的深度融合应坚持"保护为主、合理利用、促进发展"的原则，根据不同门类非遗的特点，找准其与旅游融合发展的契合处和联结点。其中，非遗保护的关键问题是关注和尊重非遗中蕴含的文化价值，合理利用与发展的必要条件是调和好各利益相关者之间的关系。

首先，要加强对非遗的研究与文化挖掘。对于非遗来说，深入了解其历史渊源、文化内涵、社会背景和内在价值，是加强文化挖掘的基础。非遗与旅游相关机构和专家应加强对非遗的深入调查与研究，建立翔实的档案资料和数据库，确保非遗被真实、完整地记录和保存。旅游开发商应该基于这些非遗资料和数据库，深入挖掘非遗在当代社会中的文化价值和旅游价值，为非遗旅游讲好中国故事奠定基础。

其次，要加强与社区的合作。非遗的保护传承通常与特定社区密切相关，因此，与当地居民、传承人建立紧密的合作关系是非遗旅游发展的关键。可以通过成立非遗保护协会、打造非遗生态村等形式，与社区合作共同发展非遗旅游。在开发的过程中，应积极引入社会资源和专业团队，注重对非遗的研发设计、产品创新和品牌营销。同时，应加强对当地居民的宣传和培养，提高本地人的参与度，使他们成为非遗旅游的参与者和受益者，形成良性的社会合作网络。

最后，要加强与教育、科研机构的合作。非遗旅游产品的研发设计是非遗旅游开发中的薄弱环节，教育和科研机构可以在此环节提供专业的培训和指导，与企业和传承人共同开展对非遗的保护与研发。此外，通过开展非遗旅游讲座、培训等方式，提升非遗旅游从业人员的专业素养和能力；通过举办非遗兴趣班、体验课等形式，积极引导和倡导公众参与非遗保护与传承工作，共同推动非遗旅游的发展。

（二）科技赋能文旅深度融合发展

以现代科技作为核心生产要素，从新产品研发、新体验打造、新营销模式等方面，促进非遗与旅游的深度融合，提升非遗旅游的吸引力和竞争力。

一方面，要借助虚拟现实（VR）、增强现实（AR）等技术手段，创造身临其境的非遗体验，推动非遗旅游产品的创新。通过 VR 技术，游客在虚拟现实的世界中穿越时空体验中国传统文化的魅力，解决旅游企业无法在现实中营造原生态的场景与环境的问题。而 AR 技术则可以将虚拟的非遗元素与现实场景相结合，实现人机共建非遗的生态环境，从而增强游客的文化体验。

另一方面，要利用在线直播、短视频等新媒体和电商平台，推动非遗旅游营销模式的创新。例如，传承人利用直播平台展示非遗项目，让观众目睹一件精美的手工艺品的生成过程，欣赏一场精彩的戏曲，通过与观众的实时互动和分享，让观众走近非遗、认识非遗、喜欢非遗，吸引他们来一次非遗之旅。此外，非遗电商平台可以为游客提供更加有保障的非遗产品购买和体验服务。例如，借助各地的"一机游"等平台，设置非遗购物入口，整合当地具有代表性的非遗资源，将传统手工艺品、美食、文创产品等多种非遗商品进行分类展示和销售。

（三）推动系统保护与融合共生

非遗的系统保护与旅游融合共生要相辅相成。因此，要始终秉持以系统性原则认识非遗，全面关注和保护非遗的各个方面，让非遗见人见物见生活，在实现非遗可持续发展的前提下，促进非遗与旅游的融合共生。

一方面，非遗旅游利益相关主体应树立非遗系统性保护与开发的意识。虽然不同利益主体在非遗旅游发展中会有不同的诉求，但应该认识到非遗作为包含非遗活态载体的人、非遗技艺及其所处环境的整体，非遗与旅游融合发展中必须坚持系统开发原则，避免简单粗暴地只将非遗技艺或传承人引进景区、旅游节庆、博物馆中，而忽视对文化生态的保护。为此，应加强对非遗旅游从业人员的培训和教育，传授非遗系统性保护和开发的原则与方法。

另一方面，非遗与旅游的融合发展，也是不同利益主体围绕非遗旅游活化形成错综复杂的共生关系且不断演化的过程，这直接影响非遗旅游发展的质量。为了促进非遗旅游的可持续发展，需要从利益相关者协同合作、环境支持等角度分析影响融合共生的因素，针对性地提出策略，从而实现非遗旅游共生系统向一体化对称互惠共生的演化。

G.10 黄河国家文化公园：现状、障碍、路径与趋势*

程遂营 薛岩欣 张诗涵**

摘　要： 国家文化公园是国家设立的、以保护传承弘扬具有国家或国际意义的文化资源、精神或价值观为目的，兼具爱国教育、科研实践、休闲娱乐和国际交流等功能的特定文化空间。黄河国家文化公园将系统解决黄河文化保护、传承与弘扬中的重要问题，促进黄河流域文化与旅游深度融合和高质量发展。黄河流域九省区有着丰富的文化资源和较好的旅游发展基础，但在黄河国家文化公园高水平建设中也面临着管理体制、边界划分、资金投入、文化旅游融合、文化传播和可持续发展等诸方面的障碍和问题，应该通过创新体制机制、加大资金投入、加强文旅融合和文化传播，推进数字技术的运用，培育黄河文化品牌，最终实现黄河国家文化公园的高水平建设和可持续发展。

关键词： 黄河国家文化公园　黄河文化　旅游资源　高质量发展

绪　言

1872年，美国设立黄石国家公园，此后，国家公园不断在世界范围内

---

* 本文系国家社科基金重大项目"建设黄河国家文化公园研究"（项目编号：21ZDA081）阶段性成果；教育部人文社科基地重点项目"沿黄黄金旅游带构建及其可持续发展研究"（项目编号：12JJD790005）阶段性成果。
** 程遂营，河南大学文化旅游学院教授、博士生导师，中国社会科学院旅游研究中心特约研究员，主要研究方向为文化旅游、黄河国家文化公园；薛岩欣，河南大学文化旅游学院硕士研究生；张诗涵，河南大学文化旅游学院硕士研究生。

广泛推广。2017年1月，中共中央办公厅、国务院办公厅联合印发《关于实施中华优秀传统文化传承发展工程的意见》，率先提出国家文化公园概念。2019年12月，中共中央办公厅、国务院办公厅印发《长城、大运河、长征国家文化公园建设方案》，国家文化公园建设进入实质性建设阶段。2020年10月，《中共中央关于制定国民经济和社会发展第十四个五年规划和二〇三五年远景目标的建议》中明确指出，要建设长城、大运河、长征、黄河等国家文化公园。2022年，国家提出建设长江国家文化公园，标志着长城、大运河、长征、黄河、长江五大国家文化公园整体布局的形成。

国家文化公园是国家设立的、以保护传承弘扬具有国家或国际意义的文化资源、精神或价值观为目的，兼具爱国教育、科研实践、休闲娱乐和国际交流等功能的特定文化空间。其核心任务是保护传承弘扬诸如黄河、长江、长城、大运河、长征等国家层面的重要文化，承载国家文化精神、代表国家文化形象。国家文化公园是一个中国首创的概念，也是一项文化创新工程，其目的在于构建中国特色的"国家文化公园"理论和实践体系，突出"国家"和"人民"这两个关键维度，推进国家文化公园高质量发展[①]。

一 国家文化公园研究现状

2017~2023年，围绕国家文化公园，学术界形成了一大批研究成果。

（一）关于国家文化公园的研究

2017年国家文化公园研究开始起步，截至2023年底，中国知网关于黄河国家文化公园的论文共发表365篇，邹统钎、吴丽云、李飞、吴殿廷、程遂营、张野、唐承财等一大批学者积极呼应国家政策，并重点关注国家文化公园的文化遗产保护、文旅融合、建设实践、管理机制等方面的内容。相关

---

① 程遂营、张野：《国家文化公园高质量发展的关键》，《旅游学刊》2022年第2期，第8~10页。

研究排名前 10 位的关键词有：国家文化公园、文化公园、大运河、公园建设、文旅融合、文化遗产、长征国家文化公园、大运河国家文化公园、黄河国家文化公园、文化遗产保护等（见图1）。李飞和邹统钎对国家文化公园的逻辑根源、理论源流和多重意蕴进行分析和论证[1]。唐承财等人在文化强国战略下分析了国家文化公园研究进展，并提出展望[2]。邹统钎等对文化资源进行评估，同时提出文化遗产保护的路径[3]。程遂营对文化与旅游资源的协调性进行分析，以此探寻文旅融合的优化路径[4]。吴殿廷等从旅游开发和文化传承的角度提出大运河国家文化公园建设的指导思想、原则、目标和任务，讨论大运河文化公园建设的近期行动计划[5]。刘鲁等学者提出要把握好国家文化公园建设中的文旅关系、规范国家文化公园标识性工程遴选标准研究、国家文化公园理论与管理实践的融合探索等路径选择[6]。吴丽云等学者系统总结了全国 28 个省（区、市）国家文化公园管理体制机制的建设成效与实践经验，梳理其中存在的问题，并就问题提出针对性建议[7]。

（二）关于黄河国家文化公园的研究

黄河国家文化公园的建设自 2020 年首次提出后得到了广泛关注。所以关于黄河国家文化公园的研究还在起步阶段，学者们从 2021 年到目前（2023 年）就黄河国家文化公园内容发表文章 31 篇，重点关注黄河国家文

---

[1] 李飞、邹统钎：《论国家文化公园：逻辑、源流、意蕴》，《旅游学刊》2021 年第 1 期，第 14~26 页。
[2] 唐承财、黄梓若、王逸菲等：《文化强国战略下中国国家文化公园研究述评与展望》，《干旱区资源与环境》2023 年第 6 期，第 1~10 页。
[3] 邹统钎、邱子仪、苗慧：《国家文化公园建设背景下的文化遗产保护体系改革研究》，《中国生态旅游》2023 年第 3 期，第 394~407 页。
[4] 程遂营：《黄河国家文化公园文旅协调发展水平差异归因与路径优化》，《河南大学学报》（社会科学版）2022 年第 6 期，第 19~26、152~153 页。
[5] 吴殿廷、刘锋、卢亚等：《大运河国家文化公园旅游开发和文化传承研究》，《中国软科学》2021 年第 12 期，第 84~91 页。
[6] 刘鲁、郭秋琪、吴巧红：《立足新时代，探索新路径——"国家文化公园建设与遗产活化"专题研讨会综述》，《旅游学刊》2022 年第 8 期，第 150~158 页。
[7] 吴丽云、邹统钎、王欣等：《国家文化公园管理体制机制建设成效分析》，《开发研究》2022 年第 1 期，第 10~19 页。

图 1　国家文化公园研究关键词

资料来源：中国知网。

化公园文旅融合、文化遗产保护、建设与管理、高质量发展等内容。相关研究排名前 10 位的关键词有：黄河国家文化公园、黄河文化、文旅融合、国家文化公园、文化公园、主体功能区、文化遗产保护、国家公园体系、分级管理、公园建设等（见图 2）。在文旅融合方面，胡炜霞等人不仅关注文化资源和旅游发展的相互作用，还对景区发展效率及影响因素进行研究，以更好地整合文化和旅游资源，促进文旅融合的可持续发展①。在文化遗产保护方面，陆忱认为文化遗产保护需立足于政策支持，充分发挥政府引领作用，落实基础工作，加强非遗传承人才培养，转变保护理念，构建数字化保护体

---

① 胡炜霞、赵萍萍：《黄河国家文化公园文化资源禀赋与旅游发展水平耦合研究——黄河流域沿线九省区域角度》，《干旱区资源与环境》2023 年第 1 期，第 177~184 页。

系，创新特色项目，增强非遗文化资源转化率①。在建设与管理方面，张兴毅提出推动文化旅游深度融合发展、加强流域内生态环境整治、推动黄河文化公园数字基础设施建设、完善文化公园运营机制②。在高质量发展方面，张野等将黄河国家文化公园定义为：黄河文化保护传承弘扬的核心区；黄河流域高质量发展的承载区；国家文化形象展示的样板区；国民公共休闲的示范区；文旅深度融合发展的先行区③。

图 2　黄河国家文化公园研究关键词的变化

资料来源：中国知网。

---

① 陆忱：《黄河国家文化公园建设导向下山东省沿黄非物质文化遗产活化利用》，《文化产业》2023年第28期，第166~168页。
② 张兴毅：《推动山西黄河国家文化公园高质量发展的若干思考》，《经济师》2023年第2期，第132~133+142页。
③ 张野、李紫薇、程遂营：《黄河国家文化公园的发展定位》，《黄河文明与可持续发展》2022年第1期，第40~46页。

（三）研究不足

无论是国家文化公园的研究，还是黄河国家文化公园的研究都还处于起步阶段，存在一系列明显的不足。一是对概念体系、边界界定等基础理论问题研究不够深入，缺乏对国家文化公园，尤其是黄河国家文化公园的概念、边界等深入探讨。二是国家文化公园局限于传统国家公园之下，未能清晰分辨和界定出二者的关系，造成国家文化公园建设路径和管理体制不够清晰。三是国家文化公园相关研究虽已开展，但是对文化资源和旅游资源的梳理、挖掘不够深入，需要系统深入挖掘国家文化公园范围内的文旅资源，尤其是新入选的黄河国家文化资源。四是国家文化公园主体功能区划工作虽已开展，但研究深度不够，黄河国家文化公园评价体系仍处在探索阶段，国家文化公园主体功能区划的标准体系尚未制定，这也是下一步重要的工作方向。五是国家文化公园管理体制和法治保障研究有待深入，现有研究多是围绕国家公园管理体制开展，缺少国家文化公园管理体制和法治保障的研究成果。六是国家文化公园文化和旅游资源融合研究有待深入，用现代技术活化物质和非物质文化资源，加快文旅融合步伐，是未来的重要研究趋势和内容。

二 黄河国家文化公园文化资源与旅游发展

文化资源是国家公园建设和发展的基础，而资源的丰度和厚度又往往直接影响着旅游发展的进度。黄河源远流长，全长 5464 公里，流经青海、四川、甘肃、宁夏、内蒙古、山西、陕西、河南及山东 9 个省区，最后流入渤海。黄河文化是黄河流域人民在长期的生产劳动和社会实践活动中创造的物质与精神层面的文化的总和，是黄河流域产生和发展的文化，也是黄河流域传承和创新的文化。黄河流域文化资源特别丰富，构成黄河国家文化公园建设和黄河沿线九省区旅游发展的牢固基础。

（一）黄河国家文化公园的主要文化资源

1. 国家级重点文物保护单位

国家级重点文物保护单位是指中国国家文物保护部门认定并颁布的具有特殊历史、文化、艺术、科学价值的古建筑、古墓葬、古遗址、近现代重要史迹及代表性建筑、石窟寺及石刻以及其他文化遗产，享有特殊的法律保护和管理。① 目前，中华人民共和国已公布了8批共5058项全国重点文物保护单位。黄河国家文化公园建设区（九省区，以下同）的国家级重点文物保护单位的分布情况见表1。

表1 黄河国家文化公园建设区的国家级重点文物保护单位

单位：项

地区	数量	古建筑	古墓葬	古遗址	近现代重要史迹及代表性建筑	石窟寺及石刻	其他
青海省	51	23	4	14	8	2	0
四川省	264	143	23	27	35	34	2
甘肃省	152	53	11	50	14	24	0
宁夏回族自治区	36	14	3	15	1	3	0
内蒙古自治区	149	33	22	73	14	7	0
陕西省	274	105	43	86	24	14	2
山西省	534	419	20	47	29	17	2
河南省	420	159	36	157	33	35	0
山东省	229	57	24	90	39	19	0
总计	2109	1006	186	559	197	155	6

资料来源：国家文物局。

黄河国家文化公园建设区共有2109项国家级重点文物保护单位。然而，这些单位的分布并不均匀，各省份拥有的数量存在差异。山西省和河南省是国家级重点文物保护单位最多的两个省份，分别拥有534项和420项，说明

---

① 李蝶、王伟、张野等：《黄河流域国家级文物保护单位时空演变及影响因素》，《地域研究与开发》2023年第2期，第173~180页。

这两个省份在中国历史和文化中的重要地位,它们拥有许多珍贵的古建筑、文物和历史遗迹。相比之下,青海省和宁夏回族自治区拥有的国家级重点文物保护单位较少,分别只有51项和36项,因为这两个地区离中国的中原地带相对较远,其历史和文化积淀相对较少。在国家级重点文物保护单位的种类中,古建筑是最多的,共有1006项。山西省、河南省和四川省拥有的古建筑数量最多,分别为419项、159项和143项。这也反映了这些地区在古代建筑和文化传承方面资源丰富。其他类型的国家级重点文物保护单位相对较少,只有四川省、陕西省和山西省各有两项。国家级重点文物保护单位的分布呈现多样性,反映了中国历史和文化的多元性和丰富性。

2. 世界文化遗产地

世界文化遗产,是一项由联合国发起、联合国教育科学文化组织负责执行的国际公约建制,以保存对全世界人类都具有杰出普遍性价值的自然或文化处所为目的。世界文化遗产主要包括文物、建筑群、遗址。黄河国家文化公园建设区的世界文化遗产见表2。

表2 黄河国家文化公园建设区的世界文化遗产

遗产地	列入年份	省份
长城	1987	山西省、内蒙古自治区、陕西省、宁夏回族自治区、甘肃省、山东省、河南省、四川省、青海省
泰山	1987	山东省
秦始皇陵及兵马俑	1987	陕西省
曲阜孔庙、孔林和孔府	1994	山东省
峨眉山—乐山大佛	1996	四川省
平遥古城	1997	山西省
龙门石窟	2000	河南省
青城山—都江堰	2000	四川省
平遥古城	2001	山西省
殷墟	2006	河南省
五台山	2009	山西省
登封"天地之中"历史建筑群	2010	河南省

续表

遗产地	列入年份	省份
元上都遗址	2012	内蒙古自治区
大运河	2014	山东省、河南省
丝绸之路:长安—天山廊道的路网	2014	陕西省、河南省、甘肃省

资料来源：国家文物局。

黄河国家文化公园建设区拥有15个世界文化遗产，其中长城、大运河、丝绸之路:长安—天山廊道的路网是多省份共同拥有的，其他世界文化遗产主要分布在四川省、内蒙古自治区、陕西省、山西省、河南省和山东省。四川省有峨眉山—乐山大佛、青城山—都江堰，内蒙古自治区有元上都遗址，陕西省有秦始皇陵及兵马俑，山西省有平遥古城、五台山，河南省有龙门石窟、殷墟、登封"天地之中"历史建筑群，山东省有泰山、曲阜孔庙、孔林和孔府。

3. 历史文化名城名镇名村

为了弘扬传统民族文化，保护历史城镇的传统风貌和重要历史文化价值，以及促进杰出的传统建筑艺术的传承和延续，① 自2003年起，中国建设部和国家文物局合作举办了历史文化名城、历史文化名镇和历史文化名村的评选活动。截至目前，全国范围内已评选出487座历史文化名城、312个历史文化名镇和799个历史文化名村。黄河国家文化公园建设区的历史文化名城名镇名村见表3。

表3 黄河国家文化公园建设区的历史文化名城名镇名村

单位：个

地区	数量	名城	名镇	名村
青海省	7	1	1	5
四川省	45	8	31	6
甘肃省	17	4	8	5

① 朱庆伟、王伟、程遂营等:《黄河流域历史文化名城名镇名村时空演变与影响因素研究》，《河南大学学报》(自然科学版)2023年第2期，第172~185页。

续表

地区	数量	名城	名镇	名村
宁夏回族自治区	16	1	14	1
内蒙古自治区	7	1	4	2
陕西省	16	6	7	3
山西省	117	6	15	96
河南省	26	8	9	9
山东省	25	10	4	11
总计	276	45	93	138

资料来源：国家文物局。

表3提供了黄河国家文化公园建设区名城、名镇、名村的数量分布情况。这些名城名镇名村共计276处，其中山西省拥有117处，居首位，四川省名列其后，拥有45处，尽管数量较多，但仍不及山西省的一半。青海省和内蒙古自治区的名城名镇名村数量最少，各自仅有7处。在名城数量方面，山东省、河南省以及四川省拥有较多的名城资源，说明这三个省的历史悠久，文化底蕴深厚。相对而言，宁夏回族自治区、青海省和内蒙古自治区等多民族聚居地区的名城资源相对较少。在名镇数量方面，四川省明显领先，拥有31处名镇，因为四川省有着丰富的历史和文化传统，宁夏回族自治区和山西省分别拥有14处和15处名镇，相对较多，但仍不及四川省的一半，而青海省仅有1处名镇。在名村数量方面，山西省占绝对优势，拥有96处名村。其他省份的名村数量通常只有个位数，表现出名村资源分布相对集中的趋势。

4. 传统村落

中国传统村落，原名古村落，是指民国以前所建的村。传统村落中蕴藏着丰富的历史信息和文化景观，是中国农耕文明留下的最大遗产。传统村落有较悠久的历史沿革，建筑环境、建筑风貌、村落选址未有大的变动，具有独特的民俗民风，虽经历久远年代，但至今仍为人们服务，具有突出的文明价值及传承意义。黄河国家文化公园建设区的传统村落数量分布见图3。

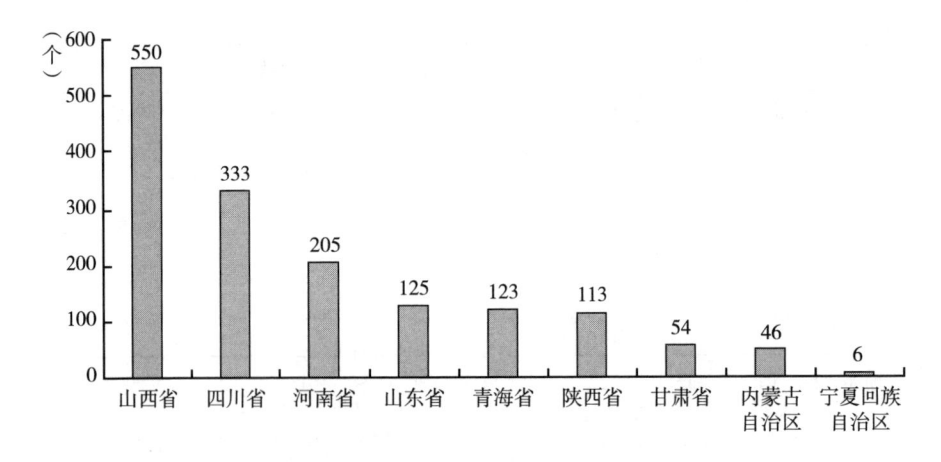

图 3　黄河国家文化建设区的传统村落

资料来源：中国政府网。

目前山西省拥有传统村落数量最多，高达 550 个，这主要得益于山西省丰富的历史文化和传统村庄资源。四川省和河南省分别拥有 333 个和 205 个传统村落，这也反映了这些地区保存了许多古老的村庄，展现了悠久的历史和文化。相较之下，山东省、青海省和陕西省的传统村落数量相对较少，分别为 125 个、123 个和 113 个。这一差距可能部分归因于地理位置、历史遗产分布和地方政府的文化保护投入。一些地区地理位置优越或者历史资源丰富，拥有更多的传统村庄资源，而其他地区可能在文化保护方面投入较少，导致传统村落数量较少。甘肃省、内蒙古自治区和宁夏回族自治区的传统村落数量更少，分别为 54 个、46 个和 6 个。这些地区可能受到地理条件、气候等因素的影响，也可能与当地文化特点有关。这些地区的传统村落数量虽然较少，但仍然具有独特的文化魅力和历史价值。总的来说，传统村落数量的分布差异反映了中国历史和文化的多样性，不同地区拥有不同数量和类型的传统村庄，这也为文化遗产的保护和传承提供了丰富的资源。

5. A 级景区

旅游景区是以旅游及其相关活动为主要功能的空间或地域，包括风景区、文博院馆、寺庙观堂、旅游度假区、自然保护区、主题公园、森林公园、地质公园、游乐园、动物园、植物园及工业、农业、经贸、科教、军事、体育、文化艺术等各类旅游景区。黄河国家文化公园建设区的A级景区数量分布见表4。

表4 黄河国家文化公园建设区的A级景区统计

单位：处

地区	5A	4A	3A	2A	1A	总计
青海省	4	33	83	18	0	138
四川省	15	303	343	104	3	768
甘肃省	6	107	172	72	1	358
宁夏回族自治区	4	27	46	28	2	107
内蒙古自治区	6	135	135	30	0	306
陕西省	16	131	318	507	1	973
山西省	9	107	99	19	2	236
河南省	15	190	271	103	1	580
山东省	14	220	672	319	3	1228

资料来源：中华人民共和国文化和旅游部。

表4反映了黄河国家文化公园建设区A级景区数量分布情况。其中，山东省的A级景区最多，有1228处，其次是陕西省、四川省、河南省、甘肃省、内蒙古自治区以及山西省，而青海省和宁夏回族自治区的A级景区数量最少。黄河国家文化公园建设区所辖九省区的4A、3A、2A级的景区数量较多，而5A和1A级景区数量较少。陕西省、四川省、河南省5A级景区最多，说明这三省的旅游业发展优势明显。四川省的4A级景区最多，山东省3A级景区最多，而陕西省2A级景区最多，不同省份A级景区数量差异是其独特的文化和自然资源，以及政府和地方投资者对A级景区的关注和支持程度等多方面因素作用的结果。

总的来看，黄河国家文化公园建设区的文化保护与传承工作得到了国家和地方的高度关注和支持。这一地区拥有丰富的文化遗产，包括国家级重点文物保护单位、世界文化遗产、历史文化名城名镇名村、传统村落以及A级景区等，不仅反映了中国的历史和文化多样性，也为文化保护、研究和传承提供了丰富的资源和机会。黄河国家文化公园的建设和管理将继续致力于保护这些宝贵的文化遗产，以促进文化的繁荣和传承，也为国际社会提供了一个了解中国丰富多彩历史和文化的窗口。

（二）黄河国家文化公园建设区沿线旅游发展概况

黄河国家文化公园建设区沿线的旅游发展在2020年表现出多样化趋势。在黄河上游的四川省，旅游业呈现显著的繁荣景象，其旅游总收入和游客接待量明显高于其他省份，达到7000亿元以上的旅游总收入和10亿人次以上的游客接待量，这表明四川省在旅游业方面取得了卓越的成绩。其次，是内蒙古自治区和甘肃省。尽管其旅游总收入和游客接待量略低于黄河中下游地区，但相较于青海省和宁夏回族自治区，仍然表现出不俗的旅游发展水平。黄河中游的山西省在旅游业方面也取得了较好的成绩，旅游总收入和游客接待量均高于陕西省。尽管陕西省拥有丰富的历史文化资源，但其旅游业发展有待进一步提升。黄河下游的河南省和山东省在旅游业方面表现出强劲的势头，其旅游总收入仅次于四川省，游客接待量仅次于四川省和山西省，这显示出黄河下游地区的旅游业发展态势良好（见图4）。

综合来看，黄河国家文化公园建设区沿线的旅游发展存在差异，但大多数地区都取得了积极的成绩，吸引了更多游客和投资，为当地经济和旅游业的增长做出了贡献。

三 黄河国家文化公园建设进程

黄河国家文化公园建设基于"黄河"、"国家"、"文化"和"公园"四个维度[①]。国家是建设主体，黄河国家文化公园是站在国家高度的顶层设

---

① 程遂营、张野：《国家文化公园高质量发展的关键》，《旅游学刊》2022年第2期，第8~10页。

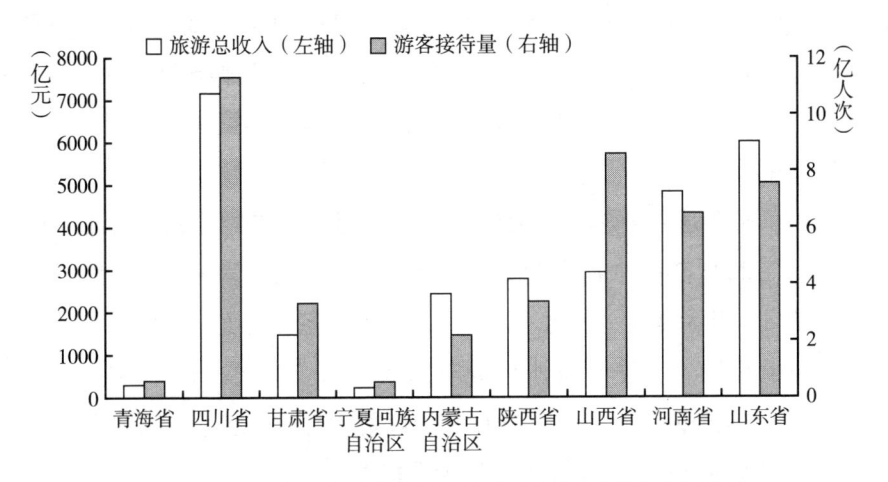

图4 黄河国家文化公园建设区旅游总收入以及游客接待量

资料来源：相关统计年鉴和统计公报。

计，始终代表着中华民族精神和时代精神。黄河是建设范围，包括空间范围和符号范围，而黄河本身也是中华文明的代表性符号和重要标识。文化是建设内容，充分展现黄河文化的强大影响力和包容性。公园是空间载体，以公园为特定的开放空间形式，集中打造黄河文化的重要标志[①]。黄河国家文化公园作为集中打造中华文化重要标志的重大文化工程，旨在通过保护和传承黄河文化，推动文化与旅游的融合，促进高质量的社会和经济发展。

（一）建设阶段

1. 规划阶段

2020年12月30日，国家发展改革委社会司组织召开了黄河国家文化公园建设启动暨大运河、长城、长征国家文化公园建设推进视频会，就启动黄河国家文化公园建设作了具体部署。2023年7月18日，国家发展改革委、中共中央宣传部、文化和旅游部、国家文物局等部门联合印发了《黄

---

① 程遂营、王笑天、王伟：《黄河国家文化公园建设的理论与实践探索》，《黄河文明与可持续发展》2022年第1期，第18~25页。

河国家文化公园建设保护规划》（以下简称规划）。规划范围包括黄河流经9省区，以黄河干支流流经的县级行政区为核心区，并延伸至联系紧密区域；同时提出构建黄河国家文化公园总体空间布局和重点功能区。

2.实施阶段

目前黄河沿线9省区都积极致力于黄河国家文化公园建设。黄河上游的甘肃省将在2025年基本建成黄河国家文化公园（甘肃段），建设黄河干流文化旅游带以及大夏河、湟水、洮河、渭河、泾河五大支流文化廊道。

黄河中游的河南省的新地标黄河国家博物馆雏形初现，同时编制的《黄河国家文化公园（河南段）建设保护规划》目前已通过专家评审并上报国家，还积极建立黄河文化遗产资源大数据库。

黄河下游的山东省印发《山东省沿黄生态廊道保护建设规划（2023—2030年）》，明确提出加快黄河国家文化公园（山东段）建设，打造沿黄河文化体验廊道，建设全国知名的文化旅游目的地。

（二）上、中、下游建设进展

黄河作为中国的"母亲河"，承载了厚重的历史与灿烂的文明。黄河国家文化公园则是大河文明的重要载体，通过黄河国家文化公园的建设展示丰富多彩的文化遗产，激发文化创新，培育文化产业，使人们可以更深入地了解黄河乃至中国的历史和文化，不仅有利于保护和传承这些珍贵的文化资源，还有助于形成文化认同，加强民族文化凝聚力。

1.黄河上游

青海是黄河源头区，黄河国家文化公园（青海段）建设通过全面梳理分析青海黄河流域文化资源、生态资源特征，结合打造国际生态旅游目的地，围绕黄河国家文化公园建设需求，将构建点线面有机结合的"一带一廊两组团九园"的空间布局。四川编制《四川省黄河国家文化公园建设保护规划》，组织专业队伍完成四川黄河流域文化和旅游资源"双普查"，推进旅游与艺术、音乐、演艺、夜间娱乐的多维融合，建成国家A级旅游景区20个、省级生态旅游示范区2个，将黄河生态文化之旅等5条精品线路纳入国家10条黄河主题旅游线路，为加强黄河流域文化和旅游资源保护利用、建设黄河国家文化公园奠定基础。甘肃省黄河国家文化公园建设从立足资源优势找定位、加强系统保护上水平、壮大文旅产业提品质、讲好黄河故事铸品牌四个方面有序推进。宁夏回族自治区印发《黄河国家文化公园（宁夏段）建设保护规划》有效推进黄河国家文化公园建设，丰富提升具有宁夏标识的黄河文化内涵，完善沿黄重点区域文化旅游服务设施，打造一批标志性融合示范项目，综合展示黄河宁夏段建设成果。内蒙古自治区印发《内蒙古自治区黄河流域生态保护和高质量发展规划》积极推动黄河国家文化公园建设，整合黄河流域馆藏文物数字化信息，建设黄河文化旅游公路和景观风景道。同时"十四五"期间，内蒙古有8个黄河国家文化公园项目被列入国家文化保护传承利用工程项目储备库。

2. 黄河中游

陕西省高度重视黄河国家文化公园建设，依托黄河壶口瀑布、国家文史公园等重点景区，对陕西沿黄河区域统一规划，将黄河国家公园打造成为中国文化旅游名片、中华文明的精神家园、晋陕旅游第一目的地、陕西省文旅融合与脱贫攻坚发展试验区。陕西省2019年成立了国家文化公园建设工作领导小组，组织编制了《黄河国家文化公园（陕西段）建设保护规划》，统筹推进建设工作；将碑林博物馆、黄帝陵祭祀、渭河文化遗产带等14个项目纳入国家储备库；确定了总体目标和战略布局，谋划布局主体功能区、推进基础工程建设，20个景区入选国家级黄河主题旅游线路。山西作为黄河流域生态保护和高质量发展重要区域，印发了《山西省黄河文化保护传承弘扬规划》，就建好黄河国家文化公园（山西段）、建设国际知名黄河文化旅游目的地、打造具有国际影响力的黄河文化旅游带等方面做出明确阐述。同时加速打造黄河旅游板块和品牌，涌现舞蹈史诗《黄河》、鼓乐舞诗《大河之东》等文艺精品，高标准规划建设黄河旅游公路，开拓"大河文明旅游论坛"、山西文博会、平遥国际电影展等对外文化交流新窗口。

3. 黄河下游

黄河国家文化公园河南段建设成效显著。2020年起，河南重点推进黄河博物馆新馆和河南博物院新馆建设步伐，规划建设古都博物馆、隋唐大运河文化博物馆、殷墟遗址博物馆、黄河流域非物质文化遗产保护展示中心、中国彩陶博物馆、黄河悬河文化展示馆、北宋东京城顺天门遗址博物馆等与黄河文化密切相关的专题博物馆，使之成为黄河国家文化公园的新亮点。构建虚实结合的黄河文化遗产保护展示体系，初步形成一条贯通黄河两岸、覆盖沿线城乡的黄河文化遗产保护廊道，为推进黄河国家文化公园建设打下了坚实基础。河南省有关部门正以黄河为轴线，力图形成一个集大型考古遗址保护、遗存多方位展示、现代考古展示、考古科学研究、科普宣传、游览观光于一体的大遗址公园长廊，并且通过将大遗址公园串珠成链，有效促进了黄河文化遗产与城市文脉延续及生态环境改善的有机结合。同时，河南修建了一条从三门峡灵宝市至濮阳市台前县的黄河生态文化旅游廊道。山东省编制了《黄河国家文化公园（山东段）建设保护规划》。山东将从挖掘整理黄河文化资源、实施文物保护展示利用工程和非物质文化遗产保护传承工程三方面入手，通过构建黄河文化研究体系，推进实施重点革命文物保护利用片区建设和重点文物保护工程，打造"黄河记忆"活态展示基地等方式进一步保护、弘扬和传承黄河文化。该规划指出，山东将打造黄河文化旅游长廊，鼓励沿黄城市、城镇、乡村挖掘特色文化资源，发展特色文化创意产业，培育一批具有较强竞争力的文化企业，打造一批内涵丰富、覆盖广泛的黄河文化品牌，建立一批具有鲜明特色和内容优势的黄河文化创意产业园区。此外，山东还将着力发展特色生态旅游，创建国家生态旅游示范区，培育黄河故道旅游精品，建设黄河三角洲国家级研学旅游基地，打造"黄河入海"品牌，推进黄河国家文化公园的建设。

（三）先行区建设：以河南为例

河南沿黄流域作为中华文明诞生及发展的核心区域，在文化资源层面为沿黄九省区之最。河南不仅是唯一同时拥有长城、大运河、长征、黄河和长江五大国家文化公园的省份，同时也是黄河流域生态保护与高质量发展的示范区所在。因此，河南黄河国家文化公园的建设是黄河国家文化公园建设的先行示范。

1. 建设规划

为推进黄河国家文化公园的建设，河南省成立了专门的工作团队，强化了项目的顶层设计，目前《黄河国家文化公园（河南段）建设保护规划》已发布，标志着河南对黄河文化的系统保护与传承迈出了重要的一步。

在黄河国家文化公园建设过程中，河南为充分挖掘沿途丰富而又宝贵的文化旅游资源，开展黄河国家文化公园488处重大资源分类与评价，建立黄河文化遗产资源大数据库。同时集中力量打造了隋唐洛阳城和北宋东京城等50个核心展示园，以及河洛文化展示带等20条集中展示带和洛邑古城等130处特色展示点，为游客呈现了丰富的黄河文化旅游产品。河南省黄河国家文化公园的建设将继续深入探索，以创新性的制度和政策成果为推动力，推进文化保护与传承，讲好新时代的黄河故事，建设黄河国家文化公园的先行区，争取到2025年，黄河国家文化公园基本建成，到2035年，建成具有世界影响力的大河文明展示带。

2. 重点项目

（1）黄河国家博物馆。黄河国家博物馆位于河南省郑州市北部的黄河沿岸，占地面积135亩，总建筑面积10万平方米，投资19.3亿元，将成为系统展示中原地区黄河流域历史文化脉络、黄河文明形成、保护传承弘扬黄河文化的综合性重大文化服务设施。该馆聚焦黄河流域源远流长的历史文化内涵以及生态演变等，将通过四个主题展区全面揭示黄河的历史文化与生态风貌，以蜿蜒的水岸景观为原形，从城市设计与空间营造两方面着手，打造象征自然环境与现代文明交融的桥梁。另外，设有丰富的临时展览与互动体验。

（2）黄河悬河文化展示园。黄河悬河文化展示园项目位于开封市北部，西临开柳路东侧，为清水河一级水源保护区，南临连霍高速下站口，总投资11.6亿元，采用数字化手段系统展示黄河的历史、现状和开封悬河世界奇观。建设展示馆、演艺中心、休闲文化街区、文创中心、研学基地等设施。

整个展示园占地240亩，建设规模6.5万平方米，2022年被列入省、市重点项目，全省"三个一批"重点项目。项目建成后，将融合园区内的文化展示区、研学科普教育基地、生态文明教育基地和爱国主义教育基地，成为游客集散中心和全龄休闲中心、北部片区城市空间布局成果的展示之地、城河历史文脉的浓缩之地、黄河文化传承弘扬的承载之地。

（3）黄河流域非物质文化遗产保护展示中心。黄河流域非物质文化遗产保护展示中心位于洛龙区龙门大道与古城快速路交叉口东南角，是省、市重点项目，总投资18亿元，占地面积93亩，建筑面积18万平方米，包含非遗展示馆、非遗书城、非遗学术交流中心、非遗古街等，是一个集珍品收藏、陈列展览、活态展示、教育研学、互动体验、公众服务、创意产业等功能于一体的大型非物质文化遗产保护展示中心。该项目紧紧围绕洛阳市抢抓黄河流域生态保护和高质量发展重大战略机遇，将成为集非遗文化保护和传承，非遗文化研学，非遗文化展示、宣传、交流和文创演绎、推广的复合型场馆。

（4）大河村国家考古遗址公园。大河村国家考古遗址公园位于河南省郑州市金水区，总投资16.2亿元，是河南省的一座考古遗址公园，全面展示以仰韶文化为主的"早期中国文化圈"，成为系统了解中原地区、中华文明的发展历程的重要平台。发现于1964年的大河村遗址，先后出土了国内迄今保存最为完好的史前居住建筑基址及无数色彩明艳的精美彩陶等珍贵遗迹、遗物。2021年1月，大河村国家考古遗址公园项目正式启动，这是郑州市建设黄河流域生态保护和高质量发展核心起步区、打造黄河文化主地标城市的示范项目，是黄河国家文化公园的重点项目之一，也是"十四五"国家考古遗址公园重点建设项目。

四 黄河国家文化公园的主要障碍及突破路径

国家文化公园是我国文化领域新提出的战略性文化工程，是我国高质量发展进程中的重要文化空间。国家文化公园"为我国首创，国际上并无先例可循,是对国家公园体系的创新","是中国遗产话语在国际化交往和本土化实践过程中的创新性成果,也是中国在遗产保护领域对国际社会做出的重要贡献"。当前,黄河国家文化公园正迎来建设高潮,必须寻找和破解高质量发展的关键问题。①

(一)管理体制

以欧美为代表的发达国家的国家公园起步较早,积累了丰富经验,并逐渐形成自身的体制、机制与模式。其中,具有代表性的主要有美国的垂直管理型发展模式、德国的地方自治型模式、日韩的以综合管理型体制为主的模式、越南的公私共存管理型模式、加拿大的采用非政府组织共管国家公园的模式。②而我国国家公园建设尚处于试点阶段,体制机制建设仍在研究和探索之中。需要积极吸纳国内外现有国家公园管理体制、发展路径与模式等方面的经验,通过强化顶层设计、跨区域统筹协调,探索符合我国国情的国家文化公园经营、管理制度,明确相关主体与部门在历史文化资源保护、开发与利用、生态环境保护与治理等方面的法律地位和责任,在管理和治理两个方面形成黄河国家文化公园建设和运营管理机制与发展模式。③

我国部门运行机制以及黄河文化存在跨度大、管理难的特点,因此黄河国家文化公园建设内在要求管理体制创新,急需法律机制保障。应构建中央统筹、省负总责、分级管理、分段负责的工作机制;探索符合国家文化公园的特许经营制度、收支与门票管理、国家公园社区参与、国家公园志愿者等发展机制;结合国家文化公园资源评定标准,制定科学而严谨的准入标准体系;提出差别化政策措施,建立预防性保护工作机制,健全常态化保护制

---

① 程遂营、张野:《国家文化公园高质量发展的关键》,《旅游学刊》2022年第2期,第8~10页。
② 戴秀丽、周晗隽:《我国国家公园法律管理体制的问题及改进》,《环境保护》2015年第14期,第41~44页。
③ 赵西君:《中国国家公园管理体制建设》,《社会科学家》2019年第7期,第70~74页。

度、流程、标准和规范；着力建构统一的保护体系，为黄河国家文化公园的建设、运营、监督、保护等一系列工作探索法治保障机制。[1]

（二）边界划分

黄河国家文化公园建设中边界划分是一个复杂的问题。沿黄地区的历史文化遗产分布广泛，边界的确定需要综合考虑多个因素，并兼顾不同利益方的意见。首先，边界的确定需要考虑到文化遗产的分布情况。沿黄地区有众多的历史文化遗址、古建筑、传统村落等，这些文化遗产是公园建设的核心内容之一。在划定边界时，需要确保包含了重要的文化遗产，以展示和保护这些宝贵的历史和文化资源。其次，边界的确定还需要考虑到生态环境的保护需求。黄河流域是中国重要的生态保护区，有着丰富的生物多样性和独特的自然景观。在划定边界时，需要确保包含了具有代表性的生态系统，同时保护好黄河流域的生态环境，防止人类活动对生态系统造成破坏。此外，边界的划定还需要考虑到相关利益方的意见。黄河流域涉及多个省份和地区，不同地区有不同的利益诉求。在划定边界时，需要广泛征求相关利益方的意见，尊重各方的合法权益，并通过协商和妥善处理争议，达成共识。[2]

与此同时，需根据文物和文化资源的整体布局、禀赋差异及周边人居环境、自然条件、配套设施等情况，结合国土空间规划，明确黄河国家文化公园主体功能的划分标准、功能定位和行政边界，重点建设管控保护、主题展示、文旅融合、传统利用四类主体功能区。管控保护区明确各片区保护范围和保护要求；主题展示区规划建设核心展示园、核心展示点、集中展示带和特色展示点；文旅融合区针对上、中、下游黄河文化特点，规划建设以城市为中心的黄河国家文化公园文旅融合片区；传统利用区规划建设与黄河紧密相关的历史城区街区、名村名镇、工业遗产以及特色小镇等。

---

[1] 吴丽云、牛楚仪：《美国文化类国家公园管理经验及其对中国的启示》，《开发研究》2023年第3期，第80~86页。
[2] 邓毅、毛焱等：《中国国家公园财政事权划分和资金机制研究》，中国环境出版集团，2018。

（三）资金来源

黄河国家文化公园建设需要大量的资金投入，包括基础设施建设、文化遗产保护与修复、生态环境保护与恢复、旅游设施建设等方面。[①] 因此在探讨黄河国家文化公园建设当中，需要充分进行合理的预算规划和资金分配。根据公园建设的规模和发展阶段，可以制定相应的投资计划，确保资金的合理使用和效益最大化。此外，还可以通过政府拨款、社会捐赠、企业投资、银行贷款等多种方式筹集资金。政府可以提供财政补贴、税收优惠等支持措施，吸引社会资本参与投资。[②]

同时，需要意识到黄河国家文化公园经营主体中管理权和经营权分离的必要性，明确管理者应是相应机构的行政人员，不能参与黄河国家文化公园的经营活动，其收入来源主要是政府提供的薪酬。为避免过度进行旅游活动开发，探索黄河国家文化公园采用收支两条线的收入模式，门票等收入直接上缴国库，支出时实施财政预算。尝试讨论财政直投、基金会投资和国资平台（国资文旅投平台公司）在黄河国家文化公园资产投入资金来源中所扮演的潜在角色和可进入、可操作性。[③]

（四）文旅融合

文化与旅游之间存在差异和矛盾，如何将两者有机融合是一个挑战。黄河文化是建设国家文化公园、具有国际影响力的文化旅游带、国家级文化生态保护实验区、文化产业示范园区的重要资源和精神依托。解析黄河文化的自然基础、显性形态、时代特性与发展趋势，需要通过文旅融合建设黄河国

---

① 邓毅、毛焱等：《中国国家公园财政事权划分和资金机制研究》，中国环境出版集团，2018。
② 程婧瑶、樊杰、陈东：《中国省级尺度不同类型主体功能区资金来源结构差异》，《地理科学进展》2014年第3期，第347~355页。
③ 刘淑芳：《银行如何服务国家文化公园建设》，《中国金融》2023年第16期，第61~62页。

家文化公园,以实现黄河文化保护传承与现代转型。①

从另一个角度来看,建设黄河国家文化公园是推进文旅融合的重要方式,是黄河流域高质量发展的重要载体。因此,黄河国家文化公园建设和发展要以可持续发展为基本前提,以文化保护传承弘扬为抓手,以文旅融合发展为方式,持续深化黄河流域文化旅游交流合作,推进文旅深度融合发展。探析黄河国家文化公园文旅融合的内涵、动因和机制,研究黄河国家文化公园文旅融合发展质量、效能转换和空间格局,通过文旅融合高质量发展综合指数评估,选择黄河国家文化公园文旅融合高质量发展战略,分析黄河国家文化公园文旅融合和高质量发展的路径与模式。力争通过文旅融合的整体性宏观视角建设黄河国家文化公园,形成对黄河文化保护传承弘扬的整体把握和总体认识。②

(五)文化传播

黄河是中国民族的母亲河,也是具有代表性价值的中国文化符号,在中国和世界上的知名度都很高。建设黄河国家文化公园,集中打造黄河文化重要标志,将有助于全面、深入、系统展示黄河文化形象,提升黄河文化传播力,构筑具有世界影响力的文化新高地。③

一是创新黄河文化的传播方式。改变以单一的文字形式传播黄河文化的传统模式,综合运用文字、图片、视频等数字化内容丰富黄河文化的传播形式,并注重将二次元、虚拟现实等技术运用到黄河文化的传播方式中,实现黄河文化传播方式的现代化转变,使黄河文化的传播方式更符合当代人的接受习惯,进而使得黄河文化的传播往深里走、往实里走、往人民的心里走。

---

① 徐翠蓉、赵玉宗:《文旅融合:建构旅游者国家认同的新路径》,《旅游学刊》2020年第11期,第11~12页。
② 吴殿廷、刘锋、卢亚等:《大运河国家文化公园旅游开发和文化传承研究》,《中国软科学》2021年第12期,第84~91页。
③ 戴俊骋:《国家文化公园研究的路径分析》,《旅游学刊》2023年第6期,第40~51页。

二是拓展黄河文化的传播渠道。在利用书籍、报纸等纸质文献传播黄河文化的同时，充分发挥新媒介与互联网等数字化技术平台在传播黄河文化中的作用。注重发挥微博、微信、微视频等数字化媒介对于传播黄河文化的推动作用，积极构建黄河文化传播的官方网络平台，形成线上线下传播黄河文化的多元格局。同时要发挥好历史遗址、名胜古迹、博物馆等在传播黄河文化中的重大作用，让人们在实践体验中感悟黄河文化的神奇魅力、接受黄河文化的洗礼。

三是构建黄河文化传播的传播矩阵。建立以黄河文化为主题的传播矩阵，打造黄河文化的融合产品，拓展黄河文化的传播领域和传播空间，扩大黄河文化的影响力版图，让黄河文化传得更开、传得更广、传得更深入。注重黄河文化传播的整体性、系统性，积极构建黄河文化传播的话语风格和话语体系，让人民乐于听、主动听，让国外受众听得懂、听得进、听得明白，不断提升黄河文化的传播力。同时，要让黄河文化在线上线下同时发声、主动发声，让黄河文化的元素遍布各传播平台，让黄河文化在潜移默化中影响中国人民和中华民族的思想和行为，为世界文明贡献中国智慧和中国力量。

（六）高质量和可持续发展

黄河是中国的母亲河，其文化及价值是中华文明的核心与灵魂，也是黄河国家文化公园最重要的展示实体。黄河文化历史久远、规模庞大、难以迁移，与周边环境密不可分。因此，黄河国家文化公园的建设应根据黄河文化的空间形态、结构布局、保存现状，以提升黄河文化作为一个系统整体的可视性、可读性、震撼性为目标，分类分片开展保护工作，以更全面、更充分、更形象、更有效地阐释好文化价值、展示好文明内涵。[①]

在这个过程中，要积极营造与黄河文化相匹配的优美环境。通过梳理黄河的资源本底和文化本底的大环境背景，建议实施河沙治理、湿地恢复、土

---

① 高飞、陈焱松：《后疫情时期大运河国家文化公园文化旅游高质量发展探析》，载中国旅游研究院（文化和旅游部数据中心）编《2020中国旅游科学年会论文集·疫情应对》，2020。

地清表、水系整治、古河道综合治理以及对现存村落、集镇进行建筑改造、景观提升、基础设施配套完善等项目。① 在建设过程中应注重对黄河流域当地群众的日常生活、生产建设、风土民情等方面的古今传承的展示，使黄河文化更加生动地呈现在公众面前。②

黄河国家文化公园应集生态圈、艺术创作、文物收藏、文化展示、人才培养、设计创意、生活体验等于一体，达到向世人展示全面真实的中华文明目标，充分依托黄河文化的深厚底蕴和深远影响，同步导入沿黄黄金旅游带与可持续发展构建的创新活力，最终实现"积极保护"与"有的放矢"、"因地制宜"与"亲近大众"、"活态展示"与"创新发展"的有机结合，确保黄河国家文化公园高质量、可持续发展。③

五 黄河国家文化公园发展趋势

国家文化公园作为我国的重要文化遗产保护与旅游发展项目，具有广阔的发展前景和潜力。在国家层面，随着中国经济的快速发展和人民生活水平的提高，人们对文化遗产的保护和传承的重视程度不断提高。国家文化公园作为一种创新的保护与开发模式，以其独特的历史、文化和自然资源吸引着越来越多的游客和投资者。黄河国家文化公园作为中国乃至世界上最重要的文化地标之一，拥有丰富的历史、文化和自然资源。④ 近年来，中国政府已经制定了一系列有关黄河保护与发展的政策，将黄河纳入国家重点保护和发展的战略范围。黄河国家文化公园的规划建设将进一步推动黄河流域的文化

---

① 邹统钎、仇瑞：《国家文化公园整体性保护思想诠释与路径探索》，《民俗研究》2023年第1期，第59~68+157~158页。
② 张兴毅：《推动山西黄河国家文化公园高质量发展的若干思考》，《经济师》2023年第2期，第132~133+142页。
③ 张野、李紫薇、程遂营：《黄河国家文化公园的发展定位》，《黄河文明与可持续发展》2022年第1期，第40~46页。
④ 张野、李紫薇、程遂营：《黄河国家文化公园的发展定位》，《黄河文明与可持续发展》2022年第1期，第40~46页。

遗产保护和旅游业的发展。未来，黄河国家文化公园将呈现以下几个方面的发展趋势。

（一）黄河国家文化公园建设将加速推进

黄河国家文化公园建设的加速推进将受益于当前的经济形势和政策环境。近年来，中国经济持续增长，人民生活水平不断提高，这促使文化旅游需求日益增长。黄河国家文化公园作为一个具有丰富历史文化和自然资源的地区，其建设将对地方经济发展起到积极推动作用。通过投资建设文化公园，可以提升当地旅游业的竞争力，吸引更多游客前来参观和消费，从而带动相关产业的发展，创造更多的就业机会。

党的二十大报告提出了加强文化和旅游融合发展的战略，将文化和旅游产业作为推动经济转型升级的重要领域。这一战略的实施为黄河国家文化公园建设提供了政策支持和发展机遇。国家将继续加大对文化旅游项目的支持力度，提供相应的政策优惠和经济扶持，以吸引更多社会资本参与到文化公园的建设中来。同时，国家还将加强地方间的合作与协调，共同推进黄河国家文化公园的规划和建设。

此外，黄河流域的生态保护问题和经济发展不平衡也是推动黄河国家文化公园建设的重要因素之一。黄河作为中国的母亲河，拥有丰富的自然资源和生态环境，但长期以来，受人类活动和自然因素的影响，黄河流域的生态环境面临严峻挑战。建设黄河国家文化公园可以提高对黄河流域的生态保护意识，通过规划和管理，保护好黄河流域的生态环境，实现可持续发展。黄河国家文化公园的建设还可以促进当地经济的绿色发展，推动经济结构的优化升级，实现高质量发展。

综上所述，黄河国家文化公园建设的加速推进受益于当前的经济形势和政策环境，以及黄河流域的生态保护和高质量发展的需要。政府的政策支持和合作协调将推动文化公园建设的顺利进行，为地方经济的发展和生态环境的保护提供强有力的支持。

（二）黄河国家文化公园建设应借鉴国内外相关经验

为了确保黄河国家文化公园建设具有可持续性和高质量，可以借鉴国内外相关经验。首先，国外在保护和开发线性遗产方面取得了一定的成功。例如，以意大利、英国等为代表的一些国家，通过整合线性遗产资源，打造以文化景观为主题的公园，并注重生态环境保护。这种线性遗产公园的模式可以应用到黄河国家文化公园的建设中，从而实现文化景观与自然景观的有机融合，扩大文化旅游市场，推动当地经济发展。

其次，国内也有很多成功的文化公园建设案例，如大运河[①]、长城[②]等。大运河文化公园是以大运河为主题的文化旅游景区，覆盖了江苏、浙江、安徽、河南等多个省份。在规划方面，大运河文化公园注重整体性规划，统筹协调各参与方的利益，形成了集中保护、合理开发、有机融合的整体规划理念。在设计方面，大运河文化公园充分利用自然、历史、文化等资源，打造了一系列具有特色的景点和活动，如历史文化遗产展示、民俗风情展示、水上娱乐等。在管理方面，大运河文化公园实现了"一体化"管理和服务，形成了以政府为主导、市场为主体、社会力量为支撑的管理体系。在文化传承和旅游服务方面，大运河文化公园以文化为核心，提供了多种形式的文化传承活动，如文化讲解、特色手工艺制作等，同时也提供了多元化的旅游服务，如餐饮住宿、购物娱乐等。

长城文化公园是以长城为主题的文化旅游景区，覆盖了北京、河北等多个省份。在规划方面，长城文化公园注重整体性和可持续性，坚持生态优先、文化为魂的理念，形成了以保护为主、开发为辅的规划思路。在设计上，长城文化公园充分利用自然和文化资源，建设了一系列具有特色的景点和活动，如长城观光、历史文化遗产展示、演艺活动等。在管理上，长城文化公园实

---

① 付佳明、戴林琳：《基于国土空间规划的大运河国家文化公园建设实施路径探索》，《自然资源学报》2023年第9期，第2312~2331页。
② 王敏：《国家文化公园立法的现状审视与完善进路》，《自然资源学报》2023年第9期，第2332~2344页。

现了"共同治理"和"公共服务"的管理模式，形成了以政府为主导、市场为主体、社会力量为支撑的管理体系。在文化传承和旅游服务方面，长城文化公园以文化为核心，注重挖掘和传承长城的历史文化内涵，同时也提供了多样化的旅游服务，如针对餐饮住宿、购物娱乐等，这些地区已经进行了一系列对文化公园的建设和保护工作，并形成了自己的规划、设计、管理和服务体系。可以借鉴它们在规划、设计、管理等方面的经验和成功做法，以及它们在文化传承、旅游服务等方面的成果，来指导黄河国家文化公园的建设。

在借鉴国内外经验的基础上，黄河国家文化公园建设应注重以下几个方面的工作：首先，应该以历史文化资源为核心，打造具有地域特色和文化内涵的景观。其次，应采用生态保护和可持续发展的理念，注重自然环境的保护和修复。最后，应建立科学有效的管理体系，加强文化旅游服务能力和产业链的协同发展，提高文化旅游的质量和效益。

（三）黄河国家文化公园的发展方向

1. 构建黄河文化遗产保护廊道

黄河国家文化公园规划建设必须保护黄河文化遗产本体、黄河周边历史风貌。构建黄河文化遗产保护廊道是健全黄河文化保护传承弘扬体系，建设特色鲜明、文化底蕴深厚的文化景观，推动黄河文旅融合项目建设，完善黄河流域文化遗产保护体系的重点工程。通过黄河文化遗产保护廊道基础设施的规划建设，保护黄河流域的自然资源和文化资源，树立黄河文旅形象，营造黄河文化旅游氛围，促进黄河文化的传承与传播，不仅有利于带动沿黄城市经济发展，辐射周边地区经济发展，还可以通过设立文化遗产保护区域，加强对黄河文化遗产的保护和管理，确保其完整性和可持续发展。与此同时，打造文化遗产保护廊道可以连接黄河流域的重要文化景点，形成文化旅游线路，提升游客的文化体验感和参与度。①

---

① 邹统钎、邱子仪、苗慧：《国家文化公园建设背景下的文化遗产保护体系改革研究》，《中国生态旅游》2023年第3期，第394~407页。

2. 认定黄河国家文化公园标志性项目

在黄河国家文化公园建设中，应细化黄河沿岸标志性场馆。在黄河流域的核心城市或重要文化景点，建设黄河博物馆，展示黄河文化的历史、地理、生态等方面的内容。博物馆可以通过多媒体展示、实物展览、互动体验等形式，向游客传递丰富的黄河文化知识。或是建设黄河档案馆，收集整理黄河流域的历史文献、图片、音视频资料等，为研究者和公众提供丰富的黄河文化信息和资源。档案馆可以采用数字化技术，将部分档案资料进行数字化展示，方便更多人了解和利用。除此之外，还可以建设黄河科技馆，介绍黄河流域的科技创新成果和应用。科技馆可以通过展览、科普教育活动等形式，向公众展示黄河流域在水利工程、环境保护、农业发展等方面的科技进展，推动科技与文化的融合。

此外，建设教育培训基地、社会实践基地和研学旅行基地的项目论证和实施方案也可以得到落实。建设完善一批教育培训基地、社会实践基地、研学旅行基地等，鼓励有条件的单位申报创建单位，推动黄河国家文化公园研学旅游工作，推进黄河文化和旅游融合发展。加大黄河流域文化遗产保护力度和优秀传统文化传承弘扬力度，建设中华优秀传统文化传承发展示范区、黄河文化传承创新示范区、黄河文化公园群落，做好黄河文化的传播，推进黄河文化和旅游深度融合。

3. 培育黄河文化旅游品牌

黄河国家文化公园的建设还应以黄河文化旅游发展为契机，整合黄河流域的文化旅游资源，建立黄河文化旅游产品项目库，形成统一的黄河文化旅游产品开发机制。推进区域合作，扩展合作领域、拓展区域发展空间，提高合作水平，积极打造旅游精品线路，形成良性互动、优势互补、互利共赢、共同发展的格局，共同打造黄河文化旅游品牌大市场。实施"黄河文化+"战略，以黄河文化联动祖根文化、国都文化、治理文化、农耕文化、名人文化、民俗文化、建筑文化、宗教文化、红色文化等发展。深度挖掘黄河文化中的有益思想，培育主题鲜明、布局合理的黄河研学之旅、黄河记忆乡愁之旅等黄河精品旅游线路，打造"黄河精神""黄河寻根""黄河古都""黄河堤防""黄河古风""黄河入城""黄河入海""黄河民俗""黄河饮食"等黄河旅游品牌，丰富黄河文化游、考古游、寻根游、民俗游等产品内容和旅游新业态，推动黄河文化传承与旅游经济效益实现"双赢"。通过黄河文化主题旅游产品、旅游精品路线，整合各县市各类资源，将黄河国家文化公园重点区域发展串联起来，打造成为世界级黄河文化旅游目的地。

4. 打造黄河国家文化公园形象标志和标识系统

深入挖掘黄河文化，统一打造黄河国家文化公园形象标识，通过黄河旅游标识系统设计、旅游口号宣传、黄河文化旅游项目运营，在国内外树立鲜明的黄河文化旅游品牌，将其打造成为世界知名的文化旅游品牌。制定包括旅游基础设施、服务设施在内的黄河国家文化公园旅游公共服务体系发展战略，建立健全政府主导与社会协作、公益性和市场化相协调的旅游公共服务体系发展体制机制，完善旅游集散中心建设、旅游交通服务体系建设、旅游厕所建设、旅游公共服务设施建设等。推进黄河国家文化公园相关标准化建设，打造黄河文化主题专线，完善黄河国家文化公园与高速、国道等主要交通干线的连接网络，进一步完善高速、国道、县道沿线旅游交通标识系统，构建区域无障碍黄河文化旅游区。

5. 数字赋能黄河国家文化公园建设

通过科技创新手段串联起黄河传统文化和现代文明，建设黄河文化数字化创新工程，基于多元化、多层次、多类型的需求，通过信息和数字化技术驱动、技术集成、科技支撑、培育主体、示范带动等方面探究黄河国家文化公园产品与服务创新。采用现代技术手段保护和传承黄河文化资源，利用好5G、大数据、云计算、人工智能等新技术规划建设黄河国家文化公园，用高科技手段展示与体验黄河文化，探讨不同发展模式下建设黄河国家文化公园应用移动互联网技术、大数据技术和云计算技术等"互联网+"技术的特点，有效保护、创新传承和创造性弘扬黄河文化。通过"云旅游""线上直播""数字展览"等现代科技多种方式展示黄河文化，突出黄河国家文化公园文化体验感、沉浸式、娱乐性与年轻化交融的特点。

G.11 研学旅行发展趋势：通过具身学习达到知情意行合一

李静 章雪婷 沈涵*

摘　要： 随着我国一体化推进教育、科技、人才高质量发展战略的提出，研学旅行作为旅游与教育融合发展的一种新形式，逐渐成为实现素质教育目标的有效途径。具身学习为研学旅行提供了一种新思路，强调认知是通过身体和环境的交互形成认知、情感、意向和行为的统一。研学旅行通过具身学习为学习者提供了身心统一、根植情境和参与互动的多样化学习环境，有助于帮助学习者更好地提升学习效果。通过分析研学旅行中具身学习及其特征，探讨研学旅行作为一种非正式学习的内在逻辑，为研学旅行高质量发展提供参考。

关键词： 研学旅行　具身学习　学习方法　学习效果

一　研学旅行的发展背景

随着"双减"政策的出台和全社会人才培养模式、培养方向的变化，素质教育在人才培养中的地位日益凸显。研学旅行以旅游为载体和场景，强调用身体投入感知世界，在旅游中获得知识和能力、开阔眼界、增长见识，

---

* 李静，河西学院讲师，复旦大学旅游学系博士研究生，主要研究方向为旅游文化与创新、文化遗产研学旅游；章雪婷，复旦大学旅游系硕士研究生，主要研究方向为旅游文化与创新；沈涵，复旦大学旅游学系教授，博士生导师，中国社会科学院旅游研究中心特约研究员，主要研究方向为消费者行为、旅游市场营销、城市品牌。

是学校课堂的延伸。

随着我国家庭总收入和教育消费占比的增加,研学旅行成为青少年课外教育的重要手段。这种不同于传统程式化、被动式的教育方式,更具开放性和拓展性,广受家长和学生好评,不仅能够激发学习者的学习兴趣、拓展知识的宽度和深度,而且提升了知识的转化能力。2020年全国教育事业发展统计公报发布:全国共有义务教育阶段在校生1.59亿人[①],可以看出,研学旅行具有较广的潜在市场。与此同时,政策利好和素质教育需求的双重催化,使得研学市场近年来呈现快速扩张之势。

二 研学旅行的发展特征

(一)研学旅行的概念

16~17世纪,欧洲地区出现大游学,旅游开始作为一种青少年培养方式在欧洲上流社会兴起。二战后随着大众旅游的蓬勃发展,欧美等国家将旅游作为拓展大、中、小学生视野,提高跨文化交流、学习能力的教育方式,以毕业旅行、课外活动等形式在学校系统内推广。国外文献称研学旅行为教育旅游,其增加了教育的空间、行动力和想象力。对教育旅游的研究开始于对其动机和过程的探索,Ritchie认为教育旅游是以学习为主要或者次要动机的旅游活动,这被视为对教育旅游的最早定义,该定义在阐述了教育旅游区别于以享乐为目的的传统旅游活动的同时,也强调教育旅游与校内教育的不同。

国内外对教育旅游缺少统一的定义,在名称上也各有不同,户外教育、自然教育、研学旅行、研学旅游、营地教育、修学旅行等都可称为教育旅游。我国对研学旅行的定义,广义上称为研学旅游,指以研究性和探究性为目的的旅游活动,不仅包括在校学生还包括学龄前儿童和成人;狭义上称为

---

① 中华人民共和国教育部:《2022年全国教育事业发展统计公报》(2023年7月5日),http://www.moe.gov.cn/jyb_sjzl/sjzl_fztjgb/202307/t20230705_1067278.html。

研学旅行，指面向全体中小学生，由学校统一安排，集体旅行、集中食宿的校外教育旅游活动。研学旅游和研学旅行虽然在参与群体上有所区别，而且前者侧重于对研学旅行的政策支持、课程设计与开发，后者强调对旅游作为人们获取知识、发展思想和自我建构的媒介促发学习机制的探索，但两个概念都是以教育为目的的旅游体验活动，这一点同国外文献对教育旅游的定义是一致的（见表1）。

表1 典型国家和地区的教育旅游

国家	名称	特点
中国内地	研学旅行；游育；研学旅游（Tourism travel；Tourism trip）	政策、市场双驱动
美国	营地教育（Educational Tourism；Camping Education）	覆盖主题内容丰富；硬件配套设施齐全；法律法规完善
日本	修学旅行（Travel for study）	形成公共财政补贴，政府设立了严格的管理制度
澳大利亚	营地教育（Camping Education）	夏令营和童子军与学校教育结合；服务周期较短
英国	夏令营、童子军（The grand tour；Educational tourism）	主题丰富、实际、灵活
瑞士	营地教育（Camping Education；Outdoor education）	注重户外训练，学校在学习时间和营地教育上给予支持
新加坡	营地教育（Camping Education）	注重提高学生的素质与能力；高校设立指定学科，支持专业人才培养
中国香港	研学旅行；研学旅游（Tourism travel；Tourism trip）	社会参与程度高，有政府资助与社会资助，有良好的境外游学氛围

资料来源：作者依据中国泛游学与营地教育行业发展趋势-知乎（zhihu.com）整理。

（二）研学旅行的类型

按照目的地类型可将研学旅行分为文化类研学旅行和自然类研学旅行两大类，也可分为生态旅游、遗产旅游、乡村/农场旅游和教育机构之间的学生交流四种形式；按照资源类型可将其分为：知识科普型、自然观赏型、体验考察型、励志拓展型、文化康乐型；按照研学活动主题可分为营地教育、红色研学旅行、农业研学旅行、工业研学旅行和科技研学旅行。随着研究的不断深入，研学旅行中教育和学习的内涵不断被探讨，反思性学习、具身性学习逐步被学者们关注，出国教育、黑色旅游、生态旅游、文化遗产旅游也成为研学旅行研究的重要组成部分，研学旅行的类型呈现多样化态势。

（三）研学旅行的行业政策支持

我国政府不断推进研学旅行产业发展，各级部门从时间、空间和资源上对研学课程设计给予支持，对博物馆、文化遗产地、自然遗产地、生态旅游地研学课程的设置模式、教学内容和研学目标等的重视程度日益提高。

2016年，国家发改委、教育部等部门印发《关于推进中小学生研学旅行的意见》，要求各中小学结合当地实际情况，把研学旅行纳入学校教育教学计划，大力推进研学旅行行业发展。2019年，颁布《研学旅行基地（营地）设施与服务规范》，明确将研学旅行基地作为资源供应商的认定准入标准。研学旅行的政策红利仍在持续释放，国家层面越来越多的部门从政策和资源方面给予大力支持，极具前瞻性和指导性；另外，地方层面也积极开拓创新，助力研学旅行产业的推进，陆续推出"引客入省"的奖补政策，积极挖掘本地自然、文化资源推进研学基地评定、研学课程建设、研学导师培养的系统化联动。在中央和地方的共同助推下，截至2020年已遴选了622个全国中小学生研学实践教育基地和营地，开发了6397门研学实践课程和7351条精品线路[①]。

（四）研学旅行行业、市场和产品

除了政策方面的引导，研学旅行行业发展内驱力较强。除了研学企业，科研培训机构、儿童体能培训机构、艺术培训机构也陆续进入研学行业中。

---

① 中华人民共和国教育部：《教育部已遴选622个全国中小学生研学基地和营地》（2020年12月10日），http://www.moe.gov.cn/fbh/live/2020/52763/mtbd/202012/t20201210_504727.html。

线下研学机构、线上研学企业也不断拓展研学业务并取得较好成绩，比如新东方借助原有教培师资力量优势，依托旅游目的地自然、历史、文化资源特色不断推陈出新，塑造了以敦煌莫高文化、齐鲁文化、巴蜀文化为代表的文化类研学产品，同时也孵化出以成都大熊猫繁育研究基地和韶关丹霞山地质公园为代表的自然探秘类研学项目，科技创新、国防科技、红色文化等主题项目也不断涌现。

三 研学旅行情境中的具身学习及其特征

具身学习是身体或身体体验作用于环境而产生的身体、大脑和环境交互下的认知、情感和行为的学习过程。学习者通过磨炼意志品质，树立坚定正确的价值信念，身体力行地实践积极的人生价值，获得内心情感体验，是形成对世界认知的有效方式之一，即"知、情、意、行"的统一。与传统的身心二元论不同，具身学习强调学习主体运用身体感知，获得对学习对象真实的认知、情感体验，进而达到全面而系统的学习目标。

（一）研学旅行的具身学习

1. 任务价值引导下的反思过程

任务价值是学习动机信念的重要组成部分，包括学习主体对任务重要性的感知和重视程度，还表现为对任务本身感兴趣的程度。研学旅行中任务价值的形成一般是在研学先导课和研学导师讲解中建立起来的，任务价值的形成过程也是学习者建立认知的抽象概念的过程，在研学旅行中任务价值伴随着具身嵌入过程不断形成先验知识与现实体验的比照和反思。

笔者在2023年8月、9月分别在敦煌莫高学堂、安吉鲁家营地对研学旅行青少年进行访谈，参与研学旅行的青少年在访谈中提到："研学导师告诉我这次研学活动会模拟飞机驾驶，我做了很多功课，但实际的体验和先验知识还是不一样的""课本中对王圆箓的评价是一个偷盗国家文物的大恶人，但是来到敦煌后发现应该结合当时的历史场景和生存环境客观地去评价"。当意识到学习任务的有趣性和有用性，学习者会投入更多的积极情绪包括自我实现、自我效能、愉悦感，由学习主体自身形成内在的激励作用和自我调节能力，更有利于认知的建构和意义的生成，所以任务价值是学习者满意度的重要预测因素。

2. 研学旅行中多样化的学习方法

具身学习能够充分调动学习者的好奇心、想象力，激发学生的学习主动性，产生丰富的体验，形成具象的形象思维和判断能力。随着研学旅行市场的快速发展，研学旅行丰富多样的学习环境、形式各异的学习方式受到研学主体的欢迎，主要有概念隐喻教学、模拟复现教学、教育戏剧教学（见表2）。

表2 研学旅行中具身学习教学方法及应用

教学方法	代表性研学产品	身体投入程度	学习效果
概念隐喻	1. 走丝绸之路、看飞天壁画、在大漠观星，去敦煌感受艺术和信仰的召唤； 2. 在成都遇见杜甫、苏轼，以诗词神交古人； 3. 走进《封神第一部》背后真实的商王朝	1. 研学导师深度解说为主的"弱具身性"； 2. 通过视觉和听觉与具身环境进行互动； 3. 身体投入度有限	1. 知识的积累，认知的增加； 2. 价值观的塑造； 3. 形成文化认同和民族自豪感
模拟复现	1. 夜探昆虫实践营，探寻奇幻夏夜精灵； 2. 骑马射箭、绕湖观星、挖沙考古； 3. 舌尖上的中国美食	1. 实际操作； 2. "强具身性"； 3. 全身心投入	1. 环境保护意识及亲环境行为的形成； 2. 某一专业领域的认知和兴趣； 3. 自我管理能力和独立生存能力的提升
教育戏剧	1. 模拟外交官——模拟联合国青少年营； 2. 魔法学院双语戏剧情境表演	1. 参与性较强； 2. "强具身性"； 3. 身体投入度较高	1. 认知和能力获得； 2. 激发学习兴趣； 3. 人际交往能力的提升

首先，概念隐喻的学习几乎贯穿了研学旅行整个过程。隐喻指用一些具体的、空间的、易懂的认知域解释抽象的、难以理解的概念。概念隐喻是重

要的具身认知内容，身体特有的属性帮助我们认识概念、理解和分类概念，构建了认知的基础概念系统。研学旅行中借助研学导师的解说、现场的展示，学习者通过视觉和听觉产生情绪卷入，激发多感官的共通，通过知觉运动达到认知和理解，概念隐喻在认知过程中做出了重要贡献。

其次，结合研学旅行中舞蹈、音乐、建筑等艺术元素进行模拟化复现也是具身在研学旅行中常用的教学方法。模拟复刻是指在概念隐喻和知觉符号形成的基础上，大脑感觉运动神经系统将身体感知的信息捕捉下来存入记忆中形成模拟器。当认知主体进入一个与身体相对应的具身环境中，运动系统便进入活跃状态，各个感官和情绪便被激活。这种具身认知帮助学习者跨越时间和空间的限制进入四维空间状态，获得在认知和情感上更强的体验。壁画临摹、捏泥塑、皮影戏操作等研学课程的参与，具有生理性投入、习得性技能和社会文化侵染的功能，这种直接在场的具身学习，通过"做中学"，将身体的部分或者全身投入学习中，身体力行，亲身经历和体验隐藏于知识背后的奥秘，所以模拟复现是一种"强具身"学习，身体的投入和运动对概念的理解和认知的构建产生了决定性的影响，这正是具身学习的核心内容。

除此以外，戏剧教育式学习也是广受欢迎的学习方法之一。教育戏剧是由离身到具身的教学，通过具身体验，学习者与具身环境产生交流和互动，旅游场景中的真实性、具身性，增强了"此时此地""此情此景"的具身交互性，比如模拟迪士尼公主中的情境表演、扮演西出阳关的将军获得通关文牒。这种形式让学生在戏剧表演中获得自我体验，感受任务和自己的内心世界，达到"其人可见、其声可闻、其物可赏、其景可观"的"人在景中"的境界。

3. 研学旅行中丰富的体验内容及学习效果

旅游体验提供了不同于惯常居住地的独特认知、情绪和行为状态，是在旅游者与旅游世界的互动中产生相应的驱动力进而推动旅游者自我发展和旅游地意义构建。根据体验的类型，可将研学旅行体验分为认知体验、情绪体验和行为体验三个方面。

首先，自然教育中学习者走近大自然，用视、听、嗅、味、触多种感官对自然界进行感知，学习者认识动植物、梳理不同生物之间的生态关系、观察自然、美术写生及与动物的互动等均是游客实现对自然认知的具体形式。这种感知不是被定义和程式化的，而是学习者的自我建构。"大漠孤烟直、长河落日圆"中，诗人表达了边陲大漠壮阔雄奇的景象，当身体处于沙漠、戈壁中，这种境界阔达、气象雄宏的印象便根植在了身体中，让这种认知体验更加立体和全面。研学旅行中的课程设计和教学环节、研学导师的课程导入和现场解说是身体获得感知的认知建构体系的重要内容，一般结合研学目的地现实的自然资源和社会、文化环境进行引导，通过明确指向和激发兴趣引入课程目标达到认知效果，这些均属于认知体验。其次，时间、空间和情境共同造就了学习者情绪卷入。当学习者游走旅游场域中，身体和情境的交互产生了时空感和临场感，由身体引发的内感知促成了与学习对象（人物、事件、动物、植物）的情感联结与共情，最终产生强烈的情绪、情感体验。传统教育中的时间、空间和情境都很难达到与学习目标的同步，比如自然情境中的动物、植物特征，历史故事和人物情感，因为这种认知体系的形成需要具体情境的依托。在研学旅行中，学习者与学习环境共处于同一个时间或者空间中，强烈的时空观激发了心理联结和同步情绪，表现为情感上的共情和同理心，比如，感动与愉悦、治愈与滋养、反思与反省、震撼与自豪。受访者表示，"参观动物园时看到动物之间母子的互动，联想到自己与父母相处的画面""参与傣族泼水节时感受到愉悦、快乐""在敦煌鸣沙山骑着骆驼行走在沙漠中感到跨域了时空，自己和古人一样穿行于丝绸之路，感慨古人在恶劣的自然环境中做出的成就和贡献""书本上的王圆篆是愚昧的、罪恶的，但身处敦煌这一特殊的自然条件和人文环境，身体有了同样艰难的经历之后，才可以更加客观地评价一个历史人物，进而产生了价值判别和反思"。可见，情感体验发生于整个旅游过程，是重要的学习驱动力，是学习主体在具身环境交互中产生的重要结果。行为体验则强调通过身体与环境的交互，旅游者产生较强烈意愿和行为。比如环境保护意识，愿意规范自己的某种行为。研学旅行中的行为体验主要包括文化认同和行为、文化遗产保护行为。青少年正处于认知形成和价值观形成的关键时期，具身学习对意识和行为方面的引导起到关键的作用,更有利于构建文化认知体系,塑造社会主义核心价值观。

(二)具身学习的特征

1. 身心统一

身心二元论重视精神培养,贬低身体需要,认为身体应该是被规训的。传统的认知理论认为身体在认知过程中只是扮演了"容器"和"仓库"的作用,学习是"脖颈"以上的事情。身体的类型和结构决定了认知的建构和生成,有怎样的身体就有怎样的认知,认知具有较强的涉身性,所以身体和认知是统一的:心智在身体中,身体在心智中;心智是身体化的心智,身体是心智化的身体。

2. 具身学习中的知、情、意、行是统一的

具身学习的过程不是片面的、被教化的,而是身体与其具身环境之间产生互动的过程。身体状况、身体经验、身体涉入度和具身环境的差异均会影响学习效果。具身学习中通过多样化的教学方法和丰富的教学内容提升身体投入与学习环境的匹配度,比如通过概念隐喻、模拟复刻和教育戏剧等方法促进知识获取、情绪体验和行为改变。在具身性学习过程中既有身体的感觉和知觉,也有身体与客观世界的具身性互动产生的情绪卷入,情绪卷入在具身学习中是重要的驱动力量,真实、自然的具身环境能够帮助情绪卷入并达到峰值。所以具身学习是身体与环境互动形成的知、情、意、行统一过程,是感知和行动相互适应的结果。

3. 具身认知过程与环境的紧密联系

知识是个体与环境之间互动的产物,身体、环境和大脑是统一的,其内部动力机制决定了认知生成的结果。具身学习环境包括教学资源、教学技术、教学场景。教学资源的重组、教学技术的运用和教学场景的布置、学习情境的重构、学习方式的选择等都有助于促进学习者与学习环境之间的交互。在具身环境设计中,应尽可能凸显身体的作用,鼓励学习者通过旅游、虚实交互技术等方式激发身体感觉和知觉,强化主体的具身效用。

四 我国研学旅行的发展趋势

（一）构建特色化、多样化、专业化的研学课程体系

随着我国教育模式和人才需求方向的转变，学校、家长和学生对素质教育需求越来越强烈，研学旅行产品核心竞争力逐渐转向研学课程质量。首先，提升研学旅行的内驱力量，充分发挥身体在认知中的作用，将具身学习工具，比如手势、动作和类比映射运用在研学课程开发中，加强感官表征与抽象阐释之间的联系，开发具有地方旅游资源特色的研学核心课程。以具身学习为理论指导，提升课程内容多样性和生动性。其次，依托地方旅游资源，丰富具身学习交互环境。我国旅游资源丰富多样，自然遗产、文化遗产、红色旅游地、滨海城市、古村落遗址等资源遍布全国，应进一步完善研学旅行基地建设与服务规范，明确研学旅行基地建设模式，实现研学旅行课程标准化、研学旅行项目多样化，依托地方优势资源特色，因地制宜开发自然探险、民俗传统、科技创新、生态保护等特色化的研学旅行项目。

（二）构建研学导师认证体系，推进研学导师专业化生态圈建设

研学导师比校内教师更强调全面性和复合性，一般要求有跨学科背景，与导游人员相比研学导师更强调扎实的理论知识和丰富的实践经验。我国现有的研学导师人才队伍并未跳脱一般旅游的导游模式，专业性不强。需要解决教师学习动力不足、教师来源渠道各异的问题，同时对研学导师的教学成果进行系统的认证。在具体的考核和认证方面应该包括对理论知识和实践能力多方面的考核。

（三）依托我国特色自然、文化旅游资源，打造国家级研学基地网络

美国、英国、瑞士等西方国家很早就注重通过旅游达到教育目的。英国 Inspiring Learning 和 Gilwell Park，美国 Camplenox、Walden，瑞士 Les Elfes

等国际营地，均借助优美的自然风景地和文化遗产地吸引全世界青少年前去参与、体验和交流。我国地域辽阔，文化遗产和自然遗迹资源异彩纷呈，因此可打造具有中国特色的国家级研学基地。例如，以敦煌、苏浙沪为中心点构建线性网络。敦煌艺术研学旅行营地注重"非认知性技能"，培养孩子对色彩的感知和对艺术的热爱。再如，打造一流的硬件设施和沙漠体验环境，营地活动涵盖团队运动、音乐、舞蹈、美术、表演和沙漠探险等，锻炼独立生存的能力和受挫能力，提升社会交往能力。还可充分利用一线城市经济、科技、教育等方面的领先优势，发挥科技馆、博物馆、国内外各大企业驻地的优势，以参观、模拟和实际操作等形式激发孩子对科学技术的兴趣。同时，塑造具有国际影响力的亲子探险营品牌，增进亲子关系。除了常规户外探险教育，还可以拓展探险领袖训练营、主题乐园，开展各种亲子项目。青少年在穿行于这些自然奥秘和历史时空中，构筑中华民族共同体意识，实现真正意义上的书生意气和家国天下。

参考文献

Mcgladdery, C., Lubbe, B. and Buhalis, D., "Rethinking Educational Tourism: Proposing a New Model and Future Directions", *Tourism Review*, 2017, 72 (3).

白长虹、王红玉:《以优势行动价值看待研学旅游》,《南开学报》(哲学社会科学版) 2017 年第 1 期。

任唤麟、马小桐:《培根旅游观及其对研学旅游的启示》,《旅游学刊》2018 年第 9 期。

Falk, J. H., Ballantyne, R., Packer, J. and Benckendorff, P., "Travel and Learning: A Neglected Tourism Research Area", *Annals of Tourism Research*, 2012, 39 (2).

Han, H., "Consumer Behavior and Environmental Sustainability in Tourism and Hospitality: A Review of Theories, Concepts, and Latest Research", *Journal of Sustainable Tourism*, 2021, 29 (7).

Stolz, Steven, A., "Embodied Learning", *Educational Philosophy and Theory*, 2015, 47 (5).

邹群:《论知、情、意、行理论在人生价值观教育中的运用》,《教育科学》1995 年第 2 期。

叶浩生:《身体与学习:具身认知及其对传统教育观的挑战》,《教育研究》2015 年第 4 期。

Plante, Isabelle, Paul A. O'Keefe and Manon Théorêt., "The Relation between Achievement Goal and Expectancy-value Theories in Predicting Achievement-related Outcomes: A Test of Four Theoretical Conceptions", *Motivation and Emotion*, 2013, 37(1).

Marchand, G. C., Gutierrez, A. P., "The Role of Emotion in the Learning Process: Comparisons between Online and Face-to-face Learning Settings", *The Internet and Higher Education*, 2012, 15(3).

陈醒、王国光:《国际具身学习的研究历程、理论发展与技术转向》,《现代远程教育研究》2019 年第 6 期。

郑旭东、王美倩、饶景阳:《论具身学习及其设计:基于具身认知的视角》,《电化教育研究》2019 年第 1 期。

蔡克信、贺海、郭凌:《自然联结:自然研学旅游体验研究》,《四川师范大学学报》(社会科学版)2022 年第 4 期。

王佳钰、徐菲菲、严星雨等:《野生动物旅游者价值观、共情态度与动物友好行为意向研究》,《旅游学刊》2023 年第 12 期。

钟柏昌、刘晓凡:《论具身学习环境:本质、构成与交互设计》,《开放教育研究》2022 年第 5 期。

G.12
从"小文创"到"大文创":
旅游资源的文创开发路径探索
——以北京市为例

宋洋洋*

摘　要： 文创产品开发是文化和旅游资源"活化"的重要路径,对于弘扬优秀传统文化、提升城市文化形象、激活文旅消费潜力、满足人们的美好生活需要具有重要意义。文创产品的理论外延经历了从"小文创"到"大文创"的拓展,北京的文创特色与实践表征也体现了这一理念变迁。通过对北京市在公园文创、特色IP、公共平台等领域的调研分析,提炼了北京市文创开发的新路径,并从创新体制机制、优化产业链条、紧贴市场需求、融入城乡建设、精准财政扶持、强化要素支撑等方面提出政策建议。

关键词： 文创开发　与旅融合　北京

一　"小文创"到"大文创"：文创的概念界定及内涵与外延

党的十八大以来,中央高度重视文创产品开发工作。习近平总书记多次强调,要系统梳理传统文化资源,让收藏在禁宫里的文物、陈列在广阔大地上的遗产、书写在古籍里的文字都活起来。国家大力推进中华优秀传统文化的保护与传承,实施文化建设工程,为我国文创产业开辟了新的发展机遇,

---

* 宋洋洋,经济学博士,中国人民大学创意产业技术研究院副院长,文化品牌评测技术文化和旅游部重点实验室副主任,主要研究方向为文化科技融合、文化产业研究。

在此契机下，文创产品开始在我国脱颖而出，并在经济发展和文化建设中发挥了重要的推动作用。

（一）文创产品概念的内涵与外延

文化创意产业最早开始于英国，相对于以劳动力密集或者技术为导向的制造业历史，文化创意产业是一个模糊的新形态产业。严格意义上来说，文化创意产品从属于文化创意产业的范畴，参照联合国教科文组织的定义：文化创意产业是由文化产品、文化服务与智能产权共同构成的。而文化创意产品是将文化资源以创意的形式展现出来的现代社会的产品，也是将精神层面的概念进行物化之后形成的产品。将该概念拆分后进行剖析可以发现，"文化"是凝结在物质之中又游离于物质之外的，能够传承国家或民族的历史、地理、风土人情、传统习俗、生活方式、价值观念等，它是人类普遍认可的一种能够传承的意识形态；"创意"是指对现实存在事物的理解以及认知，所衍生出的一种新的抽象思维和行为潜能。因此，"文创"的概念可以进一步理解为"基于具备广泛受众并系统化的文化主题，通过创新的方式进行再解读与创造（即创意转化）的行为过程与相关产物"。

不同于文化服务和智能产权，文化创意产品有其自身特定的概念内涵与外延。在内涵上，文创产品是与一定民族和地区的文化背景相联系，源自个人才情、灵感、智慧，并通过产业化的方式进行生产、消费和营销的，满足人们精神需要和欲望的任何有形产品和无形服务；在外延上，文化创意产品可以解释为能够按照层次和国别两种角度进行分类的、在现实经济生活中的产品，这些产品可以体现文化创意产业的行业细分类别。

（二）从"小文创"到"大文创"的延伸拓展

文创产品包含具有文化创意内涵的各类产品和服务，是使用价值、文化价值和美学价值的统一体。目前，市场上的文创产品分为"小文创"和"大文创"（见表1）。

表 1 "小文创"和"大文创"的概念及特征

名称	"小文创"	"大文创"
概念	"小文创"指的是"文创+",将文化资源通过创意转化形成文化产品	"大文创"指的是"+文创",将文创融入实体经济、城市建设和乡村振兴,开发新产品、新场景
特征	具有场景依赖型消费特征,产业规模相对较小	具有跨界引流型消费特征,产业规模相对较大
案例	故宫口红、颐和园月饼、玉渊潭雪糕等	道明竹艺村竹编空间艺术装置、长沙超级文和友、南充中法农业科技园等

资料来源：作者整理。

文创产品具有商品和精神双重属性，这决定了文创产品在创作和生产过程中必须兼顾社会效益与经济效益。面对市场，文创产品不得不追求经济效益，但作为传播文化的重要载体，更重要的是提供积极的精神导向。因此，在文创产品的发展中，必须把社会效益放在首位，坚持社会效益和经济效益相统一。

文创产品产业链包括资源梳理—创意设计—生产制作—宣传推广—展陈销售等环节，任何一个爆款文创产品都离不开这几个环节的良好运作。

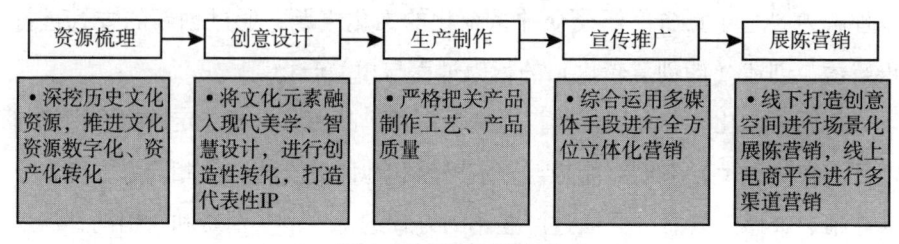

资源梳理	创意设计	生产制作	宣传推广	展陈营销
·深挖历史文化资源，推进文化资源数字化、资产化转化	·将文化元素融入现代美学、智慧设计，进行创造性转化，打造代表性IP	·严格把关产品制作工艺、产品质量	·综合运用多媒体手段进行全方位立体化营销	·线下打造创意空间进行场景化展陈营销，线上电商平台进行多渠道营销

图 1 文创产品产业链

资料来源：作者自绘。

二 依托旅游资源：北京市的文创特色及实践表征

（一）开创"公园文创"先例，现象级公园IP显现

北京率先提出"公园文创"这一概念，依托得天独厚的皇家园林及公园资源，以"2+N"文创发展战略（2指颐和园和天坛两个龙头，N指市属

其他公园），推动公园文创实现跨越式发展，在全国范围内形成独树一帜的文创发展模式。市属公园文创销售额由 2018 年的 4156 万元跃升至 2019 年的 1.85 亿元，销售额同比增长 350%。截至 2020 年，市属公园文创产品种类共 5400 种，涉及文化用品、日用品、食品、化妆品等 13 个品类。培育 1 个平台（公园礼物），孵化 3 个新 IP（颐和一盒，天坛 600 年、祈年历），商标注册 262 个，版权登记 27 个。打造阅读空间、简餐休憩、文创商店等创意空间 38 处共 4768 平方米①。

表 2　2018 年至 2021 年 5 月颐和园和天坛文创产品销售额

单位：万元

名称	颐和园	天坛
2018 年销售额	2000	493.27
2019 年销售额	8073	2233.32
2020 年销售额	2190	1084.48
2021 年 1~5 月销售额	5076.3	2382.74

颐和园和天坛作为北京市属公园文创的"龙头"，以 IP 化运营思路持续深挖自身文化内容的独特性，探索自主品牌商业价值，对文化品牌进行差异化规划、个性化打造，以"一牌一品"的单一品牌战略成功打造了颐和园和天坛两大现象级文创 IP，发挥了 IP 的市场带动作用，提升了消费者对公园文创的普及度和接受度。

颐和园在 IP 内容挖掘、推广营销、市场销售以及跨界合作等方面的工作都取得了显著成效。以"皇家园林博物馆"为依托，以传统文化元素赋能品牌文化价值和产品文化内涵，与天猫、京东等多个电商平台形成战略合作，与北京卫视联手打造《我在颐和园等你》综艺节目，增加品牌 IP 的话题度。截至 2018 年底，颐和园文创已实现双一千目标，开发了 1000 款文创产品，完成 2000 万元文创产品销量，其中线上销售收入 1680 万元，天猫店

---

① 注：文中数据均为 2021 年对相关单位现场调研数据。

文创产品数量排名第3，粉丝量排名第5。

天坛公园瞄准年轻消费群体，通过精准匹配受众需求，多业态打造、多场景开拓，延长IP生命周期提升其变现能力。以600多年的祈福文化为基底，主打祈年殿元素，衍生出祈年历、"二十四节气"门票、祈福礼盒、拼接积木、贵金属饰品等系列独具特色的畅销文创产品；与北京电视台联合出品的《遇见天坛》全网点播量累计达到8亿次，相关微博话题阅读总量突破90亿次，有效提升了IP粉丝量和影响力。

（二）打造"北京礼物"品牌，彰显城市文创名片

"北京礼物"是市文旅局推出的旅游商品及文创产品品牌，通过整合北京丰富的文化资源，打造了一批文化特色突出、品质优异、纪念性强的北京特色文创产品，是推动北京文化产业发展的重要举措，实现了城市文创品牌资源整合，促进优势互补，发挥带动作用。

2018年，为吸纳更多优质品牌加入，"北京礼物"发展运营模式调整为认证管理，共认证497个系列、840个商品，形成一定集聚效应。2019年商品销售量总计703.5万件，销售额总计4.5亿元。2020年度，"北京礼物"开设门店专柜18个，分布在王府井、前门大街、长城等重点商圈和景区，门店销售额2706万元。同时，市文旅局扶持旅游商品文创项目133个，发放扶持资金1374.87万元。"北京礼物"是北京城市文创名片中的重要组成部分之一，推动了北京城市文化和消费生态创新升级。

表3 2020年度获得"北京礼物"认证商品销售额前十情况

单位：元

单品名称	类别	销售额
宫匠黄金 故宫如意平安扣/足金	纪念衍生品	1358500
好运兔爷	传统工艺品	545450
好运兔儿爷生肖摆件	传统工艺品	545450
宫匠黄金 故宫吉祥法螺/足金	纪念衍生品	455000
宫匠黄金 故宫万福如意/足金	纪念衍生品	396500
万佛都峰	地方特色商品	368000

续表

单品名称	类别	销售额
禧事儿兔儿爷泥塑摆件	传统工艺品	259156
皇家小小系列:宝锁/足金	纪念衍生品	226200
纪念磁贴	传统工艺品	209622
大圆和兔爷	传统工艺品	184782

（三）整合文创资源库，搭建文创版权平台

北京市文物局推进北京文博衍生品创新孵化中心平台建设，积极推动北京市文化资源整合与开发利用，重视文创产品的版权保护与文创空间打造，助力文化资源的高效开发利用。截至2020年底，孵化平台采集收录文博素材600余件、征集文博文创设计作品1000余件，颁发数字版权登记证书216件。

北京市文化文物单位文创产品开发平台自成立以来，建立了北京文化资源设计图库，现已完成北京等级景区、非物质文化遗产、文物保护单位、地标建筑等11大类2700多个文化资源点的整理。平台与中国版权保护中心合作开发了DCI在线版权登记系统嵌入文创IP开发授权平台，打造确权、全网所见可授权、版权授权结算在线化、版权维权举证标准化的"嵌入式"版权服务。以"文创样板间"的模式打造"文化+科技、文化+餐饮、文化+产品、文化+互动"等业态融合型物理空间，如在天坛打造了"文福记·天坛福饮""文福记·天坛美映"等空间，刺激场景消费需求。

（四）现存瓶颈凸显，均衡跨越式发展受限

优质产品供给层面，现阶段北京文创产品研发环节存在供需脱节、创新动力不足的痛点，亟须对产品研发体系进行优化和整合。在创意开发阶段，目前的文化资源梳理缺乏文脉意识，对地域文脉的深度挖掘和系统性梳理还不够充分，资源数字化、资产化水平相对较低。在产品研发环节，产品设计

之初并未对市场情况进行调研或洞察，部分产品设计在审美、功能、内涵等方面供需脱节，品类同质化严重，如日历、U盘、书签、杯子等相似产品屡见不鲜。在营销推广环节，多以纸媒、官媒传统营销为主，新媒体、自媒体渠道的营销力度不够，推广环节缺少创新营销案例。同时，文创对城乡建设赋能不足，缺乏场景融合，对提升城市文化品位、助力乡村振兴方面的作用尚未有效发挥。

工作体制机制层面，现阶段北京文创政策扶持与发展保障不足，系统性管理仍有待完善。北京的文创产品尚处于"生存期"，仅依靠市场调节造血难以实现规模发展，需要政府的财政扶持和激励措施以缓解企业经营压力。但现行的扶持政策存在帮扶不精准、支持力度较小等瓶颈问题，有待进一步完善。与此同时，文创的长久发展需要行业规范、版权保护及技术支撑等要素的保障，但目前文创空间搭建准入门槛较高，行业标准、招标投标程序不明晰，资源信息获取不畅通，沟通信息差使得文创企业生存处境愈发困难。同时，北京文创工作缺乏强有力的工作体制机制，统筹协调力度仍需进一步加强。现如今，文创推进工作尚未成立专班来统筹重点工作，督促指导、考核机制尚未形成，政企、事企文创合作开发模式有待完善和创新。

三 他山之石：文创产品的典型案例及经验总结

（一）紧贴时下潮流，开发首创文创产品

在市场竞争激烈、消费选择日趋多元的背景下，只有精准把控市场需求与发展趋势，才能开发出具有创意而贴合需求的首创产品。故宫博物院、河南博物院、敦煌研究院等文创机构研发的爆款产品无一例外都实现了传统文化与流行文化的巧妙融合，且大多为首创产品。

河南博物馆文创产品将潮流与文化知识进行巧妙结合，2020年底，盲盒经济风行一时，河南博物院率先将盲盒概念与文物考古结合，将青铜器、元宝、铜佛、铜鉴、银牌等微缩文物工艺品藏入土中，以盲盒的形式出售，

吸引了大批消费者购买。敦煌研究院乘数字化东风，打造极具互动体验性产品。敦煌研究院携手腾讯推出的数字创意活动"敦煌诗巾"，以敦煌石窟最具代表性的藻井图案为灵感，提取了较具代表性的八大主题元素、200多种壁画细节元素，用户可以进行多元化创意组合，2021年底，"敦煌诗巾"小程序已售出了10万件DIY专属敦煌丝巾。

（二）挖掘优质内容，以群体培育促文创开发

优质的内容可以源源不断地为文创提供素材，优质的文创作品也可以让内容的价值得到最大体现。故宫博物院、敦煌博物院等文物文创机构十分注重内容创新，专业加持在进行文化知识传播的同时，也为文创产业发展提供更多机遇。

故宫积极推进内容陈列的规模扩大与展览优化，《韩熙载夜宴图》《清明上河图》等国宝相继亮相，每年与观众见面的文物超过10万件。故宫通过办展览、做内容，不断吸引、培育文创消费群体。

敦煌研究院推出文创体验课程，积极传播文化知识，吸引消费者体验购买。先后在国内外开展了26场文创体验课程及8节网络小课，包括在文博园"丝绸之路——敦煌旅游商品中心"敦煌研究院展区的文化创意体验展中，开展"敦煌经典壁画的动画制作"体验课程活动，在文创中心展区开展敦煌色系口红制作体验课程等。

（三）新媒体整合营销，提升文创产品知名度

随着科技的不断发展，新媒体已成为人们获取信息、交流沟通的重要渠道，而多维度全方位的矩阵整合营销策略已然成为提升文化创意产品知名度和喜爱度的关键步骤。故宫博物院、敦煌博物院等文物文创机构都注重借助微信、微博、短视频、小红书等自媒体平台，以契合市场思维与年轻人需求的方式进行宣传营销，往往能引发讨论和深度参与，从而拓宽消费群体。

故宫博物院巧妙利用新媒体矩阵为自身文创产品拓展整合营销立体面。开拓了线上线下多场景、多渠道销售，故宫角楼咖啡、故宫"朕的心意"、

三里屯快闪店等文创空间实现传统与时尚的碰撞；线上运营的故宫淘宝、故宫商城等网上商店，极大地提升了消费者购买故宫文创的便利度，也拓宽了故宫文创产品的销售渠道。

（四）推动跨界合作，现代科技赋能数字新文创

跨界合作的方式能够有效提升机构IP知名度，选择与具有技术优势的机构合作，有助于自身文化资源的数字化，为文创发展开拓新发展机遇。故宫博物院、敦煌研究院与互联网企业进行跨界深度合作，开发数字化、体验化的产品和服务，先后推出每日故宫App、《妙笔千山》手游、《清明上河图》互动体验展、敦煌诗巾、王者荣耀飞天皮肤等数字化文创产品。

数字技术与文创深度融合成为数字文创产品打造的新契机。敦煌研究院积极推进与腾讯等互联网企业全方位合作，开发数字化、体验化文创产品和场景，借助数字化技术建成敦煌莫高窟数字展示中心，开发的球幕电影《梦幻佛宫》打造了莫高窟经典洞窟虚拟漫游；敦煌研究院与人民日报新媒体、腾讯联合推出的"云游敦煌"小程序，集知识探索、线上游览、公益保护等功能于一体，截至2021年5月，已有近3988万用户通过其浏览敦煌的数字化文物。

四 突破瓶颈：北京市文创高质量发展的对策建议

（一）创新体制机制

围绕国际消费中心城市建设，在北京市层面建立文创产品工作专班，统筹推进文创产品工作，用文创讲好城市故事，打造北京城市的文旅IP。用好政府导向和市场机制的合力，加强文化文物单位的文化引导、优化授权标准及授权流程，文化企业深度参与文创产品设计研发，双方各司其职、发挥各自优势，深度融合、协作共赢。推动文化文物单位和国有企业探索成立合资公司，共享文化资源和物理空间，协同推进文创产品开发。完善文化文物

单位绩效奖励和监督考核机制,加强对文创产品开发的正向激励和监督考评,确保文创产品各项重点工作高效推进。

(二)优化产业链条

加强文化资源梳理、创意设计、生产制作、宣传推广、展陈销售全链条资源整合,实现行业大分工、大协作,打通资源端、创意研发端、生产营销端等文创产业链各端口,打造契合度高的全产业链运营体系,孵化出市场转化率高的文创产品和项目。在资源梳理环节,推动文化科技企业与文化文物单位合作,推动文化资源数字化转向,加强数据关联和解构,推动文化资源向文化资产转化。在创意设计环节,推动北京市文化企业设计资源共享,共同参与文创产品开发,提高首创型文创产品开发水平,推动数字新文创加快发展。在生产制作环节,打造北京市文创产品开发供应链体系,选定一批信誉高、质量好的生产企业,建立长期合作关系。在宣传推广环节,推动与新媒体公司合作,综合运用全媒体手段进行整合营销,提升北京文创的知名度和影响力,并建立线上线下互动引流机制,提升文创产品消费能力。

(三)促进供需适配

文创机构要面向市场,捕捉潮流和风口,做好市场调研,了解消费者需求以实现供需适配,再通过内容供给等创造风口实现"出圈"。密切关注时下流行热点及趋势,找准文创产品开发与时下潮流的契合点,把"文化内核"作为文创开发第一要义,以创意设计提升传统文化元素的现代演绎,开发具有行业引领性的原创性文创产品。针对不同场景需求开发不同类型的文创产品,针对高端商务场景,开发内涵丰富、高端精美、品质上等的文创产品。针对普通文旅消费场景,秉持文创融入现代生活中的研发思路,开发内容新颖、颜值高、使用性强的文创产品,实现文创产品卖点与消费买点相契合。基于消费需求经营文创品牌,以大众化的文化需求为基准激发品牌共鸣,以"一意多用"和"多意一用"原则活用文化创意,切实增加产品的顾客价值,满足人们日益增长的美好生活需要。

（四）融入城乡建设

推动北京市文创产品开发由"小文创"向"大文创"转化，加快融入城市规划建设和乡村振兴，用文创讲好城市故事，升级城市文化气韵。重视文创产品本身肩负的文化传承和城市记忆承载使命，汇聚城市文化元素、传承历史文脉、提炼代表性文化符号，增强文创文化内涵和城市认同感归属感。加快文创融入城市规划，建设承载历史文化记忆、富有时代特色的建筑群落、装置艺术空间、生活美学场景。探索"文创+"融合发展模式，与旅游业、制造业、消费品工业、商业等跨界融合，以"文创+"思维赋能更多产业发展。深入挖掘乡村农耕文化、民俗文化、地域文化，推动文创融入农产品、传统手工艺及非遗产品的工艺改进和功能创新，融入老旧建筑、闲置用地的创意改造与度假化利用，打造一批特色乡村文创品牌、民宿集群、高品质乡村旅游度假区。

（五）精准财政扶持

实施精准财政扶持，需要对重点文创领域进行识别，在研发设计、生产销售等多环节明确文创领域扶持发展重点和方向，引导自主研发设计生产，鼓励企业在工艺、材料、包装设计方面的创新，提高自身核心设计生产能力。加大资金补贴力度，扩大扶持补贴对象范围以及提高补贴标准。对重点企业和困难企业予以补贴扶持，为受疫情影响较大的文创企业纾困解难、弥补亏损。制定长效财政补贴资金管理办法，根据扶持项目的成熟度分阶段补助扶持，逐步建立完整的扶持系统，保证评审、监督财政补贴资金及时足额到位。重视对研发人员的资金补贴和扶持，引导自主研发创新，加大人员参与积极性。

（六）强化要素支撑

加强对文创企业的保障服务工作，做好对资金、版权、人才、技术等相关要素的支持，为文创产业发展注入活力。引导成立"智库型、服务型、专业型"的文创行业协会,推动文创行业标准制定和产业咨询服务。加强文创产业金融扶持。设立文创产业发展专项基金,定向支持文创产品开发,鼓励金融机构开发文创产品专项贷等特色化金融产品。加强文创专业人才队伍建设,加快形成校企合作、联合研发模式,组建综合性强的专业人才队伍。建立健全知识产权法律保护体系,完善艺术授权从审查授权到研发推广反馈的流程规范,发挥知识产权对文创产品开发的保障作用。推进文创消费大数据平台建设,加强消费者画像、心理活动、购买决策等消费者行为分析及市场趋势、舆情监测分析,精准把握市场脉搏、匹配文创供需两端需求,有效激活文旅消费潜力。

参考文献

周美玉、孙昕:《博物馆文创产品设计研究》,《包装工程》2020年第20期。

张迪、郑红:《基于因子分析的北京旅游文创产品游客感知评价体系研究——以故宫为例》,《旅游纵览》2019年第24期。

钱凤德、尹泽和、丁娜:《文创产品的综合评价与购买行为关系研究》,《包装工程》2018年第24期。

王倩、刘俊哲、刘彦:《旅游文创产品的常见问题、价值构成与设计评价体系》,《艺术与设计(理论)》2019年第Z1期。

王梦蝶:《文化创意产品绩效评价体系探析——基于NPS测量体系的视角》,《理论导刊》2019年第10期。

杨慧子:《非物质文化遗产与文化创意产品设计》,中国艺术研究院,2017。

李志春、李日辉、包长江:《文创产品相关评价研究综述及展望》,《包装工程》2023年第10期。

陈泽恺:《"带得走的文化"——文创产品的定义分类与"3C共鸣原理"》,《现代交际》2017年第2期。

郝鑫:《浅析文化创意产品的内涵和外延》,《现代交际》2012年第7期。

G.13
洛阳"汉服热"的文旅意蕴与可持续发展

高舜礼*

摘　要： 洛阳"汉服热"在拓展文旅融合新领域、盘活文旅要素市场、推动疫后旅游市场复苏、提振文旅形象和发展信心方面，具有积极的现实意义；与此同时，对"汉服热"的可持续性也需要有"冷思考"。利用"汉服热"推动文旅发展，需要将"网红"现象尽量化作最可持续的市场效应，努力发掘覆盖全年龄段的旅游客源市场，举全市之力推动大旅游产业发展。

关键词： 洛阳　"汉服热"　文旅融合　可持续发展

近年来，我国旅游业界出现了若干新的市场现象，如郊区露营热、博物馆参观热、沉浸式展览热、淄博烧烤热等。可与之并驾齐驱且热度至今不减的，还有洛阳"汉服热"，其在文旅融合领域的拓展、突破和创新，成为全行业乃至全社会都予以关注和研究的新现象。

一　"汉服热"的缘起与表现

"汉服"在洛阳景区的渐渐走俏，已有至少三五年了。就款式而言，"汉服"是宽泛和笼统的概念，大略相当于"新古典"的中国传统服饰，既有别于当下人们的日常穿着，亦不同于某个朝代某种身份的服装。换言之，

---

* 高舜礼，中国社会科学院旅游研究中心特约研究员，中国旅游报社前社长/总编辑，主要研究方向为旅游发展战略与产业发展实践。

这里所指汉服，非汉族之服，亦非汉朝之服，也不同于世界一些国家传统节日或个人婚丧时穿着的复古服装，如日本人穿和服、印度妇女穿纱丽和旁遮普，而是一种文化符号的复苏与闪现。

通过实地调研，可以看出，"汉服热"在洛阳的兴起大致有以下因素。

（一）"汉服热"起于"青蘋之末"

洛阳"汉服热"之发端，属于源自市场的自然现象。我国一些城市或景区的商业摊位，有一类出租民族服装、古典服装、婚纱等业务，吸引着游人租赁服装、穿着照相。这类经营现象，自改革开放以后就发端在一些革命老区的战争遗址（后多称为红色旅游景区），有出租红军、八路军服装给游人照相的；再向后发展，靠乡村旅游脱贫致富的一些民族地区，也出现了出租少数民族服装拍照的，云南丽江就倡导各类店铺的经营者穿着民族服装，从而强化当地民族风情的氛围；进入21世纪，海南三亚、苏州木渎、合肥三河等地积极发展婚庆旅游，其中的婚纱摄影、婚纱出售成为主要经营项目；近几年，很多景区又出现了"旅拍"行当，专门经营为游客换装、化妆、拍照等业务。洛阳"汉服热"的发端，就应该是类似的"星星之火"。

（二）文旅部门专业推动

近期各地利用市场开放的间隙，积极推动周边游和省内游。其中，剧本杀、沉浸式、穿越游，成为这一时期的市场特色。洛阳市把《风起洛阳》《唐宫夜宴》引入洛邑古城，通过游客参与角色扮演，再现天堂明堂、应天门等历史景象；"五一"假期，隋唐洛阳城国家遗址公园推出国风穿越节、国风达人巡游、古装演艺等融合"国风+汉服+演艺"的沉浸式文旅活动，带动景区游客量大幅攀升，景区接待游客近15万人次，创下历史新高；推出《唐宫乐宴》《洛神赋》等沉浸式全景演艺剧目10余个，吸引观众2000余万人次。

（三）政府因势利导

从当地提供的一些材料看，洛阳市积极贯彻省委文旅文创融合战略，助力"行走河南·读懂中国"品牌塑造，聚焦"汉服+古城"，推动"汉服热"加速升温，争取把洛阳打造成为全国汉服文化输出地和国际新文旅目的地。老城区委提出，锚定新文旅"风口"产业，聚焦汉服设计生产等领域，建设文旅文创产业社区及总部基地，争创国家级文化产业示范园区（基地）；高标准策划打造以洛邑古城 IP 文创产品、汉服、牡丹衍生品等为主的"老城礼物"品牌，不断提高老城旅游产品的文化附加值。通过"一校一品"传承非物质文化遗产项目、汉服文化节、社区民俗活动等形式，推动汉服进校园、进机关、进社区，推动文化自信自强。

（四）市场运作添柴续火

发挥移动端传播优势，升温话题热度，打造传播矩阵，做好线上引流，是使汉服成为燎原之势"网红"的重要一环。他们邀请河南卫视、郑州歌舞剧院等机构编导，运用 5G 和 AR 技术，将景区环境与情景演艺相融合，让游客深度体验"梦里隋唐、尽在洛邑"；通过携手携程、美团、支付宝等平台，广泛推送"汉服体验套餐"，宣传涵盖盘头、化妆、跟拍等一体化服务，吸引游客打卡"拔草"；依托抖音、快手、小红书等社交平台，发起汉服街拍摄影大赛、洛邑古城全国汉服短视频大赛等活动，邀请文旅达人、知名网红创作短视频，鼓励引导游客、网友多视角多层次多维度创作，洛邑古城位列抖音官方"全国最受欢迎汉服打卡地榜首"；通过与北京服装学院合作，研发设计不同朝代汉服产品，推出发饰、披帛、团扇等配饰，以及汉服系列盲盒、手办等文创产品几十种，发展形成集汉服租赁、化妆跟拍、剧本娱乐等于一体的产业集群。2023 年牡丹文化节期间，引流拉动全市旅游收入 177 亿元，形成了"一域带全城"的消费格局；"五一"假期，洛阳古城特色文化街区接待游客 127.48 万人次，文旅消费达 5099 万元；洛邑古城上半年接待游客400余万人次，拉动全市消费200亿元，创造了"一域带全城"的旅游拉动格局。

二 "汉服热"折射的文旅融合意蕴

近几年，文旅部门所倡导的文旅融合，首先是机构改革以后行政职能的融合，基层文旅部门正经历实质性的磨合过程；就全行业而言，重中之重应是产业层面的深度融合，近期启动的创建文化与旅游产业的融合示范区就是"冰山一角"。洛阳"汉服热"现象，创新和拓展了文旅融合，突破了以往的融合对象，打破了单一"作品"的局限，开阔了融合视野和产业链条，不仅成就了洛邑老城、洛阳全市的文旅融合，而且成为全区、全市的产业热点，也成为全国性的文旅热点现象，显现了特别的意蕴和现实的价值。

（一）拓展了文旅融合的新领域

近年来，露营热、沉浸展、逛馆子、剧本杀、网上游等业态走俏，文旅融合显现了"宜融则融，能融尽融"。景区景点出租服装照相是一种由来已久的业态，但上升为一股"汉服热"，进而拓展为游客租赁服装的化妆式旅游休闲活动，把洛阳市旅游快速带热，则大大超越了旅游景区的出租服装拍照的传统业务；对广大游客而言，将带有历史文化印记的服装穿起来，全方位体验换装、娱乐、购物、餐饮、住宿等多元化服务，实现从"看景"到"入景"的转变，也在旅游行程中增加了历史文化的体验感。这在文旅融合领域是一种开创，不单表现在形式上，也表现在关联度上，还贯穿于旅游者的内心深处，都充分体现了文旅融合的精神。

（二）盘活了文旅要素市场

洛阳的"汉服热"，明显超出了出租服装的生意，也不同于买了服装带走了之，而是在租借服装之后，衍生出系列化的一对一服务，这便带活了许多文旅产业要素。首先是服装的加工制作，以及租借店铺的出租；其次是穿

戴和化妆服务，跟踪打光、拍摄、修图服务（有些不需要）；再次是游客前往若干"打卡点"的消费，包括旅游、观剧、购物、品尝美食等；最后是归还服装以后的清洗、熨烫。洛阳老城区作为"汉服热"核心区，自2023年走红以来，出租服装店铺由几十家增长到100家，再到300家、600家、1200家（至7月），由此形成了生产、服务、消费、辐射的全要素、全方位拉动链，文旅产业要素得到全面激活，直接拉动了旅游热和城市某些片区的产业火爆，成为全国"现象级"的社会场景（堪比淄博的烧烤、文旅局长装扮演戏等）。在这里，出现了交通拥堵、洛阳"水席"和餐饮店的长队、景区的游人如织、老街老巷的拥堵、文创店的热销。

（三）推动了疫后市场加快复苏

洛阳"汉服热"展现的直接社会效应，就是撬动疫后文旅市场快速恢复。借助互联网、新媒体、新运作等营销手段，汉服热很快成为刺激和吸引游客的"市场利器"，让洛阳成为新冠疫情后，旅游业得以快速恢复的少数城市之一。美团6月的数据显示，4月以来，洛阳旅游订单同比增长245%，住宿订单在河南省排名第二位，休闲玩乐消费订单同比增长182%。在携程、马蜂窝等旅游出行平台，龙门石窟、洛阳博物馆、隋唐洛阳城国家遗址公园、白马寺、洛邑古城、夏都二里头遗址博物馆、牡丹阁等景点也非常热销。据当地对春节以后的旅游运行观察，"汉服热"改变了以往牡丹节前后旅游运行的驼峰曲线，保持了客流走势的持续高走，成为疫情之后全国地市级一道别致的旅游风景。

（四）提振了文旅形象和信心

目前全国旅游市场的恢复进展不一，有的地方反弹较快，有的地方反应平淡，这符合全国旅游发展不平衡的现实。洛阳巧借"汉服热"的东风，不仅较快实现了旅游市场恢复，而且显示了较好的旅游形象，也振奋了党政领导发展旅游的信心。这集中体现在洛阳老城区委出台的《关于实施文旅强区战略 建设国际新文旅目的地的意见》，计划下一步集中抓好五大片区建设,即古城历史文化片区、隋唐洛阳城中轴线洛河以北片区、牡丹产业融合发展片区、翠云谷休闲旅游片区、文旅文创产业片区,并且提出要实施潮流娱乐创新体验行动,围绕即时体验、全景体验、网红打卡、组队娱乐等多样化需求,创新推出一批角色扮演、汉服体验、沉浸式演艺等项目,打造彰显老城文化底蕴、极具"青春范儿"的文旅新业态。

三 "汉服热"可持续性的冷思考

新古典的"汉服热"可维持多久,能否一直持续下去?这是业内外人士都关注的话题。从理性和冷静的视角说,更要思考存续的困难、挑战和危机,即所谓居安思危、未雨绸缪。

(一)"汉服热"出现未必事发必然

景区出租服装拍个照,是国内外都有的现象,但没见过大批量游客租赁某款服饰穿戴并流行的现象,更未有哪个地方将其视之为可开发的文旅业态。正因如此,这一现象的出现及其延续的可持续性,也很值得研究和观察,未必就事发必然和永续存在。试想,出租服装的生意已存在几十年,哪一城市此前也赢得过某款服装热?让旅游者铺天盖地去穿某款服装,像化装舞会、古装游行一样,有的甚至穿戴不止一天,要将这种现象维持下去,必定需要若干的支撑因素,一旦遭遇某个因素缺失,便很有可能难以为继、逐步转向下坡。

(二)旅游相关现象多带有流行性

旅游领域的一些现象,包括打扮、消费、购物多带有一定的流行性或时尚性,过上一段时间,就会更新换代、新陈代谢。旅游客源自身具有审美疲劳,"网红"产品的一面就是"不长红",具体原因各式各样,趋势大多是喜新厌旧、迭代更新;当某类现象超长发展时,背后往往都有偶然或必然因素,如政府力量的主导即其一,至少可随时解决有关问题,后来随着完全市场化，这些支撑要素就会呈自然状态，红火现象也就走到尽头。譬如，进入21世纪，海南岛曾红火一阵"海岛服"，如今早已从高点跌落下来，摊位仍有一些椰风海韵格调的服饰，但街上实际穿着者已不普遍；流行性的迭代更新也是重要影响因素，以云南旅游商品为例，在90年代中后期，游客喜欢买少数民族布娃娃、木雕大象；2000年以后，普洱茶渐渐大行其道；之后走俏的有翡翠手镯、挂饰、树化玉；近些年旺销的则是玫瑰鲜花饼，再就是普洱茶、小粒咖啡。

（三）现象常态化需要氛围和条件

从服饰的穿着与流行看，要使其能够常态化穿着，需要一定的文化氛围和传统习惯。例如，国人过春节的穿戴、婚丧时的穿戴，虽然服饰早就不是传统式样，但仍能看出节日和习俗的烙印。笔者在云南滇西北挂职时就观察到，偏远地区最常见穿着民族服装的是中年以上妇女，这是常年居家、生活圈子封闭决定的。让游客喜欢租借汉服，也一定有若干的关联因素。譬如，需要有穿着的氛围，若当地人（经营者）不穿，只有少数游客来穿，就需要一些胆量和勇气；汉服的式样多不多、美不美，有的人想去租借，但由于偏胖了一些，可能就没有合适的，色彩与品种也是一个现实问题；租借的价格是否便宜，服务与价格有无多种套餐，如果游客觉得太贵，也难以推而广之；租借和归还是否方便，如果布点不够多，甚至要求哪儿租的就在哪儿还，就让人觉得不方便。

四 "汉服热"促进文旅发展的有关建议

洛阳如何利用好"汉服热"，尽量持续更久时间，把树立旅游形象、创新文旅融合、促进宣传营销所取得的突破，用于推动旅游产业的更好发展，以获取更加良好的经济社会效益，是值得洛阳市政府部门和旅游业界深入思考的问题。

（一）将"网红"现象尽量化作最可持续的市场效应

目前，由"汉服热"而红火的洛邑古城，让人不禁联想到当年云南丽江大研古镇的四方街、广西桂林的阳朔西街夜市，这种发展局面来之不易，应该思考怎么能够尽量持续下去。搞旅游就是做经济、做产业，应该考虑由市场来主导、市场来决定、市场来配置，只有尽量符合市场规律和旅游规律，新事物、新现象、新创造才能持续下去，政府只能相应做一些方向性引领和大环境营造，过多的行政性干预，往往欲速而不达、事与愿违。

第一，洛邑古城现有70亩的场地略显拥挤，可以适当扩展和完备功能，但不一定做很大面积的拓展。一些地方发展旅游的"诀窍"是，在产品和空间供给上，宁可略显不足，不可太过富余：黄金周旅游接待能力的配置就如此，坚持供给的必要弹性，而非按最大需求量配置接待条件；中式餐馆的经营也认可越是客满、越要排队，就会越红火的经营之道，像海底捞等火锅店就是如此；旅游商业街区的开发也是如此，有些城市街道狭窄陈旧时人潮涌动，一旦拓宽改造了则往往人流变少，有的研究者将其归为"太宽不聚人气"。

第二，要把汉服作为一个产业来做，统筹上下左右的关联要素，努力打造核心竞争力和比较优势。如浙江横店影视城的业态布局和运作模式，让专业人士觉得它已做到极致，各地影视城根本无法与其竞争，只能甘心处于小规模、专门化状态。洛阳老城区委提出大力发展"汉服经济"，要构建设计生产、发布展示、租赁销售、配套妆造、旅拍摄影、文化研究等汉服全产业链，争做全国汉服经济的新高地和汉服文化的输出地。这是很好的发展构思，但要真正成功落地，就不仅要有成系列的产业要素和产业环节，更在于各要素都要有市场竞争力，且能够形成有机协调的衔接与合力，才能最终形成市场的核心竞争力。

第三，积极营造穿着汉服的氛围，设计具有现实审美的系列汉服，提升租借汉服的便利化程度。也就是要积极营造能够让游客喜欢汉服的充足理由。例如，要有氛围、有情趣、有兴致，就是在当地应随处能够看到如此装束的人群，包括店铺、酒店经营者、部分居民和许多旅游者，就如同参加异地的一场换装（或化妆）Party，如我国的泼水节、火把节、狂欢节等，让你置身其中而不觉得别扭；要有设计美感，请专业的服装设计师进行创意和设计，既要丰富多彩，更要极富美感；租借服装应该价格便宜，让外地游客觉得花钱不多、服务不少、经济实惠；租借与归还便利，在主要景区、酒店、车站、机场设立更衣室，建立"统借统还"的服务。

第四，既有日常性的维护与引导机制，又有针对性的应急"工具箱"，备足充分可行的各种预案，一旦市场出现滑坡性苗头，就能及时采取堵漏止滑措施。应海纳百川、集思广益，通过广泛招募志愿者，或以市场化的激励手段，定期征集或采取一些新举措、新招数，主动营造和巩固汉服穿着氛围。譬如，在主要街区可设立流动性的"人为景观"，以"快闪"方式呈现"汉服秀"，以增强汉服穿着的氛围；以夜市游园、化妆游览、篝火晚会等方式，打造夜游、夜逛、夜消费街区，招募和配置一些汉服穿着的群组，发挥"角色性"的引领带动作用。

第五，要把研究汉服热与文旅融合列为定期性议题，及时发现与疏解市场反映的问题，补齐供应与服务的短板。可举办汉服热与文旅产业融合发展的研讨会、商洽会和高峰论坛，请全国相关行业的知名专家出谋划策；可研讨汉服流行发展的趋势，举办汉服设计和模特大赛，举办汉服博览会、订货会；可成立汉服产业发展调度与服务中心，统筹谋划、协调、推进汉服产业发展工作，监管配送服务、约拍市场、租赁价格、服务质量；可开展月度（或半月）游客汉服着装评比赛，推出月度、季度和年度冠军；加强文旅节市活动的策划与举办，做到月月（半月）有活动、季季有高度。

2023年中秋国庆8天黄金周，洛阳累计接待游客879.77万人次、旅游总收入75.05亿元，比2019年分别增长11.97%和9.97%，比2022年分别增长112.67%和181.38%。而汉服集中穿着的老城区累计接待游客199.06万人次、旅游总收入1587万元，比2019年分别增长了210.55%和216.98%，比2022年分别增长了290.08%和381.04%，明显高于全国同期水平。

（二）努力发掘覆盖全年龄段的旅游客源市场

汉服热的主体是年轻客群，但从长远来看，洛阳旅游仅靠这一客群，支撑不了广阔的天地，也难以行稳致远。对洛阳来说，"汉服热"是被及时抓住的市场表象，最根本的还要靠主打的旅游产品和核心吸引物。只有把这些核心打造好、叫得响，才能吸引更多游客源源不断地前来，也才能长久地显现"汉服加身"的盛况。

在客源市场开发上，可适度重视年轻客群；但也要注意客源多元、心态多元、需求多元，供给和服务也理所应当做到多元，力争客源市场全覆盖。旅游消费是典型的"人以群分"，包括年龄、收入、职业、爱好，同属风华正茂的年轻人，但消费趋向和喜好未必一致，有的讲求深度游、有的追求网红游，还有的是"野战兵式"，偏重一类群体就难免以偏概全。旅游消费市场的挖掘要尽量面向所有消费群体，例如，活力老人（退休不久者）、在职的中年和壮年人、家庭游和亲子游的主导者"小学生"，不能单独强调某一个群体。旅游宣传营销也应面向全媒体，移动端的点击量只是一个参考，它不等于阅读量，更不等于"种草量"。

（三）举全市之力推动大旅游产业发展

按照世界旅游组织所下的定义，旅游是一个近乎城市服务业的大概念，百姓理念中的旅游只是小旅游，公务商务、因私事外出者未被计算到旅游队伍里。而后者的体量不算小，应该予以统筹和兼顾。东南沿海城市的旅游者中，后者就占较大比重，如浙江义乌商品批发人群中有很多商务旅游者，其所创造的旅游价值远超一般观光游客。因此，发展旅游业不仅是旅游领域的事，还与人员流动、大交通、城市服务业密不可分。主要应抓好下列几个方面。

一是观光休闲度假旅游。就是百姓概念下的旅游，相当于出来玩，也就是传统的旅游市场。如对龙门石窟、武则天遗迹、洛阳牡丹、唐三彩、翠云谷等的旅游。至于汉服热、剧本杀、追剧、夜游，应该被视为传统业态的衍生与拓展，但对最基本的旅游吸引物、产业要素要放在应有位置。

二是公务商务旅游。广州的广交会、博鳌的亚洲论坛、成都大运会、昆明国际旅交会、某地的烟酒糖茶订货会，都会带来旅游量的猛增。需要具备相应的条件：首先，办会办展的基本硬件，需要交通便利、大的场馆、国际会议中心；其次，对会议商务的扶持和优惠政策，现在一些经济发达城市大多都有，即引来一个全国性会议、行业性会议、国际性会议或活动，给予相应奖励；再次，清除歧视性的政策或规定；最后，要造就一支与服务水平相适应的工作人员队伍。

三是因私因事旅游。主要指个人出行一定距离的办事行为，其人数和消费也对旅游有可观的贡献。对于综合实力较强的城市来说，这类接待服务占旅游比重也比较高。例如，学校、医院、商贸、娱乐、购物的大型场所；城市商业休闲街区，如北京的三里屯、南锣鼓巷、华熙LIVE，吸引很多休闲消费者；自驾车、露营者队伍，目前全国旅游74%是自驾游，西部地区超过80%。

洛阳市作为"汉服热"现象的发生地，能够审时度势、因势利导，清醒地认识并注意利用这种现象，千方百计努力保持上升势头、稳固影响、发挥效应，使之尽量推动文旅产业和经济社会发展，已经十分难能可贵。但"汉服热"作为一种社会现象，能够热多久，受制于诸多的现实要素，而非主观努力就能决定。从以不变应万变的角度着眼，还要更加重视改善吸引游客最基本要素，即旅游核心吸引物、旅游接待条件、旅游服务质量，只要保持这些要素始终处于稳步上升的势头，就能维持旅游客源的旺盛增长，即使"汉服热"持续几年以后又转换为其他热点，对洛阳而言也将是无所忧虑的。

参考文献

高舜礼：《说千道万，发展旅游还得遵循基本规律》，品橙旅游官方账号2023年9

月7日。

夏先清、杨子佩：《河南洛阳 文旅文创热起来》，《经济日报》2023年5月3日。

田宜龙、王雪娜、张艳艳：《"洛阳味道"扮靓文旅添香古都》，河南日报客户端2023年5月18日。

丁永勋：《这一波汉服热为什么洛阳最能成势》，"封面中国"微信公众号2023年9月23日。

·科技赋能·

G.14
沉浸式旅游发展的现状与趋势[*]

金准 夏亚龙[**]

摘　要： 旅游业是天生的沉浸产业，我国旅游业多年的运行轨迹是塑造越来越沉浸、深入的体验。从沉浸体验的演进来看，我国旅游业经历了要素活化的初步沉浸时期、追求极致的感官沉浸时期、系统搭建的复合沉浸时期和科技赋能的深度沉浸时期四个阶段，以及从旁观到浸入、从单维到多维、从现实到混合现实、从物理手段到复合手段以及从舞台式观看到多维度互动五个方面的转变。沉浸式旅游通过文化的发掘，技术的转化，服务的整合，形成了文化、技术、服务的三重附加，彰显了产业高质量演进的进化脉络，并且为旅游业带来产业创新载体，推动行业的高质量发展。

关键词： 沉浸式旅游　旅游体验　沉浸体验

一　引言

旅游业是天生的沉浸产业，具有对沉浸感需求的内在本质。旅游的根本目的在于寻求愉悦体验，这是旅游本质的规定性，是所有旅游都具备的

---

[*] 本文为国家社科基金重大项目"中国式现代化进程中文化和旅游深度融合发展研究"（项目编号：23ZDA092）的阶段性成果。
[**] 金准，中国社会科学院旅游研究中心秘书长，主要研究方向为旅游经济、休闲经济、城市旅游；夏亚龙，中国社会科学院大学商学院硕士研究生。

统一内核。旅游的这种体验性，表现为对更为深入的沉浸性不懈追求，旅游活动所定义的主要特性包括异地性、暂时性、综合性，异地是为了脱离惯常环境，其底层诉求是沉浸于异质环境中，暂时是为了平衡休闲与工作，越深地沉浸于异地，就能越快地脱离返回惯常，综合是对体验维度的需求，多元环境支撑和塑造形成的结果是沉浸式的，因此，我国旅游业多年运行的轨迹是塑造越来越沉浸深入的体验，从旁观到浸入、从单维到多维、从现实到混合现实，旅游的体验方式不断地演进。旅游产业内在的发展需求，与当前世界性的沉浸产业发展趋势结合在一起，对旅游产业形成了巨大的催化作用，形成了我国沉浸式旅游的风潮。《"十四五"旅游业发展规划》提出，要"开发数字化体验产品，发展沉浸式互动体验、虚拟展示、智慧导览等新型旅游服务，推进以'互联网+'为代表的旅游场景化建设"，并要增强旅游产品的体验性和互动性，推进全息展示、可穿戴设备、服务机器人、智能终端、无人机等技术的综合集成应用，推动交互式沉浸式旅游演艺等技术研发与应用示范。国务院办公厅印发的《关于释放旅游消费潜力推动旅游业高质量发展的若干措施》再次强调，要"推动利用数字技术改造提升传统旅游消费场所，打造智慧旅游、沉浸式体验新空间"。随着沉浸式旅游的推进，国内形成了一批现象级的项目，如"长安十二时辰"主题街区、上海天文馆（上海科技馆分馆）、teamLab无界美术馆、长沙文和友、《只有河南》实景演出，各自凝聚的巨大的市场价值引领了新的趋势和潮流，并对文旅融合的深入推进与旅游业的高质量发展形成了启示作用。

二 从沉浸化到沉浸式，我国旅游业演进的体验视角

旅游业是天生的沉浸产业，从体验演进的视角看，我国旅游业的发展轨迹也可以被视为沉浸脉络越来越清晰、沉浸化的产业能力越来越强、沉浸手段越来越丰富、沉浸体验越来越真实的发展过程，这样的探索经历，令旅游业在沉浸产业的发展中具有最为源远流长的发展历史，也令当前的沉浸产业

发展热潮天然地倾向于从旅游业的发展经验中汲取养分，并以旅游业为前沿进行探索。

（一）从沉浸化到沉浸式，我国旅游沉浸体验演进的四个阶段

如B.约瑟夫·派恩二世（B. Joseph Pine Ⅱ）、詹姆斯H.吉尔摩（James H. Gilmore）所说，"有意识地利用服务为舞台、产品为道具吸引消费者个体时，体验便产生了"。[①] 我国现代旅游业经历了从沉浸化到沉浸式的发展演变，前期的发展是沉浸化的，依托沉浸要素的融入，将游览体验沉浸化，后期的演变是越来越具沉浸式的特点，沉浸逐渐成为体验搭建的主要目的。可以从体验的视角出发，将我国旅游沉浸体验演进分为四个阶段，分别是要素活化的初步沉浸时期、追求极致的感官沉浸时期、系统搭建的复合沉浸时期和科技赋能的深度沉浸时期。从简单的要素添加，到极致感官体验的营造，到复合体验的搭建，再到深度沉浸，人们增加沉浸体验的意愿越来越强烈，依托的手段越来越复合、体验的沉浸感越来越深入，旅游体验的主体性也越来越强，旅游业与沉浸经济越来越紧密地融合在一起。

第一阶段是要素活化的初步沉浸时期。在我国现代旅游业的起步时期，业界即会在单纯的观光旅游上，主动增添沉浸要素。这一阶段的发展动力，主要源自需求推动供给的过程，由此决定了旅游业开发的前期具有浓厚的旅游资源初加工意味，但就在这样的起步过程中，都已经具有体验、沉浸的成分，上海的弄堂游、桂林的漓江船游，经由环境要素的加入、服务的串连，已经具有了初步的沉浸性，但初期的旅游体验更多的是旁观式的，观光意味较浓。

第二阶段是追求极致的感官沉浸时期。这一阶段的旅游开发，通过"最大""最高""最长""最深"的设施与旅游资源的结合，形成强烈的单一感官冲击。如1999年立项的天门山索道，以张家界市中心的城市花园为起点，直达天门山顶，犹如一道彩虹飞渡"人间""天上"，成为天门山旅

[①] Pine B J, Gilmore J H. *The Experience Economy* [M]. Harvard Business Press, 2011. p.17.

游风景区"四大奇观"之一。天门山的鬼谷栈道，悬于峭壁沿线，行走在栈道上，有乘直升机飞越峡谷的感觉，仿佛身临其境一般。1999年，张家界组织世界特技飞行大师穿越天门，将人的极限活动与自然奇观整合在一起，令观者动容。如1994年建成投入使用的东方明珠广播电视塔，灵感来源于"大珠小珠落玉盘"的意象，主体为多筒结构，由3根斜撑、3根立柱及广场、塔座、下球体、5个小球体、上球体、太空舱、发射天线桅杆等部分构成，总高468米，总建筑面积达10万平方米，三个主球体提供了不同高度的城市风光观赏平台，让游客以独特的方式欣赏浦江两岸景色，特别是站在259米高的全透明观光廊上，如在云中漫步，让人沉醉在这一独特的体验之中。

第三阶段为系统搭建的复合沉浸时期。行业通过对更为现代的灯光、表演、建筑、艺术、服务等的整合，形成游客复合沉浸的体验。2004年正式公演的《印象刘三姐》，在方圆两公里的漓江水域上，以12座山峰为背景，构建了巨大的山水剧场。导演张艺谋利用大规模的环境艺术灯光工程及独特的烟雾效果工程，展现出"红色、绿色、蓝色、金色、银色"五大主题色彩系列，将刘三姐的山歌、民族风情、漓江渔火、山水胜地等元素创新组合，给人以强烈的视觉听觉冲击。又如2007年建成的西栅景区，由东西1.8公里长的西栅老街、12个碧水环绕的岛屿组成，纵横交叉的河道近万米，形态各异的古石桥72座，环绕湿地生态区5万平方米。沿老街两侧分布有明清建筑、临河水阁、手工作坊、经典展馆，依托景观、河道、大街、岛屿、建筑、古迹、商铺、民宿，完整呈现了中国江南水乡古镇的风貌，构建了从景观到活动到服务的完整沉浸体系。

第四阶段为科技赋能的深度沉浸时期。随着互联网、大数据、虚拟现实等新技术在文旅领域加速应用，沉浸式演艺、沉浸式夜游、沉浸式展览展示、沉浸式街区主题娱乐等以科技赋能的深度沉浸项目不断涌现。其典型的代表是文旅部发布20个沉浸式旅游新业态示范案例，包括以又见平遥、重庆·1949、知音号、遇见大庸、寻梦牡丹亭、天酿、不眠之夜为代表的沉浸式演艺；以西安大唐不夜城、夜游锦江、北京国际光影艺术季"万物共生"、奇妙·夜德天、梦境光雾山为代表的沉浸式夜游；以扬州中国大运河博物馆、北京世园公园的植物历险记探索体验展、上海天文馆（上海科技馆分馆）、新四军江南指挥部纪念馆为代表的沉浸式展览展示；以长安十二时辰、花山世界·花山谜窟主题园区、沈阳中街步行街、teamLab无界美术馆为代表的沉浸式街区/主题娱乐。

（二）旅游沉浸体验的五个转变

旅游体验在从沉浸化到沉浸式的演进过程中经历了从旁观到浸入、从单维到多维、从现实到混合现实、从物理手段到复合手段以及从舞台式观看到多维度互动五个方面的转变。这些转变使得旅游体验的主体性更加强烈、维度更加丰富、沉浸感更加深刻、技术支撑性更加强大，并呈现越来越明显的综合体特征。

第一个转变是从旁观到浸入，旅游体验的主体性越来越强烈。传统的旅游体验以观光游览为主，在这种情况下，游客仅仅是旁观者。相比之下，沉浸式旅游体验提供了更具深度、更身临其境的亲身参与体验，使游客能够更加全面地融入在地文化、自然环境以及各类旅游活动。这种沉浸式体验融合了虚拟与现实技术，其独有的体验感在与传统歌舞戏剧相结合后，形成极具当代特色的"沉浸式"产品，为传统歌舞戏剧文化带来新的生机。以旅游演艺为例，《又见平遥》采用"走演"的新型表演形式，游客能够自由穿梭于剧场中，并与剧情和演员产生互动，使他们在欣赏演艺过程中仿佛身临其境、实质参与其中。这种独特的体验营造出一种亲历者的感受，使观众对故事内容具有更加深入和丰富的理解。浸入式戏剧《不眠之夜》则抛弃了固定观众席与舞台的观演模式，以极其灵活的戏剧舞台及共享观演空间来讲述故事。这种以叙事为主的空间设计与灵活自由的观演关系打破了戏剧的"第四堵墙"，观众在参与剧情发展的同时成为剧情的一部分，并产生了独特且完整的沉浸式体验。这种沉浸式演艺彻底打破了"台上演、台下看"的传统模式，更加注重空间氛围营造，让观众成为演出中的一部分，分不清是在戏中还是戏外。与传统的观光模式相比，沉浸式旅游满足了现代游客对于更主动参与的需求。通过参与度更高的活动、项目和互动，旅游者能够更深入地融入其中，并在旅游过程中扮演重要角色。

　　第二个转变是从单维到多维，旅游体验的维度越来越丰富。传统的旅游体验通常仅涉及单一感官层面，提供有限的感知体验。然而，在现代旅游领域，旅游体验已经发展至复合感官的沉浸模式。视觉、味觉、听觉、触觉和嗅觉等多个感官在旅游活动中被广泛应用，以创造更为丰富和多样化的感知体验。新技术的引入使得旅行者能够通过电子设备或仿真装置完全身临其境地体验到综合的触觉、听觉和视觉信息，能够模拟出逼真的景观、声音效果和物质触感，有效地增强了旅游体验与环境交互的感受力。例如，《不眠之夜》利用复杂的场景构建，创造出一个全方位的沉浸式体验情境，让观众沉浸其中。在这样一个沉浸式体验情境之中，观众除了调动常规演出观赏中的视觉和听觉外，还能通过嗅觉和触觉等感官参与其中，达到进一步强化情绪体验的目的。此外，结合高度沉浸性的虚拟现实技术，旅游者可以摆脱现实环境的限制，进入一个全新的虚拟环境，与所参观的场景进行互动，并获得前所未有的感官体验。举例来说，北京世园公园的植物历险记探索体验展在一个1000平方米的沉浸式空间中，通过互动式和情境化的参与方式，充分利用数字化技术，使整个体验过程具备可游、可触、可观、可听的特点。借助现代技术的进步，尤其是虚拟现实技术和增强现实技术的应用，传统单一感官旅游体验向复合感官的沉浸模式演变成为可能。

　　第三个转变是从现实到混合现实，旅游体验沉浸感越来越深。传统旅游体验主要依赖于现实世界，游客必须"到场"才能获得旅游体验是传统旅游的主要特征。而沉浸式旅游引入虚拟和增强现实技术，将数字元素与真实场景相融合，使得"实景体验"可借助虚拟场景搭建实现，"物理到场"不再是旅游体验的必要前提。这种混合现实方式为旅游者创造了奇幻独特的体验，使得他们能够探索那些在现实中不容易接触或不存在的事物。混合现实技术能够投射虚拟图像、模型或信息到真实环境中，即时生成具有与现实世界交互的体验。例如，成都夜间文旅项目"夜游锦江"，数字光影技术被应用于建筑立面、堤岸和水景，展示多维空间场景秀，将东门码头的繁华景象复原，并勾勒出了老成都、蜀都风情和国际范的生活美学地图。此外，混合现实技术还能够拓展游客的观光体验，超越当地文化和景观，提供更全面的内容。《梦境光雾山》就充分利用山水自然空间中的特殊介质，并借助裸眼3D、3D全息成像、雾气成像和水特效等高科技光影技术，在300米悬崖绝壁上再现了千年的米仓古道与巴人文化。通过突破实景演出观影方式，游客能够自由行走并全身心沉浸在剧情体验中。这种模拟与场景互动、探索神话传说或参与历史重演等虚拟场景的方式，赋予旅游者超越传统旅游方式的感官享受和认知体验。

第四个转变是从物理手段到复合手段，技术支撑性越来越强。传统旅游体验主要依赖物理手段，例如行程规划、交通工具和餐饮服务等。现如今，越来越多的复合手段被应用其中，包括虚拟游览、智能设备和互动展示等。同时，舞台搭建、剧本设定以及虚拟NPC等多种手段也被广泛采用，旨在让游客获得更具吸引力和参与性的旅游体验。虚拟游览技术可以让旅游者超越现实的边界，进入虚拟环境获得真实的感受。智能设备则为游客提供丰富的旅游信息和导览功能，让他们对景点的历史、文化和艺术背景有更深入的了解。此外，互动展示方式的运用可以增加旅客与展览内容之间的互动性，从而提升旅游体验的质量。例如，上海天文馆利用体感互动、数据可视化和生物识别等先进的展示手段，构建了沉浸式宇宙空间，通过全景展示宇宙的广袤景象，充分调动观众情感和感官，带领游客获得全新的宇宙探索体验。此外，舞台搭建和剧本设定等手段在沉浸式旅游体验中同样发挥着重要作用，虚拟NPC则使游客与虚拟角色的互动成为可能，为旅行者提供个性化的旅游体验。以《长安十二时辰》为例，在室内深度营造大唐长安市井的文化生活场景，借助精致布局的唐风建筑以及NPC演员互动等手段，成功地复原了唐代社会风貌，使游客能够身临其境地感受当时长安市井的日常生活氛围，并产生强烈的历史代入感。沉浸式旅游的技术支撑在当前已经从单一的物理手段迈向多元的复合手段。这种转变不仅创造了更为真实和逼真的环境，也提供了与虚拟角色互动的个性化旅游体验。

第五个转变是从舞台式观看到多维度互动，旅游综合体特性越来越明显。舞台观赏式的旅游体验正在逐渐演变为多维度互动的场景，将旅游从单纯的观光游览转变为涵盖参与各种活动、互动和游戏等元素的综合体验。这一变革使得旅游不再局限于观赏景点，而成为一个包含多个方面的综合体。在这种新的模式下，旅游者可以积极参与到旅程中去，通过各类活动和互动来丰富自己的体验。他们可以参加特定主题的游戏或任务，探索隐藏的景点或历史文化遗迹，与本地居民进行交流互动，甚至亲身体验当地传统工艺或表演。这样的互动性质增强了旅游的趣味性和娱乐性。例如，西安大唐不夜城以大雁塔为独特的文化地标，将唐朝文化元素作为核心，辅以现代流行元素，通过科技的赋能，深度融合沉浸式文旅新产品。并以"商业+""活动+""演艺+""智慧+"等形式进行创新，开创了独特的文旅经济模式。如今，西安大唐不夜城已经成为西安夜间经济的核心区域和文化旅游的标志性景点。可见，现代旅游已经超越了单一的体验形式，演变为一个综合体验、业态、消费和传播相结合的领域。旅游综合体作为综合化的旅游产品，将不同类型的服务设施、娱乐项目和市场活动融合在一起，可以满足游客对全方位体验和消费需求的追求。这些综合体引入了多种元素，如酒店、购物中心、主题公园、剧院、美食街等，可以营造出全方位且综合化的旅游体验。

三 产业沉浸与沉浸产业，深度文旅融合的产品形态

沉浸式旅游是通过环境渲染、场景打造、内容 IP 设定以及数智技术运用等手段，让参与者在超越现实世界的物理或虚拟空间中获得感官震撼和情感共鸣，进而完全沉浸于故事、角色和情境之中，达到一种忘却自我的临场互动体验的文旅发展高度。旅游业的产业沉浸趋势，要放到世界性的沉浸产业发展大局中看。近年来，"沉浸式"成为文化、娱乐、科技、游戏等众多领域的重要发展方向，在消费一端，沉浸式成为落实体验经济的重要领域，麦肯锡研究报告表明，全球消费者的消费习惯正从购买商品转向经历体验，人们不再执着于拥有多少物品，而更加看重经历了怎样的难忘体验。随着心理学、游戏设计、LARP、虚拟现实等不同领域的融合，新的体验和模式不

断迭代，世界上正在兴起一个沉浸式产业，这一产业由众多子产业组成，包括主题公园、沉浸式旅游、虚拟现实（VR）和增强现实（AR）产业、沉浸式戏剧、交互式艺术博物馆、沉浸式餐饮、沉浸式商业等。按照估计，截至2019年，沉浸式产业在全球范围内拥有超过51.9亿美元的产值，项目数量达8000多个，包含12大细分行业及258种沉浸式业态。在2017~2018年两年时间里，北美地区有700个新的沉浸式项目面世，同时，沉浸式体验设计公司层出不穷，保持着平均每年20%的增长。2019年中国沉浸产业产值达47.2亿元人民币，展览展陈、实景娱乐、商业地产、文化旅游等，均处于沉浸产业的前沿。

在全球性的沉浸产业崛起过程中，沉浸式旅游从中汲取了多方面的养分，包括：一是游戏、影视、戏剧、剧本杀等领域的行业经验，从场景、剧本、角色、交互方式、技术支撑五个方面为沉浸式旅游提供了经验来源和人力资源，《西部世界》《赛尔达传说》《头号玩家》等作品为文旅的深度沉浸化提供了灵感来源；二是新一代VR、AR、AI、机器人、数字人等技术的进展为沉浸式旅游提供了技术支撑；三是沉浸产业的常年运行养成了大众消费者互动感、叙事感、私密感、游戏感、艺术感的需求，由此形成了沉浸式旅游的市场基础；四是沉浸产业与互联网营销的天然结合，对沉浸式旅游的市场推广具有重要启示。

在文旅产业与沉浸产业结合的过程中，沉浸式旅游一方面沿用了产业多年沉浸化发展所形成的经验，另一方面采纳了世界上沉浸产业的最新成果，将文化、技术、服务整合到沉浸化的场景中；一方面提升了游客的参与水平，另一方面强化了游客与场景的互动强度，由此放大了体验经济中娱乐性、教育性、审美性、逃避性等四个维度的价值，形成了深度文旅融合的产品形态。

四 文化、技术、服务的三重附加，旅游产业形成高质量演进的进化脉络

传统旅游产业更多地依赖于资源投入和转化，在文化附加值、技术推动

性上都有所不足，旅游产业升级因此缺乏明确的演进脉络，沉浸式旅游通过文化的发掘、技术的转化、服务的整合，形成了文化、技术、服务的三重附加，由此彰显了产业高质量演进的进化脉络。

（一）依托沉浸式旅游形成对文化的深度开发

传统旅游产业在发展过程中普遍存在对文化资源的浅尝辄止。然而，沉浸式旅游提供了以更加全面、深入的方式来开发和呈现文化。通过打造沉浸式体验场景，游客可以身临其境地感受历史、艺术、民俗等方面的独特魅力。

举例来说，扬州中国大运河博物馆秉持"5G 大运河沉浸式体验馆"的核心理念，充分利用当代媒体技术，全流域、全时段和全方位地展示了大运河的前世今生，将古代历史文化以独特的方式呈现给观众。在这里，游客可以穿越 17 个运河城市，感受千年运河的历史风貌和文化底蕴。大运河博物馆把运河与文化、艺术及生活紧密结合，成为弘扬中华优秀传统文化的重要平台。另外，"夜游锦江"项目深入挖掘成都悠久的历史文化底蕴。通过运用卡通形象、情节和现代化手法，重新展现了其中的人物、文物和场景等元素。通过沉浸式的剧场游览体验，游客们能够全面领略成都文化以及千年锦江的古蜀文脉。

沉浸式旅游依托于对文化资源的深度挖掘和开发，将传统的文化元素通过现代科技融入旅游体验中。它不仅让游客近距离感受并学习当地的历史、艺术、传统手工艺等文化特色，还会激发他们对文化的兴趣和热爱。通过全方位的参与和互动，游客可以更好地理解、尊重和传承当地的文化。

（二）依托沉浸式旅游形成对技术的深度转化

传统旅游产业往往缺乏对科技元素的整合和运用，这限制了行业的进步和提升。沉浸式旅游运用先进的科技手段，将虚拟现实、增强现实、智能设备等技术引入旅游体验中。这些技术的应用可以使旅游更加生动化、多样化和个性化。例如，通过使用虚拟现实技术，游客可以身临其境地参观远在千里之外的名胜古迹；通过增强现实技术，游客可以在现实景观中看到虚拟的展品、角色或是故事情节。技术的转化使得旅游体验更具创新性和吸引力。

北京国际光影艺术季的展览"万物共生"为游客提供了一场令人难忘的户外光影艺术沉浸式体验。展区采用曲面激光技术，使单点激光光源全角度呈现迷人的激光面效果。并且利用裸眼3D技术创造了复杂而多样的多层次、多视角视觉效果，为观众带来逼真的立体感受。展览还结合特殊的舞美装置和光影效果，打造了一个令人叹为观止的视觉奇幻盛宴。此外，随着全景多声道、全息技术、AR和MR等虚拟现实技术的引入，一部引人入胜的旅游演艺作品——《天酿》在茅台酒发源地壮丽的山水空间中得以呈现。该演艺作品利用超尺度环幕、天幕、地屏和纱幕等媒介，以酱酒文化为牵引，讲述了第一代酿酒师酉酉的神奇故事。科技手段赋予了文艺演出更强的表现力，改变了传统旅游演艺倚重大量真人表演的模式，并实现了技术集成创新的商业模式。

沉浸式旅游作为一种架构于先进科技基础上并对之进行深入应用的方式，克服了传统文旅产业中缺乏科技整合与运用的问题。它将虚拟现实、增强现实和智能设备等先进技术融入旅游体验中，为旅游活动注入创新性和吸引力。

（三）依托沉浸式旅游形成对服务的深度整合

依托沉浸式旅游可以全面优化服务链条。传统文旅产业常常面对知识分割和服务品质参差不齐等问题，而沉浸式旅游将多个环节整合起来，使提供一站式的旅游服务成为可能。沉浸式文旅模式可以实现门票购买、景区导览、娱乐项目预约以及特色美食推荐等功能的无缝衔接。这种深度整合能够有效地提升消费者体验，并提高服务效率与水平。

如"只有河南·戏剧幻城"，该景区提供了一系列便利的服务设施，包括宽敞的停车场、电子地图导览系统、品牌化运营的麦浪餐厅和"只有·剧场"酒店。此外，景区通过设置人工指引和提供富有生动诙谐风格的导游讲解来不断提升服务质量。从反馈来看，游客对园区的服务设施和体验相对满意,并进一步增强了他们对沉浸式旅游体验的满意度。

沉浸式旅游不仅强调旅游产品的内容和形式,还注重提供全方位的服务。它通过整合多种资源和服务,使游客能够获得更加便捷、满意的旅行体验。例如,结合智能导览系统、个性化推荐算法等技术手段,为游客提供定制化的旅游路线和活动安排;利用在线预订、移动支付等工具,简化游客的出行流程。服务的深度整合提升了旅游产业的效率和质量,实现了更好的用户体验。

通过对文化的深度开发、技术的深度转化以及服务的深度整合,沉浸式旅游推动了传统文旅产业向更高质量演进的进化脉络。它为旅游目的地带来了新的增长点,并为游客提供了更丰富、个性化的旅游体验,同时也促进了文化的传承与交流。

五 沉浸式旅游为旅游业带来产业创新载体,推动行业的高质量发展

沉浸式旅游作为一种创新的载体形式,具有推动旅游业高质量发展的潜力。

首先,沉浸式旅游助力旅游产品进一步丰富。沉浸式旅游提供了更加丰富、多样化的旅游产品和体验。传统的旅游活动主要集中在观光和参观景点上,而沉浸式旅游则通过结合文化、技术、互动等元素,打造独特的旅游项目。这些项目可以包括虚拟导览、增强现实表演、角色扮演体验、文化互动交流等,给游客带来全新的感官体验和参与性活动。

其次,沉浸式旅游助力旅游业技术驱动的创新。沉浸式旅游将先进技术应用于旅游领域,从而实现了旅游业的创新发展。虚拟现实、增强现实、智能设备等技术为旅游体验提供了全新的可能性。例如,游客可以利用虚拟现实头盔进行远程旅游或探索未知的地方;增强现实技术使游客可以与虚拟角色互动,参与到沉浸的故事情节中。这些技术创新为旅游行业带来了更好的用户体验和市场竞争力。

再次，沉浸式旅游使个性化定制服务成为可能。沉浸式旅游注重提供个性化的旅游服务，通过智能算法、大数据分析等技术手段，可以对游客进行个性化推荐和定制化安排。游客可以根据自己的兴趣、需求选择合适的旅游项目，并在旅行过程中获得符合其偏好的服务。这种个性化定制的服务模式能够增强游客的满意度，并促进口碑传播和精细化管理。

最后，沉浸式旅游有利于产业链协同发展。沉浸式旅游不仅影响旅游服务提供者，还涉及相关产业链的协同发展。例如，景区、酒店、餐饮、交通等各类文旅企业可以共同合作，整合资源，打造多样化的沉浸式旅游产品和服务。这种协同发展有助于形成完整的旅游生态系统，优化资源配置，提高整体效益。

沉浸式旅游创新形式的引入和应用，可使旅游业获得产业创新的新载体，进而推动行业向高质量发展。这种创新不仅为游客带来更好的旅游体验，也促进了旅游目的地和相关产业的可持续发展。通过近年来的探索和实践，沉浸式旅游在促进旅游消费市场提质扩容方面起到了积极作用，高质量的文化旅游体验将有助于提升现阶段文化旅游消费水平。

参考文献

谢彦君：《基础旅游学》，中国旅游出版社，1999。

邹驾云：《"沉浸式"体验助力文旅消费提质升级》，《人民论坛》2020年第15期。

王爽：《我国文化旅游产业的转型路径研究——基于媒介生态变革的视角》，《山东大学学报》（哲学社会科学版）2021年第6期。

蔡雨晨、王梦婷：《文旅融合视角下沉浸式旅游体验发展思路研究——以"只有河南·戏剧幻城"为例》，《文化创新比较研究》2022年第34期。

方媛、张捷：《创意体验视角下沉浸式文旅发展及创新策略》，《艺术管理》（中英文）2023年第1期。

G.15
虚拟现实技术在旅游业中应用的模式与优化[*]

宋昌耀　李亚雪　王晓乐　厉新建[**]

摘　要： 虚拟现实技术是新一代信息技术的重要内容，是数字经济在旅游领域应用的重要基础，给旅游业发展带来了广泛而深刻的影响。虚拟现实技术在我国旅游业中的应用经过了初步探索、扩展应用和创新融合三个发展阶段，在旅游体验深化、旅游资源保护、旅游服务提升、旅游营销宣传等领域不断延伸出创新应用的新模式，带动旅游业实现沉浸化、数字化、个性化、高效化发展。虚拟旅游将实地旅游虚拟现实化，沉浸式体验空间是虚拟技术在旅游业中应用的重要场景，虚拟旅游对实地旅游存在抑制效应、互补效应、替代效应以及增强效应。面对新时代旅游业高质量发展的新要求和新方向，需要充分把握虚拟现实技术的内涵特征，持续优化虚拟现实技术在旅游业中的应用，进一步推动中国式旅游现代化。

关键词： 旅游业　虚拟现实技术　虚拟旅游　沉浸式体验

一　引言

虚拟现实技术（Virtual Reality，VR）是由 Jaron Lanier 在 20 世纪 80

---

[*] 本研究系北京市社会科学基金（23JCC062）、第八届中国科协青年人才托举工程项目（2022QNRC001）和2022年度北京市属高校教师队伍建设支持计划高水平科研创新团队（BPHR20220118）的阶段性成果。

[**] 宋昌耀，博士，北京第二外国语学院旅游科学学院副教授、硕士生导师，主要研究方向为旅游经济与区域经济；李亚雪、王晓乐，均系北京第二外国语学院旅游科学学院硕士研究生，主要研究方向为旅游经济与休闲经济；厉新建，博士，北京第二外国语学院旅游科学学院教授，主要研究方向为旅游经济与发展战略。

年代初提出，指利用各种人机交互技术模拟外界环境并创造生成三维虚拟环境，使得用户可以通过五感与虚拟环境进行交互式仿真体验的综合性技术。它涵盖了计算机、心理学、生理学等多个领域。虚拟现实技术具有3个主要特征：沉浸感（Immersive）、交互性（Interactive）、想象性（Imagination）。其中，沉浸感是指虚拟现实技术可以高度模拟外部环境，使得用户的视觉、听觉、嗅觉等感官体验都难以区分虚拟环境与现实环境，从而完全沉浸于三维虚拟环境中。交互性是指用户与虚拟环境可以进行双向互动，用户可以通过输入信息、执行操作或提出请求等方式与虚拟环境进行互动，虚拟环境会以某种方式做出即时响应，以使用户需求得到实时满足。想象性是指虚拟现实技术可以扩展用户在虚拟世界中的想象力，提升用户在认知层面的获得感，使用户通过深化和开拓思维，构想那些在客观世界中不存在或不可能发生的情景。虚拟现实的关键技术主要包括三维环境建模技术、实时三维显示技术、三维音频技术、传感器技术和系统集成技术等。根据用户沉浸感与交互性程度及操作方式的差异，虚拟现实系统可分为桌面式虚拟现实系统、非沉浸式虚拟现实系统、沉浸式虚拟现实系统、分布式虚拟现实系统以及增强式虚拟现实系统五种类型[①]。

  旅游业是虚拟现实技术产业化应用的重要场景。2015年1月，国家旅游局印发的《关于促进智慧旅游发展的指导意见》指出"智慧旅游是游客市场需求与现代信息技术驱动旅游业创新发展的新动力和新趋势，是全面提升旅游业发展水平、促进旅游业转型升级、提高旅游满意度的重要抓手，对于把旅游业建设成为人民群众更加满意的现代化服务业具有十分重要的意义"，强调了现代信息技术在旅游业发展中运用的重要性。2020年突发的新冠疫情对我国旅游业造成了前所未有的巨大冲击，重塑了旅游业发展的内外部环境，实地旅游活动的受限大大加速了VR景

---

① 杨青、钟书华：《国外"虚拟现实技术发展及演化趋势"研究综述》，《自然辩证法通讯》2021年第3期，第97~106页。

区、云观展、云直播等虚拟旅游形式的发展进程。2020年11月出台的《关于深化"互联网+旅游"推动旅游业高质量发展的意见》明确提出,旅游业高质量发展要坚持技术赋能,推动5G、大数据、云计算、物联网、人工智能、虚拟现实、增强现实、区块链等信息技术创新成果应用普及;引导云旅游、云演艺、云娱乐、云直播、云展览等新业态发展;培育"网络体验+消费"新模式。《"十四五"文化和旅游发展规划》也提出要坚持培育云旅游、云直播,发展线上数字化体验产品;鼓励定制、体验、智能、互动等消费新模式发展,打造沉浸式旅游体验新场景。2022年10月,工信部、文化和旅游部等五部门联合发布《虚拟现实与行业应用融合发展行动计划(2022—2026年)》,将"加速虚拟现实技术多行业多场景应用落地"作为发展重点任务,即面向规模化与特色化的融合应用发展目标,在文化旅游、融合媒体、体育健康、商贸创意、演艺娱乐、智慧城市等领域,深化虚拟现实与行业有机融合。这是我国对虚拟现实产业作出的重大战略部署,为虚拟现实技术在旅游业中的应用发展提供了有利契机。

随着虚拟现实技术逐渐成为旅游行业的应用热点,国内外学界也对虚拟旅游开展了广泛讨论与研究。研究重点包括虚拟现实技术在旅游不同方面的运用、虚拟旅游和实地旅游之间的关系、虚拟旅游体验与行为意愿等。具体而言,虚拟现实技术在旅游细分领域中的应用包含旅游景区、旅游目的地、博物馆和酒店等各种旅游场景。Guttentag通过探讨VR在旅游业六个主要领域(规划与管理、营销、娱乐、教育、无障碍和遗产保护)中的应用,分析了VR融入旅游业所面临的主要问题和挑战,考察了利用VR提供替代性旅游体验的可能性[①]。徐素宁等通过分析虚拟旅游的特点和现实情况,重点研究如何利用基于实景图像的虚拟现实技术构建虚拟旅游系统,提出了一个包括WebGIS电子地图、全景图像生成和网络全景图像浏览三个组成部分的

---

① Guttentag D. A., "Virtual Reality: Applications and Implications for Tourism [J]". *Tourism Management*, 2010, 31 (5): 637-651.

技术方案①。对于虚拟旅游和实地旅游之间的关系，研究者们持有的观点不尽相同，一些研究者认为相较于实地旅游，虚拟旅游更具沉浸感与交互性，且更加经济，会对实地旅游的发展产生冲击②；另有一些研究者认为，人们从虚拟旅游中获取的感官刺激与真实旅游的体验仍有很大差别，因而虚拟旅游不能完全代替实地旅游中的体验③。关于虚拟旅游体验与行为意愿的研究主要从用户角度出发，探讨虚拟现实技术对旅游者态度及行为意向的影响机制。例如，Tussyadiah等通过检验实验参与者在VR体验前后对旅游目的地态度和行为意向的转变，证明了VR在诱导临场感方面的能力能够影响用户访问目的地的意图④。厉新建等基于计划行为理论对虚拟旅游者做出实地旅游决策机制进行研究，指出虚拟旅游体验能够有效促进实地旅游意向转化⑤。

随着我国经济由高速度增长转向高质量发展，科技赋能成为旅游业高质量发展的重要驱动力，虚拟现实技术作为数字科技的重要组成部分，能够创造新型旅游方式，跨越时间和空间界限，表现出改变旅游业发展格局的巨大潜力。然而，虚拟旅游产品内容和形式较为单一，体验质量参差不齐，仍存在较大发展空间，亟待总结主要模式进行推广。在此背景下，本文通过总结虚拟现实技术在旅游业中的应用的阶段历程与主要模式，辨析虚拟旅游、沉浸式体验空间与实地旅游的内在逻辑关系，进一步明确未来虚拟现实技术在旅游业中应用的优化方向。

---

① 徐素宁、韦中亚、杨景春：《虚拟现实技术在虚拟旅游中的应用》，《地理学与国土研究》2001年第3期，第92~96页。
② Cheong R., "The Virtual Threat to Travel and Tourism [J]". *Tourism Management*, 1995, 16(6): 417-422.
③ 范业正：《客观地认识虚拟现实旅游》，《旅游学刊》2007年第5期，第6~7页。
④ Tussyadiah I. P., Wang D., Jung T. H., el al., "Virtual Reality, Presence, and Attitude Change: Empirical Evidence From Tourism". *Tourism Management*, 2018, 66: 140-154.
⑤ 厉新建、李兆睿、宋昌耀等：《基于计划行为理论的虚拟旅游行为影响机制研究》，《旅游学刊》2021年第8期，第15~26页。

二 虚拟现实技术在旅游业中的应用

(一) 虚拟现实技术在旅游业中应用的阶段历程

1. 2015年以前：初步探索阶段

2015年以前，虚拟现实技术在旅游中的应用的主要平台是虚拟旅游网站，即在网络平台上营造虚拟旅游环境，用户可以通过传感装置（如手柄、手套、贴片等）与虚拟旅游环境进行交互，并得到旅游景观的实时三维显示。虚拟旅游网站让用户能够根据自己的意愿选择参观路线、速度及视点，在不改变惯常环境的情况下游览景区景点。2013年1月，全景客推出全新改版虚拟旅游网，网站包括虚拟旅游、全景目的地、全景社区三款产品，为不具备旅游条件的旅游爱好者提供一站式服务。除此之外，虚拟现实技术还被运用在旅游广告宣传、规划设计等领域。总体而言，2015年以前我国虚拟现实技术在旅游中的应用仍处于低水平的初级探索发展阶段，旅游产品内容单一，开发力度薄弱，市场体量较小，大部分流于形式简单的旅游广告、图片、视频等产品，存在信息更新滞后、用户界面操作复杂、交互性不强等问题。

2. 2015~2020年：扩展应用阶段

2015年1月，国家旅游局印发《关于促进智慧旅游发展的指导意见》，成为国家政策推动"智慧旅游"发展的新起点。此后，国家相关部门相继推出《关于征求促进旅游业与信息化融合发展的若干意见》《关于加快推进智慧景区建设的通知》等多项政策支持和推动"智慧旅游"发展。在政策驱动下，以虚拟现实技术为代表的信息技术在旅游领域的应用持续普及，虚拟旅游场景应用不断拓展，虚拟现实技术及相关公司逐渐成为旅游市场的宠儿。2016年7月，为摆脱不良价格竞争带来的行业困境，更加专注提升大住宿环境下的用户体验，艺龙旅行网将VR技术应用到行业产品端，率先发布了OTA行业的第一支使用VR技术100%实景采集拍摄的景区+酒店体验视频，视频让观众能够以第一视角的方式享受沉浸式旅行预体验。总体而言，在扩展应用阶段，虚拟现实技术在旅游中的应用转向内容创作，侧重于通过丰富内容拓宽用户体验渠道，应用范围也得到了极大拓展，但依然存在用户互动设计不足、沉浸式体验程度低等问题。

3. 2020年至今：创新融合阶段

2020年初，新冠疫情在全球蔓延，旅游业是受影响最严重的行业之一。为应对疫情冲击，传统旅游业开发"微旅游""虚拟旅游"等新型旅游业态，积极探索转型之路，2021年元宇宙概念的爆发更是加速了旅游业在科技和智能领域的布局。2021年，张家界景区成立"元宇宙研究中心"，致力于探索虚拟旅游领域中张家界样板。此外，国家层面也高度重视虚拟现实产业发展，《中华人民共和国国民经济和社会发展第十四个五年规划和2035年远景目标纲要》中将"虚拟现实和增强现实"列入数字经济重点产业，提出以数字化转型整体驱动生产方式、生活方式和治理方式变革，催生新产业新业态新模式，壮大经济发展新引擎。2022年10月，工信部、文化和旅游部等五部门联合发布《虚拟现实与行业应用融合发展行动计划（2022—2026年）》指出，我国虚拟现实产业已初步构建了以技术创新为基础的生态体系，正迈入以产品升级和融合应用为主线的战略窗口期。随着虚拟现实产业进入战略窗口期，虚拟现实技术在旅游中的应用也转向深度融合阶段，注重提高全产业链的数字化转型，强调借助产品形式和体验内容的创新，增强消费者在消费和使用过程中的沉浸式体验感与互动性。

（二）虚拟现实技术在旅游业中应用的主要模式

虚拟现实技术在旅游中的应用超越了传统旅游信息的传递形式和过程，能够突破现实旅游的时空限制，将真实的动态化旅游场景在虚拟空间里输出和反馈给旅游者，从而为旅游者塑造一种"身临其境"的旅游体验，实现虚拟空间与现实旅游主体的交汇。随着技术的不断进步，虚拟现实技术在旅游体验深化、旅游资源保护、旅游服务提升、旅游营销宣传等领域的应用模式不断延伸扩展，逐渐形成以下四种主要模式。

1. 虚拟现实推动旅游体验实现沉浸式延伸

随着旅游消费需求不断升级，旅游方式已从走马观花式游览向深度游览、互动体验式游览转变。虚拟现实技术的本质即提供高度沉浸式的虚拟环境，通过视觉、听觉、触觉等感觉的沉浸及互动设置使用户感觉好像身临其境。为旅游目的地和旅游景区引入或设计与之相契合的沉浸式娱乐内容，不仅能够创造身临其境式的体验环境，丰富旅游产品服务的形态模式，还有助于推动产业融合创新，提升游客满意度。这种个性化的沉浸式旅游体验正逐渐成为旅游消费新潮流。

2022年9月，上海迪士尼度假区与中国虚拟现实品牌SoReal开展合作，联合推出沉浸式体验项目"超体空间SoReal VR"。该项目利用光影设计、音乐渲染、特效造型装置、互动装置、3D扫描与全息成像等现代数字科技，融合展示以中国古典名著《西游记》为主题的艺术元素，为游客提供类型丰富形式多样的全景沉浸式体验项目。2023年8月，陕西"长安十二时辰"项目入选文化和旅游部公布的第一批全国智慧旅游沉浸式体验新空间培育试点名单，该项目场地由旧商场改造而来，通过运用虚拟现实、增强现实等技术开展实景打造、灯光渲染、场景呈现、互动装置设置等，让游客不仅能够沉浸在唐朝里坊的热闹景象中体验盛唐文化，还可以沉浸式参与电视剧《长安十二时辰》中的故事情节，深入探索剧情线索，实现时间和空间上的"跨越"，与剧中人物进行实时的互动体验。

2. 虚拟现实推动旅游资源实现数字化管理

虚拟现实技术可以将旅游资源转变为信息资源，并进一步对信息资源进行组织、修复、整合和可视化展示，推动文化遗产等资源实现妥善保存和科学管理。运用虚拟现实技术除了可以为旅游资源保护工作保驾护航，还可以打造沉浸式体验项目，保障游客的游览体验，提升游客的参与感。近年来，数字采集、复原再现、展示传播等资源保护手段在虚拟现实的技术保障下发挥出极大效用，对旅游资源实现可持续发展产生了显著的积极作用。

"数字敦煌"是一项旨在保护敦煌文化遗产的虚拟工程，主要运用了虚拟现实、增强现实和交互现实等现代化信息技术。该工程将敦煌文化遗产数字化，打破时间、空间限制，满足人们游览、欣赏、研究等需求。通过"数字敦煌"，全球各地的游客都可通过线上渠道，360度全方位欣赏跨越隋、唐等10个朝代的30个石窟内部全景，观看特定壁画的高清数字图像及相关介绍，还可以进行虚拟漫游体验。2023年3月，甘肃省文化和旅游厅联合淘宝人生利用元宇宙数字技术，打造开放了线上首个旅游景点——元宇宙敦煌博物馆。整个元宇宙敦煌博物馆以3D古风风格，完整复刻了10余个隋唐时期敦煌经典古风壁画场景，消费者可在不同场景中沉浸穿梭。不同壁画场景中还设置了多种小互动，在逛元宇宙敦煌博物馆时，消费者可直接与壁画场景生动交互，模拟敦煌飞天，体验有趣的互动玩法。

3.虚拟现实推动旅游服务实现个性化提升

在移动互联网迅猛发展和消费升级的大背景下，游客需求变得更加移动化、个性化和多样化，更加注重旅途中的服务和体验。虚拟现实技术与文化和旅游市场深度融合发展，能够高效整合多种旅游资源和要素，更加深入洞察游客服务需求，打造复合型智慧旅游服务平台，帮助游客获得实时导航和旅游信息等智慧化、便捷化、人性化的旅游服务。

由云南省政府和腾讯联合打造的"一部手机游云南"项目在虚拟现实、云计算、大数据、物联网和人工智能等多种先进技术的支持下，形成了"三个平台+一个数据中心"的模式。在需求端，游客服务平台直接为游客提供了游览过程所需的旅游服务，如识花草、找厕所、一键投诉、景区导览等活动，提高服务的效率；在供给端，企业服务平台可以帮助相关旅游产品进行打包销售，为本地商家搭建了沟通协作的桥梁；在治理端，政府服务平台帮助政府实现联动执法、舆情监控、投诉受理和监管商家等功能，推进了云南省旅游产业数字化建设的步伐。以"一部手机游云南"为代表的智慧旅游服务平台，做到了服务"一键通"、监管"无盲区"、沟通"无阻碍"，推动旅游服务集成化和智能化。在景区方面，故宫博物院推出的"数字故宫"小程序除了传统景区小程序包含的在线购票、预约观展、地图导览等功能以外，还以近10亿像素采集了1742个全景点位，可实现720度实景游览、可浏览65873件展品的高清影像，极大增强了观众与线上文物的互动性与趣味性,提升了游客游览博物院的便捷性与参与度。

4. 虚拟现实推动旅游营销实现高效化转换

虚拟现实技术在旅游营销中的应用能够极大释放旅游消费活力。旅游企业与旅游目的地借助虚拟现实技术开发线上云游平台,通过创建虚拟旅游场景在更大范围内开展更生动真实的宣传,充分提高品牌知名度。高度沉浸式的体验能够让潜在游客在未亲临目的地的情况下,预先体验旅游目的地真实场景,在一定程度上能降低游客前往该旅游目的地的知觉风险,激发游客兴趣,促使旅游动机转化为旅游行动,增加潜在游客购买旅游产品与服务的倾向。

全景客是中国最大的虚拟旅游电子商务平台,它率先提出了720度三维全景的概念,并通过计算机技术和先进的三维全景技术为游客提供全视角、沉浸式的旅游体验。全景客已经成功完成全球400多个城市的全景展示的制作,拥有1万多个景区720度的三维全景图,其推出的虚拟旅游、全景目的地和全景社区三个项目满足了旅游者足不出户就能游览全球景观的需求。全景客推出的虚拟漫游项目利用3D实景虚拟现实技术和互联网信息技术,开发设计出了朱雀山虚拟旅游、清江画廊虚拟旅游、武当山虚拟旅游等项目。此外,国内许多旅游城市、旅游景区也普遍开发了线上云游功能作为旅游营销的重要手段。线上云游平台除了能够让游客提前了解体验景区景点,还能进一步通过大数据深入挖掘和分析平台用户信息,更加准确便捷地了解用户需求,进而面向旅游消费者开展更为精准的个性化营销。

三 虚拟旅游、沉浸式体验空间与实地旅游

(一)虚拟旅游将实地旅游虚拟现实化

虚拟旅游是利用虚拟现实技术增强旅游体验的过程。虚拟旅游作为一种新兴旅游业态,关于其分类尚未形成定论。在旅游产业发展实践中,虚拟旅游不仅仅存在于行前准备和客源地消费,在旅游过程中及旅游目的地仍然可以开展虚拟旅游。因此,根据虚拟旅游发生场景不同,可以将虚拟旅游分为

客源地虚拟旅游和目的地虚拟旅游。客源地虚拟旅游是指游客在客源地就能通过虚拟现实技术获得旅游体验，它本质上不是旅游，因为旅游者没有离开惯常环境、没有空间位移的过程。客源地虚拟旅游包括桌面式虚拟旅游和穿戴式虚拟旅游。桌面式虚拟旅游本质上是旅游前的旅游准备，如全景客、数字敦煌等；而穿戴式虚拟旅游则可以被称为旅游外的旅游，它是一种消费产品和科技产品。目的地虚拟旅游是指在旅游目的地通过应用虚拟现实技术开展的旅游活动，它往往是一种旅游项目或旅游场景。按照交互程度和游客体验程度的不同，虚拟旅游可以分为固定式虚拟旅游（如故宫VR体验馆）、移动式虚拟旅游（如迪士尼飞跃地平线、环球影城禁忌之旅等），以及正处于虚拟旅游发展前沿的元宇宙虚拟旅游（旅游者从旅游客源地到旅游目的地的贯穿于整个旅游过程的虚拟旅游）（见图1）。

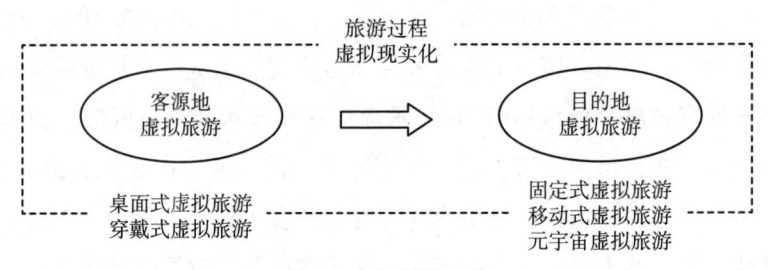

图1 虚拟旅游分类

（二）沉浸式体验空间是虚拟技术应用的重要场景

沉浸式体验空间是典型的目的地虚拟旅游场景，通常是指运用虚拟现实、增强现实等技术和设计声音、视觉、触觉等元素来创造出具有吸引力和沉浸感的实体场所，以增强用户的感官体验。虚拟旅游既可以在远程借助计算机、智能手机以及头戴式设备等形式实现，也可以在实体的沉浸式体验空间中实现。因此，沉浸式体验空间可以为虚拟旅游提供更真实的场景体验感，是发展虚拟旅游的重要抓手。

2021年，文化和旅游部印发的《"十四五"文化和旅游发展规划》中明确提出，要大力培育文化新型业态，培育100个沉浸式体验项目，支持一批智慧旅游景区建设，发展新一代沉浸式体验型旅游产品。旅游业"智慧化"集中体现在旅游服务智慧化、旅游管理智慧化、旅游营销智慧化和旅游产品智慧化四个方面，旅游沉浸式体验新空间即旅游产品智慧化的典型创新模式。2023年8月，文化和旅游部公布了首批24个全国智慧旅游沉浸式体验新空间培育试点名单，全国旅游景区、休闲街区、主题公园、文博场馆、度假区和主题公园六大类场所的24个项目入选。智慧旅游沉浸式体验新空间培育试点名单的公布，彰显了国家层面对于数字技术与实体文旅经济深度融合发展的重视，也体现了沉浸式体验新空间在促进传统旅游场所转型升级、延伸新型旅游消费业态和旅游产业链条等方面发挥了重要作用。

（三）虚拟旅游与实地旅游的辩证关系

旅游目的地虚拟旅游可以认为是实地旅游的一部分，是一种强化实地旅游体验、提高游客满意度和推荐意愿的方式，对实地旅游往往存在增强效应。而客源地虚拟旅游因没有离开惯常环境、没有空间位移的过程，与实地旅游存在替代效应、互补效应以及抑制效应的辩证关系。

1. 抑制效应——虚拟旅游抑制实地旅游

与实地旅游需要发生空间位移和相对长的整段时间不同，客源地虚拟旅游不需要发生空间位移，对时间的要求也不太严格，只需借助设备就可以实现，因而具有相对更低的门槛和更高的"可进入性"。虚拟世界和现实世界之间的相似性会使得游客进行实地旅游的必要性降低；出于对时间和经济成本的考虑，甚至当虚拟展示给消费者留下负面印象和不良口碑时，客源地虚拟旅游可能会抑制潜在游客的旅游意愿向实地旅游行为转化。

2. 互补效应——虚拟旅游促进实地旅游

当虚拟旅游被视为一种营销工具而不作为一种完全独立的娱乐活动时，虚拟旅游与实地旅游存在互补效应，即虚拟旅游促进实地旅游。良好的虚拟旅游体验能够对游客态度、情绪和行为产生积极影响，促进游客将潜在的旅游意愿转化为实际的旅游活动，这也是将虚拟现实技术应用到旅游目的地营销的目的和目标。

3. 替代效应——虚拟旅游替代实地旅游

长期以来，人们将虚拟旅游视为与实地旅游相对应的一种旅游形态，甚至认为虚拟旅游会替代实地旅游。与实地旅游不可避免地需要花费时间和金钱不同，虚拟旅游表现出高水平的可操作性和可实现性。因此，当游客受到旅行条件的限制时，虚拟旅游可以替代旅游。但在没有条件限制的情况下，游客开展实地旅游活动的动机更多的来自内心的驱动和体验内容本身。实地旅游体验是一种多维体验、整体体验、主动体验，而虚拟旅游体验往往是单一体验、局部体验、被动体验。因此，就通过旅游活动获得动态的独特的旅游体验而言，虚拟旅游很难成为实地旅游的替代（见图2）。

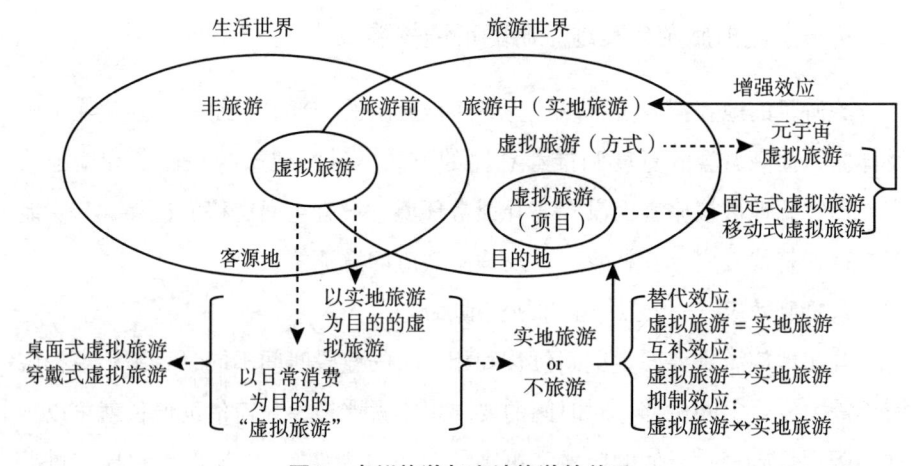

图 2　虚拟旅游与实地旅游的关系

四　虚拟现实技术在旅游业中应用的优化方向

（一）持续性科技驱动——创新科技运用形式范围

虚拟现实技术改变了游客体验旅游目的地的方式，为旅游业发展带来了新的机遇。然而，虚拟现实技术在旅游业中的产用结合程度不足，缺乏应用牵引，融合发展尚须精准施策。虚拟现实技术在旅游业的应用停留在"看上去很美"的状况，缺少规模化、可落地、有产出的商业实践，应用推广以"展厅观摩式"为主，示范辐射能力不高，使用感受有限。多数虚拟现实技术厂商对既有业务流程与现实场景的理解积累有限，难以有效筛选识别旅游业的多元化、差异化的细分场景需求。

为最大限度发挥科技在旅游业发展中的引领作用，需不断坚持创新科技在旅游中的应用形式，拓宽科技在旅游中的应用范围。一是加强虚拟旅游所涉及的VR、AR、AI、云计算、大数据等相关科技设备在旅游业中的投入运用。虚拟旅游的发展是各种高新技术与设备共同作用的结果，只有持续推动技术在旅游行业应用中的突破与创新，才能使虚拟旅游产业不断壮大发展。二是创新虚拟现实技术在需求端的应用形式。通过创建虚拟旅游平台，集成各种虚拟现实体验，增加个性化交互式体验活动设计，如允许用户自定义旅游行程、与其他游客开展互动等，从而有效推动游客将潜在旅游意愿转化为实地旅游活动。三是充分发挥沉浸式体验空间对虚拟旅游的带动作用。加快布局VR体验店、VR密室、VR博物馆、VR游乐园等线下沉浸式体验空间场景，不断丰富虚拟旅游体验活动内容，改善VR设备性能，提升线下活动的数字化水平和体验感，降低VR体验门槛，吸引更多用户通过线下的沉浸式体验空间参与虚拟旅游，从而带动旅游消费。

（二）全方位产业融合——打造数字化旅游供应链

以虚拟旅游为代表的旅游新业态的快速发展，进一步推动了旅游在生产方式、服务方式、管理模式等方面的创新，也丰富了产品业态，拓展了旅游消费空间。然而，在虚拟现实技术与旅游融合发展过程中，仍存在产业间融合度不高、关联性不强，行业资源和要素调配不合理等问题。

打造数字化旅游业产业供应链需要充分利用信息技术在旅游业发展中的效用价值。一是借助虚拟现实技术推进旅游业供给侧结构性改革。要根据旅游消费者的需求特点和旅游市场发展趋势，持续开发品类众多、选择性强的虚拟旅游产品组合，拓展虚拟旅游产品线的长度、宽度、深度、关联度，同时不断推动将虚拟现实技术运用到"吃、住、行、游、购、娱"等旅游全要素领域，拓展现代旅游产业供给链条。二是培育壮大虚拟旅游市场主体。积极支持发展旅游与多种产业的融合，联动和整合不同产业的供应链体系，以虚拟现实技术等科技应用和创新共享为纽带促进旅游企业间的协作，努力扩展旅游产业和其他产业合作的新空间，塑造多元化的开放合作格局，充分释放虚拟旅游市场主体活力。三是创新旅游服务供应链管理体系。加快以虚拟现实技术为代表的高新技术在旅游服务领域的落地应用，全方位建设布局智慧旅游景区、智慧城市、智慧交通、智慧文博、智慧导引系统、数字化政府、数字化社区等现代化旅游服务基础设施，创新旅游公共服务模式，不断优化旅游新环境，为产业升级和城市发展提供新动力。

（三）创造性文化引领——赋予虚拟旅游文化内涵

随着科技成为旅游产业发展的新引擎，旅游业发展逐渐进入"以文化为灵魂，以旅游为载体，以科技为支撑"的三位一体、融合发展的新阶段。鲜明的文化特征和深厚的文化内涵始终是旅游产品的核心竞争力，也是提升旅游产品服务生命力、促进旅游业实现可持续发展的关键因素。

发展虚拟旅游要坚持以深厚的文化为载体，突出地域性、特色性和比较优势。一是突出文化资源的本土特色，彰显旅游产品的个性特色。利用虚拟现实技术将抽象的文化符号、模糊的文化记忆、残缺的文化遗址等资源转化为游客可以直接感知或观看的"文化"产品。通过强化技术运用突破传统思维，培育具有独特个性和风采的旅游产品。二是依托虚拟现实技术建设一批高质量文化和旅游项目。既要注重规模，也要注重质量；既要注重项目布局，也要注重差异化，避免一般化的规划设计、粗放型开发、低水平重复建设和同质化竞争。三是以虚拟现实技术加速传统文化的传承与创新。截至2021年底，中国有1.08亿件/套国有可移动文物、76.7万处不可移动文物、6183家备案博物馆，丰富的文化资源需要借助现代科技实现有效活化和可持续利用。要在发掘传统文化精华、尊重文化内核的基础上，充分利用虚拟现实技术中的渲染处理、感知交互、近眼显示等多项关键子技术，推动文化遗产的数字化转化和数字文化资源产品化开发，推动文化遗产实现可持续利用、丰富数字旅游产品供给，以虚拟现实技术加速文化遗产数字化。

（四）多角度政策保障——激发旅游主体创新活力

深化虚拟现实技术在旅游业中的应用，离不开高效的制度政策作为保障。相关部门应结合新技术、新业态、新模式在旅游领域的实践基础，积极推进体制机制改革，探索有利于创新成果转化的政策环境。

一是完善并落实诸如税收优惠、科研资助、开发奖励等方面的财政政策，鼓励社会资本参与虚拟旅游项目建设，创新投融资方式，统筹用好相关资金，结合实际对虚拟现实技术在旅游业中的关键领域、薄弱环节和重点项目等予以支持，解决高端虚拟旅游技术开发面临的资金等方面的问题。二是坚持推进虚拟旅游领域的人才队伍建设，创新培养培训模式，鼓励学校和企业联合培养数字文旅产业发展急需的专业人才，落实人才保障政策，完善人才激励机制。三是制定虚拟旅游市场监管政策，对各类虚拟旅游市场主体活动和行为依法实施精准监管，充分发挥政府部门的监管效能，构建公平有序的市场秩序。同时，完善虚拟现实技术在旅游领域应用的知识产权保障相关制度，制定并实施用户数据隐私和企业数据安全评价标准，保障旅游者消费权益，从而释放出更大的旅游消费潜力。

G.16
科技赋能旅游企业高质量发展的践与悟

吴金梅[*]

摘　要： 在科技发展推动世界改变的大背景下，旅游企业既面临着变革带来的挑战，也得到了来自科技进步的发展助力。景区、旅行社、酒店、餐饮等各类型的旅游企业在科技发展的大潮中都在逐浪前行，或主动或被动地创新着产品和经营。面向未来，科技的发展赋能旅游企业发展，需要解决智能化产品与人性化服务的平衡协调，将服务业全面嵌入科技进步的大基底中整合重构，全面调整产业发展动能，从科技应用开始，调整产品结构、优化服务形式、创新发展路径，实现旅游企业高质量发展。

关键词： 科技赋能　旅游企业　高质量发展

科技革命带来了生产力的飞跃，加速了世界发展的进程，特别是以原子能、电子计算机、空间技术和生物工程的发明与应用为主要标志的第三次科技革命，带来了经济社会和人们生活的根本改变。旅游活动是人们生活中极具色彩的部分，旅游行业也是极具活力的行业。近年来，科技进步的成果与旅游企业发展不断结合、碰撞，已经产生了一系列改变，旅游企业或被推动、或被拉动、或主动谋划，纷纷以科技赋能其发展。

高质量发展是"十四五"乃至更长时期我国经济社会发展的主题，科技创新是打造高质量发展新动能和新机制的关键，面临全面转型升级的旅游

---

[*] 吴金梅，旅游管理学博士，研究员、正高级经济师，中国社会科学院旅游研究中心副主任，北京首都旅游集团有限公司党委常委、副总经理，中国全聚德集团董事长、中国康辉集团董事长，主要研究方向为旅游产业发展。

企业更是如此。加快实现高水平科技自立自强，是推动高质量发展的必由之路。推动经济高质量发展，就要不断提升全要素生产率，不断增强发展新动力、新活力。实现这些要求，最根本的要靠科技创新赋能企业发展。

一　旅游企业科技应用的时代生境

进入21世纪以来，全球科技发展空前活跃。无论是基础研究还是技术应用，都在以日新月异的速度颠覆着过往。对于旅游企业来说，身处其中，今时已非往昔。

（一）发展背景：科技带来全面影响

科技进步正在深刻地改变着社会生活的形式与内容。通信技术、航天科技、自动化水平、生物医学、农业科学等水平持续提升，数字化发展水平大幅提高，数字中国建设取得重大成就，人与人的通讯方式、地区之间的交通组织、购物娱乐的线下加线上……而今的生活已与百年之前迥然不同。在社会科技化发展的进程中，旅游者在信息获取、消费内容、服务形式等诸多方面都发生着改变，与此相适应，旅游业也在全面改变着服务方式、产品形式、商业模式。

（二）基础条件：技术进步取得长足进展

过去10年，中国的科技实力得到快速提升，从基础科学到应用科学都实现了大幅进步。2023年，科学技术部、国家数据局组建，《数字中国建设整体布局规划》明确了"2522"的数字中国建设框架。与此同时，科技的发展加速促进了产业进步，产学研的联动机制在不断磨合中逐步顺畅，从理论到应用的路径被逐步打通，全国高新技术企业数量从十多年前的4.9万家，增加到2021年的33万家，不同类别的科技企业提供的各类技术、产品正全方位地为旅游企业的需求提供支撑。

（三）政策导向：发展战略形成有力引导

中国共产党的第二十次代表大会及一系列国家重要会议和文件已明确地把科技创新摆在了国家发展全局的核心位置，"加快建设科技强国，实现高水平科技自立自强"的重大战略部署已公布，从战略引领、体制改革、资源统筹到综合协调、政策制定、检查推进，创新型举国体制开始逐步健全。《"十四五"旅游业发展规划》中明确提出，旅游业高质量发展要以改革创新为根本动力。《"十四五"文化和旅游科技创新规划》对文旅发展的基础理论和共性关键技术、新时代艺术创作与呈现、文化资源保护和传承利用等8个重点领域以及完善文化和旅游科技创新体系、强化文化和旅游科技研发与成果转化、推进文化和旅游信息化等科技创新的7项主要任务做了明确安排。

（四）市场环境：行业竞争与跨界角逐并存

在旅游业恢复的这一年中，旅游企业快速适应市场回暖，旅游企业在自己的经营中创新求变、适应需求、谋求发展。在企业抢占市场、赢得先机的竞争中，新技术的应用已成为重要能力要素，科技应用部分解决了用工短缺等难题，也成为提升产品和服务质量、降低成本的工具和手段。科技作为国之利器，国家赖之以强，企业赖之以赢。与此同时，科技的发展使得文化与旅游服务可以跨界提供，旅游休闲模式的改变使得旅游业的边界虚化。从外卖平台布局旅游，到电子设备与导游竞争，再到AR、VR打造虚拟景区分享旅游者份额，各类企业在技术能力支持下进军旅游业，竞争格局已由同业转向跨界。

二 旅游企业科技应用的探索实践

身处于科技进步浪潮之中，旅游企业进行了多个方向的实践。当前阶段，大部分旅游企业已普遍完成管理信息系统的建设和应用，对企业资源在线化进行了建设，开始了平台及线上营销，结合不同业态的特点进行了多方尝试。

（一）旅游景区产品创新与管理升级

景区是为旅游者提供游览及体验的区域空间，是旅游活动的核心吸引物，在科技的助力下，景区的管理服务质量提升，体验项目持续增加，以技术为依托的非传统景区开始进入旅游者视线。

1. 技术使景区管理更智慧

基于智能网络技术，景区的基础设施和服务设施、资源、旅游者行为、景区工作人员行迹都能实现可视化，并可实现时时数据传输，从而提升了景区管理智慧化程度。基于人脸识别技术的刷脸入园、景区内智能人流监控等使游客游览体验更加便捷，景区疏解导流在游客无感的情况下得到优化。景区在各系统的控制管理上，除基于物联网的自动化控制系统增加了便利性和安全性外，还在可视化、可即时通信的支持下实现了快速反应，提升了管理效率。

2. 以科技为内容的项目越来越多

在声、光、电技术应用基础上的虚拟现实 VR、AR 所实现的多感观体验项目已经成为自然、人文等传统景区内的升级体验项目。与景区主题相应的 5D 观影、灯光秀、配合氛围的骑乘设施等给旅游者以全新的体验。例如，北京环球度假区、上海迪士尼等大型主题公园以技术支撑的各主题项目极大地丰富了游客的旅游体验，无人机表演等项目正在逐步补位传统的烟火表演等项目，景区内无人售卖、自助服务等设施在方便游客的同时也节省了人工成本。

3. 大数据实现景区的精准营销

线上门票预约的广泛应用使得景区可以精准掌控游客构成情况，并可以进行预先调控，同时在预约时精准传递了景区资讯。各景区基于在线购票或预约的刚性，强力推动自主 App 或小程序创新，同步建立了会员体系，这使得各景区在流量获得的基础上可以有机会实现新的玩法。在大数据系统的支持下，景区经营者分析旅客行为，在目标客群中精准推送景区活动、引导消费，实现精准营销。景区通过建立 App、公众号、直播等自媒体和线上空间，自主发声，营造文化、打造形象，针对社群特点精准营销。

4. 线下线上双景区运营渐成风尚

在实体景区的运营中，同时通过数字孪生方式打造线上景区，已经成为越来越多景区的做法。这些景区在现实景区的空间内不断提升服务水平、打造新场景、新项目，同时在线上用景区的特色文化打造虚拟景区，线上景区基于线下场景的可视化，植入文化内容，通过游戏闯关、角色扮演等将景区游览向更大的时空拓展，并通过游戏升级等活动聚集人气、增加景区的黏性。未来，数字化本身形成的虚拟内容，会与越来越多的线下体验有机结合起来，给旅游者带来新的体验。

5. 数字消费新场景成为新型虚拟景区

随着互联网、云计算、人工智能等数字科技的不断发展和深化应用，新型数字消费蓬勃兴起，成为新型休闲体验业态。加拿大企业 Metaverse Group 打造的元宇宙时尚街区于 2022 年 3 月开放，并成功举办了全球首届元宇宙时装周。2023 年又举办了第二届，吸引了全球 60 余个时尚品牌参加并展示了 500 余款 NFT（Non-Fungible Token，非同质化通证）时装。美国拉斯维加斯商旅项目 Areal 5 的"幻影馆"通过 4K 互动投影、360 度音频、地板震动、气味系统等技术，打造了沉浸式展览与体验空间。人工智能商业化应用，使商业成为集消费、聚会、主题活动于一体的新型休闲空间。

（二）旅行社的智慧转型与跨界整合

旅行社是专门从事旅行服务的企业。科技使生活更便捷，也使机票预订、酒店预订、目的地资讯获得等以前需要由旅行社来提供服务的很多事项通过网络自助就可完成。旅行社要生存就必须转型升级。

1. 旅行服务在线化、个性化

基于网络和移动通信的普及，旅行社已开始将一部分服务由面对面的服务改变为在线服务，如在定制旅游中旅行社为旅游者全面安排行程，却并不与游客碰面，旅行中的服务和保障都通过在线支持完成。旅行策划作为新的旅行社产品，由旅行社为旅游者规划行程，旅游者支付费用，整个旅行中的预订由旅游者自助安排。个性化的需求需要柔性的生产去满足，而技术赋能的柔性生产，使更符合消费者需求的定制旅游有了更为广阔的前景。借助技术的力量，旅行社未来可以更充分地满足更细分的小众市场。全球知名在线旅游服务企业 Expedia 推出人工智能旅行定制工具，它可根据用户偏好、预算、目的地天气等信息，自动推荐旅游线路和相关出行贴士。

2. 管理系统的便捷性成为核心竞争力

从资源侧来看，旅行社与各类资源线上对接的能力与效率直接决定了企业获取资源的能力，所以各旅行服务企业不断优化与航空公司合作的票务系统，争取热门景区的门票授权并打通门票的预订与销售系统，在资源授权下快速建设分销系统与之对接支持市场销售。从管理角度来看，在数字化技术的助力下，旅行社管理系统不断升级，旅行社的产品分销、结算与资源协同已经完全依赖于管理系统，大部分旅行社都结合自己的组织特点、业务特点及管控模式开发了自己的 ERP 管理系统。这套系统的运行效率直接决定了旅行社的业务水平、服务质量、经营效益和市场竞争能力。

3. 客户端的智慧便捷成为关键因素

旅游服务企业的服务端智慧化是占领市场的首要能力，如在商旅服务业务中，一个服务单位员工使用便捷、单位管理监控时效性强、与旅行社业务无缝对接的软件系统已经成为获取和开展业务的关键条件，这些服务对标在线酒店、机票预订，其便捷性与经济性时刻被考验，客户在线系统维护与升级成为旅行社的重点工作。专项旅游活动中互动内容在线小程序的友好性已成为旅行服务的一个品质维度。

4. 基于平台的资源整合不断升级

OTA 在线旅游服务不断升级，基于定位服务、移动支付、移动信息服务及信息互动服务全面优化提升的旅游服务不断升级。在移动终端上的应用持续优化，多元化、多点式的 App 成为客户端的主流，应用中升级了航班、酒店、旅游产品等传统功能，也在不断加强攻略、图片分享等互动环节，将游客互动、互助平台的作用不断放大，提升用户体验、加大用户黏性。在旅游重启之际，大量平台型线上旅游企业涌现出来，带来了行业技术进步的动

力。新一代信息技术是我国旅游领域技术创新最活跃的组成部分,也是市场化程度最高的领域,在全球市场容量最大、需求层次最复杂的国民旅游市场推动下,如携程旅行、飞猪旅行、美团、石基集团等企业持续进行技术研发。以携程系、阿里系、腾讯系为龙头,百度、字节跳动等大型互联网企业持续跟进,我国旅行服务业在互联网、移动互联网、大数据、人工智能等技术创新领域与美国、英国、德国等国家并行发展,在人工智能旅游定制及推荐、移动互联网、移动支付、机器人客服和直播营销等领域处于"领跑"位势。

(三)旅游饭店的基建升级与服务智能化

酒店是旅游的基础服务载体,星级酒店也往往是城市的标志性建筑、是城市风格的展示。在技术的推动下,旅游饭店正在进行从硬件到软件的科技化实践。

1. 建筑的低碳智慧化升级

在建筑技术的支持下,新建酒店率先在设计、建设中应用新技术,在绿色建筑评级标准下通常以三星的标准建设,同时应用低能耗、智能控制、模块化建设等技术实现安全、舒适的功能需求。在酒店装修改造中,被动式、MINI能源技术、预制化生产方式等技术正逐渐被应用,在原有的建筑风貌下,科技化的改造升级为老建筑植入新的内核。这些建筑科技在酒店的应用,提升了酒店的空间体验,也改变了建筑管理与维护方式。

2. 智能化系统在管理中全面应用

进入21世纪以来,以楼宇自动化技术为引领的公共建筑智能化升级快速推进,在网络与数据技术的支持下,空调与电梯运行监控系统、综合保安系统、照明监控系统、通风监控系统、给排水监控系统、电力供应监控系统、消防监控系统和结构化综合布线系统的智能化普及应用并不断升级。酒店的基础服务智慧化程度持续提升,管理效率和水平也不断提高。

3. 酒店服务科技化不断尝新

体现酒店文化的各项针对人的服务正在被科技改变。自助入住系统使客人可以自主完成入住手续，不再需要前台接待员的帮助，只需在机器上输入相关信息并完成支付，就可以轻松入住。无人管理酒店系统开始进入新锐酒店，通过服务器和与服务器的连接，酒店预订系统、信息采集系统、电梯系统、门禁系统、早餐就餐系统、清洁系统等相互连接并实现智慧化运行。友好界面的自助 Check-in，人脸识别下的一路畅通，客房服务机器人回应客房的需求送上商品、餐食和客房用品……这不仅是一种新奇、便捷的体验，也提高了酒店的运行效率、减少了用工成本。

4. 预订系统与客户管理成为核心能力

基于酒店间夜的商品特殊性，酒店预订系统是特意为酒店客户设计方案的智能管理系统，能够显著提高酒店的服务水准和工作效能，规范酒店的工作流程，协助餐饮经理立即、多方位地掌握业务信息，作出更准确的管理决策，合理提升酒店的业务流程效率。对于大的酒店集团数以亿计的客户会员体系来说，会员既是资源也是市场，更是品牌发展的核心竞争力。自助线上预订系统的运行也是酒店与 OTA 实现有序合作而不过分依赖平台的必要能力。

5. 以科技为特色的酒店方兴未艾

在以科幻电影《星际迷航》为场景的主题酒店中，通过墙面高仿数字屏幕、3D 立体装饰以及光、电效果，人们仿佛进入了电影场景中的"企业号"舰队，加之服务中的角色扮演，使入住酒店就如进行了一次太空旅行。以服务电竞游戏为特定功能的酒店在世界各地兴起，这种集合了网吧、住宿、聚会等多重功能的酒店，有高标准的网络服务、专门配备的电竞家具、2 人及多人的适应空间及服务，对电竞爱好者有着独特的吸引力。

（四）餐饮企业的服务升级与食品工业化

餐饮业是与百姓生活息息相关的行业，餐饮企业既为本地居民服务也为旅游者服务，其功能既满足人们的基本需求，也承继着一个地方的习俗，传播着特定的文化。

1. 机器人服务逐渐普及

在餐厅穿梭的送餐的机器人、大堂巡回的清洁机器人已经是很多餐饮企业的标配。点餐机器人在中、大型餐饮企业也开始使用，这些造型可爱、应答自如的机器人，在大数据、人脸识别、信息传输、云计算等技术的支持下，与客人友好互动，完成点餐工作，很多机器人同时还能完成会员纳新工作。这些机器人在酒店餐饮中的使用提升了餐厅的时尚感，更降低了餐饮企业的用工压力、减少了用工成本。

2. 自动化机械持续升级后厨

在自动化控制技术飞速发展的背景下，厨房设备不断升级，各类自动化机械正在解放厨师的双手，标准化的蒸、烤、煎等操作已有专门的机器可以完成。厨房机器人的出现除完成清洗、切割等基础工作之外，已开始尝试完成炒菜的工作。在北京冬奥会期间的媒体中心智慧餐厅，中、西餐都由机器人厨师完成，不仅汉堡的制作由机器人完成，中餐也是全自动一体化操作，从投料、翻炒到装盘出餐，做出了宫保鸡丁、东坡肉等数十道传统中式佳肴，当然还有意式肉酱面等多种主食，相关报道引得世界感叹。

3. 线上选择预订、平台全民评价

随着移动通信的普及，在移动终端寻找心仪的餐厅已经成为用餐者的通常做法，线上选择全面改变了餐饮行业的营销模式，每个餐饮企业或主动或被动地都已经成为餐饮服务版图上的标识点，并在线上接受选择。大众对餐饮服务的评价已经成为餐饮企业最具市场影响的评价结果，用餐之后的推荐与评价形成了面对市场的企业形象。在网络技术支持下的评价机制，促进了餐饮菜品质量和服务的不断提高。

4. 食品工业化持续升温

在食品科技中储存、加工、保鲜等一系列技术的支持下，借助物流的便捷高效，食品工业与生活需求不断匹配、发展。适应快节奏、简单便捷及特定情况的需求，预制菜赛道在近几年迅速火爆，经过加工的半成品或成品，从工厂走上百姓的餐桌，也正在走向餐厅的后厨。餐饮企业在预制菜领域纷纷布局，将自己的拿手好菜让人带回家。堂食外带、宴会上门等服务，借助包装及保鲜技术也开辟出了新的经营领域。

5. 绿色餐厅理念获得消费者青睐

伦敦 Silo 餐厅的餐盘、桌椅、壁灯等陈设均用回收塑料、酒瓶、海藻等环保材料制成，使用投影点菜节约纸张，被米其林评为绿星奖。基于绿色经营理念，其餐饮经营在食材选择、点到点运输、保鲜技术等方面都在凸显绿色特色。餐饮理念及文化传播受到欢迎，全聚德博物馆每年接待游客超过 2.5 万人次，在感受中华餐饮文化的同时，绿色理念传播也成为青少年主题活动的重点内容。

三 科技赋能旅游企业面临的问题及相关建议

2023 年中国旅游业全力恢复，在提质、转型、升级、焕新中不断修复疫情带来的影响、积极回应消费新需求和迎接市场新挑战。科技赋能在旅游企业发展中成为企业转型升级的有力抓手。

（一）科技与旅游发展共进中的问题与困惑

1. 政策支持不足、机制有待健全

在旅游企业的科技化发展中，从主体上来看，科技赋能是一个多元科技主体对多产业、多业态旅游主体的散点分布、点点结合状态。不同于制造、医疗、汽车等链条清晰、边界明确的产业，其科技发展导向清晰、政策激励支持明确，而旅游业构成主体多，政策支持指向还不清晰。旅游业与科技企业的对接是在海量空间中寻找资讯，在跨界行业主体中寻求合作，旅游企业对技术水平等关键因素判断力不够，合作章法不清晰，供给与需求错位明显。在科技赋能企业发展上，政策有待明晰、标准需要建立。

2. 从"跟跑"到"领跑"的变速缺少动能

从世界维度来看，我国多项技术还处在跟跑位置，如旅游住宿业领域的旅游预订与管理信息化仍以舶来为主。景区及主题公园、旅游装备制造、旅游演艺等领域主要是装备制造技术、展陈技术与旅游信息技术的融合集成，这些领域由于旅游装备制造技术落后，较多整体处于"跟跑"位势。目前，酒店行业中中国范式的建立，主题公园行业中本土品牌的领先超越，都要以行业战略定位为前提，需要整合资源综合赋能才能实现。目前在这方面，从战略定位到投资者预期、再到政策及资源支持还不清晰。

3. 过度数字化与人性化存在错位

数字技术下很多场景都在以扫码、自助无人服务的形式升级，这些绝对的数字化应用给特殊人群带来了不便。例如，刚刚入境的外国游客可能还没有微信、语言不通、无法快速应用小程序，便捷的移动端对于他们来说可能会是程序上的巨大障碍。又如，老年人在线购票预约的操作难题。还有诸如某餐馆需关注公众号才能点单，被消费者诉至法院，经二审判决其行为是侵害消费者个人信息权益的服务侵权。

（二）以科技赋能旅游企业发展的思考建议

1. 政策支持激励机制引导推动

我国进入推动高质量发展、加快建设现代化经济体系的关键时期，在落地实施上要加快推进行动方案、实施政策的落地，制定研发投入支持政策、建立研发准备金制度，通过实施创新驱动发展战略，制定行动方案引领企业发展，构建鼓励科技应用、激励创新发展的上位政策体系。文旅行业主管部门通过发布示范性好、影响力大、带动性强的科技应用场景案例，推动科技在旅游企业发展中的普及应用。政府部门采用"揭榜挂帅"机制鼓励企业加强数据技术和产品创新，制定如对于符合条件的科技转型投入可视同利润考核的激励政策。倡导大中小微企业协同创新，产业链上中下游有效衔接，产学研用深度融合，由行业主管部门出面构建平台、确立机制，使具有科技创新策源能力、引领全球产业发展方向、占据产业链价值链主导地位的国际领军企业不断壮大。

2. 充分发挥企业创新主体作用

要激发企业自主发展动能，强化企业技术创新决策的主体地位。重点关注科技服务、人工智能、智慧出行、双碳技术等领域，聚焦各自产业链发展前沿科技，在旅游及相关领域推进产品结构和商业模式创新。旅游企业应加强与科研机构、高等院校、头部互联网企业的广泛合作，关注市场需求的变化，关注同行业头部企业的变化，加强市场研究和产品创新，通过科技创新和数字化转型焕发新春，发挥市场在资源配置中的决定性作用，让机构、人才、装置、资金、项目都充分活跃起来，形成推动科技创新强大合力。着力打造科技创新"国企样板"，激励旅游头部企业带动进行产业方向研判、技术标准创制、知识产权布局等示范工作。

3. 调动发挥企业家创新意识和激情

要充分尊重企业科技创新意识和举措，发挥企业家要素整合者、市场开拓者、创新推动者作用，支持企业家领衔承担国家重大创新任务和工程，围绕关键核心技术创新和重大原创技术突破，提高对创新资源的战略统筹能力，成为探索者、组织者、引领者。

4. 以应用场景为切入点快速实现科技成果应用与转化

科技部明确指出，应用场景是引领未来科技创新和新兴产业发展的一种新范式。应用场景创新已经成为传统企业技术升级、产业增长的新路径。旅游企业在科技工作中，处于应用端，要以支持政策鼓励企业在场景上应用技术，实现科技落地，发挥源头创新的拉动作用。

5. 提高科技研发投入产出效率

要构建以实效为导向的科技创新工作体系，健全成果转移转化机制，抓好成果转化"最后一公里"。推动科技与资本深度融合，培育用好创新资本，发挥资本在创新资源配置、市场化机制建设等方面的战略引领作用，提升科技创新效率与成果转化水平。

6. 不断增强创新体系效能

坚持体制机制创新，健全完善考核评价体系，用好用足中长期激励政策，深化科技型企业市场化改革，不断扩大创新政策供给。深入实施人才优先发展战略，创新人才"引选育用留"工作机制，加强人才队伍建设，打造人才高地。

7. 构建产学研用体系促进新技术新产品示范应用

应聚焦场景共建、产业协同、空间运营、科技服务，探索由企业主导的产学研用深度融合新范式，打造以企业牵头、高校和科研院所支撑、各类创新主体协同的创新联合体，统筹好产业链、资本、土地等资源优势，打造共性技术平台。

8. 对标一流企业提速数字化转型步伐

应制定数字化转型行动方案，加快智能建造、智慧园区、智慧交通等旅游相关重点行业数字化转型，实现生产运营智能化、经营管理一体化、用户服务敏捷化、产业协同生态化。各企业要围绕自身业务实际，明确本企业的核心科技需求，科学制定适合自身的科技发展战略，设立企业内部的科技管理机制，推动企业内部科技发展有序开展。

9. 发挥数字资产作用助力企业推动行业发展

2023年8月，财政部印发《企业数据资源相关会计处理暂行规定》，数字资产认证、估值、入表、交易的工作全面开启，旅游行业要积极开展相关工作。旅游企业通过数字资产认证实现数字资产的标准化、实现数字资产入表，进而可以推动旅游企业的资产化创新。对于旅游行业来说，在数字资产交易中推进旅游企业数字资产的进场交易，将有效补充旅游行业统计数据的不足，同时实现旅游企业数字资产的市场价值。

参考文献

周子若：《数字经济、旅游科技创新与旅游经济高质量发展关系研究》，《中国物价》2023年第9期。

田博文、余渭恒：《科技赋能打造智慧旅游时代——以剑川古城为例》，《旅游纵览》2023年第14期。

陈晔、马季振、李恒云等：《科技赋能旅游业高质量发展：实践路径与研究议题》，《旅游导刊》2023年第5期。

吴金梅：《激发旅游企业内生动力，推动旅游业高质量发展》，《中国旅游报》2023年11月13日。

G.17
数字经济时代我国体育旅游高质量发展新变革

蒋依依 王石峰*

摘 要： 在数字经济时代，我国体育旅游蓬勃发展，迎来高质量发展的新变革。数字经济赋予体育旅游高质量发展的新内涵，体现在宏观层面的生产要素配置、中观层面的产业结构优化与转型升级、微观层面的企业经营效率提升。在政策激励与管理创新、业务融合与营销创新、消费升级与服务创新、技术应用与业态创新等方面迎来了新机遇；同时，面临游客数据隐私与安全风险有待加强、数字技术与体育旅游融合有待提升、数字化体育旅游复合型人才有待培育、体育旅游行业标准化体系有待健全等方面的新挑战。为此，需要完善数据、提升产业数字化监管能力，加强数字技术应用、提高数字经济与体育旅游融合度，培养体育旅游数字化人才、精准对接市场需求，推进体育旅游行业标准化建设、引导行业健康有序发展等新路向，以实现经济稳定增长和不断满足人民日益增长的美好生活需要。

关键词： 数字经济时代 体育旅游 高质量发展 产业融合

党的二十大报告明确提出，"建设数字中国，加快发展数字经济，促进数字经济和实体经济深度融合，打造具有国际竞争力的数字产业集群，优化基础设施布局、结构、功能和系统集成，构建现代化基础设施体系"。2022年

---

* 蒋依依，博士，北京体育大学体育休闲与旅游学院副院长、教授、博士生导师，主要研究方向为体育旅游、奥运遗产；王石峰，北京体育大学体育休闲与旅游学院博士研究生、讲师，主要研究方向为体育旅游。

1月，国务院印发《"十四五"旅游业发展规划》强调，"要充分运用数字化、网络化、智能化科技创新成果，升级传统旅游业态，创新产品和服务方式，推动旅游业从资源驱动向创新驱动转变"。创新驱动作为"十四五"旅游发展规划的核心关键词，坚持创新驱动发展之路，加快推进以数字化、网络化、智能化为特征的智慧旅游，深化"互联网+旅游"，扩大新技术场景应用。工信部数据显示，我国数字经济规模由2012年的11万亿元增长至2021年的45.5万亿元，占GDP比重由21.6%提升至39.8%，总量稳居世界第二，成为推动经济高质量发展的重要引擎。在国家推进数字经济与实体经济深度融合的大环境下，数字经济与体育旅游的融合亦是经济高质量发展的必然选择。

当前，数字化转型已成为各国普遍共识，发达国家更是将关乎数字经济发展的关键和核心技术列入战略必争领域，试图进一步加强其主导规则下的关键和新兴技术国际标准领导力，掌控数字经济时代的战略高地和话语权。我国数字经济发展成绩举世瞩目，但与发达国家相比尚有一定差距，存在数实融合程度偏低、关键核心技术创新不足、数字时代竞争规则话语权弱等问题。迈入大众旅游时代，体育旅游作为幸福产业和健康产业，国内消费市场潜力巨大。世界旅游组织（UNWTO）数据显示，目前全球体育旅游产业的年均增速在15%左右，是旅游产业中增长最快的细分市场，而中国体育旅游市场正在以30%~40%的速度快速增长，已经成为健康中国战略的示范性产业。加强数字经济与体育旅游深度融合，既是满足人民美好生活需求的现实需要，也是体育旅游产业数字化转型的内在要求，亟须紧紧抓住数字化转型的时代机遇，高质量推动数字经济与体育旅游融合走深向实。基于此，本报告以数字经济为切入点，从我国体育旅游高质量发展的新内涵、新机遇、新挑战和新路向4个方面展开探讨，以期为体育旅游产业数字化转型和体育产业结构优化升级提供参考与借鉴。

一 数字经济时代我国体育旅游发展概况

体育旅游属于旅游产业和体育产业深度融合的新兴产业形态，它是以体育运动为核心，以现场观赛、参与体验及参观游览为主要形式，以满足健康娱乐、旅游休闲为目的，向大众提供相关产品和服务的一系列经济活动，涉及健身休闲、竞赛表演、装备制造、设施建设等业态。随着健康中国和全民健身国家战略的持续推进，体育与旅游融合成为产业创新发展的新趋势，并成为旅游产业高质量发展的重要引擎。QYResearch的市场调研报告《2022~2028中国体育旅游市场现状研究分析与发展前景预测报告》显示，中国体育旅游市场规模逐年扩大，2021年体育旅游市场规模为12718亿元，较2020年上涨2543亿元（见图1）。

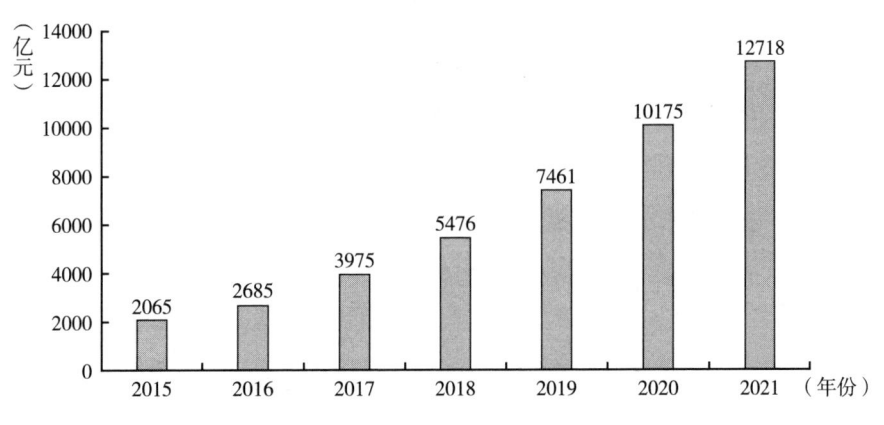

图1 2015~2021年中国体育旅游市场规模变化

近年来，人们对于体育旅游的热情日益高涨，尤其是北京冬奥会的成功举办，将国民体育旅游热度推向峰值。马蜂窝发布的《体育旅游主题报告：去运动，去旅行！》显示：在2022年第一季度的旅行话题中，滑雪、冰壶、登山、徒步、冲浪、潜水、骑行、冰球、飞盘成为热搜词，其中，在旅游人群年龄结构中，90后成为新一代体育旅游的市场主体，占比达到55.6%，其次80后以34.8%紧跟其后，而在旅游结伴类型中，选择家庭和朋友为主（见图2）。总体来看，全国各地区体育旅游遍地开花、各具特色，东北的冰雪、华东的海洋、西南的山地、西北的草原……各地都在深入挖掘自身的自然环境与体育运动相结合的旅行玩乐资源和赛事，并选出各区域体育旅游的热门城市（见表1）。例如，东北地区以长白山为代表的老牌滑雪基地、华北地区的京张体育旅游文化带、西南地区的户外山地运动等。此外，在冬奥会的带动下，京张地区已经成为体育旅游的新标杆。据报告显示，在2021年，京张地区体育旅游热度高涨，北京地区与体育相关的旅游内容同比增长145%，张家口地区与体育相关的旅游内容同比上涨600%，被北京冬奥会带火的玉如意、雪游龙、冰丝带、雪飞燕、首钢大跳台等奥运场馆，成为国内外游客打卡胜地。

体育旅游人群年龄分布

- 00后 3.0%
- 70前 1.7%
- 70后 4.9%
- 80后 34.8%
- 90后 55.6%

体育旅游人群结伴类型

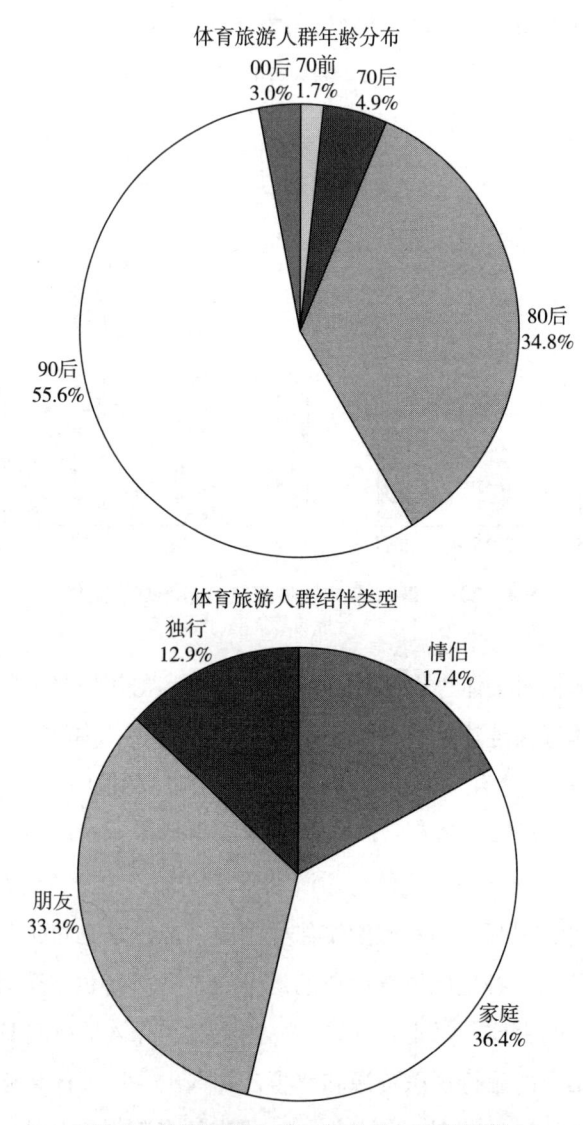

- 独行 12.9%
- 情侣 17.4%
- 朋友 33.3%
- 家庭 36.4%

图2 体育旅游人群年龄分布与结伴类型

资料来源：根据马蜂窝发布《体育旅游主题报告：去运动，去旅行！》整理所得。

表1　全国各区域体育旅游城市Top5

区域	区域城市排名前五
东北地区	吉林、白山、哈尔滨、沈阳、长春
华北地区	北京、张家口、天津、保定、石家庄
华东地区	杭州、湖州、青岛、宁波、上海
华南地区	三亚、桂林、广州、深圳、清远
华中地区	宜昌、咸宁、黄冈、宜春、恩施
西南地区	阿坝、成都、重庆、乐山、广元
西北地区	阿勒泰、乌鲁木齐、宝鸡、西安、银川

资料来源：根据马蜂窝发布《体育旅游主题报告：去运动，去旅行!》整理所得。

体育旅游是一种健康向上的生活方式，已成为居民生活消费的新热点。《中国体育旅游消费大数据报告（2021）》显示：体育旅游以参与型（62.8%）为主，观赏型（37.2%）为辅。在参与型体育旅游中，爬山、马拉松、骑行、冰雪运动、徒步等是大众参与较多的运动，而在观赛型体育旅游中，奥运会、世界杯、世锦赛等世界综合性体育赛事以及水立方、鸟巢等知名度较高的体育建筑受众度较高。重大体育赛事能显著提升地区旅游吸引力，在国内，北京、天津、河北、山西、上海、内蒙古、辽宁、吉林、黑龙江、广东、江苏、浙江等是消费者主要选择的体育旅游目的地，北京作为双奥之城，体育旅游吸引力最大（见图3）。2021年，境外体育旅游人群转向境内目的地，潜水、冲浪、游艇、体验浮潜、跳伞、滑翔伞等境外海岛游玩法使三亚迅速成为热门目的地。近年来，国民健康意识逐步增强，在多重利好因素的驱动下，体育赛事旅游成为一种新风尚。2022年属于中国体育大年，在国内举办的国际体育赛事有北京冬残奥会、成都世界大学生运动会、杭州亚运会、汕头亚洲青运会等，对城市旅游业发展起到强劲的推动作用。例如，杭州亚运会期间，浙江旅游消费订单（含酒店民宿、景点门票、交通等）较2019年增长超过100%，杭州、宁波、嘉兴领衔，让杭州跻身中秋国庆假期全国十大热门目的地。2023年9月29日，国务院办公厅印发的《关于释放旅游消费潜力推动旅游业高质量发展的若干措施》提出"实施体育旅游精品示范工程",推动体育赛事和旅游活动一体谋划、一体开展,结合重大、特色赛事,培育"跟着赛事去旅行"品牌项目,打造一批具有影响力的体育旅游精品线路、赛事和基地。"为一场赛事,赴一座城"正成为年轻消费群体的日常,各地纷纷探索"体育+旅游"模式,不断丰富旅游消费场景。

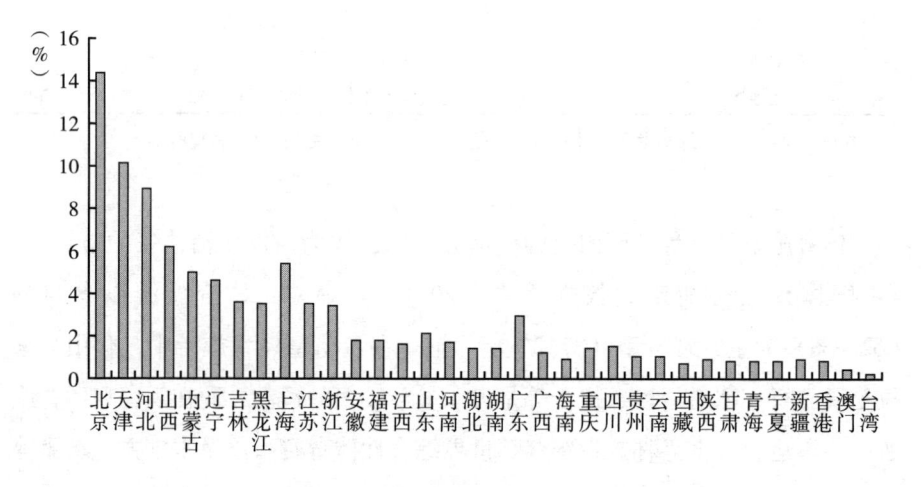

图 3 游客去往国内目的地参与体育旅游活动的占比

资料来源:《中国体育旅游消费大数据报告(2021)》。

二 数字经济时代我国体育旅游高质量发展的新内涵

(一)体育旅游高质量发展的内涵

高质量发展是在中国特色社会主义进入新时代背景下提出的新要求和新目标,强调将发展质量作为核心指标,以经济发展的质量效益和可持续性为重点,追求较高的经济增长率、较低的资源消耗率、较好的环境质量和较高的社会进步程度,旨在推动我国经济长期持续健康发展,实现更高质量、更有效率、更加公平、更可持续的发展。高质量发展作为新时代经济发展的重要理论创新,它是一个内涵丰富、多维度、多层面的广义概念,需要系统全面地理解和把握。从经济学视角来看,其涵盖了宏观、中观和微观三个层次。在宏观经济层面,强调国民经济稳定增长,一般包括经济增长稳定、区域发展协调、生态环境可持续、发展成果共享等;在中观产业层面,产业经济效益高,主要指产业规模壮大、结构优化、转型升级、效益提升等;在微观企业或产品层面,提供多元化的产品体系和服务质量,能有效满足人们日益增长的个性化、多样性的消费需求。

高质量发展成为当前和今后一段时期确定体育旅游发展战略规划和实施方案的基本要求,必须深刻认识和把握体育旅游高质量发展的内涵。依据高质量发展的理论内涵,对于体育旅游而言,也需要从宏观、中观及微观三个不同层面来理解其本质。在宏观经济层面,以实现经济增长质量为核心,注重提高产业的附加值、效率和创新能力,促进经济可持续增长。在中观产业层面,加快推进产业转型升级,从简单的旅游观光向多元化发展的综合型体育旅游产业转变,推动产业结构的升级和动能转换。在微观企业层面,体育旅游企业要不断改进和创新,提高运营效率与管理水平,降低成本,注重产品和服务质量,提供丰富多样、独具特色的体育旅游产品,提升企业的核心竞争力。依据上述,体育旅游高质量发展是包含在宏观经济、中观产业和微观企业或产品层面的系统性认知,它以产业供给侧结构性改革为主线,以提高经济增长质量、推动产业结构转型升级和加强企业竞争力为核心,促进体育旅游产业实现经济可持续增长、多元化发展。

(二)数字经济时代体育旅游高质量发展的内涵

党的十八大以来,习近平总书记非常重视发展数字经济,从国家层面顶层部署推动数字经济发展,接连出台《网络强国战略实施纲要》《数字经济发展战略纲要》《"十四五"数字经济发展规划》等系列政策文件。中国信息通信研究院最新发布的《中国数字经济发展研究报告(2023年)》指出:"数字经济是以数字化的知识和信息作为关键生产要素,以数字技术为核心驱动力量,以现代信息网络为重要载体,通过数字技术与实体经济深度

融合，不断提高经济社会的数字化、网络化、智能化水平，加速重构经济发展与治理模式的新型经济形态"。其主要包含四大部分：一是数字产业化，即信息通信产业；二是产业数字化，即传统产业应用数字技术所带来的产出增加和效率提升部分；三是数字化治理，以"数字技术+治理"为典型特征的技管结合，以及数字化公共服务等；四是数据价值化，包括数据采集、标注、定价、交易、流转、保护等。从其内涵可以看出，数字经济具有数字性和虚拟性、高渗透性和融合性、瞬时性和准时性、零边际成本性与共享性等基本特征。数字经济在诸多产业领域都会带来资源的高效利用和经济效益的提升，其与高质量发展所追求的目标呈现出高度的一致性。因此，数字经济时代，体育旅游高质量发展主要体现在宏观层面的生产要素配置、中观层面的产业结构优化与转型升级、微观层面的企业经营效率提升。具体而言，在国家宏观政策指引下，将数字技术全面嵌入体育旅游产业的生产、分配、交换、消费以及服务等各个经济活动环节，促进体育旅游产业生产效率提升、产业结构优化升级、产业跨界融合，加速产业组织变革，提升企业管理效能，推动体育旅游产业数字化转型，实现产业经济稳定增长。

三 数字经济时代我国体育旅游高质量发展的新机遇

（一）政策激励与管理创新

迈入数字经济时代，国家出台一系列政策大力推进体育旅游数字化发展（见表2），为体育旅游高质量发展提供重要的政策支撑。主要涉及《"一带一路"体育旅游发展行动方案（2017—2020年）》《关于以新业态新模式引领新型消费加快发展的意见》《"十四五"文化和旅游发展规划》《冰雪旅游发展行动计划（2021—2023年）》《"十四五"旅游业发展规划》《京张体育文化旅游带建设规划》《户外运动产业发展规划（2022—2025年）》《促进户外运动设施建设与服务提升行动方案（2023—2025年）》等，上述政策均提出对体育旅游数字化发展的相关举措，强调运用5G、大数据、区块链、物联网、人工智能等数字技术与体育旅游深度融合。除了政策激励，数字化管理和智能化服务也为体育旅游带来更高的管理效率。其一，数字化推广和精准营销使得体育旅游企业更广泛地传播和宣传旅游产品。通过社交媒体、在线旅游平台以及搜索引擎等渠道，体育旅游企业可以与潜在客户建立更紧密的联系，并实现精确的市场定位和个性化的推广策略。其二，虚拟体验和线上互动让体育旅游企业有机会创造更多独特的旅游产品。借助增强现实（AR）、虚拟现实（VR）等技术，用户可以通过虚拟体验来感受真实的运动、比赛和景观，降低旅行成本和时间限制，提高旅游产品的便利性和吸引力。譬如，利用 VR（虚拟现实）技术，让足不出户的旅游者体验在阿尔卑斯山滑雪；在体育竞赛中应用 AR（增强现实）技术，增强运动员和观众的参与体验，减少人为判断失误，提高赛事的公平性。此外，数字技术能推动体育旅游企业内部流程再造，提高产业生产效率，持续激发体育旅游企业在数字市场运营中的创造性，有效释放产能过剩与供求不匹配的压力。

表2 近年关于体育旅游数字化相关政策的内容梳理

颁布时间	政策名称	颁布部门	相关内容
2017年7月	《"一带一路"体育旅游发展行动方案（2017—2020年）》	国家体育总局、国家旅游局	广泛开展"一带一路"体育旅游宣传，与中央电视台体育频道和旅游频道等电视媒体以及报刊、网络媒体合作。开设国家体育旅游公众账号，加强移动互联网的宣传
2020年9月	《关于以新业态新模式引领新型消费加快发展的意见》	国务院办公厅	鼓励发展智慧旅游，大力发展智能体育，创新无接触式消费模式
2021年2月	《冰雪旅游发展行动计划（2021—2023年）》	文化和旅游部、国家发展改革委、国家体育总局	大力发展"互联网+冰雪旅游"，推动冰雪旅游与大数据、物联网、云计算、5G等新技术结合，支持电子商务平台建设，优化信息咨询、线路设计、交通集散、赛事订票，创新商业模式，提升管理水平与服务质量
2021年6月	《"十四五"文化和旅游发展规划》	文化和旅游部	深度应用5G、大数据、云计算、人工智能、超高清、物联网、虚拟现实、增强现实等技术，推动数字文化产业高质量发展

续表

颁布时间	政策名称	颁布部门	相关内容
2022年1月	《"十四五"旅游业发展规划》	国务院	坚持创新驱动发展，加快推进以数字化、网络化、智能化为特征的智慧旅游，深化"互联网+旅游"，扩大新技术场景应用
2022年1月	《京张体育文化旅游带建设规划》	文化和旅游部、国家发展改革委、国家体育总局	打造创新创意新场景。依托5G、8K超高清视频、VR/AR、大数据、云计算、人工智能等现代科技，推动二维码、人脸识别、智能穿戴、智能设备、无人机、机器人等广泛应用，提升服务的智能化、便利化水平
2022年11月	《户外运动产业发展规划（2022—2025年）》	国家体育总局、国家发改委、文化和旅游部等	运用5G、大数据、区块链、物联网、人工智能等新一轮科技革命将助推户外运动产品创新和服务升级，增加户外运动产业发展的动力
2023年10月	《促进户外运动设施建设与服务提升行动方案（2023—2025年）》	国家发展改革委、体育总局、自然资源部、水利部、国家林草局等部门	支持人工智能、大数据、5G等技术在户外运动场景中的应用，利用好App、小程序等数字平台，发布骑行、徒步、自驾运动游等线路。打造户外运动智能化、个性化消费场景，推动赛事活动模式创新、技术变革、效率提升

资料来源：根据相关部门公开资料整理所得。

（二）业务融合与营销创新

数字经济促进了体育旅游与其他相关产业的业务融合。体育旅游企业探索跨界模式，加强与旅游平台、互联网公司、传媒娱乐等行业的业务融合，推出创新产品和服务。一是与在线旅游平台合作，为用户提供一站式的体育旅游服务；二是与电商平台合作，进行体育旅游产品的在线销售，引导消费模式的转变和消费范围的扩大；三是与网络媒体合作，进行赛事直播和互动讨论，有助于提升体育旅游的市场影响力和品牌价值，拓展体育旅游的市场份额和用户群体。同时，社交媒体和口碑传播有利于营销创新。数字经济时代，社交媒体成为人们获取信息和交流的重要平台。体育旅游企业利用社交媒体的力量,通过内容营销、粉丝互动等方式吸引目标客户的关注和体验,积极参与社交媒体讨论,回应用户关切和需求,提高品牌影响力和用户认同感。例如,首钢滑雪大跳台作为北京冬奥会自由式滑雪及单板大跳台的场馆,是世界首例永久保留的滑雪大跳台,成为国内外媒体争相报道的对象,吸引无数游客前来打卡,感受与谷爱凌、苏翊鸣同款的奥运雪道。社交媒体旅游分享呈现形式更具生动性和可视性,用户通过社交媒体分享旅游体验和评价,形成口碑传播效应,激发更多潜在游客参与,从而实现体育旅游消费。

(三)消费升级与服务创新

随着国内外市场需求不断增加,加上国内居民人均可支配收入的逐步提高,休闲娱乐消费需求将进一步扩大,直接促进体育旅游市场消费升级提档。从国家统计局公布的 2022 年全国人均可支配收入数据来看,中国城镇居民人均可支配收入达到 49283 元,较 2021 年增长 3.9%。此外,清华五道口体育金融研究中心发布的《中国城市体育消费报告》显示,目前我国体育消费规模约 1.5 万亿元,预计 2025 年将增长至 2.8 万亿元,复合增长率超过 13%。报告指出,居民收入水平是影响体育消费支出最重要的因素。在企业端,体育旅游相关企业数量增长的动力主要来自需求端的推动。据天眼查数据,截至 2022 年 2 月 15 日,中国拥有"体育旅游"相关企业439637 家,创近五年内新高。相比传统观光旅游,体育旅游具有亲身参与性、消费需求多元性,客户黏性更强,消费结构呈现"商、养、学、闲、情、奇"高级化趋势,体育旅游产品呈现主题化特征,观赛旅游、露营旅游、马拉松旅游、徒步旅游、康养旅游、潜水旅游、滑雪旅游等产品类别往往有着固定的消费群体,消费意愿高,更能满足专业化、个性化的旅游需求。因此,数字经济时代的体育旅游能够通过大数据分析和个性化推荐给用户提供更加精准的服务体验。例如,在 2019 年,北京体育大学与联通大数据共建体育(奥运)旅游大数据实验室,系统开展体育旅游领域的市场细分、营销诊断、景区管理、舆情监测等相关大数据应用。此外,个性化的服务不仅提高用户的满意度和忠诚度，也为体育旅游企业提供更深入的市场洞察和决策依据，以更好地把握市场动态，优化资源配置，推动体育旅游产业的持续发展。

（四）技术应用与业态创新

一方面，数字经济时代，新兴技术的应用为体育旅游带来了更多便捷化和数字化体验的机会。5G、虚拟现实、人工智能、云计算和数字孪生等技术，能为用户提供个性化的体育旅游推荐和导览服务。在2023年杭州亚运会期间，打造了全球首个支持超大空间的"亚运AR服务平台"，数字技术的广泛应用为参赛者、观众和游客带来了前所未有的智能化体验。另一方面，数字技术驱动体育旅游业态创新。2020年9月，颁布实施的《国务院办公厅关于以新业态新模式引领新型消费加快发展的意见》指出，"鼓励发展智慧旅游，大力发展智能体育，创新无接触式消费模式"。依托物联网、互联网平台，体育旅游涌现出新的业态，智慧体育旅游、虚拟体育旅游、体育运动类综艺节目（《来吧！冠军》）、电子竞技表演、夜间体育旅游、体育会展旅游将成为新的经济增长点，促使体育旅游产业集群的载体不再受制于实体地理空间，而是与虚拟平台相结合，形成线上流动经济和线下地域经济紧密耦合的虚拟集聚新形态。除了追求经济效益，体育旅游还可以通过提供丰富的文化体验来满足游客需求，将传统体育文化和地方特色有机结合，有助于提升体育旅游产品的独特性和吸引力。譬如，贵州台江村BA聚焦"客源、资源、服务"三要素，将村BA流量链接文旅产业，带动相关产品的发展，有效助力乡村产业振兴和文化振兴。

四　数字经济时代我国体育旅游高质量发展的新挑战

（一）技术层：游客数据隐私与安全风险有待加强

随着数字技术的迅猛发展，体育旅游行业越来越依赖数据收集和处理来提供更好的服务与体验。同时，也给数据隐私和安全带来了更多的风险与挑战。第一，存在数据滥用和泄露风险。大量的个人数据在体育旅游行业中被采集和存储，如游客的身份证号码、支付信息、定位数据等。然而，如果这些数据被滥用、泄露或未经授权访问，游客的个人隐私将面临风险。黑客攻击、内部数据泄露和不当的数据共享都可能导致游客数据被泄露。第二，存在跨界数据共享与隐私泄露风险。体育旅游行业涉及多个部门和不同的利益相关者，如旅行社、游客、酒店、交通运输等，机构之间的数据共享和交换有助于提供更好的旅游服务和体验。如何在跨界数据共享的情况下保护游客的数据隐私成为一个现实问题。第三，数字技术与安全风险未能有效结合。体育旅游风险具有不可遇见性，但通过数字技术可降低甚至规避风险。中国登山协会数据显示，目前全国泛户外运动人口多达1.45亿人，每年发生登山户外运动事故300~400起。又如，在2021年（第四届）黄河石林百公里越野赛中，因遭遇极端天气21人遇难，给社会各界敲响旅游安全警钟。第四，政策法规和监管不完善。体育旅游涉及体育赛事、体育场馆、体育活动等多个方面，但目前缺乏一套标准化的数字政策来统一管理，导致相关部门在监管上存在协调不足的情况，难以形成统一的规划和指导。

（二）应用层：数字经济与体育旅游融合有待提升

目前，我国体育旅游产业在数字化发展方面相对滞后。许多企业还停留在传统的线下运营模式，缺乏数字化转型和创新，导致在数字经济时代，数字技术的优势无法充分发挥，尚无法提供更便捷、个性化和精细化的体育旅游服务。一方面，体育旅游产业数字化新基建匮乏。数字基建是推动体育旅游产业数字化转型的基本支撑，主要包含5G基站、云计算、物联网、区块链、大数据等数字化技术和数字技术赋能产业基础设施转型升级形成的新型基础设施。同时，体育旅游企业数字化技术应用少。体育旅游作为传统行业，长期以来在运营和管理上依赖传统的线下模式，而传统的门票销售、导游服务等方式相对稳定，企业没有充分认识到数字化技术的潜力和应用机会，缺乏实施数字化转型的紧迫感。像体育智能化场馆、智慧体育公园、智慧体育旅游景区、数字化体育旅游示范基建、体育旅游特色小镇、体育旅游综合体等新型基础设施数量较少，极大地限制了数字化场景的应用。另一方面，体育旅游企业数字化转型能力欠缺。一是风险和投资的考量，数字化转型需要企业投入大量的资金、技术和人力资源，对于一些中小型体育旅游企业来说，将会面临不确定性和回报周期较长的问题，由此，对数字化技术的应用持谨慎态度。二是技术知识储备不足，体育旅游企业缺乏数字化技术方面的专业知识和内部团队支持。数字化转型需要企业具备相关技术知识和技能，包括软件开发、数据分析、网络安全等，然而，实际上很多企业并没有对数字化技术进行充分的投资和人员培训，导致在数字化应用方面存在一定的技术壁垒。

（三）人才层：数字化体育旅游复合型人才有待培育

体育旅游产业属于服务业范畴，在其数字化转型过程中，随着产业结构转型升级，体育数字化人才出现市场需求增加而供给端人才短缺的困境，成为制约体育旅游企业数字化转型成功的关键因素。一方面，体育旅游复合型人才紧缺。传统的体育和旅游教育体系的课程设置与教学内容无法满足数字化体育旅游行业对人才的多元需求。传统体育和旅游教育体系多以单一领域为重点，未能培养具备多领域技能的复合型人才。同时掌握体育管理、体育专业技能、安全急救技能、数字营销和数据分析等技能的复合型人才相当匮乏，限制体育旅游产品创新能力。据《人民日报》相关报道，目前国内数字化技术人才供求比例严重失衡，预计到2025年，相关行业数字化技术人才缺口累计将超过1000万人，间接折射出我国体育旅游产业数字化人才不足的短板。另一方面，体育旅游人才市场供给与企业需求脱节。体育旅游行业中，数字化应用场景相对较少，企业在数字化转型上进展较慢，导致人才市场缺乏与数字化体育旅游结合的实践机会。同时，由于数字化应用场景有限，现有的数字化人才往往缺乏体育和旅游领域的专业知识与经验，体育旅游企业在招聘数字化人才时往往难以找到同时具备数字化技能和行业专业知识的人才，吸引有潜力的人才进入该领域的机会相对较少。

（四）制度层：体育旅游行业标准化体系有待健全

健全体育旅游标准化体系意义重大。第一，有助于规范和统一产品与服务的标准，确保体育旅游企业提供高质量、安全可靠的服务。通过制定服务标准、质量要求和行业规范，规范产品设计、景区营运、导游服务等环节，提升整体服务水平。第二，有助于建立对体育旅游活动安全的规范和监测机制，确保游客和从业人员的生命安全与财产安全。通过制定安全标准和操作规程，对体育旅游活动中的风险进行预防和控制，降低事故发生的概率，保障游客的权益和安全。第三，有助于提高行业整体竞争力，吸引更多国内外游客和投资，促进体育旅游行业的可持续发展。制定与国际接轨的体育旅游标准，提高我国体育旅游产品和服务的国际竞争力，提升我国在全球体育旅游市场的地位。2022年10月，国家体育总局办公厅印发《2022年体育标准化工作要点》，提出聚焦重点领域标准的研制，持续推进竞赛训练、赛事活动、冰雪运动、场所开放等相关标准研制，推进武术、在线健身等领域国际标准制定工作。然而，体育旅游行业标准化建设却处于盲区，许多体育旅游活动没有标准参考，缺乏统一的标准框架和执行力，导致市场秩序不规范。各地区或不同企业对体育旅游的标准存在差异，缺乏统一的行业标准，限制了行业整体发展的一致性和协同性。

五　数字经济时代我国体育旅游高质量发展的新路向

（一）完善数据和人身安全，提升产业数字化监管能力

首先，强化数据加密和安全技术。体育旅游行业涉及大量的个人数据和敏感信息，保护数据安全必不可少。因此，体育旅游企业亟须建立健全数据安全体系，包括加强网络安全、加密数据传输、使用安全的存储系统等，以防止数据泄露和非法使用。其次，加强游客身份验证和访问控制。体育旅游行业采用有效的身份验证和访问控制机制，确保只有合法的用户

才能访问和使用游客的个人数据。多因素身份验证、访问令牌和权限管理系统等技术工具可用于确保数据仅在授权范围内使用。譬如，在观赛旅游业态中，体育赛事票务公司采用身份验证和访问控制机制，要求用户在使用其电子票务平台时进行人脸识别，能有效防止未授权的用户访问和使用游客的个人数据，保护游客隐私。再次，提升体育旅游风险防范与化解能力。将实时监测预警、数据分析预测、虚拟现实培训和移动应用通信等技术手段嵌入不同体育旅游场景，保障游客人身安全，为其提供更加可靠的旅游体验。例如，利用物联网、大数据、云计算、5G、AI等数字技术，对体育旅游景区或体育赛事场馆的人流、交通状况、安全隐患等进行数据采集和分析，及时发现潜在风险，并进行预警和提醒。最后，加强体育旅游数字化监管。建立一个统一的数字化监管平台，用于收集、存储和分析体育旅游数字化业务的相关数据，由体育旅游主管部门、体育旅游行业协会、网络经营平台和社会共同对体育旅游企业进行监管，形成四位一体的共治模式，创建公平公开的市场环境。

（二）加强数字技术应用，提高数字经济与体育旅游融合度

2022年1月，国务院印发的《"十四五"数字经济发展规划》强调："大力推进产业数字化转型。产业数字化转型是推动数字技术和实体经济深度融合、赋能传统产业转型升级、重塑产业竞争力的重要途径。"政府作为推动体育旅游数字化发展的掌舵者，要出台相应的政策引导和激励机制，促进体育旅游企业的数字化技术应用，包括提供资金支持、金融信贷、土地使用、政策指导、技术培训等，帮助企业克服数字化转型的困难和风险。体育旅游企业作为市场运营主体，第一，应提高运用数字技术的意识和认知。通过组织内部的培训和知识分享会，邀请专业人士介绍体育旅游数字化技术的应用案例和最佳实践。同时，参与行业内的数字化技术相关研讨会议，了解最新的数字技术趋势和应用范例。比如，以英国足球超级联赛为例，体育赛事数字化是其显著特征，俱乐部联盟通过建立自己的数字平台，提供一系列数字化服务和应用，包括虚拟现实直播、个性化

推荐以及大数据分析等，不仅提升了球迷的参与度和体验感，还给赛事营销、商业合作等方面带来了新的商机。第二，提升数字技术在体育旅游产业链上的介入程度。探索体育旅游产品、营销和场景数字化，加快推进体育旅游数字化转型。比如，阿里巴巴作为2023年杭州亚运会官方合作伙伴，以数字化服务本届亚运会，围绕"智能亚运""绿色亚运"，实现亚运会历史上三大突破——亚运会核心系统首次100%全面上云、首个"云上亚运村"开放、首个亚运村低碳账户开户。

（三）培养体育旅游数字化人才，精准对接市场需求

数字经济时代对人才的商业素养和技能水平提出了新的要求。因此，培养复合创新型人才已经成为高等教育的核心目标，并且对企业的数字化转型至关重要。为了实现这一目标，高等院校应充分发挥其培养人才的主要作用，并根据数字中国、数字体育和数字旅游的发展趋势进行调整和优化。一是优化人才培养机制。高等教育部门与行业专家共同制定课程标准，设立跨学科的数字化体育旅游专业课程，融合体育管理、旅游规划、数字营销和数据分析等相关领域的知识与技能，确定核心课程和选修课程，并不断更新内容以适应数字化发展需求，培养全面复合型人才。譬如，北体大、首体、西体、上体开设体育旅游方向的课程体系，涵盖从本科到硕士，甚至到博士层次的人才培养体系，保障学科支撑体系。同时，加强教师队伍建设，招聘具有相关实践经验的教师，并提供师资培训。二是加强实践教育。通过与体育和旅游企业合作，建立实践基地，提供学生参与实际项目和实践活动的机会，让学生通过实际操作接触和应用数字化技术，培养解决实际问题的能力。三是加强行业与高校合作。建立行业与高校合作的数字化体育旅游实践平台，形成联盟或合作机制，由体育旅游行业协会、高校和相关企业共同组建实践平台，共享资源和信息，提供实际案例和项目供学生参与。四是激励人才培养和吸引人才。制定奖励和激励政策，鼓励在数字化体育旅游领域取得优异成果的个人和团队，以及培养具备数字化技能的教师和学生。加强与数字化领域相关的其他行业（如互联网、人工智能、大数据等）的合作，

吸引具有数字化技能的人才投身体育旅游行业，丰富人才结构，突破体育旅游数字化转型的智力瓶颈。

（四）推进体育旅游标准化建设，引导产业健康有序发展

体育旅游行业标准化是我国标准化体制的重要组成部分，其工作重点是制定和实施行业标准。首先，建立统一的标准体系。由国家体育总局、文化和旅游部主管部门牵头，组织相关行业协会、专家学者等多方参与，建立标准制定的工作机制，明确流程和责任。成立专门的体育旅游标准制定委员会，制定体育旅游行业标准管理规章，明确各部门权责，各司其职、协同保障。基于国内外相关标准和最佳实践，制定体育旅游标准的框架，涵盖旅游景区、旅游活动、体育设施、导游服务等方面。在此基础上，制定详细的标准要求，明确各个环节的工作指南，包括质量标准、服务标准、安全标准等。其次，加强标准执行和监管。建立标准执行的监督检查机制，设立专门的监督检查人员，加大对体育旅游企业的监督检查力度，确保标准的有效实施。最后，加强体育旅游行业数字化建设。依托数字技术从供需两端赋能体育旅游数字化发展，建立一个统一的数字化平台，集成各个环节的数据和信息，包括门票销售、住宿预订、交通安排、观赛体验等，通过数据的集中管理和共享，提高行业运营的效率和便捷性。在供给侧，通过"线上预约平台+智能终端设备+数字化管理系统"加快推进体育旅游数字化场景建设；在需求侧，实现体育旅游场景与在线平台在数据、资源等层面的共建共享。

参考文献

郭启光：《以数字经济高质量发展赋能中国式现代化》，《理论研究》2023年第1期。

王石峰、夏江涛：《粤港澳大湾区体育旅游资源空间结构及其协同路径研究——以珠海为例》，《广州体育学院学报》2021年第6期。

李晓红：《"跟着赛事去旅游" 体育旅游成新风尚》，《中国经济时报》2023年9

月 27 日。

黎镇鹏、张泽承、李志敢：《新发展格局下体育旅游产业高质量发展阻滞因素与应对策略》，《体育文化导刊》2022 年第 12 期。

张鸿、董聚元、王璐：《中国数字经济高质量发展：内涵、现状及对策》，《人文杂志》2022 年第 10 期。

冯兴元、陈亚坤：《数字经济有什么内涵、特点与作用》，《民主与科学》2020 年第 6 期。

赵剑波：《数字经济高质量发展：理论逻辑与政策供给》，《北京工业大学学报》（社会科学版）2023 年第 4 期。

夏江涛、王石峰、黎镇鹏：《我国体育旅游产业数字化转型：动力机制、现实困境与实践路径》，《体育学研究》2023 年第 3 期。

曾玉兰、沈克印：《数字化背景下体育旅游业趋势研判与发展路径》，《体育文化导刊》2021 年第 6 期。

任保平、何厚聪：《数字经济赋能高质量发展：理论逻辑、路径选择与政策取向》，《财经科学》2022 年第 4 期。

张恩利、刘新民：《我国户外运动安全的法律保障》，《西安体育学院学报》2020 年第 5 期。

柴王军、李杨帆、李国等：《数字技术赋能体育产业高质量发展的逻辑、困境及纾解路径》，《西安体育学院学报》2022 年第 3 期。

张琳、王李祥、胡燕妮：《我国数字化人才短缺的问题成因及建议》，《信息通信技术与政策》2021 年第 12 期。

林章林、刘元梦：《标准化助推体育旅游高质量发展》，《质量与标准化》2021 年第 5 期。

G.18 数字经济驱动下城市旅游公共服务体系高质量发展研究

——以上海为例*

吴文智 陈 星**

摘 要： 随着数字经济的快速发展，旅游行业正经历着新人群、新玩法主导的迭代更新，这对城市旅游公共服务体系提出了全新的挑战。基于上海建设世界著名旅游城市的实践，研究发现当前城市旅游公共服务体系存在数字化与智能化应用不足、服务与信息孤岛化现象严重、标准化协同与服务品牌建设滞后等问题。借鉴国内外城市的先进经验，研究建议要进一步明确旅游公共信息服务定位，构建城市个性化精准服务系统；要进一步丰富城市旅游公共交通供给，促进交通服务智能化转型；要进一步优化城市游客服务网点布局，加强数智化服务应用，打造15分钟休闲生活圈，从而在数字经济的加持下真正促进上海城市旅游公共服务体系实现高质量发展。

关键词： 数字科技 城市旅游 公共服务体系 上海

一 引言

党的二十大报告提出要"健全基本公共服务体系，提高公共服务水平，

---

* 本研究系2022年度上海市艺术科学规划项目"上海文化和旅游公共服务体系高质量发展研究"（项目编号：YB2022-G-112）的阶段性成果。
** 吴文智，博士，华东师范大学经济与管理学院旅游与会展系主任、副教授，主要研究方向为城市休闲与公共管理、民宿与乡村旅游；陈星，华东师范大学经济与管理学院旅游管理专业学术型硕士研究生。

增进民生福祉，提高人民生活品质，不断实现人民对美好生活的向往"。其中健全文化和旅游公共服务体系，实现高质量发展是新时代文化和旅游业服务人民城市建设、服务城乡融合发展、服务人民群众美好生活需求的重要使命。自2002年党的十六大第一次把政府职能划分为经济调节、市场监管、社会管理和公共服务四项内容，旅游公共服务就成为各地政府和旅游部门的重要工作，初步建成了全覆盖的旅游公共服务体系，但随着移动互联网、大数据和数字经济等新技术、新模式的广泛应用，传统的公共服务方式、供给模式面临革新，以实现更高效率、更低成本、更智慧化的服务，这也成为当前旅游公共服务体系高质量发展的核心命题。目前学术界对于数字经济驱动旅游公共服务的研究起步较晚，特别是针对公共服务体系高质量发展的研究更为稀缺，相关研究主要关注服务质量测量方式、供给主体职能和决策优化以及服务对象的满意度感知等几个方面。

现代旅游业受益于数字科技的迅猛发展，如互联网、移动应用、社交媒体等，这些技术改变了旅游者的预订、信息获取和体验分享方式，对传统旅游公共服务体系提出了新的要求。现代旅游者倾向于寻求个性化和独特的旅行体验，他们希望获得定制化的行程、个性化的建议和与当地文化的深度互动，更加注重实时信息和互动，这对传统旅游公共服务体系提出了更高的要求。现代旅游业发展需要更灵活、响应更快、更具个性化和可持续性的解决方案，传统的旅游公共服务体系越来越难满足当前旅游者的需求，而数字科技提供了许多工具和机会来实现这些目标，从而也在更新、优化城市旅游公共服务体系。数字科技在旅游公共服务领域的发展可以为游客提供更多便利、个性化和安全的旅行体验服务，在线预订、实时预约服务提高了旅行的便捷性和透明度，大数据分析和人工智能技术可以根据游客的喜好和需求提供个性化的推介，智能手机应用和GPS技术使得游客能够更容易探索旅游目的地，在线评价和反馈为其他游客提供宝贵参考，同时数字科技不断提升危机管理和安全服务水平。

上海在我国数字科技应用方面走在前列，作为我国经济和金融中心，上海拥有世界一流的科技基础设施，数字支付、互联网应用、智慧城市建设等

都得到广泛重视和应用。此外,上海作为国际大都市和世界著名旅游城市,旅游公共服务体系建设已经取得了一系列成效,近年来重点培育"建筑可阅读"产品,推行"城市微旅行"线路,结合城市微更新推出"家门口的好去处",同时不断推动旅游公共服务向社区、公共文化设施和旅游景区延伸,获得了市民与游客的广泛好评。然而有关研究发现,上海城市内部公共服务供给的不均衡导致服务需求整体性错位,进而导致公共服务供需失衡日益突出。对照上海国际大都市发展要求、新阶段人民城市建设与美好生活新需求、世界著名旅游城市与未来数字城市建设的高标准诉求,上海旅游公共服务体系仍存在有效供给不足和供给效率较低等问题,数字化、智慧化水平还跟不上当前数字经济发展的速度,运用数字科技促进城市旅游公共服务体系高质量发展迫在眉睫,也构成了本文研究的主要命题。

二 新人群、新玩法催生旅游公共服务需求新变化

根据相关调查,城市旅游还是以中青年群体为主。一项调查显示:2021年1~5月中国都市游0~20岁的游客占1.9%,20~30岁的游客占18.2%,30~40岁的游客占33.2%,40~50岁的游客占25.7%,50~60岁的游客占15%,60岁以上的游客占6%。[①] 从全国抽取了13个都市休闲市场发展良好的代表性城市及地区进行数据分析发现,青年、女性和退休人群的都市休闲消费力较高,从年龄结构看,19~30岁青年是都市消费的主力军,且人均消费随年龄增加而提高,从性别看,女性消费群体约占总体六成左右,从本地与市外游客的消费占比来看,本地居民对本地都市休闲消费的贡献超八成。上海城市旅游客流人口统计特征也与之基本相符,2022年上海全年接待国内旅游者18816.17万人次,其中外省份来沪旅游者7569.00万人次,2019年上海市常住人口为2428.14万人,2022年上海市常住人口为2475.89

---

① 中国旅游研究院(文化和旅游部数据中心):《2021年上半年都市休闲市场复苏调查报告》,2021。

万人。① 青年新市民和游客是城市旅游的主力,他们对于城市文化与旅游有着极高的探索热情,期望能以随时随地的便捷方式开展城市微旅行。

不同于大众旅游时代,市民和游客出行更加在意文旅产品的高质量、内容的个性化以及服务的极致感,对文旅的体验度关注大幅提升。同时城市的主客共享空间正逐步形成,本地市民在"老地方"的周边打开了"新世界"的大门,实现了居民生活空间和休闲场景的融合;而来自异地的游客抛却游客身份,用当地人的方式与城市密切接触,体验城市最地道的生活方式和美食,去景区化的趋势进一步加强。根据马蜂窝《2021微度假风行报告》,用户会因为一项特色体验、寻觅美食甚至是一个无边泳池安排一次出行,剧本杀、桌游、野餐、房车露营、露天电影等成为微度假的热门体验项目。据马蜂窝2022年发布的《当代年轻人旅行图鉴》,超过75%的年轻人青睐具有社交属性的活动,如飞盘、腰旗橄榄球、市集、派对、音乐节;58%的年轻人希望回归自然,桨板、瑜伽、户外皮划艇、野餐露营、公路骑行是热门选择;43%的年轻人期待代入感的体验,如密室逃脱、实景剧本杀、即兴喜剧等。2023年上海市文化和旅游局对外发布的16条"最上海"城市文脉微旅行线路,包括杨浦滨江的水岸生活秀,围绕上海市历史博物馆(跑马总会)及国际饭店的城市原点之行,也有穿梭不同的江南古镇、寻找上海之根等游览路线。近些年来,上海以"近悦远来、主客共享"打造"家门口的好去处"、开展海派城市考古等,在城郊地带形成32个可过夜的"野生营地",不仅为当地居民提供了文旅休闲的活动空间,也成为游客体验和探索城市的好去处。2023年1月发布的《上海市商业空间布局专项规划(2022—2035年)》提出,未来要形成"国际级—市级—地区级—社区级"四级商业中心,大力发展社区商业,建设多业态聚集的"15分钟便民生活圈"。在旅游发展新阶段,新空间、新要素不断涌现,对旅游资源的再定位促成了新玩法、新内容层出不穷。新阶段以"新鲜玩法"和"沉浸式体验"为驱动力,

---

① 上海市统计局、国家统计上海调查总队:《2022年海国民经济和社会发展统计公报》,2023。

越来越多的用户愿意为高品质和定制化的服务与体验买单。

当前文旅市场是一个多元的分众市场，人们参团旅游的比例下降明显，深度游、微旅行、慢生活等个性化出游方式更受欢迎，散客旅游占据主体，他们依托目的地城市旅游信息服务自行设计旅游路线，城市旅游公共服务的需求也随之改变。游客对深度体验和故事感的追求使得导览服务需要进一步完善，可以提供VR和AR导览、虚拟博物馆等服务。打卡和定制旅游对于城市公共交通和小范围的摆渡交通的需求更多，更加依赖线上的预约预订以及相关推介渠道，相关信息获取的便捷度和实时性需要进一步提高。线下活动场景中游客更需要开放式或半开放式的游客服务网点提供休憩的场所、直饮水和厕所等。

三 上海城市旅游公共服务体系发展现状与问题

（一）城市旅游公共服务体系发展现状

1. 城市旅游公共信息服务

城市旅游公共信息服务包括旅游信息发布推介、查询预约预订、解说系统等，主要通过线上平台线下服务网点相结合的方式供给，其中线上平台在信息发布推广渠道和效率上更具优势。文旅部门通过官方推介网站、微信小程序、微信订阅号等多种渠道共同构建公共信息服务平台，提供景点、餐厅、酒店、交通工具等相关信息的同时支持在线预订预约等服务。例如上海城市旅游公共信息在线服务主要由上海文旅推广网、微信小程序"乐游上海"以及微信订阅号"上海发布"等平台构建而成，其中微信小程序"乐游上海"的功能最为全面，提供上海全域的旅游景区、文化活动中心、旅游咨询服务中心、酒店、乡村民宿等查询功能，还有各种主题的城市微旅行景区和线路推介，以及文艺演出、主题展览、节庆赛事等资讯，同时包括文旅码预约预订门票功能。

此外，城市旅游解说服务系统也不断在线化，包括语音导游、自助式音频导览和移动应用程序，为游客提供关于城市景点和历史的解说服务。例如上海的"建筑可阅读"是城市旅游解说系统的成功范本，针对修缮过的、免费开放的老建筑设计"介绍二维码"，即可用手机扫码，通过中英文导览、语音介绍、视频播放、VR互动等方式，了解建筑背后的故事。截至2022年初，上海"可阅读"老建筑数量增至1056处，二维码数量增至2957处。

2. 城市旅游公共交通服务

城市旅游公共交通服务包括风景道路、旅游专线交通以及标识标牌，其优化完善有助于提升市民和游客开展城市旅游活动的便捷程度。风景道路作为休闲旅游功能为主的景观道路，通常沿着河湖以及绿地分布，许多城市依据自身山水特色和街区资源进行规划修建。例如上海的风景道路主要为绿道和步行慢行道路，其中绿道分三个体系，分别为市级、区级和社区级，市级代表性的绿道有苏州河绿道，分黄浦段、静安段、长宁段等区段，各有特色；区级代表性的绿道有7.43公里的松江通波塘两岸绿道，串联起中山街道、方松街道和岳阳街道；社区级代表性的绿道有全长1.7公里的广中路绿道，已经成为"家门口的好去处"。至2022年上海绿道总长度达到1537.78公里，2035年上海绿道将达2000公里。

城市旅游专线是为游客提供的市内公共交通服务，通常连接城市的主要景点，大多城市为观光巴士、有轨电车或轨道交通。一些城市提供特殊的旅游交通卡或票价折扣，游客能够更经济地使用公共交通工具。例如上海目前旅游专线可分为三类，一是早在1996年就已开通的城市旅游观光巴士，目前由三家公司运营不同品牌，分别是由蜻蜓观光巴士有限公司运营的"春秋观光巴士"，由上海水陆通旅游发展有限公司运营的"BUS TOUR"和由上海新高度旅游有限公司经营的"申城观光"，构成了居民和游客游览上海的主要交通专线。二是上海旅游集散总站及其下设分站点推出的一批旅游专线，这些站点集旅游咨询、线路推荐、预订、销售和出游服务于一体，但是随着公共交通的快速发展，站点与专线闲置较为严重，如今发车量仅为鼎盛时的2%，主要购买来源为中老年群体。三是集合众多景点、旅游主题比较鲜明的公共交通线路，例如地铁16号线共设13个站，沿路途经滴水湖、海

昌海洋公园、天文馆和上海野生动物园等知名旅游景点，极好地满足了市民的出行需求，为游客打通"最后一公里"服务。

此外，旅游标识标牌在城市中的交通节点和旅游区域起着关键指引作用。这些标牌通常提供关于交通线路、站点位置和景点的信息，指引游客轻松游览。例如上海城市旅游大多为无边界旅游，自驾游和自由行游客在小区域范围更需要旅游标识标牌的指引，目前全市道路指示牌有65158个，其中旅游标志标识1203个，小范围景区标识标牌布置还不到位。

3. 城市游客服务网点

城市游客服务网点包括旅游咨询服务中心、集散服务中心、景区游客中心和旅游厕所，更多游客对个性化和定制旅游的青睐使服务网点的信息查询、便民服务与休憩功能的需求增大。旅游咨询服务中心通常位于城市火车站、机场等主要交通枢纽站点或市中心集散站点附近，提供城市信息、地图、住宿和餐饮建议等，也提供紧急帮助、失物招领和预订服务，以确保游客的安全和便利。例如上海市旅游咨询服务中心于1999年2月建立后，发展至今遍布上海市19个区县，全市旅游咨询服务中心共有62家，名称及所属区域或单位如表1所示，考虑到周边景区或者所在商场开放时间、客流量、上级部门管理等因素，各个旅游咨询服务中心的面积、服务内容、工作时间都不尽相同。各个旅游咨询服务中心共有的服务内容有旅游信息咨询查询、旅游投诉受理、旅游纪念品展示、旅游资料取阅、便民服务（提供针线、直饮冷热水服务等）、旅游主题宣传促销活动和旅游节庆宣传推广服务。一般旅游咨询服务中心配备1~2名工作人员。

城市旅游集散服务中心主要为大量散客临时成团和大型团队游客提供支持和服务，通常位于游客集散地点，如交通枢纽站点、会议中心、旅游巴士停车场等，提供集体报名、导游服务、车辆协调和游览安排，以方便游客团队旅行。例如上海集散服务中心包括了上海旅游集散总站以及下设的虹口、杨浦、宝山、陆家嘴4个分站点，为市民和游客提供中短途旅游线路咨询、销售、出游等服务。目前该中心共有旅游线路40条（包括市内及周边旅游线路10条，为季节性线路），涉及景点约120个，每天发车约400班。

此外，景区游客中心作为旅游景区点配套，提供游客所需的信息、地图、景点介绍以及门票和导游服务。截至2022年底，上海市A级旅游景区共有134个，其中5A级景区4个、4A级景区68个，基本都配套了相应标准的游客中心。旅游厕所作为一个城市旅游服务的窗口，通常布点在繁忙的游客集散交通站点和景点周围，除了为游客提供清洁的卫生设施服务外，一些城市还在旅游厕所中提供免费无线网络、信息咨询和公共充电设备等服务。截至2022年底，上海市有公共厕所约1万座，所有旅游景区点以及上述旅游咨询中心、集散中心都配备相应等级的旅游厕所，基本实现全覆盖。

表1 上海市旅游咨询服务中心（亭）一览

数量（家）	所属区域或单位	名称
4	市直属	浦东国际机场T1航站楼旅游咨询服务中心、浦东国际机场T2航站楼旅游咨询服务中心、虹桥国际机场2号航站楼旅游咨询服务中心、虹桥火车站旅游咨询服务中心
7	浦东新区	世博旅游综合服务中心、新国际博览中心咨询服务中心（没有展览时不开放）、小陆家嘴旅游咨询服务中心、滴水湖旅游咨询服务中心、新场古镇旅游咨询服务亭、上海国际旅游度假区MINI PTH旅游咨询服务中心、上海国际旅游度假区西PTH旅游咨询服务中心
10	黄浦区	南昌路旅游咨询服务中心、思南公馆旅游咨询服务中心、豫园旅游咨询服务中心、外滩陈毅广场旅游咨询服务中心、上海外滩旅游综合服务中心、外滩金陵东路旅游咨询服务中心、田子坊旅游咨询服务中心、大世界旅游咨询服务中心、淮海中路旅游咨询服务中心、南京路步行街咨询服务亭（南步街1号亭）
2	静安区	静安区旅游服务中心安义路点、静安区旅游服务中心四行仓库点
1	长宁区	长宁区旅游咨询服务中心
2	普陀区	长寿路旅游咨询中心、长风公园码头旅游咨询中心
7	徐汇区	上海旅游集散总站旅游咨询服务亭、上海长途南站旅游咨询服务中心、武康路旅游咨询中心、徐家汇书院旅游咨询服务中心、上海南站旅游咨询中心、徐家汇游客中心、衡复旅游咨询中心
2	虹口区	虹口区旅游公共服务中心、北外滩国客中心旅游公共服务中心
2	杨浦区	秦皇岛路旅游咨询服务中心、秦皇岛路游船码头旅游咨询服务中心
2	宝山区	宝山区旅游咨询服务中心、吴淞口国际邮轮港旅游综合服务中心

283

续表

数量(家)	所属区域或单位	名称
5	闵行区	闵行区北部上海旅游咨询服务中心、浦江郊野公园旅游咨询服务中心、江川旅游咨询服务中心、七宝古镇旅游咨询服务中心、闵行区中部旅游咨询服务中心(图书馆)
2	嘉定区	嘉定区旅游公共服务中心、嘉北郊野公园游客中心
2	奉贤区	海湾旅游区旅游咨询服务中心、奉贤区旅游咨询服务中心
2	青浦区	朱家角旅游咨询服务中心、张马景区旅游咨询服务中心
4	松江区	松江南站旅游咨询中心、佘山站旅游咨询点、泰晤士小镇旅游咨询点、佘山旅游综合服务中心
4	金山区	金山区文化和旅游公共服务中心、枫泾古镇旅游咨询服务中心、廊下郊野公园游客中心、金山嘴渔村游客接待中心
3	崇明区	陈家镇交通枢纽站旅游咨询服务亭、横沙旅游咨询服务中心、城桥镇旅游咨询服务中心

资料来源：据上海市文化和旅游局官方网站发布信息汇总；截止时间：2023年3月。

4. 城市休闲生活服务

在上海，城市休闲生活服务主要包括微旅行线路、"家门口休闲好去处"等。微旅行线路是一种在地短途旅行选择，大多城市都会组织并发布多条主题微旅行线路来展现城市形象，包括文化之旅、美食之旅、探索之旅等。目前上海的微旅行线路多样，集中展现了上海这座海派城市特有的红色文化、海派文化、江南文化等魅力，例如2021年上海旅游节发布的十佳"城市微旅行"线路，2022年上海旅游节推出的"海派城市考古"十条主题线路。"家门口的好去处"是为居民提供轻松愉快的在地休闲生活空间，例如公园、绿地、湖泊、滨水区域等，这些"家门口的好去处"为人们提供户外活动、锻炼、野餐、放松和社交的机会，一些城市将运动场馆、文化中心、桥下空间、步行街区等打造成为城市公共休闲空间，因其与居民社区联系紧密，融入居民日常生活场景，居民可以在社区周边利用碎片化时间参与文化体育亲子休闲活动，这在很大程度上降低了其休闲的时间成本和资金成本。2023年1月17日，上海市公布了第三批上海市民"家门口的好去处"，共计建成150家"家门口的好去处"，为城市休闲生活圈建设打下了基础。

（二）城市旅游公共服务体系供给存在的主要问题

对应于未来城市旅游新人群、新玩法，目前城市旅游公共服务在数字化、智能化供给上明显不足，存在服务与信息孤岛、标准化与服务品牌建设滞后等问题。

1. 数字化与智能化应用不足

城市旅游公共信息服务方面，大多数平台以提供资讯和实时景区客流等数据为主，仍然停留在基础性的信息发布环节，在数据库建设和自动化处理方面存在明显不足，不能有效地处理各种请求、预订和查询，往往需要人工干预。一些城市旅游服务端口数字化应用不足、公共信息服务平台不及时更新信息，极大地影响游客信息获取的便利性与有效性；同时城市旅游公共信息服务平台大多缺乏互动性，游客希望能够随时随地与平台互动、提出问题并获得有效回应，而隶属地方文旅部门或国有文旅公司的此类非 OTA 平台（线上交易平台）大多不具备这些功能。总体来看，智慧旅游的核心技术云计算、物联网、移动通信技术和人工智能技术的应用在旅游公共信息服务的过程中并没有过多体现，也没有得到很好地开发和创新。

城市旅游公共交通服务方面缺乏集成化的数字化平台服务，让游客难以有效规划他们的在地旅行活动，包括多种交通方式如何智能化衔接、城市旅游实时线路规划、旅游停车点实时服务信息和景点活动票务预约等。城市游客服务网点方面，目前城市的景区游客中心、咨询服务中心、集散服务中心所投放的电子设备基本为电脑及触摸屏显示器，其中触摸屏显示器所展示的信息匮乏以人工服务为主，数字化建设与智能化服务亟须提升。

2. 服务与信息孤岛现象严重

由于数字化建设滞后，当前城市旅游公共服务不同组件之间服务内容和信息缺乏良好的互联互通性，这种服务信息和数据孤岛现象，极大地影响了一个城市旅游公共服务体系建设，不能为游客提供一体化、一站式的服务体验，尤其是在城市旅游行程规划和预约方面。例如上海旅游公共服务信息散布在不同的平台和渠道，游客需要在多个应用程序和网站间切换以获取所需的信息，这增加了查找信息的难度和成本。同时城市旅游公共服务各部门、各端口可能使用不同的数据收集和管理系统，导致数据不一致和不可兼容，最终信息不准确甚至是冲突。另外不同的城市旅游公共服务供给部门或机构间缺乏有效的协同合作，缺乏资源合作、信息共享、服务无缝对接机制，导致旅游公共服务本身也呈现孤岛问题。总之，旅游公共服务及其信息孤岛问题使城市旅游公共服务难以实现体系化、平台化、智慧化，无法统一资源、统一平台、统一服务就难以提高服务效率和质量，没有城旅系统思维与平台服务视野，就难以识别关键问题并采取必要的改进措施。

3. 标准化协同与服务品牌建设滞后

城市旅游公共服务发展往往存在区域差异，对应的城市旅游各类公共服务标准化水平也不均衡，尚未形成一个整体协同、内部衔接流畅的标准化供给体系。当前城市旅游公共服务部分组件存在规范、导则和标准，如《休闲露营地建设与服务规范（GB/T 31710—2015）》《旅游信息咨询中心设置与服务规范（GB/T 26354—2010）》《长三角一体化示范区旅游服务中心设置导则》等，但因为旅游公共服务通常涉及文旅、城建、交通、城管、园林绿化等多个政府部门以及企事业单位，同一区域内服务设施投资、建设与管理交叉且服务人群多样，缺乏统一协调的公共设施建设导则和服务标准将会导致整体公共服务供给低效，无法发挥协同、集约、优化效应。

城市旅游公共服务是一个城市文明和软实力的重要体现，是外来游客对这个城市的体验窗口，决定着城市形象的美好度。随着市民游客对美好生活的期许越来越高，城市旅游公共服务已经从"有没有"转变到"好不好"的新阶段，旅游公共服务品牌建设成为重中之重，直接关系整个城市旅游服务的水平与游客满意度。例如上海城市旅游公共服务虽然在城市旅游巴士、微旅行线路、建筑可阅读等方面做出了服务品牌，但还缺乏一个统一的广受游客认同的城市服务品牌形象，这种品牌意识、品牌形象、品牌文化都没有贯彻体现在城市旅游公共服务的方方面面，导致城市旅游公共服务标识、场地氛围、人员礼仪、服务流程、宣传推广等方面都缺少灵魂。对大多数旅游城市来说，在多部门、多机构协同供给中，往往忽视了城市整体公共服务品牌塑造、传播与共同维护，还没有形成齐心协力、共抓共管的旅游公共服务格局。未来，随着公共服务设施建设的不断完善，城市旅游公共服务品牌打造将成为旅游公共服务体系高质量发展的重要表现。

四　数字科技驱动城市旅游公共服务体系高质量发展的对策建议

（一）进一步明确公共信息服务定位，构建城市个性化精准服务系统

旅游公共信息服务一是要立足于市民游客对城市公共旅游资源、服务的需求，提供相应的公共信息服务，与现有OTA商业服务信息区分开来。二是要避免粗放型供给，能够根据城市个性提供精细化服务，减少信息过载和冗余，使游客更容易获取所需信息。新加坡交互式智能营销平台根据游客位置、需求、选择为其提供个性化的针对性服务，游客可根据自己的喜好和需要直接在互联网上完成一系列旅游准备，如定制自己的旅游行程，包括旅游签证、旅游线路规划、交通选择、酒店预订、活动选择等。国内城市可参考其平台的功能架构提供个性化的旅游公共信息服务。

例如针对上海旅游：一是聚焦城市公共信息服务，当前咨询服务平台所提供的许多信息早已商业化，游客已经形成信息检索、预订预约的习惯，为避免资源浪费并保证服务的有效性，应错位避开提供与OTA平台重复的信息，如门票、酒店、交通产品、旅游团购项目等。二是优化公共信息内容模块，充分调查乐游上海等信息服务平台的点击率和查询度，重点提供和挖掘游客市民的普遍需求，据此优化平台所提供的公共信息内容。三是建立数字化实时服务系统，继续拓展实时数据，除现有的景区客流量、实时公交、实时空气质量等数据之外，在节假日以及旅游旺季时提供商场、公园、餐饮等的实时客流量数据等，借鉴悉尼特色游客信息收集模型，融合政府和行业各方信息端口，加强数字化改造与衔接，可以更好地保证数据服务的实时性和

准确性。四是拓展特色化信息服务功能，针对游客的旅游信息需求访谈结果表明旅游公共信息服务所提供的信息应转向更深、更有特色的方向，如赛事、文旅活动、旅游线路等动态信息的汇总和更新，包括景区是否提供语音导览或免费导游服务、咖啡文化节等日常节庆活动资讯服务、海派城市考古旅游线路推荐等，重视各区旅游特色信息内容的创新输出。五是充分应用数字新技术提升平台功能，围绕"乐游上海"开发平台新应用，包括开通直播、VR、AR等云旅游通道，便于游客出行前了解和选择心仪游览内容（定制城市旅游），同时增加人机智能互动与社交服务功能，提升市民游客与系统互问互答体验，丰富用户出行感受与攻略信息共享，为其他游客提供更精准的参考与互动。

（二）进一步丰富城市旅游公共交通供给，促进交通服务智能化转型

针对未来城市旅游活动的需求，结合城市轨道交通、常规公交、共享单车电动车、专车甚至司兼导服务等不断创新，未来城市旅游公共交通服务要更加丰富化与智能化。

一是要打造并提升一批城市旅游交通服务专线，提高旅游专线对旅游景区点的覆盖度，积极围绕城市轨道、公交巴士服务，开设特色旅游专线、主题专线、短途观光线路等，形成市域线、市区线、局域线等多层次的旅游专线交通网络，打造一批特色旅游站点，提升旅游换乘功能，提高专线车辆舒适度，提供随车讲解等服务，全面提升游客乘坐体验；同时围绕城市景观河道，积极开设水上客运专线观光游览服务，例如上海积极打造"浦江夜游"品牌产品、苏州河水上游艇产品，建设内涵丰富、便捷舒适的"水上会客厅"。

二是要打造并提升一批城市漫步慢行服务网络，全面提升城市慢行交通服务功能，结合城市更新、15分钟生活圈、特色休闲街区打造，全方位营造宜行宜骑、全龄友好、多空间融合的慢行交通环境，尤其要依托城市绿道景观道路、公园绿化带、步行街老街区等资源，打造各具特色的高品质慢行景观廊道，逐步形成一个舒适、友好的城市漫步（Citywalk）服务网络，为

开展城市微旅行活动打下基础。

三是积极扶持开发一批城市特色交通旅游服务套餐产品。例如东京在旅游公共交通服务方面重视多样性和创新，城市旅游巴士运营线路密集，特色服务多样，根据国内和海外游客的不同特点开发出了多种特色旅游车票供自由行游客选择，即 JR 七大观光车票。针对上海都市旅游，既要鼓励旅游专线交通服务同旅行社、旅游景区点、酒店、旅游休闲街区等加强合作，开发"车票+门票""车票+门票+酒店"等一站式交游融合服务产品，针对自由行、家庭游、团队游等群体提供定制化的交游融合服务。

四是加快旅游交通数字化服务转型。加强特色旅游专线、停车服务、换乘服务官方平台建设与互联互通，实现城市出行服务管家化与智能化，例如参照巴黎的出行即服务（MaaS）系统建设，整合各种交通出行信息和文化旅游资源，依托上海"一网通办"等数字城市服务平台打造数智化旅游交通服务模块，以数据驱动城市交通和文旅服务流程再造，提供城市旅游出行规划、交通和景区预约付费等"一站式服务"，实现"一票制"、"一码畅行"、可预约的智能化城市旅游交通服务新体验，打造数字化的无障碍交通服务系统。

（三）进一步优化城市游客服务网点布局，打造15分钟休闲生活圈

首先，在完善旅游公共信息在线服务平台的基础上，进一步优化城市游客服务网点布局，促进现有旅游咨询服务中心智能化升级。基于更多游客习惯于线上渠道服务，结合城市旅游公共信息服务线上化的趋势，可以进一步优化游客服务线下门店布局，充分调查周边客流量，游客多、客流量大的热门景区、交通枢纽站点等需要增加游客服务网点的覆盖密度，网点的面积以及设施配备完善度要随客流量的多少而增减，精简网点传统服务内容，增加游客休憩、亲子乐园、24 小时读书空间、艺术展厅、休闲咖啡吧等服务空间，打造融城市休闲、主题文化展示、艺术体验于一体的城市游客服务中心体系。同时投入一批智能设备替代人工咨询以及低智能设施，特别是在游客密集区域增加智能化咨询服务点，为游客提供大数据信息服务、便民服务以

及智能求助服务等。另外，城市游客服务网点与社区文化站点、雷锋服务台、商场服务台、游客中心或者其他公共服务场所能容则容、能合则合，进一步增加小微网点或者多功能网点，形成热门旅游区域15分钟游客服务圈，保留需求较多的厕所、热水、休息设施、急救设施、自助文创购物柜等设施设备，满足周边市民和游客的需求。

其次，加强城市"家门口休闲好去处"建设与数智化服务，打造家门口休闲生活圈。例如上海在积极推进打造"家门口的好去处"的基础上，可以进一步结合景观步道、慢行交通服务，通过数字化技术进一步整合小区、酒店等市民游客集聚点周边的文化、体育、休闲娱乐资源，打造家门口休闲生活圈，为市民游客提供在地休闲、周边休闲服务，在城市15分钟生活圈的基础上进一步拓展为15分钟休闲生活圈。同时，加强休闲生活圈数智化服务平台建设，全面延伸进社区、进酒店，数字化联通周边好去处、公共文化休闲服务点，促进休闲生活圈从单一的线下服务转向线上线下相融合的服务体系，并借助数智化平台丰富部分文化休闲产品展现形式，如云阅读、云观展、云活动等，及时更新发布社区、酒店周边近期公共文化艺术休闲活动，开设活动发布或招徕、信息咨询、在线预约预订、用户互动等功能，以实现快速、就近、实时共享化。家门口休闲生活圈能够将一定范围内具有相同休闲爱好的人聚集在一起，形成一种城市休闲文化，以更好地促使市民游客形成不同的爱好社群，并通过在线平台进行服务预约、互动交流，从而满足在地社交需求，实现主客共享，为美好的城市生活与城市休闲体验提供更好的社交圈、服务圈。

参考文献

徐菊凤、潘悦然：《旅游公共服务的理论认知与实践判断——兼与李爽商榷》，《旅游学刊》2014年第1期。

李健仪、谢礼珊、关新华：《旅游公共服务质量量表的设计与检验》，《旅游学刊》2016年第11期。

李爽、黄福才、钱丽芸:《旅游公共服务多元化供给:政府职能定位与模式选择研究》,《旅游学刊》2012年第2期。

夏杰长:《促进旅游公共服务体系建设的政策着力点》,《社会科学家》2019年第5期。

张丹、谢朝武:《我国旅游者公共安全服务:体系建设与供给模式研究》,《旅游学刊》2015年第9期。

王郁、赵一航:《基于协调度时空分析的上海超大城市公共服务供需关系》,《上海交通大学学报》(哲学社会科学版)2021年第4期。

邹再进、罗光华:《旅游公共服务》,社会科学文献出版社,2015。

三大旅游市场

G.19 2022~2024年中国国内旅游发展分析与展望

郭 娜*

摘 要： 2022年国内旅游总体呈"低开稳走、波动缓升"的特征，国内旅游人数、国内旅游收入分别比2021年下降22.2%和29.9%。2023年前三季度国内旅游指标同比出现大幅增长，尤其节假日数据涨幅明显，基本恢复至2019年水平。综合判断，2023年旅游经济积极乐观，预计全年国内旅游人次和旅游收入将达到54.07亿和5.2万亿元，分别恢复至2019年同期的90%和91%。展望未来，旅游经济将稳步转入理性繁荣的新阶段，我们应把握新的发展契机以应对挑战。从旅游客源市场来看，城乡客源市场呈二元结构，东部地区客源超全国一半；从旅游目的地市场来看，东部地区在全国旅游目的地市场优势显著，东部旅游目的地收入占全国近四成且旅游人均消费大幅领先；交旅融合战略为全国旅游客流发展注入新动能，省际旅游客流同

---

* 郭娜，博士，中国旅游研究院（文化和旅游部数据中心）助理研究员，主要研究方向为国内旅游、亲子旅游、国民休闲。

比增长1/4，国内旅游客流呈现随距离增加而衰减的特征。

关键词： 国内旅游　旅游客源地　旅游目的地　旅游客流

一　国内旅游发展总体特征

中国旅游研究院（文化和旅游部数据中心）依据旅游经济运行、旅游者行为数据，以及国内旅游抽样调查、各省份旅游统计等资料，从全国宏观、区域中观和旅游者微观等多个研究视角，对国内旅游的客源市场、目的地市场、旅游客流、节假日旅游等特征进行了研究，并对国内旅游发展趋势进行了预测。

（一）国内旅游人数

2022年，国内旅游者出游25.30亿人次，比2021年下降22.2%（见图1）。其中，城镇旅游者国内出游19.3亿人次，比2021年下降17.7%；农村旅游者国内出游6.0亿人次，比2021年下降33.5%。

图1　2011~2022年国内旅游市场规模

资料来源：文化和旅游部：《2022年文化和旅游发展统计公报》，https://zwgk.mct.gov.cn/zfxxgkml/tjxx/202307/t20230713_945922.html。

从2022年的四个季度来看，国内旅游增长呈现"低开稳走、波动缓升"的特征。2022年第一季度国内旅游出游人数达8.30亿人次，占全年出游总人数的32.8%，而第四季度国内旅游出游人数为4.36亿人次，仅占全年的17.2%（见图2）。

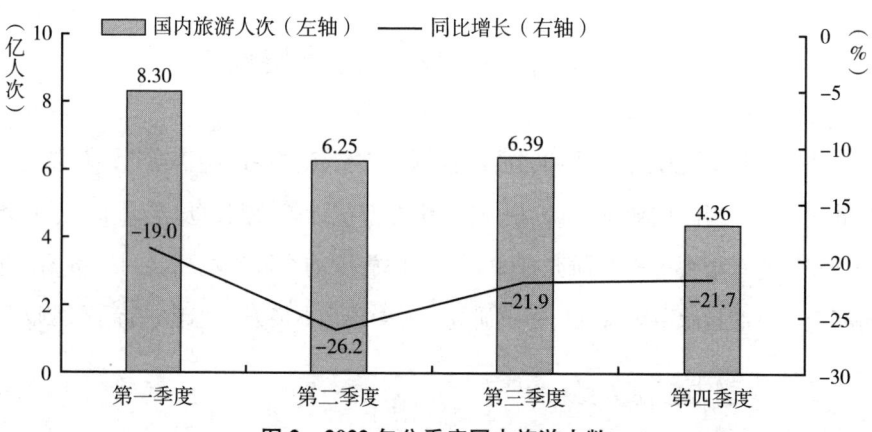

图2 2022年分季度国内旅游人数

资料来源：文化和旅游部财务司。

（二）国内旅游收入

2022年，国内旅游收入20444亿元，比上年减少8761亿元，同比下降30.0%（见图3），为疫情三年来最低，仅恢复至2019年国内旅游收入的35.6%。其中，城镇居民旅游消费16881亿元，同比下降28.6%，占旅游总收入的82.6%；农村居民出游消费3563亿元，同比下降35.8%，占旅游总收入的17.4%。

（三）国内旅游人均消费

2022年国内旅游人均每次旅游消费806元，比2021年下降93元，降幅10.3%，与疫情前2019年953元的水平有一定差距（见图4）。其中，城镇居民人均每次旅游消费877元，比2021年下降13.2%；农村居民人均旅游消费599元，比2021年下降2.4%。

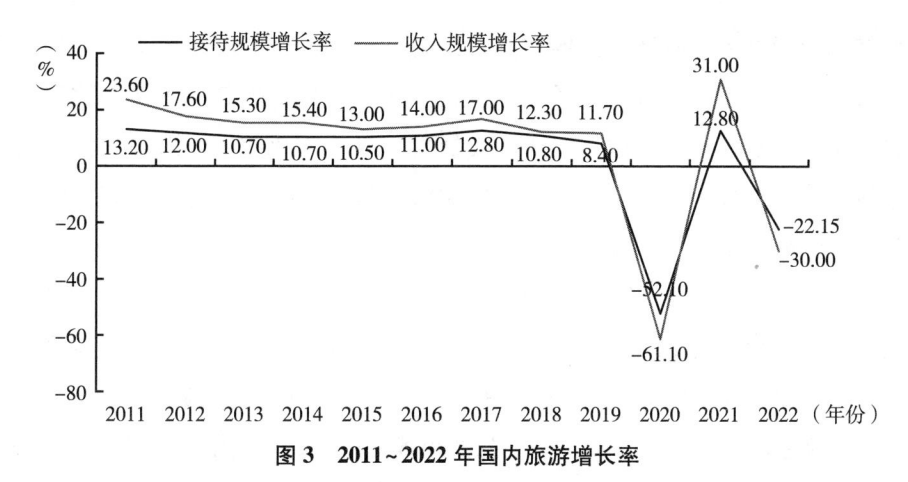

图 3　2011~2022 年国内旅游增长率

资料来源：中国旅游研究院（文化和旅游部数据中心）。

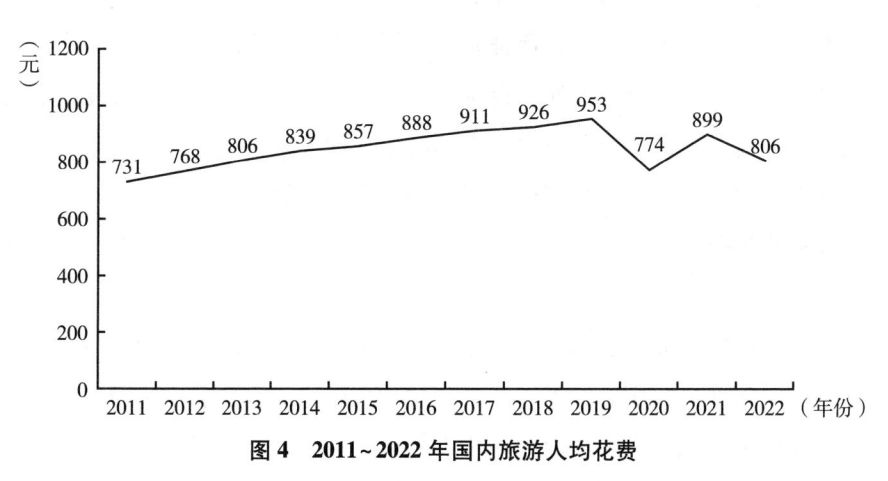

图 4　2011~2022 年国内旅游人均花费

资料来源：中国旅游研究院（文化和旅游部数据中心）。

二　国内旅游面临新形势和新契机

（一）国内旅游出现新特征和新动能

其一，政府出台促进消费政策推动旅游业高质量发展。各级政府在释

放旅游消费潜力，营造人民群众放心出游、安心消费氛围，企业扩大投资和研发投入的环境等方面做了很多行之有效的工作。随着促进消费政策释放效应的逐步显现，国内旅游未来发展重点包括文化旅游、海洋旅游、研学旅行、避暑旅游、老年旅游、度假旅游、旅游休闲街区等新业态、新场景、新空间。

其二，各级政府围绕国家战略引导地方和业界以创建促发展。基于国家文化公园、世界级旅游景区和度假区、国家级旅游休闲城市和街区等国家战略，各级党委和政府都在围绕政策和制度创新制定规划和行动计划，努力推进文化和旅游融合发展，促进国内旅游市场扩容升级。以旅游场景创造和旅游消费升级吸引更多的资本、技术和创业团队进入旅游业。在供给侧政策创新方面，有意识地加强对小微企业的政策支持和专业指导。

其三，都市休闲、周边和近程旅游已经成为旅游业高质量发展的市场重心。从供给侧来说，疫情迫使多数旅游投资创业机构和市场主体改变传统的投资模式、商业形态、业务板块布局和内控管理策略，更加强调现金流的稳定，加杠杆投资更加谨慎。都市休闲、周边和近程旅游已经成为旅游业高质量发展的市场重心之所在，也是旅游投资特别是空间布局优先考虑的变量因素。

其四，旅游产业的变革和创新意识进一步彰显。越来越多的旅游集团和专业运营公司开始适应旅游需求的多样性与个性化，以数字化转型、组织变革、产品研发、服务升级和商业模式创新重归公众视野，用创新和努力推动旅游业高质量发展。

其五，反向旅游、平替旅游、治愈旅游的"45度躺平"带动非传统旅游目的地和非热点城市受关注。疫后目的地格局重构是全球普遍出现的新现象。在保持大型节点城市和热门旅游城市高水平供给的同时，应适度关注非传统旅游目的地和非热点城市。尤其是在基础设施、商业环境和公共服务方面，逐步做好散客化和自助游时代下的各项准备。

其六，旅游业对散客化时代的个性化体验和专业化定制需求的应对变得更有韧性。小微型企业的商业创新和技术研发的市场转化明显加速，旅游、休闲、文化、艺术、体育、科技等诸业态相互融入的趋势越来越明显。创业创新者多为跨界而来的科技文化和艺术团队。未来大型旅游集团和在线平台可以通过更加开放的生态与小微企业、创业团队等互动合作，开发体验性、专业性强的旅游项目，满足散客化时代的个性化体验和专业化定制需求。

其七，乡村惠民政策促进城乡旅游均等化。在现有政策框架内，通过加大乡村旅游规划、资金、项目、人才等方面支持力度，重点弥补乡村居民出游和乡村旅游设施的短板，以乡村旅游发展促进乡村振兴。

（二）把握新契机以应对新形势新挑战

根据国内旅游抽样调查统计结果，2023年前三季度，国内旅游总人次36.74亿，比上年同期增加15.80亿，同比增长75.5%。其中，城镇居民国内旅游人次28.46亿，同比增长78.0%；农村居民国内旅游人次8.28亿，同比增长67.6%。分季度看：2023年第一季度，国内旅游总人次12.16亿，同比增长46.5%；2023年第二季度，国内旅游总人次11.68亿，同比增长86.9%；2023年第三季度，国内旅游总人次12.90亿，同比增长101.9%。

2023年前三季度，国内旅游收入（居民国内出游总花费）3.69万亿元，比上年增加1.97万亿元，同比增长114.5%。其中，城镇居民出游花费3.17万亿元，同比增长122.7%；农村居民出游花费0.52万亿元，同比增长75.8%。

2023年第四季度，历时三个季度的政策促进，旅游经济正在从需求潜力释放走向供给创新驱动新阶段。各级旅游业"十四五"发展规划落地实施，加上新一轮的文化和旅游消费促进政策的贯彻落实，将从政策托举和供给拉动两个方面为国内旅游发展带来可以预期的增长空间。综合判断，2023年旅游经济积极乐观。预计全年国内旅游人次和旅游收入将达到54.07亿和5.2万亿元，分别恢复至2019年同期的90%和91%。

三 国内旅游客源市场特征

(一) 城乡客源市场呈二元结构

从城乡划分来看,城镇居民仍然是我国国内旅游的主要客源市场。2022年城镇旅游者国内出游19.3亿人次,占比76.28%,比2021年下降17.6%;农村旅游者国内出游6.0亿人次,占比23.72%,比2021年下降33.3%(见图5、图6)。在城镇居民国内旅游出游率持续提升和人口城镇化稳步推进的背景下,预计我国城镇旅游者占据国内旅游客源市场主体的特征还将长期持续下去。

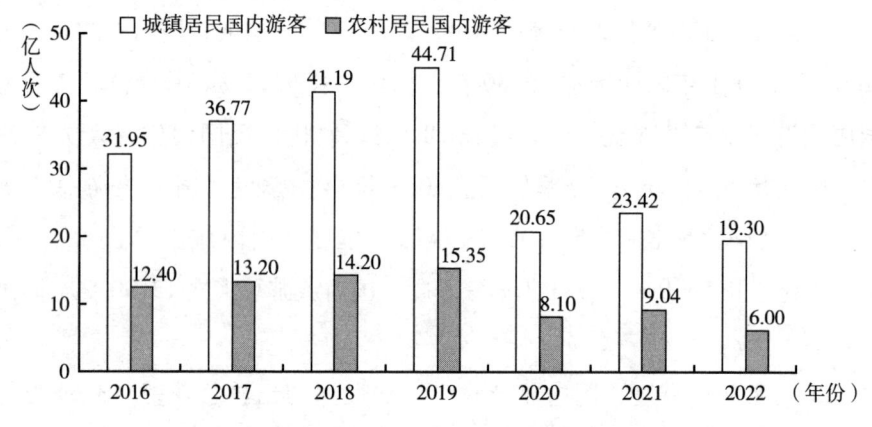

图5 2016~2022年国内旅游城乡客源市场规模

资料来源:文化和旅游部,各年度《旅游抽样调查资料》,中国旅游出版社。

(二) 东部地区客源市场超全国一半

综合考虑国内旅游者的出游次数和停留时间等因素,2022年东部地区占据了56.33%的国内旅游客源市场,其次是西部区域占据了24.77%,中部区域占据了16.77%,而东北区域仅占2.13%(见图7)。东部区域10个省市占据了全国近六成的国内旅游客源市场,较上年增长5.11个百分点,其依旧是国内旅游的主要客源地和市场营销的重点目标区。

图6 2016~2022年国内旅游人数城乡比重

年份	城镇居民占比	农村居民占比
2016	72.04	27.96
2017	73.53	26.47
2018	74.36	25.64
2019	74.44	25.56
2020	71.88	28.12
2021	72.15	27.85
2022	76.28	23.72

资料来源：文化和旅游部，各年度《旅游抽样调查资料》，中国旅游出版社。

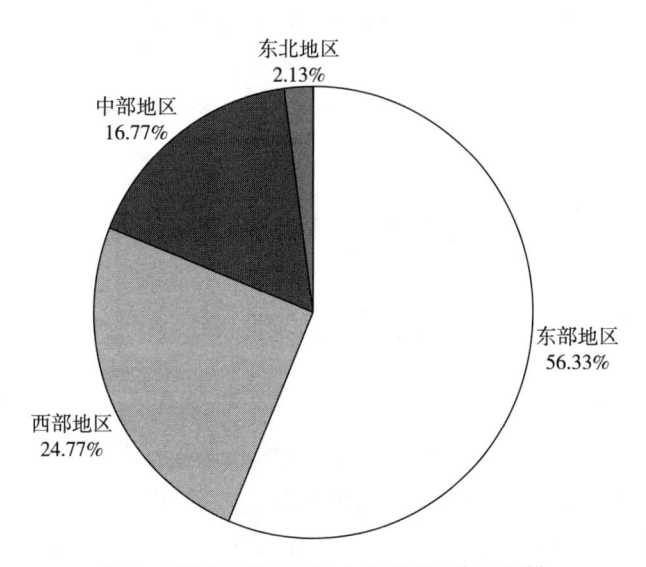

图7 2022年各地区国内旅游客源市场规模

- 东部地区：56.33%
- 西部地区：24.77%
- 中部地区：16.77%
- 东北地区：2.13%

资料来源：中国旅游研究院（文化和旅游部数据中心）。

分省份看，2022年，浙江、江苏、广东、湖南、湖北等省份具有较大的国内旅游客源市场规模，浙江、北京、重庆、湖北、江苏等省份的居民具有较高的国内旅游出游率。综合考虑上述两个指标，从规模和频率两个指标来看，浙江、江苏、湖北、湖南、广东、北京等省份是全国重要的国内旅游客源市场（见图8）。

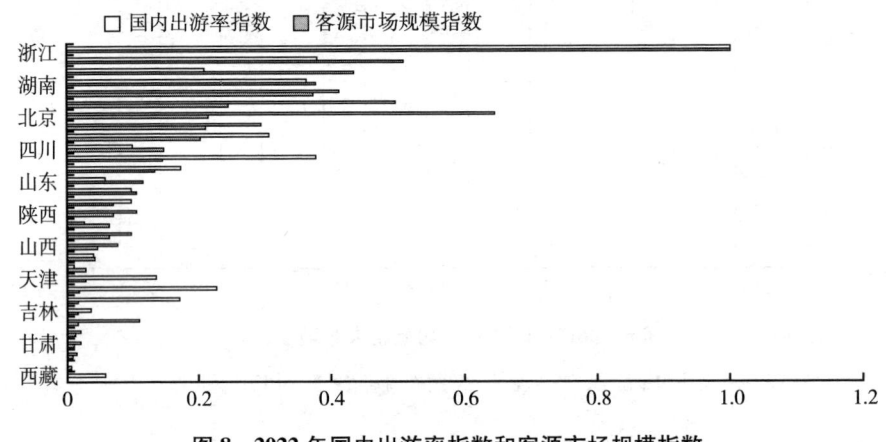

图8　2022年国内出游率指数和客源市场规模指数

资料来源：中国旅游研究院（文化和旅游部数据中心）。

四　国内旅游目的地市场特征

（一）东部旅游目的地收入占全国近四成

2022年，各区域的国内旅游总收入存在明显差异，其中东部地区国内旅游总收入为39613.97亿元①，占全国旅游总收入的37.05%，较2021年有所下降。中部地区和西部地区旅游总收入分别为27818.09亿元和35343.77亿元，占全国旅游总收入的26.02%和33.06%。旅游总收入最少的区域为东北地区，为4137.20亿元，仅占全国旅游总收入的3.87%（见图9、图10）。

（二）西部旅游目的地接待人数最多

2022年，西部地区的国内旅游接待人数位居全国榜首，人数为34.01

---

① 说明：该数据来源于各省份国民经济发展统计公报，与前文国内旅游收入统计口径不同。下同。

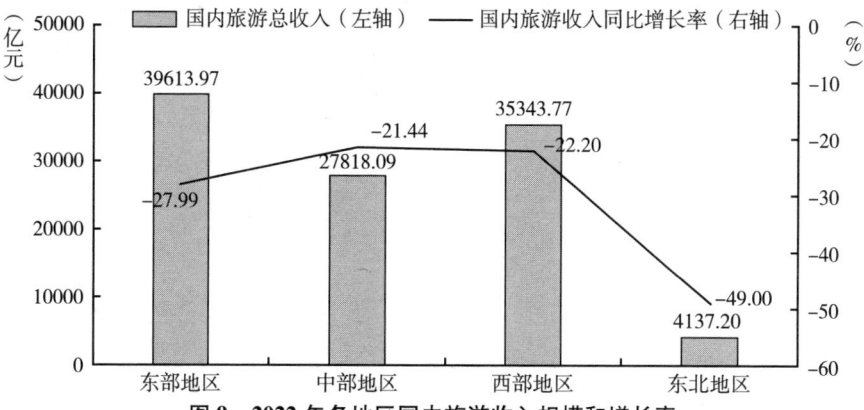

图9 2022年各地区国内旅游收入规模和增长率

资料来源：中国旅游研究院（文化和旅游部数据中心）。

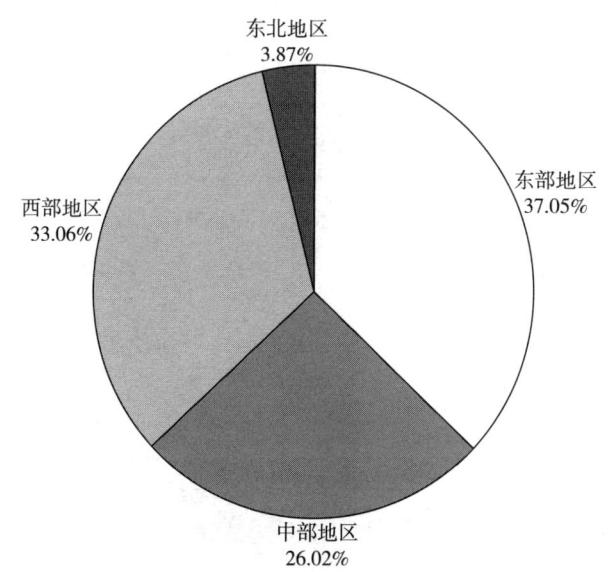

图10 2022年各地区国内旅游收入占比

资料来源：中国旅游研究院（文化和旅游部数据中心）。

亿人次；东部地区和中部地区的国内旅游接待人数差距不显著，分别位居全国第二和第三位，为29.56亿人次和28.25亿人次；东北地区的国内旅游接待人数最少，为5.03亿人次（见图11）。东北地区受疫情影响严重且近两年恢复速度较慢，与其他三大旅游目的地的差距有进一步拉大的风险。

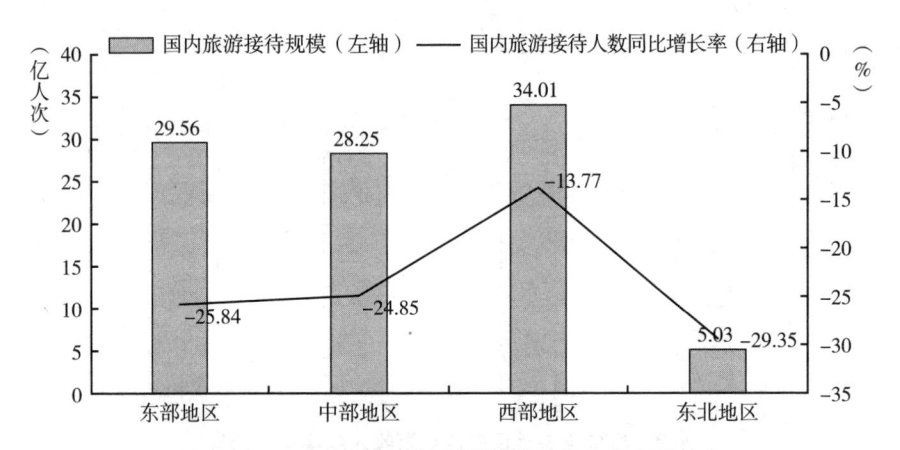

图11　2022年各地区国内旅游接待人数规模和增长率

资料来源：中国旅游研究院（文化和旅游部数据中心）。

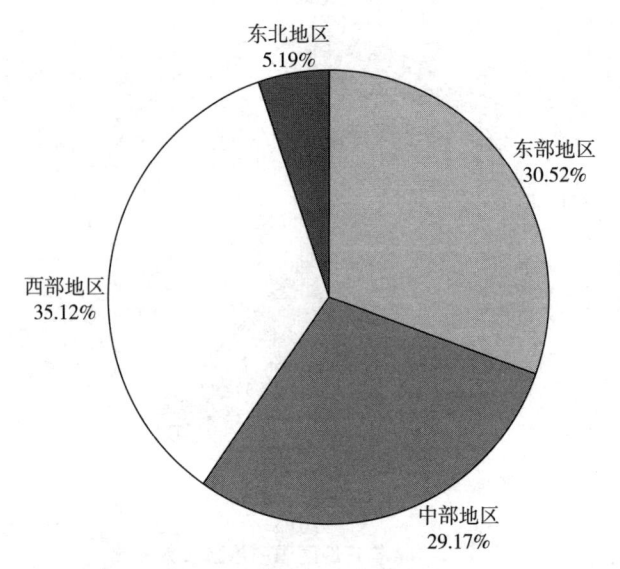

图12　2022年各地区国内旅游接待人数占比

资料来源：中国旅游研究院（文化和旅游部数据中心）。

（三）东部地区旅游人均消费大幅领先

2022年，四大地区的国内旅游人均消费仍存在较大差异。其中，东部地区的国内旅游人均消费最高，达到1362.90元。其次是中部和西部地区，国内旅游人均消费分别为989.63元和1021.23元，国内旅游人均消费最少的是东北地区，为879.81元（见图13）。纵向对比，四大区域国内旅游人均消费水平较2021年相比均有所减少。

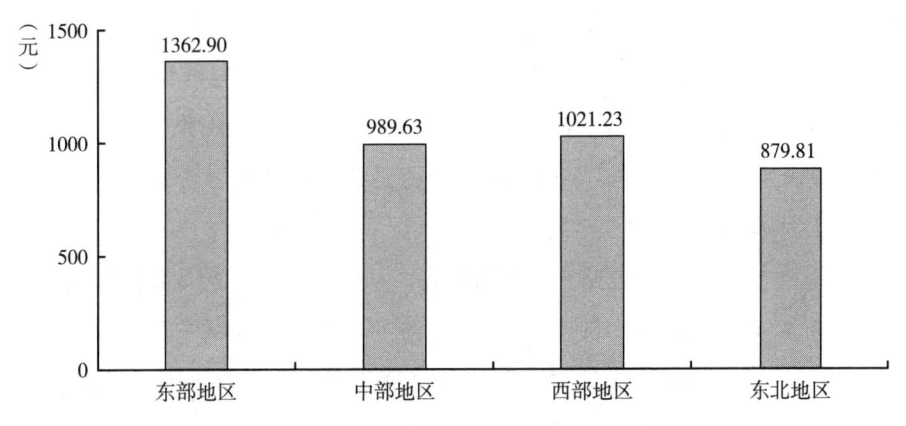

图13 2022年各地区国内旅游人均消费

资料来源：中国旅游研究院（文化和旅游部数据中心）。

五 国内旅游流动特征

（一）2022年国内旅游客流发展全面升级

其一，全域旅游可进入性进一步提高。随着我国公路、铁路、航空等交通线路的不断完善，国内旅游目的地的可进入性将进一步提高，交通便捷服务不断优化，交通承载能力不断增强，为我国全域旅游的快速发展提供基础保障。

其二，高速旅游交通网络加快完善。全国综合立体交通网络加快完善，特别是高速旅游交通基础设施覆盖范围持续扩大，数字化程度持续提高，成为国内中远程旅游的重要支撑。

其三，重大交通工程催生旅游热点。2022年，国内首个磁浮文化旅游

项目——凤凰磁浮观光快线正式开通运营。凤凰磁浮观光快线项目是连接凤凰高铁站至凤凰古城的一条旅游线路,被列入湖南省"十三五"旅游规划和湖南省重点建设工程。开通运营后,凤凰县成为全国唯一拥有磁浮旅游轨道的县级城市和旅游景区,极大提升了凤凰县的旅游品质,推动凤凰县全域旅游的发展,对湘西巩固脱贫成果、走向乡村振兴具有积极的推动作用。

其四,农村地区旅游交通通达性稳步提升。农村交通网络通达性的改善,在促进全域旅游发展上起基础性、先导性、服务性作用,为实现"美丽农村路+乡村旅游"模式、带动农村公路沿线特色产业融合发展、助力乡村振兴注入源源动力。

其五,自驾出游占公路交通比重较高。从长远来看,乘坐公路客运交通的游客数量会持续减少,自驾游成为我国游客中短途旅游的重要形式。

其六,远途旅游更多依赖现代高速交通工具。从整体趋势上来看,随着长距离航空、铁路及短距离公交、小汽车等交通方式快速发展,公路客运量会逐步减少。未来,我国选择高铁、民航等交通工具作为城际出行方式的旅客比重会进一步提高,国内的中远程旅游更多依赖现代高速交通工具。

其七,纯电动车、轨道交通成为市内旅游重要方式。随着疫情被有效控制,我国城市客运量有所回升,而2022年多地疫情的反复使我国城市客运量再度下滑。城市内部多元化客运方式中,轨道交通恢复速度最快,同时低碳环保理念盛行,电动车以其经济环保的优势,也成为我国居民市内旅游休闲的重要交通工具。

(二)省际旅游客流同比增长1/4

根据中国旅游研究院调查,2023年上半年国内旅游客流跨省远程游有所上升。远程的省际旅游客流占到了全部国内旅游客流的23.54%,同比增长约25%,近程的省内旅游客流占比为76.46%,同比降低约5.9%(见图14)。

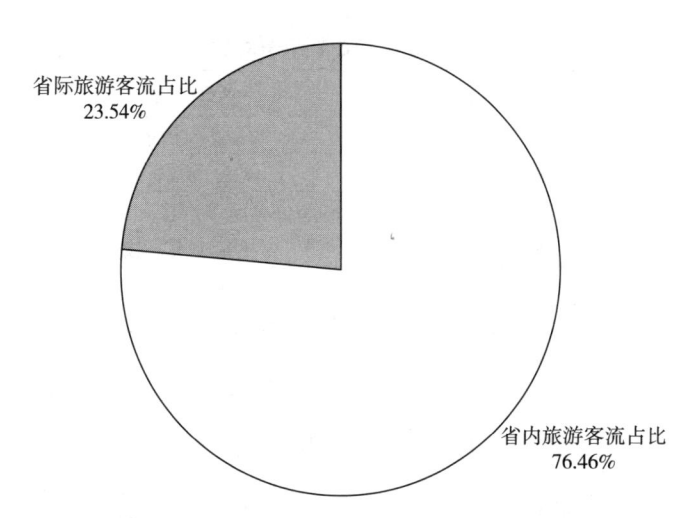

图14　2023年上半年省内和省际旅游客流所占比重

资料来源：中国旅游研究院（文化和旅游部数据中心）。

（三）远程国内旅游流量呈现随距离增加而减少的特征

2023年上半年，客流量排序前100的重要省际旅游客流占到全国总计930条省际旅游客流的53.78%。

东部地区是最重要的远程国内旅游客源地和目的地，中部和西部地区在远程国内旅游方面与东部地区还有较大差距，东北地区的远程国内客流则较少（见表1）。在全国100条重要省际旅游客流中，以东部、中部、西部和东北部地区的省（自治区、直辖市）为目的地的客流分别有47条、29条、18条和6条，以东部、中部、西部和东北部地区的省（自治区、直辖市）为客源地的客流分别有48条、28条、19条和5条，总体来说，与2022年上半年变化不大。

远程国内旅游表现出相邻省份间互为客源地和目的地的特征。在全国100条重要省际旅游客流中，有77条客流为相邻省份之间的旅游流动，仅有23条客流为非相邻省份之间的旅游流动。

表 1　2023 年上半年重要省际旅游客流流向

地区	客源地	目的地
东部地区	北京	天津、河北、山东、河南
	天津	北京、河北、山东
	河北	北京、山东、天津、山西、河南、内蒙古
	上海	江苏、浙江、安徽
	江苏	安徽、浙江、山东、上海、河南、湖北
	浙江	安徽、江苏、江西、贵州、湖南、湖北、上海、河南、福建
	福建	广东、浙江
	山东	北京、河北、上海、江苏、安徽、浙江、河南、陕西
	广东	广西、湖南、江西、湖北、四川、福建
	海南	
中部地区	山西	陕西、河北、河南
	安徽	江苏、浙江、河南、上海、山东
	江西	广东、浙江、湖南、福建、湖北
	河南	安徽、湖北、江苏、山东、浙江、广东、河北、陕西、北京、上海
	湖北	湖南、广东、河南
	湖南	广东、湖北、江西
西部地区	内蒙古	辽宁
	广西	广东
	重庆	四川
	四川	重庆、云南、广东、贵州、陕西
	贵州	江苏、广东、四川、云南、湖南、重庆
	云南	四川、贵州
	西藏	
	陕西	四川
	甘肃	陕西
	青海	
	宁夏	
	新疆	
东北地区	辽宁	河北、吉林、山东
	吉林	辽宁
	黑龙江	辽宁、吉林

资料来源：中国旅游研究院（文化和旅游部数据中心）。

六　国内节假日旅游特征

（一）节假日旅游市场实现预期增长，基本恢复至2019年水平

2023年开局，探亲访友、旅游过年、民俗体验、避寒和冰雪等出游需求集中释放，出游规模、消费结构、服务质量和市场主体获得感等指标迅速增长，奠定了全年旅游经济"高开稳增、持续回暖"的市场基础，"开门红"成为各地总结报告的关键词。

2023年节假日期间在国内长线游有序恢复的带动下，旅游市场迎来快速升温，国内各热门旅游景点再现"人从众"的热闹景象。2023年主要节假日元旦、春节、"五一"劳动节、端午节、"中秋+国庆"等节假日的旅游人数和旅游收入均比2022年有一定程度的增长，全年呈现高开稳增的态势。尤其"中秋+国庆"8天超长假期，国内旅游出游人数和国内旅游收入均恢复至2019年水平，并有微小提升。国内旅游出游人数8.26亿人次，按可比口径较2019年增长4.1%；实现国内旅游收入7534.3亿元，按可比口径较2019年增长1.5%，实现了预期的增长（见图15）。疫情后，旅游经济将稳步转入理性繁荣的新阶段。

（二）跨省中长线游复苏、周边游热度不减成为节假日出游的主要特征

受出游需求集中释放的影响，节假日中远程旅游市场快速复苏，近程旅游和本地休闲热度不减成为节假日旅游的主要特征。节假日旅游呈现近距离、远距离共热的特征，以目的地居停酒店、民宿和度假房产为"系泊港"的周边游更加活跃，"反向旅游""平替旅游""治愈旅游""特种兵式旅游""集章、打卡旅游""Citywalk"等成为新亮点。

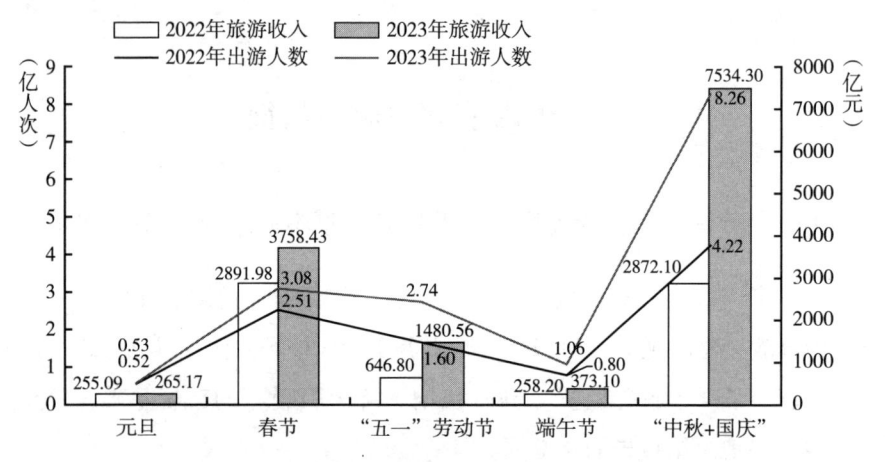

图15 2022~2023年主要节假日旅游人数和旅游收入

资料来源：中国旅游研究院（文化和旅游部数据中心）。

（三）家庭亲子游、艺术演出、"旅游+文化""旅游+体育"等主题产品受青睐

在杭州亚运会的带动下，各地健身场馆免费、低收费政策力度加大，探亲游、本地游群体中，更多地选择"运动+旅游"的休假模式。各地举办百余场音乐节和各类演唱会、音乐会，乐队和歌手走进大众，让"音乐+旅游"得以由可能的概念导入现实的市场。暑期中小学生放假带火家庭亲子游、研学游、避暑旅居、生态康养、海滨休闲、乡村田园等旅游产品受到游客喜爱。

G.20 2022~2024年中国入境旅游发展分析与展望

刘祥艳*

摘　要： 伴随疫情防控政策的调整，我国入境旅游在2023年重启。在入境限制政策逐步放宽和取消的带动下，入境旅游进入恢复周期，且恢复步伐正在稳步加快。其中，港澳台市场成为入境旅游市场恢复的引领者，需求更具刚性的商务市场恢复速度相对更快。未来，伴随国际航班的不断增加、入境供应链的持续修复及各级旅游目的地和市场主体的积极推广，入境签证便利度有望进一步提升，2024年我国入境旅游将迎来更好的恢复局面。不过也应看到，周边国际旅游目的地依然对我国构成较大的竞争压力。未来，我国需将入境旅游振兴提升到国家战略层面，以解决入境旅游长期存在的障碍，提升我国入境旅游竞争力和文化影响力，有效改善国家形象，并持续在各级旅游目的地层面面向国际市场推出优质产品，增进入境游客的文化体验感。

关键词： 入境旅游　旅游竞争力　文化影响力

一　全球入境旅游发展概况

国际旅游市场在2022年实现较快恢复，并在2023年前七个月继续保持稳

---

* 刘祥艳，中国旅游研究院副研究员、博士，主要研究方向为国际旅游经济、旅游目的地营销等。

步恢复态势。伴随长期压抑的旅游需求不断释放和国际游客的信心水平不断提升，国际旅游市场恢复水平持续提高，或将在2024年超过2019年水平。

（一）2022年国际旅游市场实现较快恢复

尽管面临包括经济形势和地缘政治不确定性等在内的多种挑战，但是随着更多国家/地区取消或进一步放宽国际旅行限制，长期压抑的旅游需求不断释放和国际游客的信心水平不断提升，2022年国际旅游市场出现大幅恢复，国际旅游人数和收入恢复到2019年的六成以上。联合国世界旅游组织（UNWTO）公布的数据①显示，2022年全球共接待国际游客9.69亿人次，是2021年的两倍，恢复至2019年水平的66.2%；2022年全球国际旅游收入约为2.07万亿美元，回升至2万亿美元大关，同比增长71.9%，达到2019年水平的73.1%（见图1）。

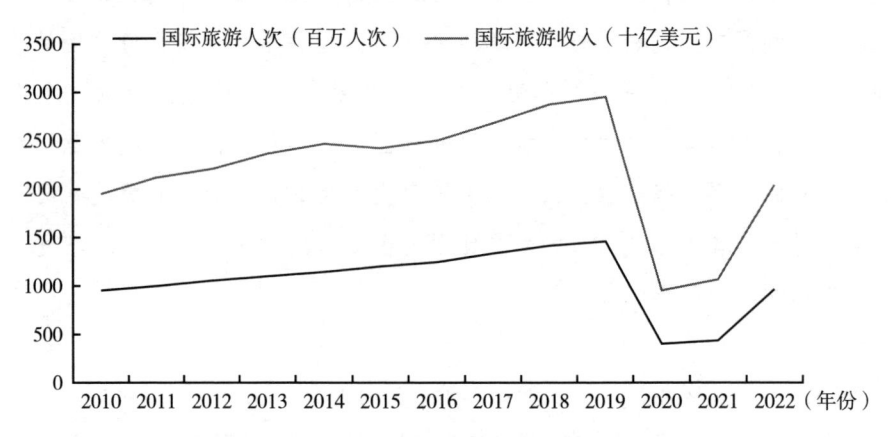

图1　2010~2022年全球国际旅游人次及国际旅游收入情况

资料来源：联合国世界旅游组织（UNWTO）。

全球各地区的国际旅游市场均有明显恢复，且部分地区的国际旅游收入增长水平高于国际平均水平（见图2）。从国际游客接待规模来看，中东地

---

① 为UNWTO调整后的数据，https://www.unwto.org/tourism-data/global-and-regional-tourism-performance。

区的恢复力度最为强劲，恢复至 2019 年的 90%；欧洲在 2022 年接待国际游客 5.95 亿人次，恢复到 2019 年的 80%；美洲和非洲的国际游客接待规模分别恢复至 2019 年的 71% 和 67%；亚太地区的国际旅游恢复相对较慢，国际游客接待量恢复至 2019 年的 28%，但与 2021 年恢复水平相比（不足 10%），仍有显著的回升。从国际旅游收入来看，2022 年欧洲的表现最为抢眼，恢复到 2019 年的 87%；非洲、中东和美洲的国际旅游收入水平也有较好的恢复，恢复至 2019 年的七成上下；亚太地区的恢复相对较慢，仅恢复至 2019 年的 28%。

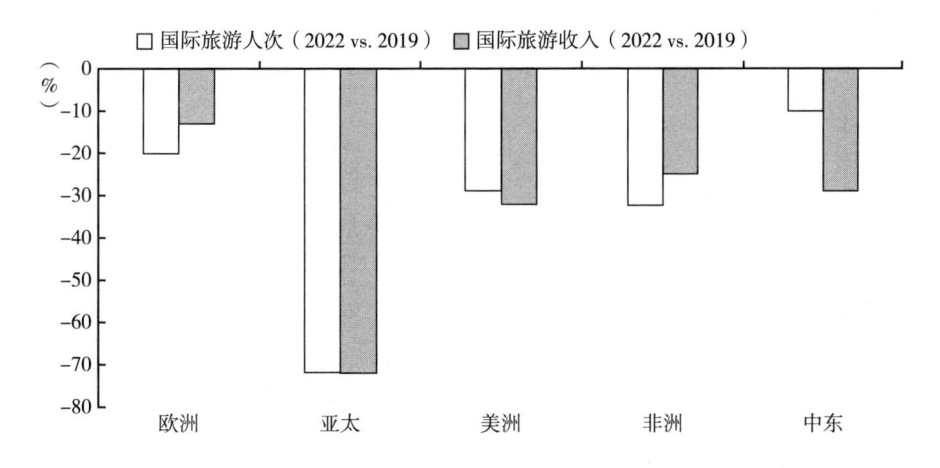

图 2　2022 年各地区国际旅游人次和收入变动情况

资料来源：世界旅游组织：*2023 International Tourism Highlights*。

（二）2023年国际旅游市场恢复步伐加快

尽管面对经济和地缘政治的多重挑战，国际旅游需求仍表现出非凡的韧性。2023 年 1~7 月，国际旅游市场的恢复水平进一步提高，部分地区已接近甚至高于 2019 年的水平。2023 年第一季度，国际旅游人次已达到 2019 年同期水平的 80%，在第二季度恢复至 2019 年同期水平的 85%，并在 2023 年 7 月一度达到 90%。UNWTO 于 2023 年 9 月发布的《世界旅游晴雨表》

显示（见图3），在第二季度以及北半球夏季初期的强劲旅游需求推动下，2023年1~7月，全球共接待国际游客约6.98亿人次，比2022年同期增长了43%，恢复至2019年水平的84%。

2023年1~7月，在主要客源市场需求的推动下，欧洲、美洲、亚太、中东和非洲五大区域板块的国际旅游市场均呈现强劲的恢复态势。根据UNWTO发布的最新数据，中东地区引领国际旅游市场的恢复。中东国际游客接待量与2019年相比增加20%，欧洲、非洲和美洲分别恢复至2019年的91%、92%和87%；与2022年相比，亚太地区的恢复速度明显加快，恢复至2019年的61%。

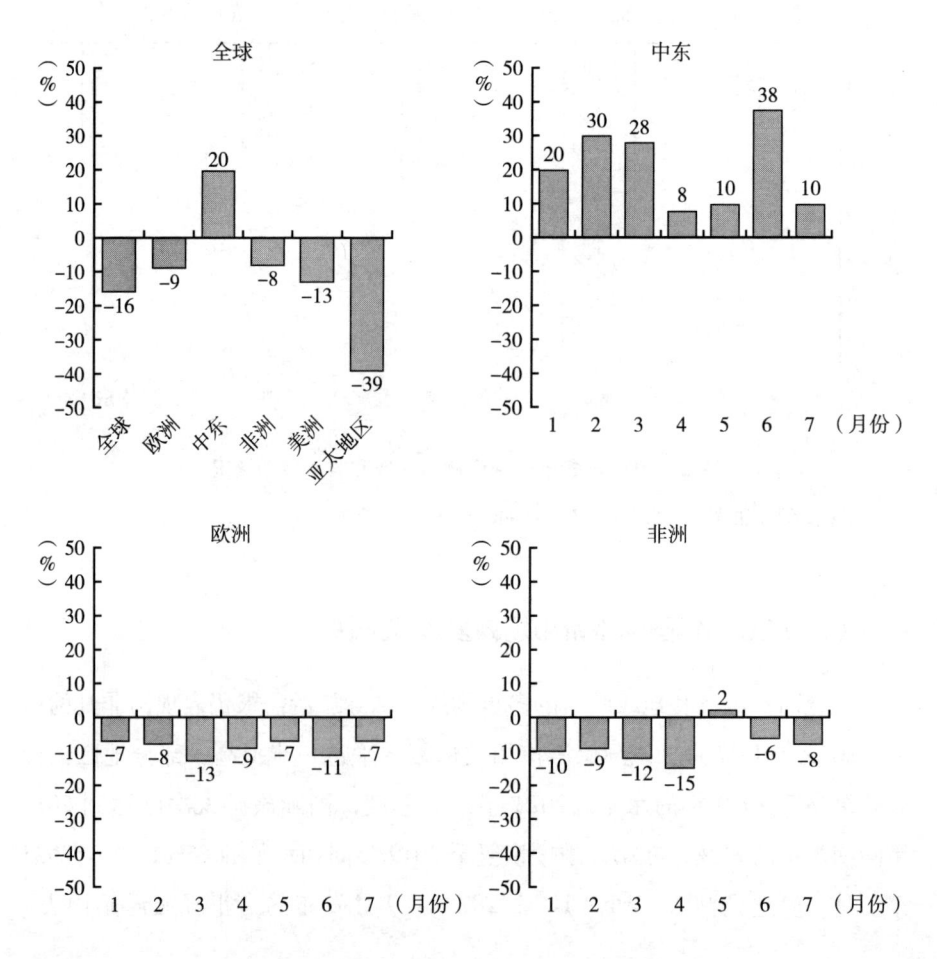

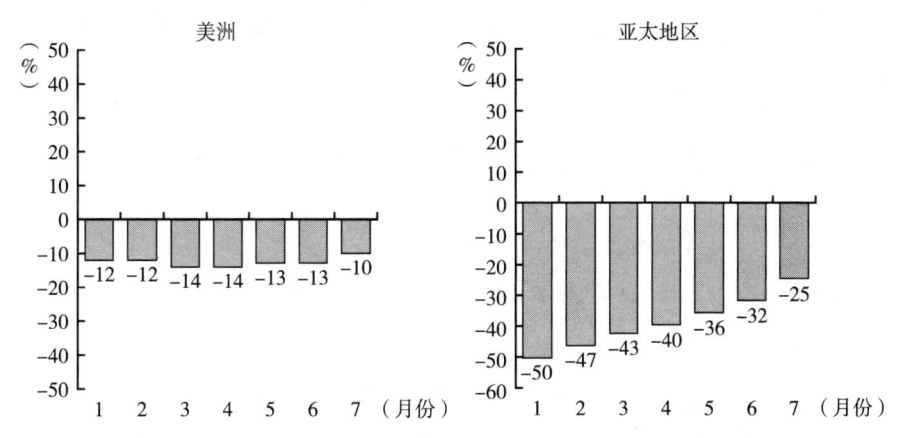

图 3　2023 年 1~7 月各地区国际旅游恢复情况（与 2019 年同期相比的变动）

资料来源：联合国世界旅游组织。

（三）国际旅游市场恢复预期乐观

UNWTO 预计 2023 年全年将恢复到 2019 年的 80%~95%。根据 2023 年 9 月的调查，超一半（57%）的 UNWTO 旅游专家小组专家认为 2023 年 9~12 月的发展前景更好，三成（30%）的专家预计不会有特别的变化，只有 14% 的专家认为情况可能会变差。专家们对 2024 年和 2025 年的发展预期较为乐观。绝大多数（79%）的专家认为所在国的国际旅游市场在 2024 年或之前将恢复到 2019 年水平，少数专家（21%）则表示要在 2025 年或以后。未来，充满挑战的经济环境，包括持续的通货膨胀和不断上涨的油价等，仍然是国际旅游市场稳步恢复的主要制约因素。此外，俄乌冲突以及其他日益加剧的地缘政治紧张局势也将继续带来下行风险。

二　2022~2023 年中国入境旅游发展基本情况

随着我国疫情管控政策的调整，入境签证的恢复标志着我国入境旅游的重启。在入境限制政策的逐步放宽和取消以及入境签证便利化的带动下，入境恢复呈稳步加速态势。其中，港澳台市场是入境旅游市场恢复的引领者，需求更具刚性的商务市场相对于观光休闲市场而言恢复得更快。

（一）2022年我国入境旅游市场规模再收缩

2022年，我国入境游客接待规模继续减少。全年，我国接待入境游客共2525万人次，比2021年减少113万人次，同比下降4.3%，与2019年相比下降82.6%（见图4）。

与2021年类似，需求更具刚性的商务、留学及探亲市场依旧是支撑我国入境旅游的基础市场。其中，持续频繁的国际经贸往来和国际资本流通促成更多必要的来华商务旅行。《国民经济和社会发展统计公报》显示，2022年全年，我国货物进出口总额达42.1亿元，比上年增长7.7%；我国实际使用外商直接投资金额1891亿美元，同比增长8.0%；全年对外非金融类直接投资额1169亿美元，同比增长2.8%。稳步增长的货物和资金往来意味着一定规模的经贸、科技、物流等人员必要的来华商务旅行，其构成了入境市场的基础支撑。

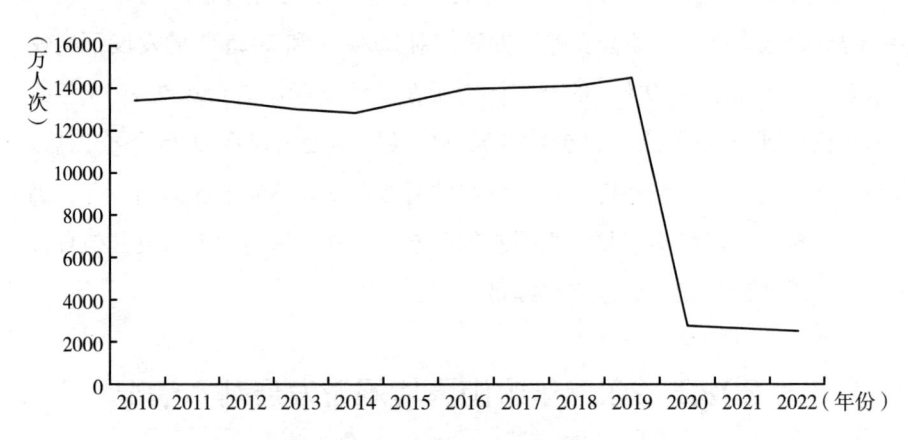

图4 2010~2022年中国入境游客接待情况

资料来源：中国旅游研究院（文化和旅游部数据中心）。

（二）2023年我国入境旅游市场稳步恢复

我国各类入境签证政策不仅恢复到2019年水平，还配套出台了一些便利化措施。2023年3月15日起，我国恢复2020年3月28日前签发且仍在有效期内的签证入境功能；驻外签证机关恢复审发外国人各类赴华签证；口岸签证机关恢复审发符合法定事由的各类口岸签证；恢复海南入境免签、上海邮轮免签、港澳地区外国人组团入境广东免签、东盟旅游团入境广西桂林免签政策。从5月1日起，我方允许APEC商务卡虚拟卡的持卡者入境；从7月26日起，我国恢复对新加坡、文莱的单方面免签政策。自8月上旬以来，我国驻外大使馆、总领事馆等机构规定在2023年底前，符合条件的一次或两次入境的商务、旅游、探亲、过境、乘务类签证申请人可免采指纹。9月20日上线的新版中国签证申请表大幅减少了文字性填报内容，缩短了申报者的填写时间。针对广交会、进博会的各国客商，更是在免预约、免采指纹的基础上，凭邀请函即可在任一我驻外使领馆申请签证。10月1日起，中俄正式实施互免团体旅游签证协定。11月10日起，中国和哈萨克斯坦互免签证协定正式生效，哈国公民来华旅游单次停留不超过30日，每180日累计停留不超过90日者可免办签证。11月17日起，我国对挪威公民实施72/144小时过境免签政策，该政策适用国家范围增至54个国家。11月24日，外交部发言人宣布，为便利中外人员往来服务高质量发展和高水平对外开放，中方决定试行扩大单方面免签国家范围，对法国、德国、意大利、荷兰、西班牙、马来西亚6个国家持普通护照人员试行单方面免签政策。2023年12月1日至2024年11月30日期间，上述国家持普通护照人员来华经商、旅游观光、探亲访友和过境不超过15天，可免办签证入境。

与此同时，入境健康管理也逐步放宽并最终取消。根据《关于对新型冠状病毒感染实施"乙类乙管"的总体方案》，优化中外人员往来管理是主要措施之一，自2023年1月8日起，我国取消了入境后全员核酸检测和集中隔离，取消"五个一"及客座率限制等国际客运航班数量管控措施。来华人员在行前48小时进行核酸检测，结果阴性者可来华，无须向我驻外使领馆申请健康码。自4月29日起,所有来华人员可以登机前48小时内抗原检测代替核酸检测,航空公司不再查验登机前检测证明;自8月30日起,来华人员无须进行入境前新冠病毒核酸或抗原检测,在《中华人民共和国出/入境健康申明卡》中不再进行相应填报;自11月1日零时起,取消出入境旅客全员海关健康申明卡的申报要求。

在入境旅游全面重启的背景下,入境旅游市场稳步恢复。根据国家移民管理局的数据(见图5),2023年前三个季度,中国港澳台居民和外国人出入境人次已经恢复到2019年同期的六成以上。其中,港澳台市场引领了入境旅游市场的恢复,港澳台居民出入境人次恢复至2019年的73.3%,这一恢复比例远高于外国人(35.1%)。分季度来看,无论是外国人还是中国港澳台居民出入境人次均呈加速恢复态势,第三个季度分别恢复到2019年同期的50.3%和90.4%,远高于第一季度的15.0%和52.7%。

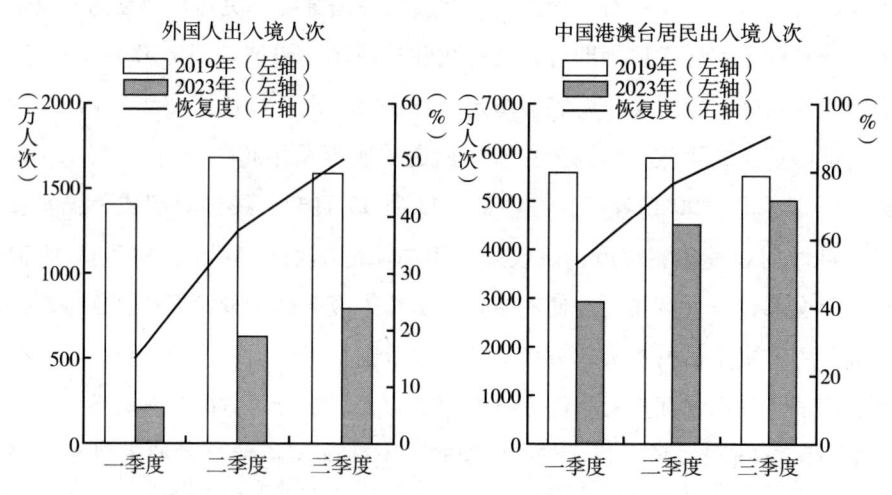

图5 2019年和2023年1~3季度外国人和中国港澳台居民出入境人次

资料来源:国家移民管理局。

从细分市场来看,观光休闲市场的恢复慢于商务市场。入境旅行社纷纷表示,2023年接待的入境游客中,商务客人占比较2019年明显提升,且其恢复速度快于主要以观光休闲为目的的团队游客。与移民局公布的外国人和中国港澳台居民出入境人数相比，由旅行服务商接待的团队观光市场的恢复不容乐观，也意味着观光休闲市场恢复较慢。全国旅行社统计调查报告显示（见图6），2023年上半年，全国旅行社入境旅游外联和接待的入境游客分别为19.6万人次和47.8万人次，与2019年同期水平相比分别仅恢复至3.3%和5.6%。同样地，伴随入境限制政策不断放宽，在第二季度，旅行社入境旅游外联和接待人次的恢复水平也有所加快，分别恢复至2019年同期的5.6%和8.7%，明显高于一季度的0.7%和1.4%。在入境便利政策的推动下，尤其是8月的入境申请人临时性免采指纹以及9月份的入境签证申请表简化等，加之，三季度是入境旅游旺季，下半年旅行社入境旅游外联和接待游客规模将有更好的恢复。

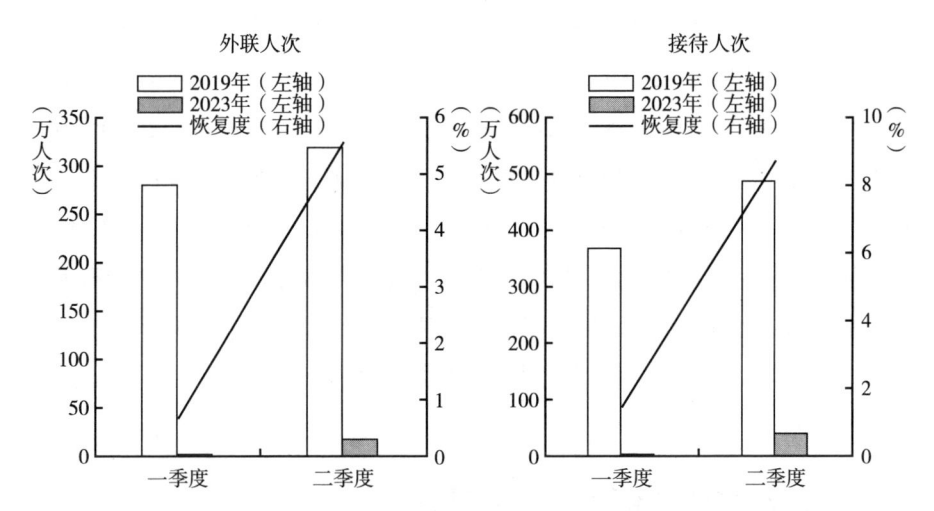

图6　2023年上半年全国旅行社入境旅游外联和接待入境游客恢复情况

资料来源：文化和旅游部。

三　中国入境旅游的发展形势展望及相关建议

伴随国际航线的不断恢复、入境供应链的持续修复及2023年和2024年各级旅游目的地及市场主体的积极推广，入境便利度有望进一步提升，预计

2024年我国入境旅游将迎来更好的恢复局面。初步估计2024年，外国人入境市场将恢复到2019年的五成左右，港澳台入境市场或将实现正增长。当然，也要看到，中国依然面临周边国际旅游目的地国家的较大竞争压力。未来，我国需在国家战略层面促进入境旅游振兴，充分发挥入境旅游在刺激消费尤其是提升国家形象方面的重要作用，并在各级目的地不断完善的基础上打造优质产品，提升入境游客的文化体验感。

（一）周边国际旅游目的地带来的竞争压力不减

周边国家先于我国重启入境旅游，在抢占国际客源时占据先机。当前，随着全球国际旅游市场的加快恢复，周边旅游目的地国家正在通过优化签证政策、实行旅游促销计划等措施提升各自的国际旅游竞争力，并取得了一定成效。中国周边的旅游目的地国家，如日本、韩国、新加坡、泰国、马来西亚、印度尼西亚、越南、柬埔寨和菲律宾等，入境旅游恢复步伐快于我国。UNWTO统计数据显示，2023年1~7月，这些周边国家的入境旅游加快恢复，入境游客接待规模普遍恢复至2019年的六成以上，个别国家如柬埔寨，其恢复度甚至接近2019年的八成。不少入境旅行服务商反映，对于有意愿来亚洲旅行的欧美游客而言，日韩对中高端市场更具吸引力，而周边东南亚国家则以更高的性价比对中低端市场更具吸引力，相比之下，我国对欧美游客到访的吸引力有所下降。

（二）从国家战略层面提振入境旅游

入境旅游发展面临的系列障碍需要从中央层面进行统筹协调。入境旅游在刺激消费，尤其是提升国家形象方面，可通过润物细无声的方式发挥强有力的作用。因此，应将促进入境旅游发展上升到国家战略层面，制定国家层面的促进战略、计划，成立专门的协调机构。要继续推出包括签证便利化、航权开放、购物免退税、专业推广等在内的"组合拳"，创造性地解决签证、支付、通信、住宿资质等方面的问题。针对签证问题，在简化签证申请内容的同时，建议尽快实施电子签证。同时，要联合市场主体加大在境外传递来华入境旅游指南/攻略等信息的力度，方便潜在入境游客获取准确翔实的签证信息，尤其是72/144小时过境免签的具体申办手续和流程。并为其提供货币兑换、安全、旅游保险、气候、在华吃住行等方面的建议，分享实用的手机APP、下载及使用流程等信息，逐步降低海外民众对来华旅行障碍的感知。

（三）以优质文旅产品提升游客体验

在我国京西沪桂广等经典旅游观光线路的基础上，全面推进国家公园、国家文化公园高质量建设，打造青海国际生态旅游目的地、桂林世界级旅游城市、长江国际黄金旅游带等一批高质量国际旅游目的地，持续开发适合境外市场的休闲度假产品。依托我国进博会、广交会、服贸会、西博会、消博会、旅交会等重要展会平台，积极推进中外经贸文化交流，邀请境外旅游批发商、零售商来华参观考察，推广新的产品和线路。根据不同客源地区的兴趣偏好和消费行为，设计定制化、个性化、具有针对性的文旅产品，鼓励市场主体针对特定入境客群（商务游客、中高端客群）推出定制游，推出更多具有老百姓生活气息的线路和产品，促进民心相通，为入境游客提供更加立体生动的体验。要重视入境游客满意度调查，为产品优化提供有益的参考。

参考文献

中国旅游研究院入境旅游课题组：《中国入境旅游发展年度报告2023》，旅游教育出版社，2023。

G.21
2023~2024年中国出境旅游发展分析与展望

杨劲松*

摘　要： 2023年中国出境旅游经历了缓慢而坚定的明显复苏。无论出境旅游目的地、市场主体还是游客，都对出境旅游有了更为理性的认识，并且依然坚定地相信繁荣必将在不远的未来。中国出境旅游有望在2024年全面复苏，在此进程中，将逐渐形成出境旅游发展的新共识，出境旅游也将形成新的发展期待和节奏，有必要应对和准备理性繁荣的长期性。

关键词： 出境旅游　理性繁荣　高质量发展

一　2022~2023年中国出境旅游发展总体概况

（一）出境旅游的再出发

随着新冠疫情得到有效控制，中国政府逐步恢复了正常的出入境管理秩序，并进一步优化了相关政策和措施。2023年2月、3月和8月，文化和旅游部分三批发布《关于恢复旅行社经营中国公民赴有关国家和地区出境团队旅游业务的通知》，对我国公民开放出境团队旅游目的地和"机票+酒店"业务的国家恢复至138个（见表1）。至此，除极少数国家以外，有中国公民出境旅游的旅游目的地协议国家基本都已恢复。

---

* 杨劲松，旅游管理学博士，中国社会科学院旅游研究中心特约研究员，中国旅游研究院国际所/港澳台所所长，主要研究方向为国际旅游。

表1 恢复旅行社经营中国公民出境团队旅游业务的三批次目的地名单

区域	国家
亚洲 (33个)	第一批(10个)：泰国、印度尼西亚、柬埔寨、马尔代夫、斯里兰卡、菲律宾、马来西亚、新加坡、老挝、阿联酋 第二批(11个)：尼泊尔、文莱、越南、蒙古、伊朗、约旦、哈萨克斯坦、乌兹别克斯坦、格鲁吉亚、阿塞拜疆、亚美尼亚 第三批(12个)：阿曼、巴基斯坦、巴林、韩国、卡塔尔、黎巴嫩、孟加拉国、缅甸、日本、土耳其、以色列、印度
非洲 (28个)	第一批(3个)：埃及、肯尼亚、南非 第二批(7个)：坦桑尼亚、纳米比亚、毛里求斯、津巴布韦、乌干达、赞比亚、塞内加尔 第三批(18个)：阿尔及利亚、埃塞俄比亚、贝宁、博茨瓦纳、赤道几内亚、佛得角、加纳、喀麦隆、科特迪瓦、卢旺达、马达加斯加、马拉维、马里、摩洛哥、莫桑比克、塞舌尔、圣多美和普林西比、突尼斯
欧洲 (41个)	第一批(3个)：俄罗斯、瑞士、匈牙利 第二批(11个)：塞尔维亚、克罗地亚、法国、希腊、西班牙、冰岛、阿尔巴尼亚、意大利、丹麦、葡萄牙、斯洛文尼亚 第三批(27个)：爱尔兰、爱沙尼亚、安道尔、奥地利、白俄罗斯、保加利亚、北马其顿、比利时、波黑、波兰、德国、芬兰、荷兰、黑山、捷克、拉脱维亚、立陶宛、列支敦士登、卢森堡、罗马尼亚、马耳他、摩纳哥、挪威、瑞典、塞浦路斯、斯洛伐克、英国
北美洲 (14个)	第一批(1个)：古巴 第二批(5个)：巴拿马、多米尼加、萨尔瓦多、多米尼克、巴哈马 第三批(8个)：安提瓜和巴布达、巴巴多斯、格林纳达、哥斯达黎加、美国、墨西哥、特立尼达和多巴哥、牙买加
南美洲 (10个)	第一批(1个)：阿根廷 第二批(3个)：巴西、智利、乌拉圭 第三批(6个)：秘鲁、厄瓜多尔、哥伦比亚、圭亚那、苏里南、委内瑞拉
大洋洲 (12个)	第一批(2个)：新西兰、斐济 第二批(3个)：瓦努阿图、汤加、萨摩亚 第三批(7个)：澳大利亚、巴布亚新几内亚、库克群岛、密克罗尼西亚联邦、北马里亚纳群岛联邦、法属波利尼西亚、法属新喀里多尼亚

资料来源：文化和旅游部。

中国公民出境团队旅游业务的目的地批次间的洲际分布变化明显。亚洲在第一批次中占比最高，为50%，在二、三批次中的比重逐渐降低。与之不同，欧洲、非洲和南美洲在每一批次中的比例逐渐上升，在第三批次，非洲占比超过20%，欧洲占比超过30%（见图1）。最后中国公民出境团队旅游目的地中：欧洲占比最高，开放目的地数量比重接近30%；亚洲紧随其后，占比接近25%；随后依次为非洲、北美洲、大洋洲和南美洲（见图2）。

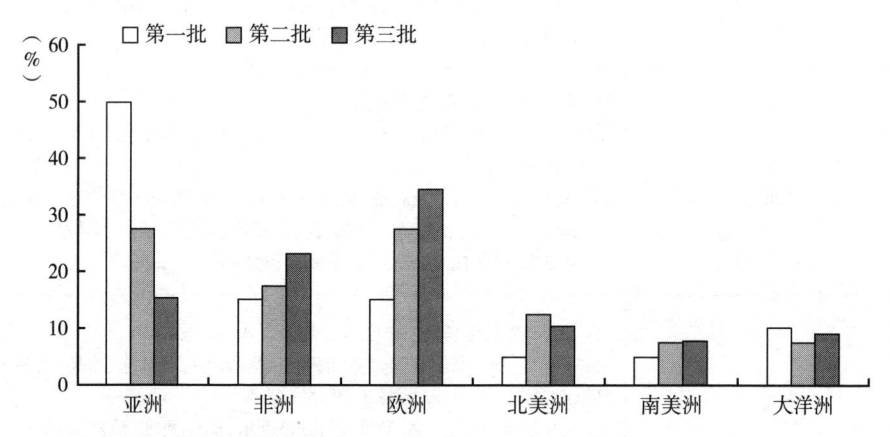

图1 恢复旅行社经营中国公民出境团队旅游业务的目的地洲际分布批次比例变化

资料来源：文化和旅游部。

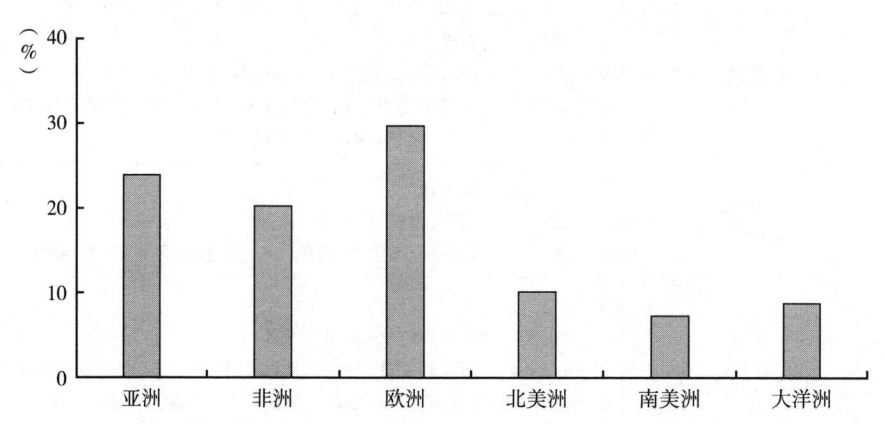

图2 恢复旅行社经营中国公民出境团队旅游业务的目的地洲际分布

资料来源：文化和旅游部。

国家移民管理局公布的数据显示，在实施"新冠肺炎疫情乙类乙管"方案后两个月，全国移民管理机构查验出入境人员和出入境交通运输工具数量、签发普通护照、港澳台证件签注、查验外国人签证和停留证件均呈现不同幅度的上升。2023年1月8日至3月7日，全国移民管理机构共查验出入境人员3972.2万人次，查验出入境交通运输工具248.7万辆（艘、架、列）次，同比分别上升112.4%、59.3%。全国移民管理机构共签发普通护照336.2万本、往来港澳台证件签注1267.2万本（件），较"乙类乙管"政策实施前分别上升1220.9%和837.7%。

2023年上半年，全国移民管理机构查验出入境人员和出入境交通运输工具数量恢复至2019年同期五成左右，港澳台证件签注恢复最快，已达2019年同期九成以上，签发普通护照恢复至2019年同期六成以上。全国移民管理机构共查验出入境人员1.68亿人次，同比增长169.6%，是2019年同期的48.8%；查验交通运输工具983.1万架（艘、列、辆）次，同比增长119.2%，是2019年同期的53.8%；签发普通护照1000余万本，同比增长2647.5%，是2019年同期的68.2%；签注往来港澳台出入境证件4279.8万本（件），同比增长1509%，是2019年同期的96.5%。

2023年7月1日至8月29日，全国边检机关共查验出入境人员8241.3万人次，环比增长19.88%。其中，内地居民4119万人次，环比增长26.24%；港澳台居民3246.6万人次，环比增长12.82%；外国公民506万人次，环比增长22.31%。查验出入境交通运输工具411.9万架（艘、列、辆）次，环比增长6.85%。全国公安机关出入境管理机构共签发普通护照342万本，签注往来港澳台通行证1858.5万本（件），环比分别上升7.1%、27.5%。

为了吸引更多的中国游客，众多目的地国家进一步放宽对中国居民的签证（见表2），简化签证手续，启用电子签证，缩短办理时间，这些都有利于出境旅游的复苏。中国领事服务网数据显示，截至2023年10月初，中国与153个国家（地区）缔结互免签证协定，与2019年相比增加了7个，中国公民持所适用的护照前往这153个国家（地区）短期旅行通常无须事先申请签证。2023年下半年，部分国家和地区为了吸引中国游客进一步推出

利好入境政策。安哥拉宣布自 2023 年 9 月 29 日起，对中国公民单方面实行免签入境旅游政策；2023 年 10 月 7 日，突尼斯政府决定对中国游客实施免签入境政策，免签政策适用于自中国境内或境外入境突尼斯的中国个人或团体游客。

表 2　2022~2023 年生效的互免签证状况

序号	协议国	互免签证的证件类别	生效日期
1	马尔代夫	中方外交、公务、公务普通护照、普通护照及中华人民共和国旅行证；马方外交、公务护照、普通护照及马尔代夫共和国临时旅行证件、紧急旅行证件（身份证明书）	2022 年 5 月 20 日
2	尼加拉瓜	中方外交、公务、公务普通；尼方外交、官员、公务	2022 年 7 月 7 日
3	多米尼克	普通护照	2022 年 9 月 19 日
4	萨尔瓦多	外交、公务（官员）、公务普通	2022 年 10 月 23 日
5	所罗门群岛	外交、公务（官员）、公务普通	2022 年 11 月 24 日
6	阿尔巴尼亚	公务普通护照、普通护照	2023 年 3 月 18 日
7	洪都拉斯	中方外交、公务、公务普通护照；洪方外交、官员、公务护照	2023 年 9 月 25 日

资料来源：中国领事服务网。

一些出境旅游目的地对中国开放免签或落地签，例如韩国济州岛、马尔代夫、斐济、毛里求斯、斯里兰卡等。2020 年 1 月 1 日起，乌兹别克斯坦对中国公民实施免签，可停留 7 天。自 2020 年 4 月起，除日本驻香港总领事馆外，所有单次赴日旅游签证（含团体及个人）都将采取网上申请模式，此前一直使用的在护照上粘贴签证页的做法也被废除，将全部引入电子签证。阿曼在 2020 年 12 月宣布对我国公民免签，要求比较简单，持有效期 6 个月以上的护照、返程票、酒店订单、健康保险，并可负担其在阿曼境内居留的费用，停留期不超过 10 天。2022 年 7 月，哈萨克斯坦宣布对中国公民实施 14 天免签入境的政策。韩国从 2023 年 7 月 3 日起，将国外游客的电子旅游许可证（K-ETA）有效期由 2 年延长至 3 年，青少年（17 岁以下）和高龄人群（65 岁以上）无须提前申请电子旅游许可证即可入境，申请时可享受免填入境申报单等便利。此外，还增加了电子旅游许可证的支持语言种类，目前提供包括中文在内的 8 种语言服务，允许团体申请的人数上限也由 30 人增至 50 人。俄罗斯于 2023 年 8 月 1 日起，包括中华人民共和国在内的 55 个国家的公民将可以适用于以旅游和商务旅行为目的申请电子签证进入俄罗斯，无须邀请函、机票等文件。电子签证有效期为自签发之日起 60 天，凭电子签证可出入境俄罗斯一次，最多可在俄境内停留 16 天。菲律宾电子签证系统于 2023 年 8 月 24 日试运行，系统允许入境菲律宾的外国公民通过电子设备在线申请临时访客通行证。

出境旅游交通方面也有明显改善。2023 年，中国航空行业在上半年迎来了明显复苏，港澳台航线恢复到 2019 年的 40%左右，国际航线恢复到了 2019 年的 23%左右。据中国民航 2023 年 6 月主要生产指标统计，2023 年上半年，港澳台航线的旅客周转量和旅客运输量分别为 35.7 亿人公里和 256.0 万人次。国际航线的旅客周转量和旅客运输量分别为 359.8 亿人公里和 836.8 万人次（见表 3）。

表 3　中国民航 2023 年上半年和 2019 年上半年港澳台和国际航线比较

指标	2023 年上半年	2019 年上半年	恢复程度(%)
港澳台航线旅客周转量(亿人公里)	35.7	90.3	39.53
国际航线旅客周转量(亿人公里)	359.8	1552.9	23.17
港澳台航线旅客运输量(万人次)	256.0	617.9	41.43
国际航线旅客运输量(万人次)	836.8	3628.8	23.06

资料来源：中国民用航空局。

（二）较慢但依然明显可见的复苏

随着出境目的地的稳步加速放开和供应链的日益改善，积压三年的探亲、求学和商务旅行等刚性出境需求形成了释放的现实可能，中国出境旅游开始了虽然较慢但依然明显的稳定复苏进程。较慢的比较对象是世界的平均旅游复苏进程。

联合国世界旅游组织（UNWTO）的数据表明，在2023年第一季度达到80%后，在被压抑的需求持续释放的支持下，全球国际游客人数在2023年第二季度达到疫情前水平的85%。中国旅游研究院发布的《2023年上半年出境旅游大数据报告》显示，上半年出境游目的地共计接待中国内地（大陆）游客4037万人次，相比2019年同期恢复接近50%，距离全球国际旅游恢复情况有明显差距，而且这种恢复具有结构性的明显差异。从具体目的地观察，相当数量的出境目的地接待中国游客的数量并不及预期，目的地之间的恢复表现并不均衡。多个主要出境旅游目的地的市场恢复程度只相当于2019年同期的10%~20%。比如，泰国为17%，澳大利亚不超过13%，奥地利也只有14%。截至2023年4月，访问美国的游客仅为2019年的19%，法国、希腊的情况也类似。与之对比鲜明的是，部分国家恢复状况良好。到2023年5月，中国游客在德国的过夜数已接近2019年的40%。截至2023年7月初，新西兰的中国入境游客数接近2019年的50%。即便在重要的出境目的地国家之中，这种不均衡也表现明显，比如2023年上半年访问美国洛杉矶的中国游客突破了48万人次，与2019年相比，恢复程度接近50%，远超过中国游客访问美国的市场整体恢复水平。

在中国游客疫情前更多访问的国际旅游目的地中，其他客源地的游客取代了中国游客的原有份额。在日本，我国游客所占日本国际游客总人数的比重持续下降，由2019年的超过1/3，下降为2022年的不足5%。在越南，中国游客占国际游客总人数的比重总体上也在缩减，由2019年的接近1/3下降为2022年的不足4%。在柬埔寨，中国游客所占的比重由2019年的超过1/3下降为2022年的不足5%。

也要看到，中国出境旅游的恢复呈现明显的加速态势。以旅行社组织的出境旅游活动为例，2023年第一季度全国旅行社出境旅游组织31.86万人次，第二季度急速上升至121.75万人次，几乎是一季度旅行社组织出行的游客数量的四倍。

与之前的出境旅游目的地分布情况类似，2023年出境旅游的流向依然呈现明显的近程市场为主的特性。中国旅游研究院的数据显示，2023年上半年，短距离的出境游率先恢复，93.93%的游客集中在亚洲地区（见表4）。

表4　2019年与2023年上半年我国旅行社组织出境旅游目的地人数排序

排序	2019年上半年	2023年上半年
1	泰国	泰国
2	日本	中国香港
3	中国香港	中国澳门
4	越南	越南
5	中国台湾	新加坡
6	中国澳门	马来西亚
7	新加坡	印度尼西亚
8	马来西亚	法国
9	印度尼西亚	埃及
10	韩国	意大利

资料来源：文化和旅游部。

在全球19个典型区域中，东亚、东南亚地区接待出境游客最多，分别占比83.92%、8.59%。其次是北美、大洋洲，接待游客占比分别为1.35%、1.06%。从热门目的地来看，中国香港、中国澳门、中国台湾是出境游主要目的地，接待出境游客共占比79.89%，中国澳门接待占比50.90%，中国香港占比26.66%。泰国、日本、韩国、新加坡、马来西亚、缅甸、越南等周边国家保持较高热度，欧美等发达国家的长线出境游恢复较快，美国、加拿大、澳大利亚、英国、德国等游客量排名比较靠前。"一带一路"倡议提出10周年来，中国与沿线目的地的交流合作日益频繁深入，也带来了出境旅游意愿和现实出游的明显增长，停留时间也更长。在单个旅游目的地停留时间最长的前20个目的地中，共建"一带一路"国家占了七成，中国游客在泰国、西班牙、哈萨克斯坦、斯里兰卡、埃及、斐济、马来西亚、马尔代夫、古巴等国家平均停留时间均在3天以上。

从旅行社组织的团队出境游角度观察，2023年上半年我国出境游在洲际目的地占比中同样表现出明显的近程特征，前往亚洲的比例为88.43%，稳固地占据洲际目的地首位。之后依次为欧洲（7.46%）、非洲（2.36%）、大洋洲（1.11%）和美洲（0.30%）（见图3）。

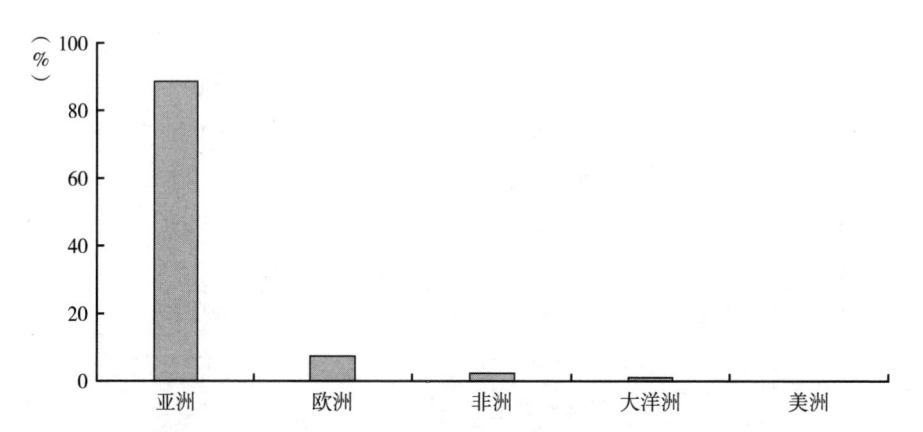

图3 2023年上半年旅行社组织的中国公民出境团队旅游业务的洲际分布

资料来源：文化和旅游部。

在近程目的地中，中国香港和中国澳门与内地紧密合作，强化旅游交流合作。2023年5月15日，实施了内地居民申办赴港澳地区探亲、工作、学习证件"全国通办"，全面恢复口岸快捷通关。2023年7月18日，实施了《积极支持促进横琴粤澳深度合作区建设发展若干出入境管理服务措施》，以便利人员车辆跨境流动。在横琴口岸试点推行"常旅客"计划，对经常往返琴澳两地的商务公务人员、澳门高校职工等符合条件的出入境人员，提供"常旅客"通关便利安排。实行出入境通关车辆"合作查验、一次放行"新模式，实现跨境车辆"一次排队，集中采集，联动放行"。进一步提升出入境车辆通关效率，建设智能化车体检查系统，推动实现车体检查一次停车、信息共享共用、结果同步判定，减少跨境车辆停车检查次数和等候时间。旅游便利化的强力推动、丰富的产品和活动，对中国出境游客产生强大的吸引力，也形成了大规模的现实到访。2023

年1~6月，中国内地访港人数为1011.08万人次，恢复至2019年同期的35%；中国内地访澳门人数为754.4万人次，恢复至2019年同期的31%。

二 对当前出境旅游发展形势的判断

（一）更理性的现在

总体上看，对中国的出境旅游发展的认知，应从简单的线性发展到对曲折起伏的坦然接受，从急剧热烈的期待到温和稳定的预期和行动。

新冠疫情改为"乙类乙管"后，出境旅游经历了连续三批的有序开放。团队旅游目的地从完全无法成行到可以成行，从部分成行到几乎所有出境旅游目的地都涵盖在内。无论市场主体、目的地，还是从业者和游客的信心，都在这理性控制并坚定持久的目的地逐渐开放中坚定起来，并且体会到出境旅游依然葆有的蓬勃生机。

出境旅游的规模和消费能力，不再是衡量出境旅游地位的最重要指标。出境旅游本身所蕴含的非经济属性，正在越来越充分地显露出来。推动人文交流，增进文明互鉴，应从更多元的角度来审视出境旅游的发展。事实上，在全球发展倡议、全球安全倡议和全球文明倡议的指引下，多做有助于人类共同利益的事情，多从经济利益之外的角度出发来发展出境旅游，能得到更踏实的出境旅游发展路径。出境旅游人数的增长、经济影响的辐射扩散、目的地的发展以及就业岗位的增加，在这个更广阔的参照坐标系中被赋予了更为强劲的发展动能。对出境旅游目的地是这样，对出境旅游的客源地同样是这样。

（二）更繁荣的未来

当下正处于国际国内双循环新格局加速构建的进程中，要"以国内大循环为主体、国内国际双循环相互促进的新发展格局"获取旅游合作空间，同时还要更加主动地发挥包括出境旅游在内的跨境旅游的作用。要通过充分发挥国内超大规模市场优势繁荣国内经济，通过畅通国内大循环，为经济发展增添动力,这其实也在为出境旅游发展增添动能。在当前国内旅游已经基本复苏的形势下,"双循环"新格局要求不仅将注意力和资源放在国内,有意识地发挥超大规模国内旅游市场优势,还需要充分发挥出境旅游所蕴含的巨大潜能,为"双循环"新发展格局提供更好的条件。

更重要的是,还要看到出境旅游的发展有利于保障旅游权利,促进人的全面发展,有利于促进文明交流互鉴,繁荣世界文明百花园。要满足人民对美好生活的向往,就需要坚定地发展出境旅游;要更好地推动文明的交流互鉴,也要坚定地发展出境旅游;要更有成效地推动相互间共商共建共享,承担共同而有区别的责任,同样要坚定地发展出境旅游。

当前中国正处于中国式现代化的伟大历史进程中,由此所形成的高质量发展将有力地托举和提升中国经济发展,提升人民的收入水平,保障人民享有更多的闲暇时间,这些都是有助于出境旅游长期健康发展的稳定因素,将确定出境旅游发展未来的繁荣底色。也要看到,与发展出境旅游相关的旅游合作机制、签证和交通等基本要件正在持续的改善过程中,可以预期未来也会有明显持续的进展,将使得未来出境旅游的繁荣之路更为顺畅。

当前内有供应链的恢复不如预期,外有单边主义思潮的冲击,面临未来经济发展、局部战争、疫病等不确定性的影响,以及越来越大的安全风险敞口,这些都会带来旅游安全问题。甚至某一部电影、某一个偶然为之的视频,以及在社交媒体上的某一个热点,都会对出境旅游的市场和产业形成明显的扰动效应。但是总体来看,我国未来经济发展和旅游便利化的前景依然明朗,中国与世界共享发展机遇的态度确定无疑,这将为出境旅游的未来发展带来最为关键的确定性,也由此确定了出境旅游的未来繁荣。

三 2024年中国出境旅游发展预测

2024年,出境旅游将持续复苏,有望在2024年达成全面复苏,在乐观情况下,有可能出现2019年基础上的规模增长。同时,对出境旅游发展的关注点也会出现明显变化。

(一)将逐渐形成出境旅游发展的新共识

出境旅游发展的意义将越来越明显地从"唯规模大小""唯经济收益"的枷锁中挣脱出来,将满足人民的旅游权利和对美好生活的向往,以及增进文化交流和文明互鉴作为更重要的关注点,倾注更多的关注和资源。未来的出境旅游发展,将在全球发展倡议、全球安全倡议、全球文明倡议指引下,在人类命运共同体建设中发挥更加重要的作用。出境旅游的发展,将有利于中国和出境旅游目的地的旅游参与者都能从旅游中获得利益和发展,比如经济增长、就业岗位增加、削减贫困、推进社区振兴、保护传统和文化遗产等。

(二)将形成新的发展期待和节奏

出境旅游发展的目标在变,对出境旅游复苏和发展的期待也将越来越具有长期主义的性质。在复杂的形势影响和资源的明显限制下,各方对出境旅游恢复的认知和期待渐渐趋于理性和客观。虽然依然对出境旅游的发展保持乐观,但也并不会简单地套用过往的出境旅游发展经验,目的地、市场主体对于出境旅游的恢复状况有了更为理性的期待,对恢复速度和市场结构就会有更贴合实际的认知。世界和中国的经济发展,以及世界对人类命运共同体的认知和共识,将对未来出境旅游发展的节奏形成重大影响。在期待和节奏上,也会随目的地的不同而不同。比如,"一带一路"倡议已经走过了十年,伴随着"一带一路"倡议落地的政策沟通、设施联通、贸易畅通、资金融通和民心相通,共建"一带一路"国家间的旅游交流与合作取得了长足的进步。这些都为中国游客更多地了解沿线出境旅游目的地并且实际到访创造了可能,"一带一路"的原有出境目的地将会有更新的发现,也会有新目的地纳入视野。

(三)应对和准备理性繁荣的长期性

当前疫情的负面影响仍然存在,加上受外交形势和地缘政治的影响,以及集中发生的境外目的地游客安全事件，出境旅游的环境风险凸显，供应链修复屡遭冲击。市场恢复分化严重，一些目的地的市场恢复并不乐观。未来的出境旅游目的地和产品服务选择将越来越呈现分化发展的态势。在空间结构上，虽然依然以近程目的地为主体，但是也并不意味着由于签证、航班等限制条件的快速改善以及品牌和吸引力的突然提升就带来个别远程目的地的走热。未来近程目的地之间对中国出境游客的吸引力将出现更为明显的分化。近程目的地之间，甚至某一个出境目的地国家或地区的内部也可能出现冷热不均的现象。在近程旅游目的地的"大热带"间，将会出现越来越多的游客到访相对较少的目的地。产品和服务也将面临出境游客的更严苛审视，品牌、质量和稳定性将更多地在区分和决定吸引力上发挥作用。供应链的恢复也不是在疫情前原有基础上的复制或重建，而将出现新情况下的新改变。这将是一个长期的过程，也将是一个充满挑战和机遇的过程。

参考文献

杨劲松：《出境团队旅游重启，再出发的不仅仅是游客》，《中国旅游报》2023年2月23日。

港澳台旅游

G.22
2023~2024年香港旅游业发展分析与展望

赵梓希 郭晓璐 李咪咪*

摘　要： 本报告深入分析了2023年香港特别行政区（以下简称香港）旅游业的整体情况、特区政府和业界的实践，以及《行政长官2023年施政报告》（以下简称《施政报告》），并指出了香港旅游业进一步优化的潜在方向。报告指出，2023年香港旅游业迎来了全面复苏的战略转折点，呈现"高开稳走，加速回暖"的态势。其中，文旅融合成为香港旅游市场复苏及高质量发展的新动能；夜间经济构成香港旅游市场的新业态。此外，特区政府以"政策支持+经济扶持"为主方向，从顶层设计、旅游资源、基础设施、劳工机制、教育培训等方面为香港旅游业培育新的优质旅游产品提供了新方向和路径。业界通过"产品再研发"和"业态再创新"回应旅客的新

---

* 赵梓希，香港理工大学酒店及旅游业管理学院博士研究生，主要研究方向为旅游与国家认同；郭晓璐，香港理工大学酒店及旅游业管理学院硕士研究生，主要研究方向为旅游疗愈；李咪咪，博士，香港理工大学酒店及旅游业管理学院教授，博士生导师，主要研究方向为旅游者行为。

需求，构筑了更稳定和可持续的香港旅游市场。最后，围绕香港旅游业未来的发展，本报告聚焦供需两侧，从"优化、创新、深化、务实"四方面提出未来发展建议。

关键词： 香港旅游业　高开稳走　加速回暖　文旅高质量发展

一　2023年香港旅游业发展特征

（一）传统旅游市场稳步有序复苏

香港入境旅游市场在2023年大幅回暖，接待人次和旅游收入呈"双增长"态势，内地赴港呈"井喷"局面。自2023年2月香港与各地恢复全面往来以来，入境旅客数量出现了阶段性增长，且80%的入境旅客来自内地。从单月访港人数来看，2023年2月入境旅客激增，超过146万人次，环比增长193.2%，同比增长55572.8%，恢复至2019年同期的26.2%；随后，访港旅客人次持续攀升，并于2023年8月达到峰值，较2023年2月扩容178.9%，甚至比2019年同期增长13.6%。从整体入境旅游形势来看，到2023年11月，访港旅客超3000万人次，整体恢复至2019年同期水平的57%（见表1和图1）。入境旅游收入也显著增长。2023年上半年，香港入境旅游收入约750亿港元，恢复至2019年同期的53%。可见，香港的入境旅游热度、客流量及收入稳定攀升，整体向好。

表1　2018~2023年单月访港旅客人次

单位：人次

年份	1月	2月	3月	4月	5月	6月
2017	5475176	4181417	4586186	4775834	4775834	4587014
2018	5333562	5280971	4995122	5301602	4953003	4741779

续表

年份	1月	2月	3月	4月	5月	6月
2019	6784406	5589628	5860346	5577201	5916541	5143734
2020	3207802	199123	82285	4125	8139	14606
2021	4368	5495	6675	5706	5305	6200
2022	7064	2626	1800	4692	18710	41112
2023	498689	1461969	2454093	2892256	2828384	2748488

年份	7月	8月	9月	10月	11月	合计
2017	4203256	5167700	5023433	4635161	4971119	52382130
2018	5461222	5895951	4718535	5884512	5995027	58561287
2019	5196969	3590571	3104049	3311571	2646127	52721143
2020	20568	4449	9132	7817	5962	3564008
2021	8666	10811	9879	9353	9492	81950
2022	48048	59610	66037	80524	113763	443986
2023	3588530	4077746	2771826	3458778	3288915	30069674

资料来源：香港旅业网，《2018~2023年访港旅客人次统计》，2023。

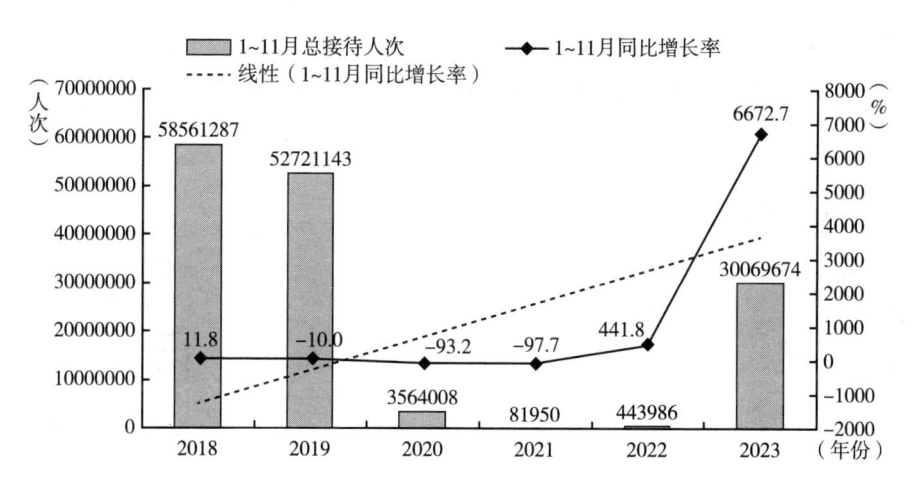

图1 2018~2023年每年1~11月累计访港旅客人次及同比增长率

资料来源：香港旅业网，《2018~2023年访港旅客人次统计》，2023。

随着入境旅游的复苏，交通运输、酒店和会展等行业也展现了不同程度的复苏态势。

交通运输行业中，航空业取得了一定的进步。截至2023年9月，香港国际机场整体客运量逐步恢复。具体而言，客运飞机起降次数达13.6万架次，恢复至疫情前（2019年）同期水平的50%（见图2）；每日客运量和航班起降量分别恢复至疫情前同期的65%和70%；整体预计到2023年底逐步恢复至疫情前约八成水平，至2024年实现全面复苏。此外，香港国际机场在业务量方面也呈上升趋势，截至2023年8月，共有约110家航空公司运营来往全球165个目的地的航班，业务量约恢复至疫情前的75%。

而作为香港往返内地最快捷的陆路跨境交通工具，广深港高铁自2023年1月复通以来势头强劲。截至2023年8月，累计客流量超过1200万人次，单日最高逾10万人次。尤其是在2023年7月至8月期间持续保持高位运营，乘坐广深港高铁出入境人员超462万人次，环比增长37.8%，较2019年暑期同比增长65.1%；日均超7.4万人次，创复关以来新高。其中，在客源占比方面，内地居民是主要客源，占比超2/3，环比增长43.8%；港澳台旅客占比近1/3，环比增长30.2%。随着跨境客运需求旺盛，香港与内地的高铁网络覆盖持续优化，截至2023年10月，香港与70余个内地城市实现高铁直达，大湾区七大城市每日列车服务增加至188班。

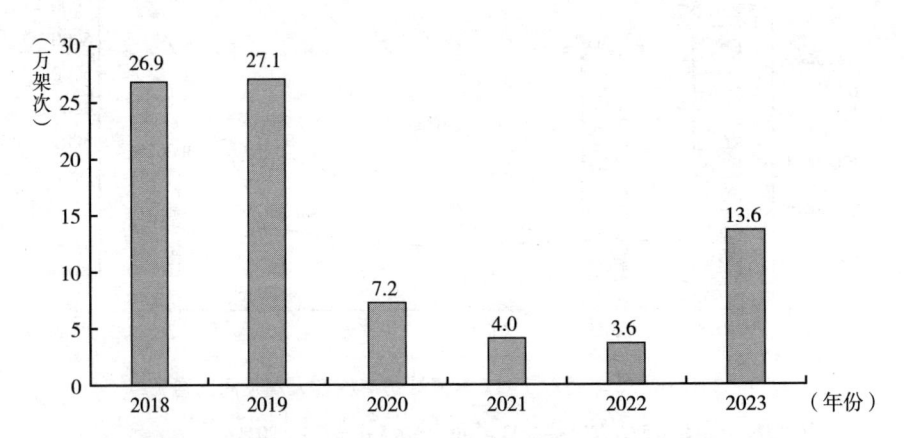

图2　2018~2023年每年1~9月香港国际机场客运飞机起降架次

资料来源：香港机场管理局，《2018~2023年香港国际机场国际民航交通量确实统计数字》，2023。

作为香港旅游业的重要组成部分，邮轮业摆脱了2022年全面叫停的困境，在2023年实现触底反弹。其中，香港邮轮市场于2023年1月迎来了首艘抵港国际邮轮，标志着香港邮轮旅游的重新开启。随后，访港邮轮数量迅速增长，来港邮轮公司数量由2023年3月的4家增长3.5倍至2023年8月的18家，恢复至疫情前约76%的水平。此外，2023年1~6月，访港邮轮旅客总量小幅提高至16.3万人次（包括过境邮轮旅客和在香港登船或下船的邮轮旅客），回升至2019年邮轮旅客总量（45.2万人次）的36%。据香港旅游发展局（以下简称香港旅发局）透露，特区政府将通过一系列政策吸引邮轮公司重返亚洲市场，并计划到2024年将以香港作为母港的邮轮公司总量增至24家。

香港酒店业继2022年小幅攀升后，2023年明显反弹，业绩斐然。客房供应量不断增长，截至2023年11月整体客房供应量为90150间，达到2018年以来最高水平，且较2018年全年的客房供应量上升11%。平均房价和平均客房入住率也大幅提升，均回升至香港入境旅游发展最好的2018年时期。具体来说，受益于大众旅游度假需求的报复式释放，2023年香港酒店的单月客房平均入住率整体呈上升趋势，截至2023年11月，平均入住率为82%（见表2、图3）。此外，在单月客房平均单价方面反弹更加强劲，2023年1~11月，平均单价达1373港元，2023年4月和10月超过1500港元，相较于2022年全年最好时期增长33%（见图4）。

表2 2018~2023年香港酒店业主要指标

年份	客房供应量(间)	平均房价(港元)	平均入住率(%)
2018	81465	1375	91
2019	84089	1206	79
2020	86700	885	46
2021	88614	860	63
2022	89205	1062	66
2023(1~11月)	90150	1373	82

资料来源：香港旅游发展局，《酒店入住率报告》，2023。

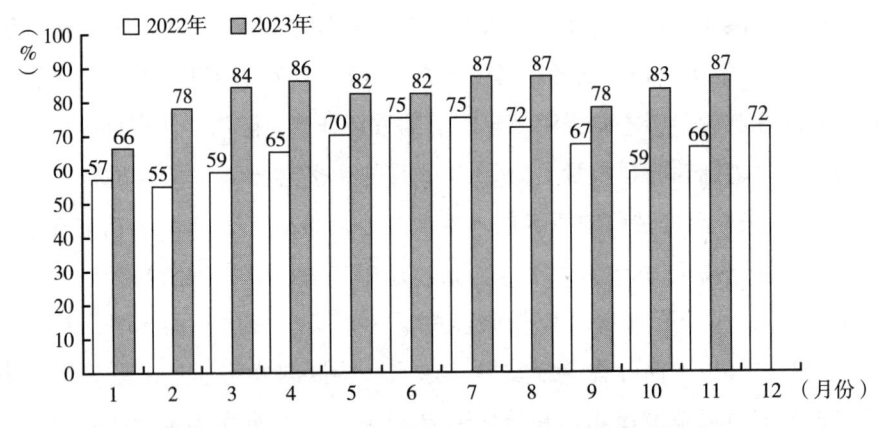

图3　2022年和2023年香港酒店单月客房平均入住率

资料来源：香港旅游发展局，《酒店入住率报告》，2023。

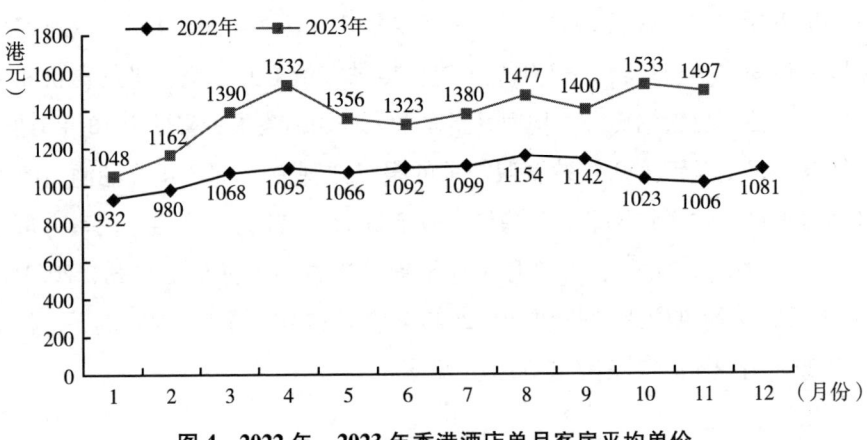

2022年数据（%）：1月57，2月55，3月59，4月65，5月70，6月75，7月75，8月72，9月67，10月59，11月66，12月72

2023年数据（%）：1月66，2月78，3月84，4月86，5月82，6月82，7月87，8月87，9月78，10月83，11月87

图4　2022年、2023年香港酒店单月客房平均单价

资料来源：香港旅游发展局，《酒店入住率报告》，2023。

2022年数据（港元）：1月932，2月980，3月1068，4月1095，5月1066，6月1092，7月1099，8月1154，9月1142，10月1023，11月1006，12月1081

2023年数据（港元）：1月1048，2月1162，3月1390，4月1532，5月1356，6月1323，7月1380，8月1477，9月1400，10月1533，11月1497

会展业在2022年发展情况好转后，2023年进入了加速回暖的通道。据香港旅发局统计数据，香港会展过夜旅客数量稳步恢复，在2023年1~5月累计达44万人次，相当于疫情前（2017~2019年平均）的59%。同时，会展活动的规模和数量也不断扩大。2023年，香港会展中心预计将举办百余个展览，其中，2023年巴塞尔艺术展香港展会是疫情后举办的最具规模的一届，共吸引了8.6万名国际旅客和177家参展商，相较于2022年同期数据增长了36%。第37届香港国际旅游展吸引了超过400家参展商，规模较2022年倍增，恢复至疫情前约八成水平。此外，2023年香港会展业业绩增长全面提速。2023年第一季度与第二季度的旅游、会议及展览服务业收益指数分别同比增长402.7%和385.5%。总体而言，会展业保持较为积极的市场预期，预计2023年底恢复至疫情前的七成水平，并有望在2024年实现全面复苏。

（二）少数传统行业复苏受阻

香港零售业及餐饮业复苏呈现"波动式回暖"态势，奢侈品零售复苏速度未及预期。2023年上半年，零售业和餐饮业总体保持向上势头。根据特区政府统计处的数据，截至2023年6月，餐饮业总收益和零售业总销货价值分别同比上升47.7%及20.1%（见图5、图6），恢复至2019年同期逾九成和八成半水平。但在奢侈品消费上，2023年8月的估计值达到了2022年12月以来最低，快速回暖的可能性不大，其主要受汇率上涨、海南免税政策、两地奢侈品差价缩小、跨境电商高速发展、香港奢侈品零售供货紧缺等因素影响。

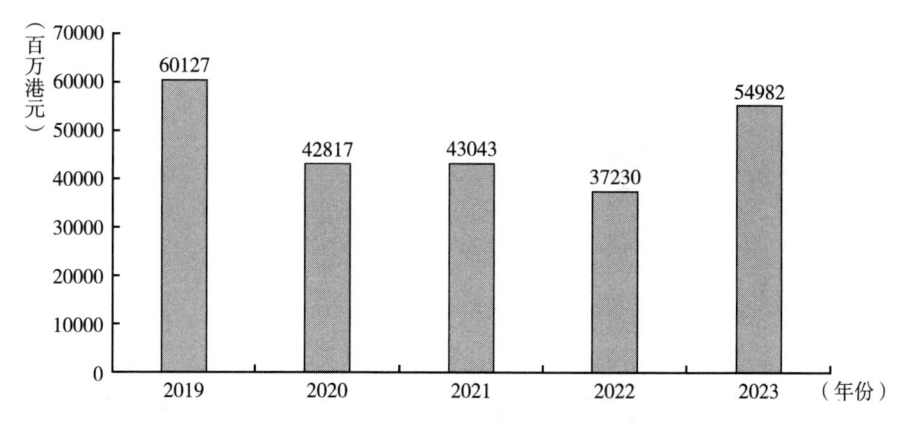

图5　2019~2023年上半年香港食肆总收益

资料来源：香港特区政府统计处，《食肆总收益及食肆购货总额》，2023。

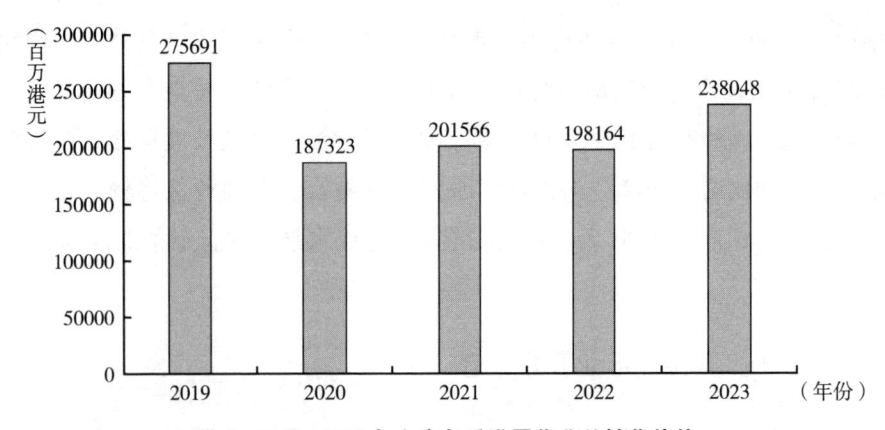

图6　2019~2023年上半年香港零售业总销货价值

资料来源：香港特区政府统计处，《零售业总销货额》，2023。

2023年，香港服务业从业人员短缺，且人员回流速度放缓。过去三年，在修例风波和疫情的影响下，许多从业人员纷纷选择转行、提早退休甚至移民，香港旅游市场面临人才短缺、产业重构等议题。2023年上半年，香港服务业从业人员总数为106.14万人，尽管同比增长5%，但仍低于2019年同期水平约16%（见图7）。人才短缺导致承接力及接待质量无法与旺盛的市场需求相匹配，进而成为香港旅游业全面复苏的严峻挑战。

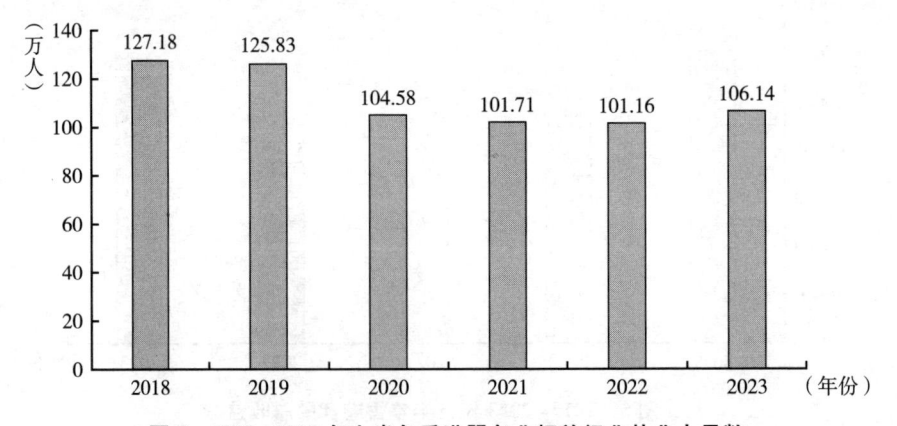

图7　2018~2023年上半年香港服务业相关行业从业人员数

资料来源：香港特区政府统计处，《2018~2023年按行业及职业划分的就业人数》，2023。

（三）新兴市场逐渐形成

文化旅游成为香港旅游市场的新亮点。不同于以往以购物消费作为访港的主要目的，香港的文化景点成为旅客打卡的新热点。例如，亚洲首间国际级当代视觉文化博物馆M+及香港故宫文化博物馆在通关后的首个"五一"黄金周共接待超过10万名旅客，并分别创下1.9万人次和0.73万人次的单日入场历史纪录。香港·大城小区、旧城中环、深水埗等承载香港历史记忆的景点也热度上涨，成为旅客的必访之地。为此，香港旅发局于2023年9月联合小红书发起"香港漫步指南"话题活动，吸引了超过187万名网友的关注。

"港人北上"旅游消费成为香港旅游市场的新焦点。据特区政府入境事务处数据监测，自全面通关以来，"港人北上"的人次呈现阶梯式增长。赴内地旅游消费人次从2023年6月（408万人次）到2023年8月（624万人次）总计增加了216万人次，达到了53%的明显增幅。其中，在2023年7~8月期间，平均每位港人北上了1.2次（港人北上人次统计不包括机场、邮轮码头和港口管制数据），相较于同期内地旅客南下出现了2倍的显著逆差，港人北上活力迸发。港人北上的主要目的是享受丰富多元的娱乐活动、相对低廉的购物消费和高品质的服务，他们在内地的累积消费额高达40亿港元。此外，"北上"的消费群体呈现年轻化趋势：鲍师傅、奈雪的茶等消费品牌成为港人的重要"打卡点"和返港必备手信。

优越便利的交通条件（如港珠澳大桥、广深港高铁和跨境地铁等）和人性化的软举措（支付宝香港和深港一卡通等）是助力港人北上消费的重要因素。值得一提的是，自2023年港珠澳大桥复通及实施"港车北上"政策以来，港珠澳大桥珠海公路口岸出入境车流持续高位运行，成为港人北上的主要方式之一。据港珠澳大桥边检站统计，2023年7月出入境车辆总量达到27万辆次，刷新口岸开通以来的单月最高纪录。2023年中秋节和十一国庆节"双节"期间车流量更是大幅提升，第三次单日客流破10万人次，创开通以来历史新高，展现了大湾区加速深度融合新景象。

二 2023年香港旅游业的复苏举措

(一)政府继续落实精准托举政策

为全方位推进香港旅游市场复苏,特区政府在2023年财政预算案中预留了1亿港元,用于吸引更多旅客访港。同时,特区政府分配超过2.5亿港元的拨款给香港旅发局,用于筹备和举办多个大型旅游盛事,巩固香港旅游业快速复苏的势头。总体上,特区政府通过"向外营销、向内扶持"的一系列"组合拳",为旅游业前行注入"强心剂"。

在向外营销方面,特区政府通过政策营销、公关宣传、交通网络和经济资助等四方面举措吸引旅客访港(见表3),为加快推进香港旅游业的复苏提供了保障。其中,值得一提的是"你好,香港(Hello Hong Kong)"活动强势出圈,仅在2023年3月,新浪微博相关话题阅读量超1.2亿,使香港持续保持在内地旅客出境旅游目的榜单中的高位。基于此,托举政策向交通网络方面持续延伸,推动广深港高速铁路接入国家"八纵八横"高铁网络,打造"一线贯南北,千里变通途"的运营版图,以方便旅客访港。

表3 2023年香港重点推广宣传举措一览

营销手段	具体举措
政策营销	推出"你好,香港(Hello Hong Kong)"大型全球推广活动①
	联合本地航空公司,分阶段向全球免费送出共计50万张访港机票
	联同香港超过1.6万家商家向旅客派发"香港有礼"消费优惠券
公关宣传	安排主要香港官员及业界代表出访内地和海外市场,推介香港
	邀请全球业界和传媒代表、明星、名人,以及"香港超级迷"亲临香港,营造正面口碑和评价
	邀请各地知名娱乐媒体公司来港拍摄影视节目,以带动旅客访港
	开发香港旅发局官网,持续优化网页内容,提供多种语言和适配多个终端,以适应市场需求

① 香港特别行政区旅游事务署:《香港便览——旅游业》,2023年8月。

续表

营销手段	具体举措
交通网络	新增广深港高铁新路线、站点、班次和车型，提供福田"灵活行"变更车次的服务
	推出邮轮业五项复苏政策，包括：向邮轮公司提供支持和优惠；吸引旅客参与香港邮轮旅游；与旅行社及邻近港口紧密合作；向大湾区内地旅客推介香港邮轮；参加全球大型国际邮轮展等
	优化陆路口岸通关政策，包括为香港居民开设专用查验通道以及上线"深港一码通"等
经济资助（会展补贴计划）	补助内地会展团队，按人数规模、留港时长和活动性质等因素，提供不同额度的活动资金补贴费用。
	推出三年定期展览奖励计划（ISRE），奖励金额达到14亿港元，每场上限2000万港元。
	实施小型会议补贴计划，补贴金额为3750~4000港元。
	牵头扩建会展新场地，如升级两大会展中心；扩建亚洲国际博览馆二期工程；启用启德体育园等。

资料来源：香港特别行政区旅游事务署，《香港便览——旅游业》，2023年8月。

从向内扶持来看，香港政府进一步规范、保障和提升本土旅游市场的秩序和质量。其一，召集来自航空、酒店、餐饮、零售等八大旅游相关行业签署了《专业优质旅游服务承诺》，以打造更优质的香港旅游环境。其二，开展夜间经济活动、大型体育赛事以及文化艺术节庆等系列活动（见表4），激发本地旅游市场新活力，为本地经济增长带来叠加效应。其三，延续2020年2月起启动的"防疫抗疫基金"至2023年6月，为香港旅游市场各行业减轻经济负担。其四，积极响应国家"十四五"规划纲要中对"支持香港发展中外文化艺术交流中心"的提议，持续推进多个文旅项目的升级，打造香港文化及休闲新地标（见表5）。其五，制定针对香港旅游业从业人员的长期、中期和短期培训及经济支援计划（见表6），加强香港旅游业人才队伍建设，进而保障香港旅游业的高质量可持续发展。

表4　2023年香港重点节庆赛事活动一览

盛事类型	具体活动
夜间经济活动	夜缤纷；开心香港；夜间香港夜食消费券；夜场电影；敞篷巴士夜游；海洋公园晚间免费活动；美食集市等。

续表

盛事类型	具体活动
大型体育赛事	香港渣打马拉松;香港国际七人橄榄球赛;香港国际龙舟邀请赛;香港单车节等。
文化艺术节庆活动	众明星演唱会;大坑舞火龙;国庆烟花会演;乐聚维港嘉年华;美酒佳肴巡礼;缤纷冬日巡礼;全港戏院日等。

资料来源：香港旅游发展局,《活动情报》《夜游热点》,2023。

表5　2023年香港重点文旅项目一览

项目名称	具体措施
活化保育	延续"活化历史建筑伙伴计划",引入数字实景等技术改造香港大馆、中环街市以及元创方等旅游空间,提升旅客体验。 组织举办以香港文物保育与创新为主题的研讨会,搭建文物保育发展的交流平台。
海滨共享空间	提出了创新开放式的公共空间管理模式。 设置可移动设施和装置,以及不定期加入"期间限定元素"。
西九龙综合文化区	规划西九龙世界级综合文化区的蓝图。 发行以"香港文化艺术地标"为主题的邮票及集邮品,推广香港形象。

资料来源：香港旅游发展局,《玩乐指南》,2023。

表6　2023年香港旅游从业人员培训和经济支援计划一览

政策类型			实施机构	资助细则
长期	旅游及酒店管理教育	学士学位	香港理工大学	政府资助(包括减免学费、奖学金资助等),金额及资助年限因项目而异。
			香港中文大学	
		高级文凭	职业训练局	
			明爱专上学院	
			部分其他自资专上院校	
		职业教育（市场为导向、就业为本）	雇员再培训局	在2023年至2024年,提供超过1000个酒店及旅游相关课程的培训名额,最高资助上限为每人2.5万港元。
	旅游从业人员培训资助计划		香港旅游业监管局	政府拨款1亿港元,由香港旅游业监管局推出为期三年的旅游类证书培训项目,每人最高资助2000港元。

续表

政策类型		实施机构	资助细则
中期	文化及古迹导赏培训课程	香港旅游发展局	在2022年9月至2023年8月期间，免费资助1500名旅游从业员进行培训。
	优质旅游服务计划	香港旅游发展局	为该计划下的商户举办了18个免费培训项目，超过2000名服务业前线员工参与。
短期	实时监测计划（包括旅游业配套设施、服务人手恢复情况等），以及与业界保持紧密沟通	政府各有关部门	—

资料来源：香港旅游业监管局，《旅游从业人员培训资助计划》，2023年10月。

（二）产品体系不断优化

随着旅游市场的回暖，香港旅游企业和投资机构对旅游行业的前景和投资信心也随之增强，它们利用产品再研发和业态再创新等方式回应新的消费需求和旅游的变化（见表7）。具体而言，在产品研发方面，不断开发新的旅游景点，并发挥各旅游景点之间的协同效应，重塑香港作为国际旅游目的地的吸引力。在业态创新上，以科技创新、市场创新、管理创新等手段为访港旅客提供更多体验式旅游选项。

表7 2023年香港新景点、新玩法一览

举措类型	具体实践
产品研发	香港海洋公园开放全新的动物展馆"树懒与好朋友"，并展出由AI绘图创作的树懒主题名画
	香港迪士尼乐园推出华特·迪士尼与米奇老鼠铜像"创梦家"，以及新主题园区冰雪奇缘
	香港迪士尼乐园与新世界发展有限公司合作，在11SKIES（11天空）开设全新精品店和增强交通接驳；打造大屿山国际旅游娱乐产业园
	新世界发展有限公司分阶段开业香港国际机场航天城
	香港友邦保险联合世界杂技团在中环摩天轮旁推出嘉年华活动

续表

举措类型	具体实践
业态创新	开展跨界合作，如香港半岛酒店与"天星小轮"合作推出天星小轮"世星号"，边欣赏香港美景，边品味半岛佳肴以及聆听现场音乐会
	以"活现香港"为主题，丰富香港旅游精品路线，如香港中国旅行社推出了西九文化区、漫步中环等10余条享地道香港文化"珍品"旅游线路
	利用直播推广香港旅游产品，吸引旅客来港，如香港中国旅行社利用直播推介旅游产品
	依托人工智能技术打造感官盛宴，如K11 HACC推出了适合全年龄层的沉浸式数码艺术展ARTE M

资料来源：《多方发力　香港旅游业稳步复苏》，人民网，2023年5月。

三 特区行政长官2023年施政报告

特区政府在2023年10月发布的《施政报告》中提出针对香港旅游业的30多条工作措施，从政府和市场两端、入境游和本地游两大市场、供给和需求两侧综合施策，为破解当前香港旅游业高质量发展遇到的挑战与瓶颈提供了方向和路径。具体来说，可归纳为七个方面。

第一，优化顶层设计，保障香港旅游体系的建设。《施政报告》提出，要制定《香港旅游业发展蓝图2.0》，使各领域协同推进香港旅游业高质量发展。

第二，推进文旅深度融合发展。其一，公布《文艺创意产业发展蓝图》，并成立"文化产业发展处"，积极推动文化产业发展。其二，增加文化演艺的拨款，包括为"电影发展基金"和"创意智优计划"注入43亿港元；为演艺作品提供1000万港元的资助；增至7000万港元的外出文化交流支持等。其三，利用电影拍摄、时装周等方式吸引旅客访港。

第三，培育香港旅游市场新业态。其一，提出"本地特色旅游鼓励计划"，为业界提供路线设计和培训等支持。其二，鼓励业界开发红色旅游、文化旅游、会展旅游、研学旅游、生态旅游、蓝色资源旅游等新产品，用优质的供给回应旅客全新的需求。

第四，完善旅游交通服务。其一，强化邮轮码头周边配套，发展邮轮旅游。其二，推进香港国际机场及周边的建设，包括新增跑道、简化手提行李检查、利用汽车自动驾驶系统在机场与港珠澳大桥香港口岸人工岛间接送乘客和增推"空—陆—空"多式联运客运服务。

第五，发展智慧旅游。其一，统筹政府相关部门的资源，成立跨部门"智慧旅游工作组"。其二，制定经济托举政策，推出新一轮的"旅行社资讯科技发展配对基金先导计划"。其三，加强科技赋能，通过景点扩增实境、多语言电子导览等技术增强旅游体验。

第六，盘活闲置旅游资源。其一，逐步开放沙头角禁区（除中英街），建设沙头角文化旅游区。其二，依托南丫岛石矿场资源和海岸线资源发展岛屿旅游。其三，利用大屿山南部生态康养资源，考虑发展生态旅游。

第七，优化劳工机制。其一，修订针对劳工的法例，提高雇员再培训津贴至8000元。其二，试行"包班"形式提供职前培训、培训后不少于一年的雇佣合约、高于市场价水平的薪酬以及为期半年的就业跟进服务，以支援和保障旅游业劳动力的回流。

四 香港旅游业展望及建议

（一）未来展望

2023年开年以来，受宏观经济稳中向好、旅游出行政策放宽等多重因素影响，香港旅游市场在多方面均展现出了强大的市场韧性，呈现高开稳走态势：总体上，2023年香港旅游市场仅用半年的时间就完成了2022年全年的业绩，且多个方面均达到过去三年以来最好的水平。其中，酒店业更是超过了疫情前的盈利水平。此外，2023年香港旅游市场热点频发，展现出许多旅游新现象。例如，旅客对于访港旅游有了更深层次的需求，他们更加关注香港的自然、历史、人文和生活体验。港深"双向奔赴"的旅游消费成为新常态。可见，伴随着出行的正常化，香港旅游市场正有序驶入复苏新通道。然而，部分数据显示，目前香港旅游业的发展仍面临供求不匀、结构不匀、科技不足、人才流失等挑战。因此，应仔细研判香港旅游市场的未来发展动态，持续推进旅游业态迭代升级。

从需求端来讲：第一，总体上旅客的访港需求仍会呈现"稳增长"的基调，有望于2024年恢复至疫情前水平。第二，新型消费需求潜力将加速释放，特别是亲子游、研学游、演艺游和户外游等。其中，科技、文化、艺术、教育等将成为支撑新型消费需求发展的新动能。第三，夜游产品需求仍有增量。例如，夜间光影秀、夜间剧场演艺、夜间游船画舫、主题公园夜游、登高观夜景和无人机表演等或成为新宠，因此，香港夜间经济市场还有进一步提升的空间。

从供给侧看：第一，香港旅游市场需要深入考虑如何重焕旅客在港消费热情，尤其是零售业消费。受现有行业困境的影响，未来香港零售业或会出现供需失衡、恢复速度放缓的情况。第二，香港旅游商家应思考如何增加优质旅游产品的供给。旅客对香港的定位从"购物天堂"转向"文艺高地"，尽管香港旅游企业为此展现出业务转型的信心，但优质旅游产品供给仍有待提升。各企业应思考如何顺应"特种兵式旅游""城市漫步（Citywalk）"等新现象，通过优化产品内容将研学、美食、展览、演唱会、医美、徒步等新型旅游需求引入市场实践。第三，投资者对于香港旅游市场的投资渐趋审慎，但在投资领域的选择上更加多元。在重资产方面，投资者更倾向于酒店等核心服务要素产业领域的投资。而在轻资产上，投资产品类型更加丰富，重点关注文旅产品及其纵向衍生品。第四，在政策扶持下，业界的市场体量、从业者数量以及接待能力等方面有望实现进一步的提升。但由于行业分工较细以及业务转型的需求，专业人才短缺或将持续一段时间。

（二）发展建议

《施政报告》体现了特区政府重振香港旅游业的信心和决心，提出了特区政府推动香港旅游业朝多元化、高增值、可持续的方向发展的目标。针对香港旅游业现状和特区政府的未来举措，本报告从"优、新、深、实"四方面提出发展建议。

一是优化。首先，要扩展旅游用地空间。通过规划统筹，扩大旅游用地及可游范围，改变旅游路线，妥善处理香港本地居民生活需求与旅客体验需求之间的关系，创造主客共享的旅游空间。其次，要发挥宏观调控作用。特区政府相关部门应着力解决香港旅游市场物价较高、服务质量较低等问题，做好香港旅游市场"稳增长、稳物价、稳质量"的工作。最后，要保障助企纾困政策的合理性。例如，特区政府应在现有政策的基础上考虑涉旅优惠政策时限的延长，以及错开政策到期期限。

二是创新。首先，要新增夜间消费新载体。夜间消费是提振香港旅游市场消费的主要阵地，应考虑研发夜间体验新产品，例如小皮艇夜划、小舟夜宿、夜间演艺等。其次，要拓展"生活+旅游"的消费新场景。一方面，要着力推动演唱会、艺术展览、体育赛事等居民日常休闲活动融入旅游活动，并可进一步与城市夜游相结合，在"双轮驱动"下培育旅游消费新场景和释放旅游消费潜力；另一方面，应全力推进"机场城市"的实践，继续推进香港国际机场及其周边的大型综合设施、酒店、零售和餐饮等项目的发展，将机场打造为多功能、一体化的消费场景，带动更多经济活动在机场一带迸发。最后，要以数智化赋能行业转型。一方面，香港旅游企业存在效率低和模式僵化等问题，并且在与在线旅游平台（OTA）的竞争中处于劣势；另一方面，香港的许多旅游软件与内地旅客常使用的社交软件（如微信）不兼容，影响了赴港旅游满意度。鉴于此，香港旅游企业应依托大数据、物联网等技术创新商业模式，提升企业业绩。同时，特区政府及各企业应积极打造数智化平台，如推出微信"小程序"应用，着力提升赴港旅游便利度。

三是深化。首先，要深度融入国家发展战略。具体有三：其一是加快融入粤港澳大湾区一体化建设。既要推动打造"深港双城优质生活圈"以及"大湾区一小时经济圈"，也要争取延长大湾区旅客的停留时间，促进大湾区居民周边游成为香港旅游业的新增长点。其二是发展"一程多站"市场。近90%的旅客把香港作为中转站，因此，可与粤港澳大湾区合作开发"一程多站"的旅游路线，全方位打造大湾区旅游一体化战略新格局。其三是加强与共建"一带一路"国家的联系。借助区域优势，通过"金融帮扶+旅游"的模式，探索深度融合方式。其次，要强化香港的定位，打造文化IP。

例如深挖香港在影视表演、流行音乐、艺术设计、美食烹饪等方面的文化软实力，形成独特的文化IP，进一步构筑文化护城河。最后，要实施市场细分策略，进行圈层营销。一方面，香港旅游业各利益相关者应考虑如何摆脱人海战术，可通过研究具体的旅客画像，借助小红书、抖音直播等平台向内地旅客进行个性化的精准营销和精细化产品运营管理，在保证量的稳步增长基础上寻求质的有效提升。另一方面，要提升香港的国际形象，注入更多国际元素，积极举办高端国际会议及赛事，吸引高消费的国际旅客访港，巩固和提升香港作为"国际旅游目的地"及"亚洲盛事之都"的地位。

四是务实。首先，要做好旅游安全监管工作。过去，香港旅游市场存在一些不良行为，如强迫购物、遗弃和歧视内地旅客等，导致部分内地旅客对香港仍持有负面的城市印象。因此，香港政府及旅发局应根据《旅游业条例》，因需更新和细化行业发展管理规划，包括市场规范化、收费清晰化、自查常态化等。此外，各权力机关间应保持紧密合作，确保相关政策真正落到实处，实现企业受益和旅客满意的良性循环。对于抹黑香港形象的讹言谎语要及时处理，保持香港旅游行业的健康发展。其次，要提升服务水平。过去，香港的服务质量备受诟病，因此，综合施策是保证服务品质的有力抓手。在这方面，可采取如下措施。其一是实施卓越服务培训计划，并覆盖政府部门和企业的各个层面，树立从行业整体到从业人员个体的优质服务意识。其二是开展"优质服务商家"精品示范工程，通过向这些商家给予一定的发展政策倾斜或现金奖励计划，鼓励其他商家提升服务水平。其三是政府相关部门及业界积极搭建多方交流平台，促进香港市场与内地市场乃至国际市场间的密切学习、合作与互动，进而提升从业人员的服务素质。最后，要切实推进香港旅游业的绿色发展。旅游业作为最大的碳排放行业之一，应积极采取行动，从改善行业的能源供应设备、采购使用环保材料产品以及为客人提供亲环境行为奖励等方面助推香港2050年碳中和目标的实现。

G.23
2023~2024年澳门旅游业发展分析与展望

唐继宗*

摘 要： 受惠于入境防疫措施放宽、港澳全面恢复人员往来、内地赴澳团队旅游重启等利好因素，加上观察内地与香港居民出境游趋势，2023年澳门特区以综合旅游服务出口带动的经济复苏步伐可望加快；2024年入境旅客总人次和经济总量则有望恢复至2019年水平。面对旅客消费行为与市场结构的改变，需夯实特区经济与旅游市场复苏基础，加快推进区域市场一体化进程，更好管理博企助力经济多元发展，并让社会各界更多分享发展成果。

关键词： 澳门经济 澳门旅游 琴澳深合区 综合旅游 博彩业

一 全球经济及国际国内旅游市场发展趋势

（一）全球经济展望

世界银行2023年6月6日发布的《全球经济展望》指出，2023年的贸易增长速度将不及2019年的1/3，在国际金融市场利率上升的背景下，全球增长已大幅放缓。最新预测显示，新冠疫情、保护主义抬头以及全球金融

---

* 唐继宗，中国社会科学院研究生院经济学博士，现任澳门管理学院院长，中国社会科学院旅游研究中心特约研究员，澳门特区政府人才发展委员会、旅游发展委员会与都市更新委员会委员，世界旅游经济论坛顾问和香港中文大学航空政策研究中心成员，主要研究方向为产业发展、服务贸易、旅游经济、区域合作及公共经济学等。

环境紧缩等因素的影响将在可预见的未来持续存在，据此对全球经济体增长前景作出广泛下调。

全球增长预计将从2022年的3.1%放缓至2023年的2.1%。中国以外的新兴市场和发展中经济体，增长率将从2022年的4.1%下降至2023年的2.9%。发达经济体的增长速度将从2022年的2.6%降至2023年的0.7%；2024年增长预期仍将继续疲软。美国2023年预计增长1.1%，并在2024年降至0.8%。欧元区由于货币政策收紧和能源价格上涨的滞后效应，预计2023年增速将从2022年的3.5%下降至0.4%。

国际货币基金组织（IMF）2023年7月发布的《世界经济展望报告》也指出，各国央行为抗击通胀采取的加息政策继续对经济活动造成拖累。预计全球总体通胀将从2022年的8.7%下降至2023年的6.8%和2024年的5.2%。

（二）澳门特区旅游服务出口三大市场经济展望

按一般经济规律，客源地的宏观经济表现与相对应之旅游目的地的旅游服务需求呈正相关。疫情前（2019年）澳门特区旅游市场共接待了39406181人次入境旅客，其中，三大客源地按序分别为：中国内地（占70.9%）、中国香港（占18.7%）和中国台湾（占2.7%）。

1. 中国经济展望

2023年内地政府工作报告提出2023年发展主要预期目标是：国内生产总值增长5%左右；城镇新增就业1200万人左右，城镇调查失业率5.5%左右；居民消费价格涨幅3%左右。据国家统计局2023年7月公布的统计资料，初步核算，上半年国内生产总值593034亿元人民币，按不变价格计算，同比增长5.5%，比一季度增长1.0个百分点。

2. 中国香港经济展望

香港特区政府2023年8月11日发布的《2023年半年经济报告》指出，在访港旅游业和私人消费带动下，香港经济在2023年第二季继续复苏，第一季度及第二季度实质本地生产总值同比增长率分别为2.9%和1.5%。考虑到2023年上半年的实际数字以及各项因素变化，2023年香港全年实质本地生产总值增长预测由5月公布的3.5%至5.5%修订至4.0%至5.0%。

3.中国台湾经济展望

2023年上半年台湾地区经济增长率为-0.98%。台湾地区的经济研究机构于2023年7月20日发布的经济预测报告指出，由于全球经济走势下行，加上地缘政治仍陷僵局，国际货物贸易持续低迷，预测2023年台湾地区经济增长率为1.60%，较4月预测值2.01%下调0.41个百分点。

（三）澳门经济展望

1.宏观经济复苏步伐加快

受惠于入境防疫措施放宽、港澳全面恢复人员往来、内地赴澳团队旅游重启等利好因素，加上观察内地与香港居民出境游趋势，2023年澳门特区以综合旅游服务出口带动的经济复苏步伐可望加快；2024年入境旅客总人次和经济总量则有望回复至2019年水平。

澳门统计暨普查局统计数据显示，2023年上半年澳门本地生产总值按年实质上升71.5%，整体经济总量恢复至2019年同期的71.0%。按季度分析，2023年第一季度和第二季度GDP同比实质增长分别为38.8%和117.5%（见图1）。

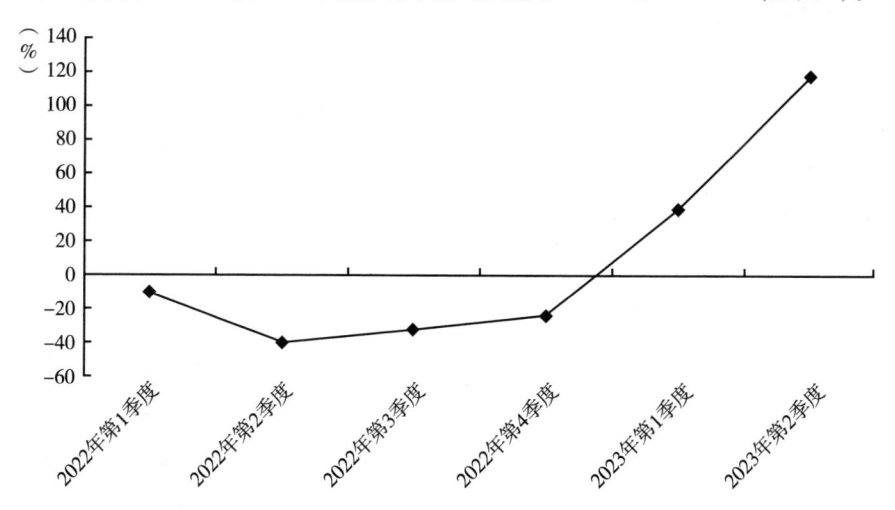

图1　2022年第一季度至2023年第二季度澳门本地生产总值按年实质变动率

资料来源：整理自澳门统计暨普查局统计资料。

按支出法计算的各主要经济活动类别的复苏步伐不一致。2023年上半年复苏幅度已超过疫情前（2019年）同期的经济活动有：货物出口（为2019年同期的254.3%）、政府最终消费支出（为2019年同期的129%）、库存变化（为2019年同期的103.1%）。而仍有待全面复苏至疫情前（2019年）同期水平的经济活动有：服务出口（复苏至2019年同期的74.8%）、私人消费支出（复苏至2019年同期的94.1%），以及固定资本形成总额（复苏至2019年同期的95%）。

2. 随着经济复苏，澳门特区失业率趋降

2023年第二季度，澳门特区总体失业率2.8%，本地居民失业率3.5%，按季分别下跌0.3%及0.4%。就业人口月工作收入中位数为17000澳门元，本地就业居民为20000澳门元，均与上一季度持平。

3. 外需增加，通胀预期也随之上升

2023年6月，澳门综合消费物价指数为104.69，按年上升0.80%。根据自回归以来历史数据，澳门物价水平与入境旅客人次呈正相关，因此，入境旅游市场逐步复苏，通胀预期也随之上升。

（四）国际旅游市场展望

联合国世界旅游组织（UNWTO）2023年5月发布的《世界旅游晴雨表》报告指出，2023年第一季度，国际旅客约2.35亿人次，并已恢复至疫情前（2019年）同期的80%。联合国世界旅游组织专家小组大多数成员预期国际旅客人次要到2024年或之后才能重回疫情前水平。同时，面对具有挑战性的经济前景，预期2023年旅客会更多地寻找具有价值和较短程的旅游目的地出游。

2023年5月10日，世界旅游城市联合会与中国社会科学院旅游研究中心联合发布的《世界旅游经济趋势报告（2023）》（以下简称《趋势报告》）指出，从全球旅游总人次复苏程度来看，预计在基准情境下，2023年全球旅游总人次为107.8亿人次，将恢复至2019年的74.4%，复苏水平比2022年的高8.3个百分点。从全球旅游总收入复苏程度分析，预计在基准情境下，2023年全球旅游总收入为5万亿美元，将恢复至2019年的86.2%，复苏水平比2022年的高6.6个百分点。

（五）中国内地出境游市场展望

《趋势报告》预计2023年中国出境旅游将恢复至2019年的七成左右。港澳台市场和东南亚地区将率先复苏，相关出境人次将占中国出境旅游市场的90%以上；中国公民赴中东欧旅游也将有所恢复，赴美旅游的恢复情况与中美关系走向密切相关，而赴"一带一路"相关国家和地区的旅游将迎来新的增长。

中国旅游研究院在2023年8月发布的《2023年上半年出境旅游大数据报告》指出，上半年出境游目的地共计接待内地（大陆）游客4037万人次。其中，澳门特区排在出境游目的地的首位，占比50.9%。

二 澳门入境旅游市场

（一）旅游服务贸易出口发展趋势

受惠于自2023年初入境防疫措施放宽、港澳全面恢复人员往来、内地赴澳团队旅游重启等利好因素，按"非本地居民在本地市场的消费支出"计算之澳门综合旅游服务出口复苏步伐加快；2023年第一季度（547.3亿澳门元）及第二季度（619亿澳门元）分别同比增长97.6%和318.4%，上半年累计已恢复至2019年同期的71%。进一步分析，"博彩"类复苏速度（恢复至2019年同期的54.2%）较"非博彩"类（恢复至2019年同期的118%）缓慢，也因此导致综合旅游服务出口结构出现了变化，"博彩"类与"非博彩"类的比重已从2019年上半年的73.7%∶26.3%变动至56.2%∶43.8%的较可持续发展结构（见图2）。

（二）入境旅游市场需求侧分析

1. 入境旅客人次与客源结构

2023年1～7月累计访澳旅客同比大幅增长314.6%至14405421人次，

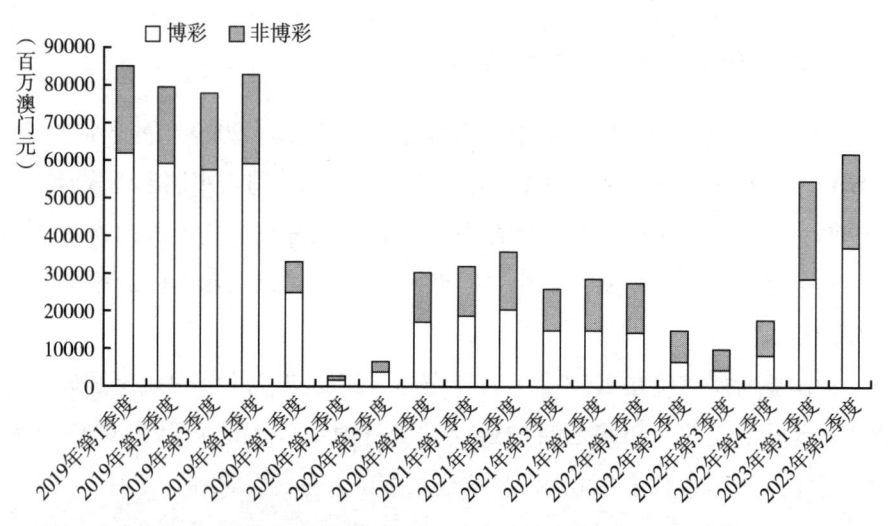

图2 2019年第一季度至2023年第二季度以当年价格计算之澳门综合旅游服务出口值

资料来源：整理自澳门统计暨普查局统计资料。

恢复至疫情前同期的60.5%。传统三大客源市场复苏步伐各异，其中，第一大客源市场——中国内地（占65.6%）复苏至疫情前（2019年）同期的56%；第二大客源市场——香港特区（占28.5%）复苏至疫情前（2019年）同期的95%；第三大客源市场——台湾地区（占1.6%）复苏至疫情前（2019年）同期的37%（见图3）。

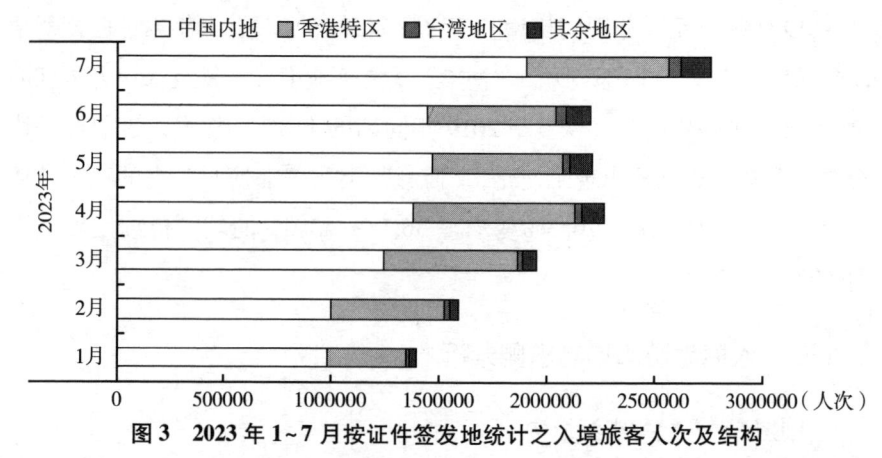

图3 2023年1~7月按证件签发地统计之入境旅客人次及结构

资料来源：整理自澳门统计暨普查局统计资料。

2. 入境旅客活动模式、消费行为与评价

旅客入境渠道方面，2023年上半年，11645877人次访澳旅客当中，79%是经陆路入境，经海路与空路入境的旅客占比分别为14%和7%。值得关注的是，港珠澳大桥口岸和横琴口岸继关闸口岸之后分别成为接待入境旅客的第二和第三大口岸（见图4及表1）。

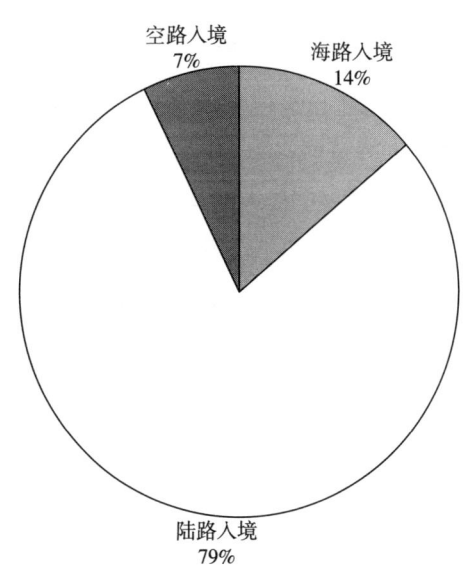

图4 2023年上半年旅客入境渠道结构

资料来源：整理自澳门统计暨普查局统计资料。

表1 2023年上半年澳门各口岸接待入境旅客人次和比重

入境口岸	人次	比重(%)
关闸口岸	4377025	37.6
港珠澳大桥口岸	3195100	27.4
横琴口岸	1199156	10.3
氹仔客运码头	946345	8.1
澳门国际机场	834542	7.2
外港客运码头	573592	4.9
青茂口岸	436707	3.7
内港客运码头	79867	0.7

续表

入境口岸	人次	比重(%)
珠澳跨境工业区	3475	0.03
外港客运码头直升机坪	68	0.001

资料来源：整理自澳门统计暨普查局统计资料。

旅客入境逗留时间方面，2023年第一季度及第二季度访澳旅客平均逗留时间分别为1.3日和1.2日，同比分别为持平和增加0.2日。

旅客入境（非博彩）消费支出方面，2023年上半年，访澳旅客（非博彩）总消费为324.6亿澳门元，同比大增210.9%；同期，旅客人均非博彩消费为2787澳门元，同比下跌7.5%。2023年第二季度，访澳旅客人均非博彩消费复苏步伐显著，并已超越疫情前（2019年第二季度）同期水平，在消费结构上也出现了变化，更倾向于如住宿、餐饮等非购物类的体验消费（见图5）。

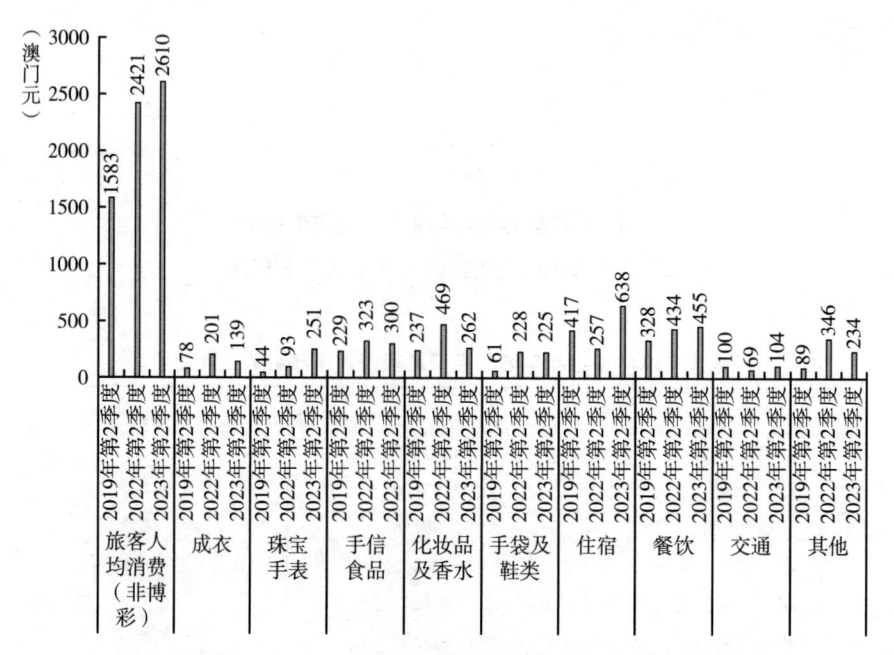

图5　2019年、2022年和2023年第二季度旅客人均非博彩消费与细项

资料来源：整理自澳门统计暨普查局统计资料。

按旅客访澳主要目的分析（非博彩）消费贡献方面，2023年第二季度，以"参加会展"之访澳旅客的人均消费最高（5140澳门元），而以"过境"的最低（366澳门元）（见图6）。

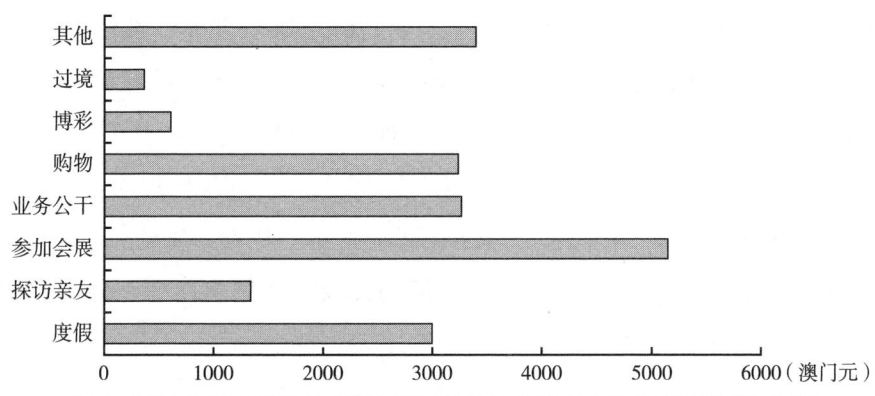

图6 2023年第二季度按来澳主要目的统计的旅客人均非博彩消费与细项

资料来源：整理自澳门统计暨普查局统计资料。

旅客对目的地服务与设施的评价方面，2023年第二季度受访旅客对澳门各项服务或设施的评价，以"环境卫生"的满意度最高（90.8%），而对"公共交通"（77.9%）、"观光点"（74.7%）和"旅行社"（70%）表示满意/足够的占比较低，其中更有5.5%的受访旅客表示当地的"公共交通"须改善（见图7）。

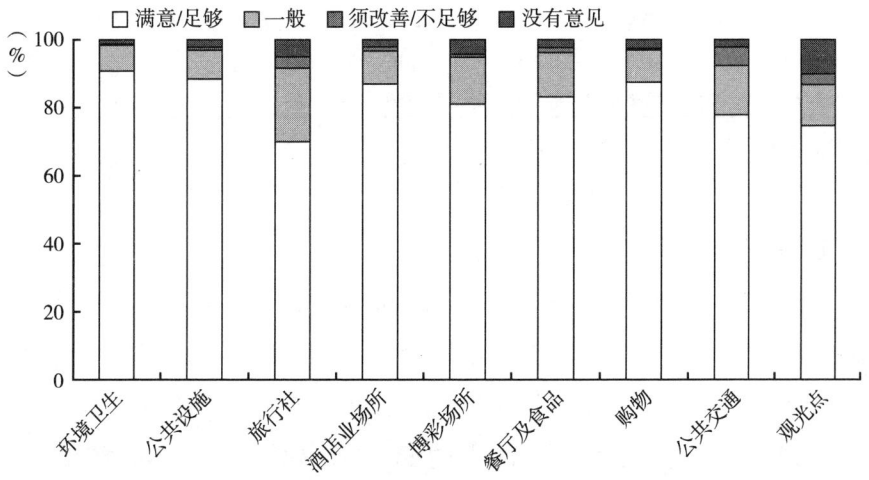

图7 2023年第二季度受访旅客对各项服务及设施的评价情况

资料来源：整理自澳门统计暨普查局统计资料。

（三）旅游入境市场供给侧分析

澳门统计暨普查局公布的"旅游附属账"是参考联合国世界旅游组织建议，并因应澳门地区特性编制而成。报告选定博彩、零售、餐饮、住宿、客运及旅行社六项旅游商品及服务，通过估算旅客对有关商品/服务的消费，量化旅游活动需求，从而评估旅游活动为澳门经济带来的直接贡献。

2021年旅游商品及服务供应为1271亿澳门元，按年增加45.5%，与2019年比较仍减少61.4%。博彩服务的供应按年上升49.7%至722亿澳门元；零售及餐饮服务的供应为281亿澳门元及169亿澳门元，分别增加56.4%及25.3%（见表2）。

表2 2019~2021年澳门旅游附属账之旅游商品及服务供应

旅游商品及服务	2019年		2020年		2021年	
	金额（百万澳门元）	变动（%）	金额（百万澳门元）	变动（%）	金额（百万澳门元）	变动（%）
总值	329432	-0.9	87328	-73.5	127085	45.5
博彩	240256	1.8	48204	-79.9	72158	49.7
零售	30406	-4.1	17938	-41.0	28051	56.4
餐饮	27372	-2.1	13492	-50.7	16900	25.3
住宿	18792	2.4	4292	-77.2	6423	49.7
客运	10380	-2.0	2616	-74.8	2831	8.2
旅行社	2226	7.6	786	-64.7	722	-8.1

资料来源：整理自澳门统计暨普查局统计资料。

1. 博彩业

现阶段澳门共有6家以赌场模式经营的持牌博彩企业。2022年博彩业总收入按年下跌49.2%至462.0亿澳门元，其中博彩收入（427.6亿澳门元）减少51.1%。行业总支出共403.1亿澳门元，同比减少24.7%；员工支出（188.1亿澳门元）占支出总数的46.7%。反映行业对经济贡献的增加值总额按年减少51.6%至303.7亿澳门元。另外，行业固定资本形成总额同比下跌83.5%至43.6亿澳门元。2023年1~9月累计，幸运博彩毛收入为1289.47亿澳门元，同比上升305.3%，并已恢复至2019年同期的58.5%。

2. 餐饮业

截至2023年3月初，澳门特区旅游局及市政署共发出2820个各类餐饮牌照，与上年同期基本持平。2023年4~6月澳门餐饮业共有2.07万名雇员，同比增长2.6%。澳门特区餐饮市场在2023年初入境防疫措施放宽和农历新年因素带动下迎来了V形复苏，其中，以"西式餐厅"的复苏幅度较大，"日韩餐厅"的复苏幅度则较小。澳门整体餐饮市场终于走出逆境。2023年1~5月，根据澳门统计暨普查局公布的数据，受访餐饮商户月度营业额同比平均增幅为45.8%。2022年则由于受到疫情反复出现的影响，受访餐饮商户在全年1~12月之月度营业额同比变动共有10个月为负值，仅在1月和10月分别录得0.3%和15.1%的同比增长，而全年月度营业额同比平均跌幅为16.4%（见图8）。

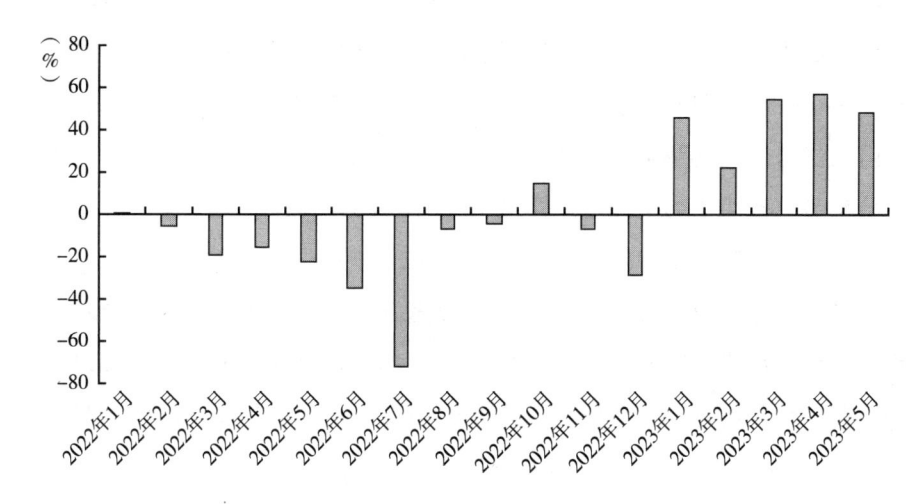

图8　2022年1月至2023年5月澳门餐饮业月度营业额同比变动

资料来源：澳门统计暨普查局。

3. 酒店业

截至2022年底，在澳门营运的酒店业场所同比增加2~133家，包括99

家酒店及34家经济型住宿场所；在职员工减少11.0%至35749人。行业收入按年下跌23.8%，其中客房租金录得34.0%跌幅；支出减少7.1%，其中员工支出和经营费用分别下跌5.2%及6.7%。行业亏损较2021年（-34.4亿澳门元）扩大至64.3亿澳门元。反映行业对经济贡献的增加值总额按年减少48.7%，固定资本形成总额亦下跌35.5%。2023年第二季度末向公众提供住宿服务的131家酒店业场所共有42971间客房；客房平均入住率同比上升46.2个百分点至80.7%，住客亦增加1.7倍至3338978人次。2023年上半年客房平均入住率同比上升40.2个百分点，住客数目亦增加1.3倍。

4. 民航业

现阶段澳门设有一个国际机场和一家基地航空公司。2023年上半年，澳门国际机场旅客吞吐量、航班起降和货运吞吐量分别是1953065人次、17268架次和23486.5吨，同比变动率分别为496.2%、147.3%和-13.5%。2022年是澳门航空运输业受新冠疫情影响最严重的一年，全年澳门国际机场旅客吞吐量59.9万人次，同比下降48%；航班升降13642架次，同比下降14%；货运量51400吨，同比上升6%。全年机场整体收入预估约为14亿澳门元，同比下跌32%。2023年6月14日出版的《澳门政府公报》刊登的澳门航空2022年业绩报告显示，2022年澳航运营收入8.87亿澳门元，按年减少26%，期内净亏损10.27亿澳门元，按年增加2.56亿元或33.2%。截至2021年底，澳门航空共有22架飞机投入营运，全机队平均机龄为6.54年。2022年航班班次和旅客在澳门民航市场的占有率分别为43%和62%。2023年随着经济复苏，澳航提出将在确保飞行安全的前提下，积极响应澳门特区政府和居民的需求，开拓更多的国际航线。

5. 旅行社

2022年在澳门营运的旅行社共176间，按年减少8间；在职员工人数减少21.1%至2204人。旅行社收入及支出同比分别减少19.8%、20.3%，全年录得9077万澳门元亏损。反映行业对经济贡献的增加值总额同比减少1.7%；固定资本形成总额下跌88.9%。

6. 会展业

2022年全年会展活动共460项，与会者/入场观众有142.1万人次。2023年上半年会展活动共493项，与会者/入场观众有71.0万人次。其中，会议（463项）及与会者（7.0万人次）数目同比分别增加305项及3.0倍；展览维持在24项，入场观众（63.6万人次）同比上升40.7%。2023上半年展览收入及支出分别为5750万澳门元及7236万澳门元；非政府机构主办的23项展览收入及支出分别为5750万澳门元及6264万澳门元。

三 旅游及相关公共政策措施

澳门特区政府《2023年财政年度施政报告》（以下简称《施政报告》）提出，2023年施政总体方向和施政重点是加快经济复苏，首先是恢复综合旅游休闲业发展活力。综合旅游休闲业是澳门的重要支柱产业和优势产业。在中短期内，旅游业稳定复苏是整体经济复苏的基础。在风险可控的情况下，有效落实内地居民来澳恢复电子签注及赴澳旅行团等政策措施，逐步恢复旅游业和经济的活力。加强和优化对外宣传推广澳门安全旅游城市，深化在线引流拉动、线下亲身体验的宣传模式，善用大数据科技，打造复合式社区旅游新产品，拓展海内外旅游市场。在内地重点城市举办大型旅游路展，推出各类疫后优惠旅游产品，协助业界广拓客源。同时，进一步拓展"旅游+"，推进旅游与美食、大健康、科技、盛事等跨界融合，推动研学旅游发展。

《施政报告》又提出特区政府在促进经济复苏、提振整体经济的同时，坚持不懈地采取"1+4"适度多元发展策略，优化产业结构。"1"就是按照建设世界旅游休闲中心的目标要求，促进旅游休闲多元发展，做优做精做强综合旅游休闲业；"4"就是持续推动大健康、现代金融、高新技术、会展商贸和文化体育等四大重点产业发展，逐步提升四大产业的比重，不断增强经济的发展动能和综合竞争力，着力构建符合澳门实际且可持续发展的产业结构。争取未来非博彩业占本地生产总值的约六成。

加快"一中心"建设，推动综合旅游休闲业提质发展，不断丰富澳门世界旅游休闲中心内涵，发展和培育具备丰富非博彩元素的综合旅游休闲业。特别是要充分发挥澳门世界文化遗产的作用，加强发展文化旅游。要做好各项迎客安排，完善旅游服务设施，提升服务水平，推动综合旅游休闲业高质量发展。加强拓展高端旅游客源市场，开拓会展商务和奖励旅游。切实推动博彩业带动非博彩业发展，严格监督新博彩经营承批公司履行批给合同承诺，着力发展非博彩项目，增加非博彩元素，加强开拓国际旅客市场。有效监管和持续推动负责任博彩，确保博彩业依法健康有序发展。

（一）博彩经营批给重新竞投工作顺利完成

2022年11月26日，澳门特区政府公布赌牌重新竞投结果。澳门特区行政长官颁布第205/2022号批示，公布获博彩经营批给临时判给的公司名单。分数由高至低依次为美高梅金殿超濠股份有限公司、银河娱乐场股份有限公司、威尼斯人（澳门）股份有限公司、新濠博亚（澳门）股份有限公司、永利度假村（澳门）股份有限公司、澳娱综合度假股份有限公司。

竞投委员会委员欧阳瑜表示，公开竞投的投标文件需要在11项非博彩项目上提交投资计划，其中包括娱乐表演、体育盛事、文化艺术、健康养生、社区旅游等几个重点项目，涉及大健康产业、文化体育产业项目，要求竞投公司通过打造旗舰式及标志性项目，提升澳门的国际形象及吸引力，拉动大健康产业及文化体育产业发展。

新的承批公司从2023年1月1日起，按修改后的博彩法律制度及新的批给合同营运。澳门综合旅游休闲业进入新的发展机遇期，博企新投资计划带动的非博彩元素发展新布局将逐步展开。

（二）《民航活动法》

2023年6月，澳门特区行政会完成讨论《民航活动法》法律草案。鉴于现行规范澳门民航活动的法规生效至今已逾20年，为落实逐步开放民航市场的政策，特区政府拟通过发出牌照的方式批准设立更多以澳门为基地的航空公司。为配合新的商业航空客运业务制度，特区政府重新制定《民航活动法》法案。

法案适用于澳门及其管辖空域内进行的一切民用航空活动、由本地或外地航空企业以澳门为目的地或出发地的航空器的运作、在澳门注册的航空器，以及适用于澳门境内的机场。民航局负责监管、规范、管制及监察民航活动，相关人员享有公共当局的权力。

为落实澳门航空运输市场的开放政策，法案对商业航空客运业务制度进行规范，要求从事商业航空客运业务者必须先获发业务牌照、须在澳门设立股份有限公司并作为主要营业地，并且证明具备适当资格、技术能力及财力等，以保证可履行法定和牌照义务。法案对现有的航空运输服务承批人作了过渡安排。

法案设处罚制度，民航局可中止或废止执照、许可或证明书，以及在必要时可采取防范措施，违法者可被科处罚款。为配合国际民航组织提出的安全管理政策，倘违法行为对民航安全不构成严重危险，法案新增容许涉嫌违法者可在指定时间内补正不合规范的规定。

四　澳门旅游市场展望

澳门通过横琴粤澳深合区建设和特区"1+4"产业政策推进经济适度多元发展的同时，在可预见的未来，综合旅游休闲产业仍会是澳门特区的第一大支柱产业。而随着外部与内部环境与条件的变化，展望未来特区旅游市场，将出现以下三大发展趋势。

（一）展望2024年，内地与香港客源地市场将恢复至疫情前（2019年）水平

自 2023 年以来，内地与香港特区居民访澳人次复苏步伐加快。受疫情后经济环境出现较多挑战以及国际航线复苏尚需时日等因素影响，澳门排进了内地旅客释放积压已久的出境旅游需求之旅游目的地选项前列。此外，诚如联合国世界旅游组织（UNWTO）提出，"通达性"（accessibility）是拓展跨境旅游的两个要素之一，自港珠澳大桥落成启用以来，因交通时间与费用较原

先的经海路访澳节约，除三年疫情时期外，经大桥口岸访澳之香港旅客大幅增加。据此，按人次预测，2024年内地与香港客源地市场将有望恢复至疫情前（2019年）水平。

然而，根据国际航协（IATA）预测，2023年国际客运量将升至2019年的82%，2024年升至92%，2025年升至101%。因此，随着全球国际航线复常，作为内地与香港居民出境旅游目的地之一的澳门将会面对更大的竞争。

（二）随着"一线放开、二线管住"措施执行，展望2024年，澳琴旅游市场一体化进程基本实现

2021年9月发布的《横琴粤澳深度合作区建设总体方案》提出首阶段的发展目标是到2024年澳门回归祖国25周年时，粤澳共商共建共管共享体制机制运作顺畅，创新要素明显集聚，特色产业加快发展，公共服务和社会保障体系与澳门有序衔接，在合作区居住、就业的澳门居民大幅增加，琴澳一体化发展格局初步建立，促进澳门经济适度多元发展的支撑作用初步显现。此外，确保构建琴澳一体化高水平开放的新体系——"一线放开、二线管住"顺利于2023年实施。

随着"一线"放开，对合作区与澳门之间经"一线"进出的货物（过境合作区货物除外）继续实施备案管理，进一步简化申报程序和要素；随着"二线"管住，对从合作区经"二线"进入内地的免（保）税货物，按照进口货物有关规定办理海关手续，征收关税和进口环节税等；同时，深合区的文旅会展商贸产业与特区的综合旅游休闲业于区内共建产业链，展望2024年澳琴旅游市场一体化进程基本实现。

（三）预期从"博彩旅游"到"综合旅游"的旅游产业战略调整于2024年渐见成效

第26/2001号行政法规《规范娱乐场幸运博彩经营批给的公开竞投、批给合同，以及参与竞投公司和承批公司的适当资格及财力要件》规定，"开拓外国客源市场的计划"为判给批给的标准之一。此外，招标书内容提及，

参与竞投的公司需提交 11 个非博彩项目投资的计划，当中包括：国际客源、会议展览、娱乐表演、体育盛事、文化艺术、健康养生、主题游乐、美食之都、社区旅游、海上旅游，以及其他项目。

六家获得新赌牌的承批公司从 2023 年 1 月 1 日起，按修改后的博彩法律制度及新的批给合同营运。同时，特区政府近年致力于进一步拓展"旅游+"，推进旅游与美食、大健康、科技、盛事等跨界融合，推动研学旅游发展。预期到 2024 年从"博彩旅游"到"综合旅游"的旅游产业战略调整将渐见成效。

五 澳门旅游产业发展策略建议

2023 年后，面对旅客消费行为与市场结构改变，为夯实特区经济与旅游市场复苏基础，加快推进区域市场一体化进程，更好管理博企助力经济多元发展，并让社会各界更多分享发展成果，提出以下八点建议。

（一）继续实施扩张性财政政策，推进市内及跨境交通运输基建建设，夯实特区经济与旅游市场复苏基础

2023 年上半年，按支出法计算之各主要经济活动类别的复苏步伐不一致，其中，消费与投资信心有待加强。同时，在恢复通关后旅客更多以自由行方式和经新的口岸入境澳门。为夯实特区经济与旅游市场复苏基础，以及舒缓市内与跨境交通运输压力，建议 2024 年需继续实施扩张性财政政策，尤其加大在澳门半岛、离岛连接半岛，以及市内连接各跨境口岸的集体交通运输系统等基建设施的投入。

（二）要更好地管理博彩业发展，在促进非博彩项目发展的同时要避免博彩活动负外部效应影响，以及在拓展非博彩元素的过程中与当地中小微企业争利

新的赌牌规定 6 家博企需实施 11 个非博彩项目投资的计划，包括：国

际客源、会议展览、娱乐表演、体育盛事、文化艺术、健康养生、主题游乐、美食之都、社区旅游、海上旅游，以及其他项目。据此，特区政府要更好地管理博企在实施非博彩项目投资时，尤其在发展社区旅游的过程中要避免渗进带有博彩文化或色彩的活动，以及在推动如美食之都等项目时要避免与当地中小微企业争利。

（三）随着综合旅游发展，为配合访澳主要动机日趋多元的旅客需求，需提供更多不同类型的住宿设施

至2023年8月，澳门酒店住宿市场共供应44600个客房，其中60.3%属五星级，属四星级的占19.3%。特区政府近年正致力于进一步拓展"旅游+"，推进旅游与美食、大健康、科技、盛事等跨界融合，推动研学旅游发展。因不同访澳目的之旅客有相异的留澳住宿需求，建议政府制定倾向性产业政策，引导市场提供更多不同类型的住宿设施，以满足更多元的旅客需求。

（四）在《民航活动法》生效后，积极引进不同类型的基地航空公司，提升特区对外交通运输市场效率

澳门国际机场自1995年启用以来，澳门当地仅批准一家基地航空公司设立。为开拓更多元的国际客源，除拓展与邻近机场的陆海空综合联运，同时，建议在《民航活动法》生效后吸引资本在澳门形成传统基地航空公司、廉航基地航空公司、传统货运基地航空公司、快递基地航空公司等较健全的基地航空公司体系。此外，通过发展低空旅游，拓展与丰富大湾区旅游产品。

（五）琴澳合作培育国家与特区高质量发展所需人才

党的二十大报告提出，教育、科技、人才是全面建设社会主义现代化国家的基础性、战略性支撑。澳门"1+4"发展也必须有高素质的人才支撑，且深合区发展亦需要一定的人口规模基础。建议在深合区建设

"大学创智城",以培育国家和特区所需人才,容许澳门特区政府认可的所有高校在深合区以优于现有内地其他城市的市场准入条件,在深合区"大学创智城"提供学位课程、专业资格培训、研学旅游、测评、国际人才交流等教育服务。

(六)善用世贸组织(WTO)服务贸易四模式与政策优势,突破澳门内需市场狭小瓶颈,让本澳企业及人员进入深合区、大湾区市场发展

世贸组织(WTO)框架下的《服务贸易总协定》(GATS)涵盖跨境服务的四种供应模式:一是从一个(世贸组织)成员的境内进入任何其他成员的境内提供服务;二是从一个(世贸组织)成员的境内向任何其他成员的服务消费者提供服务;三是由一个(世贸组织)成员的服务供应商通过在任何其他成员境内的商业存在方式提供服务;四是由一个(世贸组织)成员的服务供应商通过在任何其他成员境内一个成员的自然人存在方式提供服务。以上第一种模式即跨界供应,第二种模式即境外消费,第三种模式即商业存在,以及第四种模式即自然人存在。

建议争取在横琴面向澳门当地包括旅游业等所有企业全面开放服务贸易市场,突破澳门内需市场狭小瓶颈,让本澳企业及人员进入深合区、大湾区市场发展。

(七)加快澳门企业数字化转型

建议通过培育中小微企业主能力,并针对年轻人的就业、转岗能力加强辅导与培训,在数字化知识经济时代,减少企业之间,以及就业人士之间所存在的数字鸿沟。

(八)随着访澳旅客人次恢复速度加快,为降低游客与居民的矛盾,要加强做好宣传与教育工作

陆地面积仅有33.3平方公里的澳门特区,在发展旅游业的过程中难以有效划分观光区与居民区,且为了让传统社区的小商户也能更好地分享经济发展成果，特区政府近年来也大力引流旅客至社区消费。因此，随着访澳旅客的恢复，不可避免地与当地居民相处在同一区域或使用同类的公共设施。诚然，经历了三年疫情，澳门各界更深刻地认识到旅游业对澳门经济与就业的重要性，而为降低游客与居民的或有矛盾重现，建议政府要加强做好双方的宣传与教育工作。

G.24 2022～2024年台湾旅游业发展分析与展望

陈伍香 张进福 秦佳君 傅君伟 朱亚慧[*]

摘 要： 2022～2023年，台湾旅游业持续推进打造魅力景点、整备主题旅游、优化产业环境、推展数字体验及广拓观光客源等五大策略。2022年10月14日起，台湾解除禁团令，逐步调整、松绑限制措施，旅游市场逐渐复苏。进岛旅游市场发展迅速，进岛旅游总人次数2022年为89.60万，2023年1～7月跃升为323.23万。2022年观光外汇总收入17.81亿美元，居民岛内旅游及出岛旅游人次总量及旅行费用均呈现增长趋势，旅行社业、餐饮业、旅馆业及民宿业逐渐恢复。为促进旅游业的发展，相关部门陆续推出多项观光政策，但实际效果有限。2024年，台湾旅游市场将继续发展。台湾旅游业将进一步加强旅游设施建设、运作秩序恢复、旅游产品质量提升、旅游产业人才培育等后续工作。

关键词： 台湾旅游业 旅游市场 复苏趋势

---

[*] 陈伍香，博士，广西师范大学旅游研究所所长，历史文化与旅游学院教授，主要研究方向为旅游市场、生态旅游等；张进福，博士，厦门大学管理学院旅游与酒店管理系副教授，中国旅游研究院台湾旅游研究基地副主任，主要研究方向为旅游社会学与人类学、旅游市场、旅游目的地与景区管理等；秦佳君、傅君伟、朱亚慧均系广西师范大学历史文化与旅游学院硕士研究生，主要研究方向为旅游目的地开发与管理。
感谢厦门大学黄福才教授在文章撰写过程中的悉心指导，在此深表谢忱！

一 2022~2023年台湾旅游市场发展分析

2022~2023年,台湾地区旅游业复苏的步伐明显加快,总体呈现回暖向好的势头。

(一)台湾进岛旅游市场发展分析

1. 2022年台湾进岛旅游市场明显复苏

2022年台湾进岛旅游总人数为89.60万人次,较2021年的14.05万人次有了明显的增长,增幅达537.72%,虽然仍远低于2019年的进岛旅游总人数1186.41万人次,但台湾进岛旅游市场复苏明显(见图1、图2)。

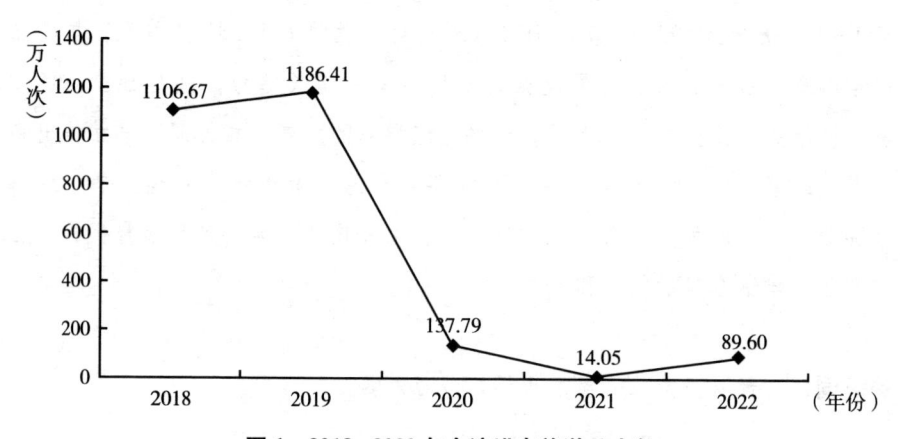

图1 2018~2022年台湾进岛旅游总人数

资料来源:台湾"观光局"观光业务统计。下均同。

2022年进岛旅游的客源市场结构与前两年相比变化较大,一方面,以"观光"为目的的旅客由2021年的156人次增长到25.47万人次,其余旅客仍以"探亲"与"商务"为主;另一方面,各主要客源市场分别是越南、美国、日本、印度尼西亚、泰国、新加坡、菲律宾等。其中,越南以13.48万人次仍稳居2022年台湾进岛旅游的第一大客源市场,增长率为440.68%。美国进岛旅游人次由2021年的1.20万人次增加到9.06万人次,增长率为

2022~2024年台湾旅游业发展分析与展望

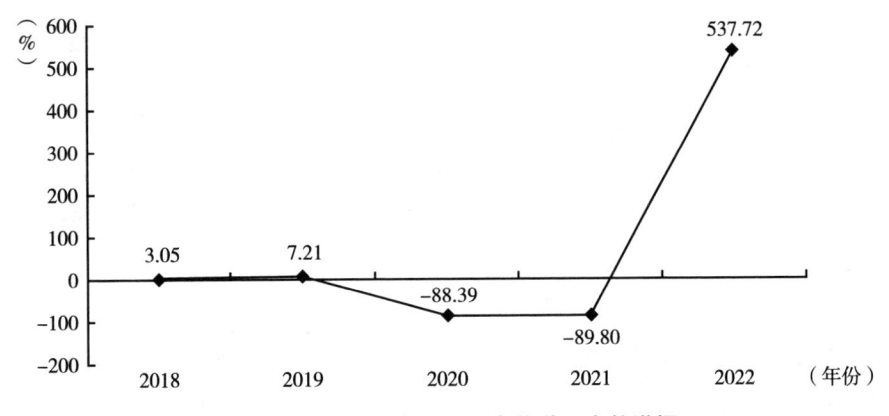

图2　2018~2022年台湾进岛旅游总人数增幅

656.31%，由2021年进岛旅游的第四大客源市场上升至第二大客源市场。日本从2021年的第六大客源市场上升至第三位，其进岛旅客人次为8.76万，增长率为771.28%。新加坡成为增幅最大的进岛旅游客源市场，由2021年的-95.16%增至2775.76%。大陆的进岛旅游人次虽有所增加，但以83.75%的较低增长率退出前十大客源市场。台湾进岛旅游主要客源市场情况如表1所示。

表1　2022年台湾主要客源市场进岛旅游人数及增长率

单位：人次，%

主要客源市场		进岛旅游人数		增长率
序号	名称	2022年	2021年	
1	越南	134818	24935	440.68
2	美国	90614	11981	656.31
3	日本	87616	10056	771.28
4	印度尼西亚	78162	13819	465.61
5	泰国	74434	7570	883.28
6	新加坡	69507	2417	2775.76
7	菲律宾	64038	9183	597.35
8	马来西亚	59035	6205	851.41

续表

主要客源市场		进岛旅游人数		增长率
序号	名称	2022年	2021年	
9	韩国	51748	3300	1468.12
10	中国港澳地区	32621	10760	203.17
11	中国大陆	24378	13267	83.75

2022年台湾地区观光外汇总收入为17.81亿美元，相较于2021年的7.45亿美元，增加10.36亿美元，增幅为139.06%；尽管2022年台湾观光外汇总收入基本恢复到2020年的收入水平，但与2019年的144.11亿美元相比，减少126.3亿美元，负增长87.64%，整体收入仍然受到了严重冲击（见图3）。

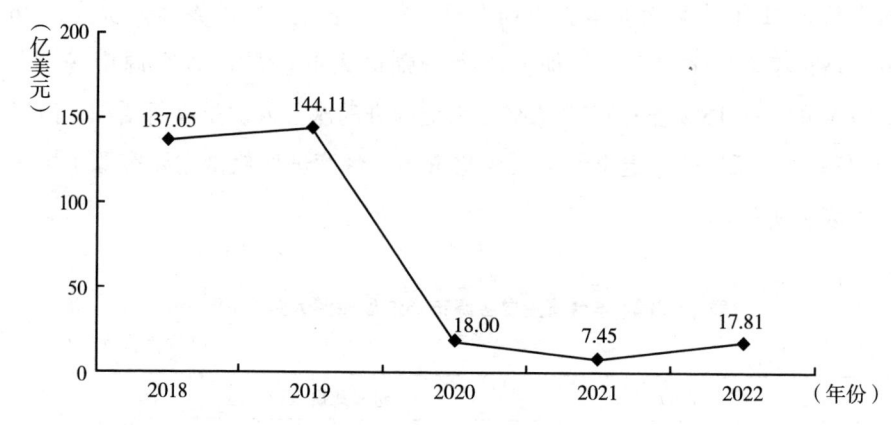

图3 2018~2022年台湾观光外汇总收入

2022年进岛游客平均每人每次消费金额为1988美元，较上年减少62.50%。进岛游客全年平均每人每日消费金额为95.09美元（基于ARDL-ECM模型推估得之），较上一年的90.54美元增加了4.55美元，增长5.03%，与2019年的195.91美元相比，减少100.82美元，下跌51.46%。2022年第一季度平均每人每日消费金额为90.97美元，第二、三和四季度分别为98.15美元、65.50美元和126.89美元；其中，旅客在岛消费力于第四季度明显回升，具体见图4。

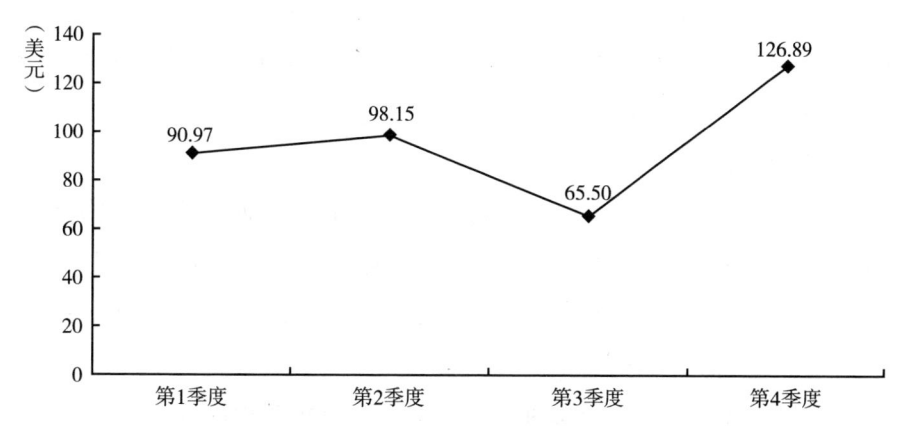

图4 2022年每季度进岛游客个人日均消费额趋势

2022年进岛游客平均停留夜数为20.91夜,较上一年减少37.64夜;其中,第一到第四季度分别为47.50夜、42.77夜、35.17夜和10.17夜,呈现逐季减少的趋势(见图5)。

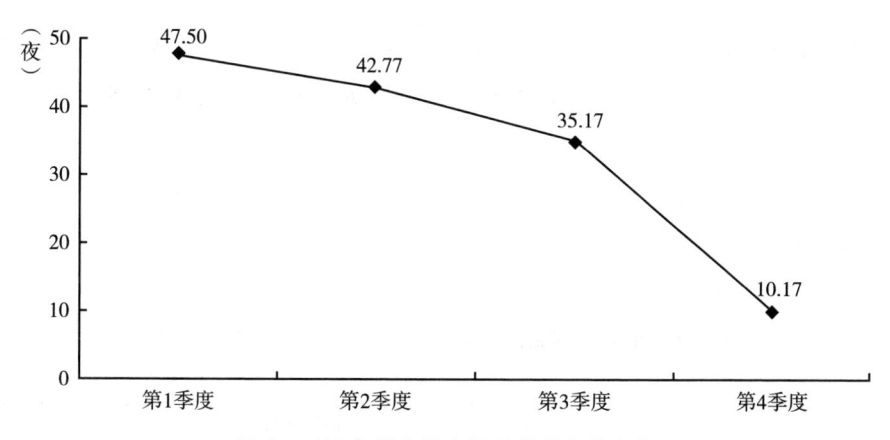

图5 2022年进岛游客平均停留夜数变化

2. 2023年1~7月台湾进岛旅游市场强劲复苏

2023年台湾整体进岛旅游人次呈现势不可当的回暖态势。据台湾"观光局"统计,2023年1~7月台湾进岛旅游总人数为323.23万人次,与2022年同期的18.99万人次相比,增加304.24万人次,增幅高达

1602.11%。其中，除"其他"原因的综合统计之外，以"观光"为目的的进岛人数最多，为201.34万人次，与2022年同期相比增加了201.33万人次，观光旅游业复苏势头强劲；其次是以"商务""探亲"为目的的进岛人数，分别为24.2万人次、21.58万人次。

2023年1~7月，台湾进岛旅游主要客源市场波动较明显。各客源市场旅游总人次及增长率激增，与2022年同期相比，中国港澳地区以增幅12616.96%列居首位；其次是韩国、新加坡，增幅分别为9565.44%、7690.76%。其他主要客源市场增幅在320.49%至3552.79%之间。同时，进岛旅客主要客源市场排序发生很大变化。中国港澳地区以58.65万人次一跃成为台湾进岛旅游的第一大客源市场。日本、韩国分别为中国台湾进岛旅游的第二、第三大客源市场，进岛旅游人数分别为39.54万人次、36.08万人次。美国以27.90万人次居于第4位。越南由2022年1~7月的第1位下降至第5位，进岛旅游人次为23.16万。马来西亚由第8位上升至第6位，进岛旅游人次为22.26万。新加坡由第11位上升至第7位，进岛旅游人次为22.25万。泰国由第4位下降至第8位，进岛旅游人次为21.72万。菲律宾由第3位下降至第9位，进岛旅游人次为18.46万。印度尼西亚由第2位下降至第10位，进岛旅游人次为11.18万。大陆进岛旅游人次仅有10.01万，位次跌出前十。台湾2023年1~7月进岛旅游主要客源市场情况如表2所示。

表2 2023年1~7月台湾主要客源市场进岛旅游人数及增长率

单位：人次,%

主要客源市场		进岛旅游人数		增长率
序号	名称	2023年1~7月	2022年1~7月	
1	中国港澳地区	586506	4612	12616.96
2	日本	395395	11335	3388.27
3	韩国	360811	3733	9565.44
4	美国	278975	14754	1790.84
5	越南	231636	47108	391.71

续表

主要客源市场		进岛旅游人数		增长率
序号	名称	2023年1~7月	2022年1~7月	
6	马来西亚	222601	6094	3552.79
7	新加坡	222504	2856	7690.76
8	泰国	217228	14924	1355.56
9	菲律宾	184608	19840	830.48
10	印度尼西亚	111765	26580	320.49
11	中国大陆	100102	7897	1167.60

（二）台湾居民岛内旅游市场发展分析

1. 2022年台湾居民岛内旅游人次总量与旅游总费用均增加

2022年台湾居民岛内旅游人数从2021年的1.26亿人次增加到1.69亿人次，增长了34.13%，台湾居民岛内旅游市场呈现稳步恢复的趋势（见图6）。此外，居民全年平均旅游次数由2021年的5.96次增加至2022年的8.04次，与2019年的次数基本相当。居民岛内旅游比例为88.3%，与2021年的83.8%相比，增长了4.5个百分点。旅游满意度、旅游消费费用等方面同样相对较好，其中旅游满意度（包括非常满意与还算满意）为99.2%。台湾居民岛内旅游总费用由2021年的2597亿新台币增加至3904亿新台币，增长50.33%，较2019年下跌0.59%。每人每次旅游平均费用为2316元新台币，较上年增长12.37%，较2019年下跌0.17%，各项支出由高至低依次为餐饮、交通、住宿、购物、娱乐及其他支出。可以看出，2022年的台湾居民岛内旅游消费费用基本恢复至2019年的水平。

2. 2022年出游时间仍以周末为主，观光休闲在旅游目的中占主导地位

2022年台湾居民岛内旅游时间仍相对集中，以周末出游为主，占比为54.4%，与2021年相同；利用平常日出游的比例占34.2%，较2021年增加3.4个百分点；利用法定节假日出游的比例占11.4%，较2021年减少3.4个百分点；与2019年在统计上无显著差异。从出游目的看，主要为观光、

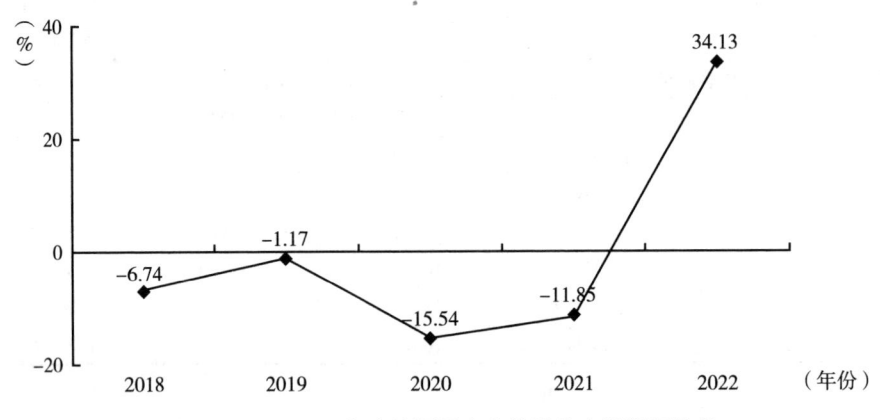

图6 2018~2022年台湾居民岛内旅游总人数增幅趋势

休憩和度假，占比81.2%，较2021年增加4.2个百分点，以探访亲友为目的者占18.0%，较上一年减少4.4个百分点；与前三年分别相比较，旅游目的无显著差异。居民在岛内旅游时主要从事的游憩活动及最喜欢的游憩活动均以自然赏景活动的比例最高。从出游目的地看，台湾居民出游仍以北部、中部地区为主，占比分别为37.5%、30.5%，与2021年及2019年在统计上皆无显著差异。从旅游的天数看，岛内居民出游多为1日游，占比71.4%，较2021年的71.9%略有减少。岛内居民在选择或规划旅游地点时，仍以交通便利或接驳方便为主要考虑因素。

3. 2022年出游停留时间及消费有限，多数居民采取自行规划行程的方式

居民岛内出游平均停留天数为1.47天，比上一年增加0.02天，较2019年的1.51天减少0.04天。由于居民岛内游仍以一日游为主，且以周边的活动为主，居民出游时对住宿等消费有限，对观光业实际带动力较弱。调查显示，2022年有71.4%的岛内旅次为当日往返、未在外过夜，其次是住宿旅馆（14.1%）；与2021年的统计相比，当日往返、住宿亲友家的比例分别减少0.5个百分点、1.4个百分点，住宿旅馆、民宿的比例分别增加0.9个百分点、1.1个百分点。

在旅游方式上，92.7%的台湾居民采取自行规划行程的方式在岛内旅游，其他旅游方式均低于3%，与2021年相比，旅游方式在统计上没有明显差异；与2019年相比，自行规划行程旅游的比例增加4.2个百分点。居民选择旅行社套装旅游的主要原因是不必自己开车（61.9%）、套装行程具有吸引力（59.7%）、节省自行规划行程的时间（58.1%）。

4. 获取出游信息的渠道多样，借助网络订购旅游产品比例低

2022年，居民出游获取信息的途径多样，但以通过计算机网络与社群媒体的比例最高，为57.4%，其次是从亲友、同事或同学处获取信息，为43.6%。再从岛内居民购买旅游产品的渠道看，借助网络订购的比例仍然较低，为12.5%，与2021年及2019年在统计上均无显著差异。在使用网络订购的旅游产品中，旅馆民宿占77.9%，高铁票占9.6%，门票占10.3%，而在机票、旅游套餐、租车等方面的网络预订比例仍均在5.0%以下。

5. 2022年台湾居民岛内游市场逐步恢复活力

为振兴台湾经济并刺激居民消费，各种经济振兴方案及奖励政策自2021年10月被陆续提出并实施，其中包括各类振兴券等，其有效期至2022年4月30日。因此，2022年第一季度台湾居民岛内旅游总次数较上一年同比增长10.71%，第二季度台湾居民岛内旅游总次数较上一年同比增长90.76%。为活跃台湾地区的旅游市场，台湾地区于2022年7月15日至12月15日实施旅游补助方案，包含团体旅游补助、居民住宿优惠及观光游乐业入园优惠等，鼓励台湾居民于平日旅游，第三、第四季度台湾居民岛内旅游总次数较上年分别同比增长54.73%、13.86%。2022年岛内旅次在12月、9月、2月及6月的分布较多，占比依次为13.3%、12.8%、11.0%及10.1%；1月旅次占比最少，为3.2%。

（三）台湾居民出岛旅游市场发展分析

1. 出岛游市场总量及出岛旅客旅行支出（不含国际机票费）增加

2022年出岛游旅客累计148.28万人次，与上年的36.00万人次相比，大幅增长311.89%，较2019年的1710.13万人次，负增长91.33%（见图7、图8）。2022年出岛旅客旅行支出（不含国际机票费）为31.08亿美元，较上年增加18.61亿美元。2023年1~7月台湾出岛游客数持续回升，累计616.07万人次，较上年的38.49万人次，增长1500.60%（见图9）。

旅行业者禁团令的取消使台湾出岛游市场相对于上年有了极大的改善，虽仍未达到2019年的水平，但台湾居民对出岛游的需求正在迅速增加。

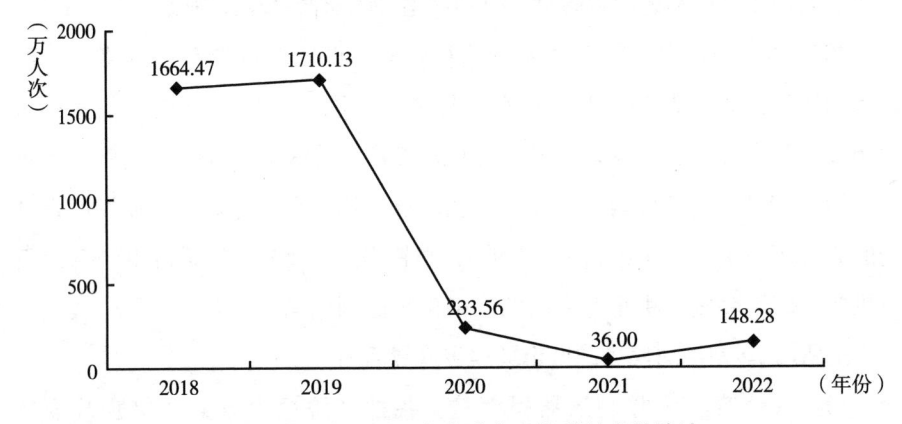

图7　2018年~2022年台湾出岛旅游总人数统计

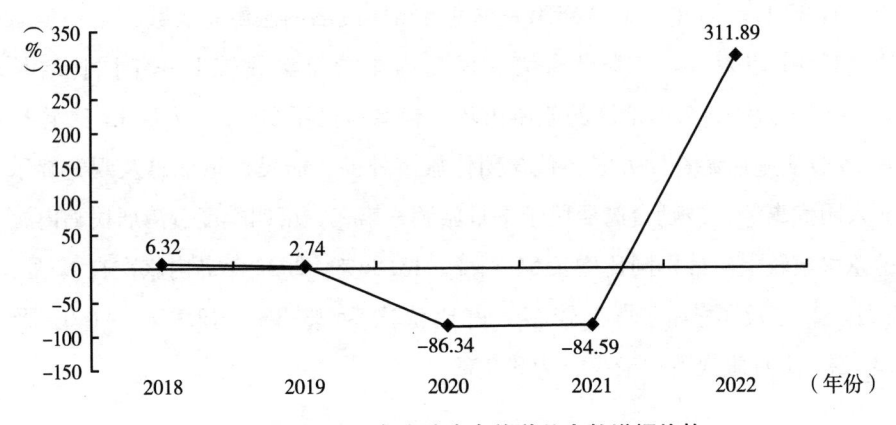

图8　2018~2022年台湾出岛旅游总人数增幅趋势

2. 目的地集中于亚洲地区，部分居民没有意愿出岛

2022年出岛旅游目的地中，从大区域看，76.74%集中于亚洲地区，其次是美洲地区，再次为欧洲地区；从国家或地区看，赴日本旅游的旅客数量最多，占比23.89%，赴美国旅游的旅客人数居其次，占比14.57%，赴大陆地区旅游的旅客人数居其三，占总数的11.00%（见表3），较上年减少24.7%。

图 9　2023 年 1~7 月台湾出岛旅游总人数统计

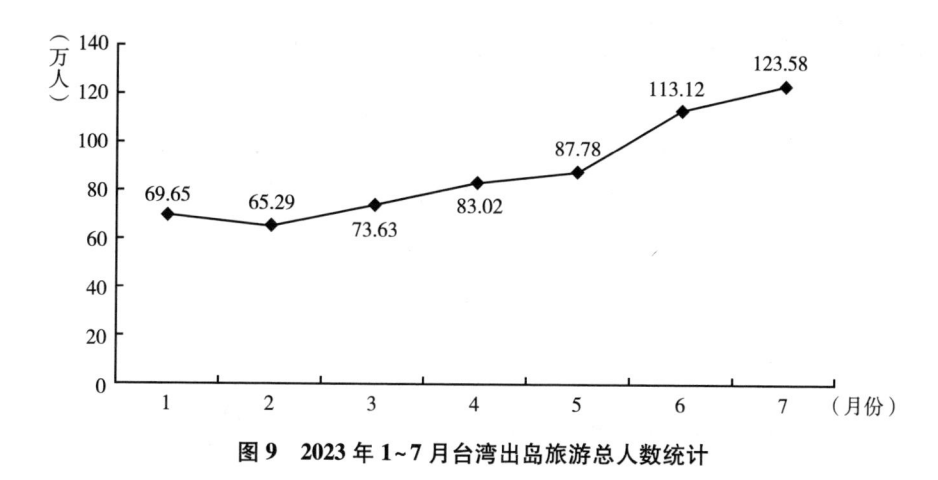

表 3　2022 年出岛旅游目的地旅客人数

单位：人次，%

序号	名称	出岛旅客人数	比例
1	日本	354219	23.89
2	美国	216084	14.57
3	中国大陆	165895	11.00
4	越南	133203	8.98
5	泰国	104892	7.07
6	新加坡	78961	5.33
7	韩国	78318	5.28
8	中国港澳地区	60281	4.07

2022 年有 38.3% 的台湾居民表示没有意愿出岛，与 2021 年相比无显著变化，但相对于 2019 年的 9.2%，有明显增加。其他居民则在"出入各国边境居家隔离政策之考量""假期长短或时间可以配合"等原因下，仍期待出岛。就各季来看，上半年因"出入各国边境居家隔离政策之考量"的比例高于下半年，而下半年因"预算充足""机票或团费价格便宜"的比例则高于上半年。

3. 大多数居民无出岛计划，更加重视防疫安全

2022 年，有 91.9% 的台湾居民没有出岛计划，8.1% 的台湾居民原有出岛计划，与上年在统计上无显著差异。有出岛计划者中，受新冠疫情影响，52.6% 取消出岛，40.0%选择延后出岛，7.1%未受影响、按照原计划出岛，0.1%提前回岛、0.1%更改出岛地点，0.1%延后回岛。

若岛外开放，39.4%的有意愿出岛者会改变出岛旅游安排，改变的安排以"避免前往疫情严重地点"（31.1%）的比例最高，其次为"选择有防疫安全认证的住宿地点"（22.9%）、"选择有防疫措施的交通方式"（20.3%）及"选择有防疫安全认证的餐厅"（20.2%）。

二 2022~2023年台湾旅游产业发展分析

（一）2022年台湾旅行社业发展状况

台湾观光管理部门的统计数据显示，截至2022年底，台湾地区旅行社总公司数量为3267家，较之2021年的3226家仅增加41家，增幅为1.27%，其中综合类旅行社总公司为140家，甲种旅行社总公司为2782家，乙种旅行社总公司为345家，三类旅行社总公司较之2021年分别增加了1.45%、0.72%和5.83%。与2021年增幅相比，绝大部分为上涨，旅行社总公司、综合类旅行社总公司、甲种旅行社总公司增幅都有所提升，分别上涨了0.27个百分点、2.17个百分点和0.39个百分点；仅乙种旅行社总公司的增幅下滑了2.12个百分点。由此反映，2022年台湾旅游业发展较为缓慢，但有回暖的趋势，综合类和甲种旅行社总公司的增幅都逐渐上涨。

在旅行社从业人员方面，岛内旅行社从业人员中持有印尼语、泰语、越南语等执照的导游人数都有小幅提升。截至2022年底，以上各语种从业导游分别为101人、165人和155人，较之2021年分别增加了4.12%、15.40%和4.03%，持有马来语执照的从业导游人数与上一年持平。自2022年底起，台湾入岛旅游市场逐渐复苏，其中东亚游客成为台湾旅游的主力军。截至2022年12月，旅行社中领取执照领队人数为67617人，领取执照导游人数为45542人，与上一年同期相比，均有小幅增长。2020~2022年持有执照的导游人数增长率变化情况见图10。

2022~2024年台湾旅游业发展分析与展望

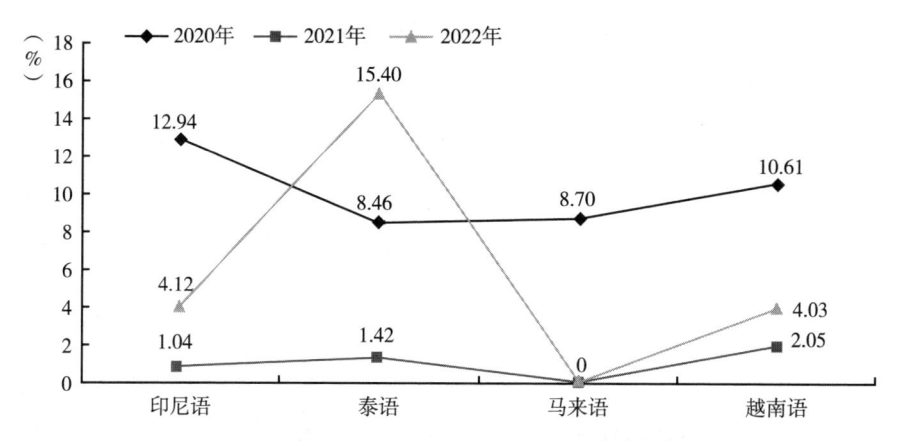

```
%
18    ◆ 2020年  ■ 2021年  ▲ 2022年
16                15.40
14
12   12.94
10                                              10.61
 8         8.46        8.70
 6
 4    4.12                                      4.03
 2    1.04   1.42                               2.05
 0                      0
     印尼语   泰语      马来语              越南语
```

图10　2020~2022年持有执照的导游人数增长率变化情况

（二）2022年台湾旅馆业及民宿业发展状况

台湾岛内旅馆业与民宿业发展态势仍延续2021年的反差，即岛内旅馆业下跌，而民宿业却保持增长（见表4）。国际观光旅馆出现较大幅度的负增长，一般观光旅馆与上年基本持平，一般旅馆也仍艰难维持，出现微弱的负增长。而民宿增长率虽相比2021年有小幅降低，但家数和客房数仍处于增长状态。统计显示，截至2022年12月，台湾国际观光旅馆减少4家，房间数减少1326间。与之相比，民宿则仍维持一定幅度的增长，2022年底台湾民宿数量为10841家，较之2021年同期的10372家，增加了469家，增长率为4.52%；民宿房间数由44390间增加至46380间，增加1990间，增幅为4.48%。

表4　2022年台湾旅馆业及民宿业发展情况

旅馆业及民宿		家数（家）			客房数（间）		
		2022年	2021年	增长率（%）	2022年	2021年	增长率（%）
观光旅馆	国际观光旅馆	73	77	-5.19	20329	21655	-6.12
	一般观光旅馆	44	44	0	6602	6480	1.88
一般旅馆		3327	3364	-1.10	169763	170926	-0.68
民宿		10841	10372	4.52	46380	44390	4.48

资料来源：台湾"观光局"2021年和2022年的台湾旅馆业及民宿家数、客房数统计。

从岛内旅馆业和民宿的分布来看，旅馆业主要集中于岛内经济较为发达的台北、台中、高雄等地，三地合法旅馆数量仍居全岛前三位。三地旅馆数量虽相较于2021年有所下降，但其合法旅馆数量均超过375家，占全岛旅馆总数的40.55%，其中台北市最多，达575家。此外，新北、桃园、台南和宜兰地区的合法旅馆数量均超过了200家，具有较好的发展潜力。但民宿业仍主要分布在宜兰、屏东、台东、花莲、澎湖等拥有较丰富自然风光旅游资源的地区，以上地区的合法民宿数量均超过1000家，占全岛合法民宿总数的66.76%。其中，宜兰和花莲两地合法民宿最多，分别达到1799家和1792家，占岛内合法民宿总量的16.59%和16.53%。

从观光旅馆业的整体经营状况看，2022年1~12月总营业收入为457.25亿元新台币，其中包括客房总营业收入197.02亿元新台币和餐饮总营业收入207.75亿元新台币等；观光旅馆业总营业收入与2021年同期的338.78亿元新台币相比，增加118.47亿元新台币，增幅34.97%，其中客房收入比2021年同期增加66.50亿元新台币，上涨50.95%；餐饮收入比2021年同期增加39.49亿元新台币，上涨23.47%（见图11）。通过与2021年的相关数据对比可以发现，2022年的观光旅馆业整体经营情况呈回升趋势，不论是客房收入还是餐饮收入都比上一年有大幅的增加，是三年以来观光旅馆业营业收入最好的一年，但与2019年相比还有一定的差距。岛内民宿业在2022年不仅数量保持一定的增长，其营收情况也逐渐回升，整体运营呈较大幅度的上升态势。全年全岛民宿平均入住率为26.66%，较之2021年的16.53%有明显的上升，平均房价为2487元新台币，较之2021年的2412元新台币，基本保持平稳状态，但入住率的上升使岛内民宿业的营业额有了显著的增加；2022年全岛民宿合计收入为91.38亿元新台币，较之2021年同期的52.40亿元新台币，增加38.98亿元新台币，增幅高达74.39%。

（三）2022年台湾观光业的恢复

根据台湾观光管理部门的统计数据，2019年来台旅客总数最高，为1186.41万人次。2021年下跌至14.05万人次，2022年来台旅客人数有所

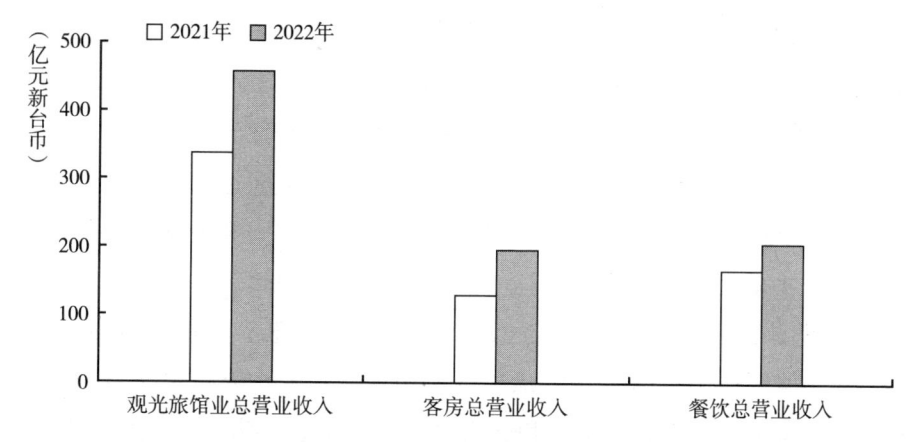

图 11　2021~2022 年台湾观光旅馆业运营情况

上升，为 89.60 万人次。虽与 2019 年相比，有很大的差距，但相较 2021 年，来台旅客人数增长了 537.72%。台湾服务业智库"商业发展研究院"2023 年 6 月公布，受内需消费拉动，台湾商业服务业景气循环同行指标综合指数（CCCIS）自 2022 年 7 月以来持续回升，台湾住宿餐饮业与服务业的就业人数两项子指标持续上升，这项综合指数 2022 年 6 月出现低谷，为-0.6178 个标准差，预测 2024 年 1 月将上升到+1.8237 个标准差[1]。

三　推行相关政策及效应分析

（一）2020~2022年推行多项观光政策，业者反馈实际效果有限

台湾观光管理部门在观光业务上，推行进一步落实"观光立岛""观光主流化""观光圈"等政策，推动"Tourism 2025——台湾观光迈向 2025 方案"，通过"打造魅力景点、整备主题旅游、优化产业环境、推展数字体验及广拓观光客源"等五大策略，旨在落实 24 项执行计划，致力

---

[1] 《台智库：台湾商业服务业景气回升　忧"内温外冷"难持续》，华夏经纬网，2023 年 9 月 10 日，https://baijiahao.baidu.com/s?id=1776584588049748041&wfr=spider&for=pc。

于将台湾打造成亚洲旅游重要目的地。为了减少旅游产业受到的冲击，台湾地区特别编制"纾困预算"，从最初的"纾困1.0"到"纾困5.0"，一共投入244.3亿元新台币，还有"观光纾困振兴预算"，投入了125.4亿元新台币，这些经费用于补助岛内游。台湾交通事务主管部门还于2022年10月发放优惠券，支持民众岛内游。这些实施方案和措施虽然能在一定程度上推动观光业的发展，让观光业者有一定的政策方向，但收效有限。据统计，有238.6万人领取当局发放的优惠券，使用率也高达72.7%，但仅有52%的民众将优惠券使用在旅宿业中。相关旅游业者分析，民众岛内游原本就很少依赖旅行社，多把优惠券拿去折抵餐饮费用，对旅行社帮助不大。台湾旅游业品保协会发言人直言，政策定调"以振兴代替纾困"，但对某些业者来说，仍无法得到"振兴"的效益。像观光管理部门不断喊出的"旅行社家数未减"，真实情况是业主在疫情初期就逐步采取减班裁员，并保留特许行业牌照，观光从业人口数则从2019年的4万多人，而今只剩约2万人[①]。

（二）持续培育产业人才，跨界募集旅宿业人才

台湾观光管理部门为助力产业发展，并与国际接轨，续办"观光产业关键人才培育计划"，响应"永续观光"发展趋势，融合韧性发展与"永续创新"服务的概念，携手产学界共同打造出兼具学术深度和产业实践的培训内容。学员表示通过课程接触到了更详细的策略、人资、财务等方面的信息，并认为此课程学习对未来旅游产品设计大有帮助。"人才力"是推动产业发展的关键，台湾观光管理部门对培训观光产业人才的资源投入，除了提升专业与管理能力，学员间更建立起人脉网络及共同学习的情谊；此外，也鼓励学员能在公司内部传递、扩散培育成效，通过知识的流动进一步提升整

---

① 《入境解封在即 台旅游业者吁当局提前预告防缺工》，中国新闻网，2022年6月6日，http://www.chinanews.com.cn/gn/2022/06-06/9772857.shtml。

体观光产业的竞争力和发展潜力①。

台湾观光管理部门为吸引更多人才进入旅宿业，缓解旅宿业人力缺口，携手旅宿业者进入大专院校。邀请天成集团及老爷集团前往，向东华大学相关管理学院的学生分享饭店品牌特色、职缺与相关福利说明以及旅宿业成功职涯案例等，除让学生了解其未来的职涯规划，进而提升年轻族群投入旅馆工作的意愿，也将旅宿业的人才引入更广阔的领域②。通过产官学界共同合作模式，协助旅宿业扩大人才招募范围。另外，为纾解旅宿业面临的缺工问题，除持续通过学校与业者举办人才招募说明会外，还针对旅宿业雇用房务、清洁的新进服务人员发放补助金，这对旅宿业注入充足的人力、解决旅宿业缺工问题、提升服务品质及效能、迎接旅游市场复苏等方面有积极作用。

（三）相关应对举措初显效，观光业整体营收回温

为迎接旅游市场复苏，加速恢复旅宿业服务质量，台湾2023年5月29日宣布推动"疫后扩大旅宿服务征才计划"，结合交通事务主管部门"补助旅宿业稳定接待国际旅客服务量能"、劳动事务主管部门"疫后改善缺工扩大就业"及教育事务主管部门"大专院校学生从事旅宿业暑期职场体验"等三项方案，以各主管部门力量共同纾缓旅宿业缺工问题。

据台湾交通事务主管部门数据，自采取以训代赈的人才培训、入岛旅行社纾困等措施以来，观光就业人数较为稳定。至2023年6月，从业人员为222714人。依据"台湾旅游状况调查"，2022年12岁以上游客岛内旅游总次数为1.69亿旅次，较2021年1.26亿旅次增长34.13%，与2019年相当。推出相关旅游补助期间（2022年7月15日至12月15日），下半年约0.9

---

① 《台湾观光管理部门持续培育产业人才　厚植观光永续创新能量》，台湾观光管理部门网，2023年8月24日，https：//admin.taiwan.net.tw/News/NewsTravel？a＝35&sdate＝&edate＝&q＝&pi＝30&p＝2&id＝29316。
② 《台湾观光管理部门携手产业前进校园　跨界募集旅宿业人才》，台湾观光管理部门网，2023年9月22日，https：//admin.taiwan.net.tw/News/NewsTravel？a＝35&sdate＝&edate＝&q＝&pi＝30&p＝1&id＝29475。

亿旅次，有明显增加，并超出2019年下半年0.8亿旅次的水平。旅行社（含分公司）数量已回升，截至2023年6月达3974家。观光游乐业稳定发展，截至2023年6月达27家。民宿家数持续增长，至2023年6月旅宿业家数达近年峰值，为14581家。截至2023年6月，2023年住客人次较2022年增长37%，已恢复至2019年的95%；2023年观光旅馆客房住用率较2022年增长51个百分点，恢复至2019年的89%；2023年旅馆业较2022年增长26%，恢复至2019年的89%；2023年民宿业较2022年增长16%，较2019年增长13%[1]。

四 2023~2024年台湾旅游业发展展望

自2022年底开始，台湾入岛旅游逐渐复苏。虽然大陆游客的数量大大减少，但我国港澳地区及日本、韩国和其他东亚地区的游客数量有所上升。按照2022年以及2023年上半年的旅游发展趋势，今后一年台湾地区旅游业的发展有以下值得关注的地方。

（一）旅游市场经历强劲复苏后，将呈现稳步发展态势

2023年1~7月台湾进岛旅游总人数为323.23万人次，预计2023年进岛游客人次数可达500万左右；台湾旅游业经历强劲恢复势头后，估计会在一定增幅下较稳步发展，预计2024年进岛游客人次数为550万左右。据台湾观光管理部门公布的每月旅客情况数据统计，2023年1~7月台湾居民出岛游客数累计616.07万人次，在接下来的5个月里累计当有400多万人次，这样，2023年出岛旅客至少有千万人次。预计2024年台湾出岛游客数会持续稳步增长，出岛游客数将在千万人次以上。

---

[1] 《疫情三年 台湾观光建设、行销并未止歇》，台湾观光管理部门网，2023年8月13日，https：//admin. taiwan. net. tw/News/NewsTravel？a＝35&sdate＝&edate＝&q＝&pi＝30&p＝2&id＝29287。

（二）旅游产业将出现转型，呈现多元化、品质化、智慧化发展趋势

台湾推动"Tourism 2025——台湾观光迈向 2025 方案"，通过"打造魅力景点、整备主题旅游、优化产业环境、推展数字体验及广拓观光客源"等策略，落实提升温泉品牌与销售、旅宿业品质提升及观光游乐业优质化、智慧观光产业转型等辅助计划。同时，2018 年，台湾居民出游信息获取途径，以从亲友、同事或同学处获取信息的比例最高，为 49.3%；2019 年，以通过计算机网络的比例最高，为 48.9%；疫情后的 2020 年、2021 年、2022 年，台湾居民出游信息获取途径，则都以通过计算机网络与社群媒体的比例最高，其占比分别为 52.8%、55.3%、57.4%。由上可见，未来几年，台湾旅游产业将可能出现转型，呈现多元化、品质化、智慧化发展趋势。

（三）观光业逐步复苏，后续工作仍需加强

如前所述，预计 2023 年进岛游客人次数可达 500 万左右。2022 年，台湾居民岛内旅游人次为 1.69 亿，与 2019 年相当；台湾居民全年平均旅游次数为 8.04 次，与 2019 年的次数基本相当；各项支出由高至低依次是餐饮、交通、住宿、购物、娱乐及其他支出，台湾居民岛内旅游消费费用基本恢复至 2019 年的水平，由上可知，台湾观光业逐步复苏，岛内旅游已恢复至 2019 年的水平。但因过去三年旅游业受到重创，仍需继续落实优惠、奖励、补助等政策，协助旅游企业回归常态经营；同时，过去三年，设施设备老化较为严重，旅宿业人才流失较为严重，航班、航线停运较多，观光业的复苏、相应设施设备提升改造以及服务能力提升、恢复航班航线等工作仍需加强。

Abstract

China's Tourism Development: Analysis & Forecast (2023 – 2024) (*Vol. 22 of Tourism Green Book*) is the 22nd annual report on tourism development compiled by the Tourism Research Center, Chinese Academy of Social Sciences (CASSTRC). The book revolves around the theme of "transformation and innovation in the tourism industry," providing insight and foresight into China's tourism development through 2 main reports and more than 20 thematic reports.

In 2023, against the backdrop of further slowing global economic growth, the recovery of the global tourism market is relatively stable, presenting a critical opportunity for market reshaping. The recovery momentum of China's national economy is evident, with economic fundamentals warming up to reshape corporate confidence and significant potential being released for the recovery of the tourism industry. Led by the recovery of holiday markets, cultural and tourism integration deepens and achieves empowerment across multiple industries, contributing to the active development and revitalization of distinctive tourist resources. In the new practice of high-quality tourism development integrated into China's modernization, the key to the recovery and innovative development of the tourism market lies in resource security, talent security, and institutional security. The improvement of tourism development quality depends crucially on continuously promoting product and service quality upgrades, accurately activating effective demand, persisting in expanding opening-up, and improving the modernization level of the industry governance system and capacity.

Apart from the main report, the book features three special topics inviting experts from different fields to provide comprehensive analysis from various angles. The first topic is "Frontier Exploration", focusing on the current transformation trends, dynamic conversion, and innovation dynamics of China's tourism industry. It includes both judgments on cutting-edge trends and reflections on local cases. The second topic is "Cultural and Tourist Integration", analyzing the new practices, methods, and experiences of cultural and tourism integration. Specific areas include national cultural parks, the integration of intangible cultural heritage and tourism, the cultural and creative development of tourist resources, the "Hanfu craze", and study tours. The third topic is "Technology Empowerment", paying particular attention to the profound impact that new technologies represented by digital technology bring to the tourism industry from different dimensions. This includes immersive tourism, technology empowering travel enterprises, virtual reality applications, and the impact of the digital economy on urban tourism public service systems. As traditional strengths of the "Tourism Green Book", reports on domestic tourism, inbound tourism, outbound tourism, and cross-strait tourism provide readers with detailed data and systematic analysis to understand relevant market developments.

Keywords: Tourism Industry; High Quality Development; Chinese Path to Modernization

Contents

I   General Reports

G.1 Analysis and Prospect of China's Tourism Development:
2023-2024

    Tourism Research Center, Chinese Academy of Social Sciences / 001

    Abstract: The global economic recovery in 2023 still faces continuous challenges. Against the backdrop of further decline in global economic growth, the global tourism industry is recovering relatively steadily, ushering in a key opportunity for market reshaping. In the first year of building Chinese path to modernization, structural upgrading stimulates growth momentum and vitality, double circulation effectively supports the recovery of market demand, the recovery of macro fundamentals reshapes enterprise confidence, and the recovery of the national economy is obvious. In 2023, the recovery potential of China's tourism industry will be significantly released. Guided by the recovery of the holiday market, the deep integration of culture and tourism has enabled multiple formats, assisted in the development and activation of characteristic tourism resources, and jointly promoted the recovery and upgrading of the tourism industry. In the new practice of integrating high-quality development of tourism into Chinese path to modernization, the key to the recovery of the tourism market depends on resource security, talent security and system security. The path to improving the quality of industry development lies in continuously promoting the upgrading of product and service quality, accurately activating effective demand, adhering to expanding opening up to the outside world, and striving to modernize the industry governance system and governance capabilities.

Keywords: Tourism Industry; High Quality Development; Chinese Path to Modernization

G.2 Chinese National Tourism Survey (2023)

Tourism Research Center, Chinese Academy of Social Sciences / 018

Abstract: In order to systematically reveal the status of Chinese national tourism, the Tourism Research Center of the Chinese Academy of Social Sciences commissioned a professional research company to carry out a nationwide survey through the Internet. Compared with the national survey in 2020, this survey reveals some new characteristics of tourism demand. The results of this survey show that Chinese national tourism consumption is recovering steadily, and a series of structural market momentum presented by tourism demand will lay the foundation for subsequent development. The long-term and sustainable growth of tourism demand depends on the active response to multiple challenges.

Keywords: Tourism Consumption; Tourism Demand; Tourism Marketing

II Annual Theme: The Transformation and Innovation of the Tourism Industry

G.3 Development Background and Transformation Trends of China's Tourism Industry in the Present Context

Zeng Bowei, Niu Guanli / 054

Abstract: By the end of 2022, the Chinese government adjusted the classification of COVID-19 infection from "Class B, Category I management" to

"Class B, Category II management," marking a new phase in the prevention and control of the pandemic. Along with the policies for COVID-19 prevention and control, China's tourism industry has entered a new period of recovery and revitalization. At the same time, some underlying issues that affect China's tourism industry have gradually surfaced, becoming important factors driving the transformation and development of the industry. This paper aims to analyze the current development background of China's tourism industry, examine the trends in its development, and propose future directions for its transformation.

Keywords: Tourism Development; Tourism Policies; Tourism Industry

G.4 Dynamics Conversion and New Trends of Tourism Industry

Fu Lei / 068

Abstract: As entering the new century, in addition to the endogenous power of the industry itself, urbanization and the real estate industry have in fact become the main driving forces for China's tourism industry. The huge performance achieved is directly related to these two dynamics. Entering the 14th Five-Year Plan period, these two dynamics attenuated significantly. Comprehensively considering the national strategy and local practices, urban renewal, rural revitalization and generation iteration are new driving forces for tourism industry. At the time of the transformation of old and new dynamics, new tourism patterns such as urban vacation, rural leisure and travel-instead of-tour would be the new trends.

Keywords: Dynamics Conversion; Urban Renewal; Generation Iteration; Travel-instead of-Tour

G.5 10-year Review and Outlook on Tourism Cooperation between China and Countries along the "Belt and Road"

Zou Tongqian, Wang Yiding, Zhang Lirong and Qiu Rui / 081

Abstract: Over the past decade, tourism cooperation between China and countries along the "Belt and Road" has been strengthened, cooperative fields covering such as tourism infrastructure, tourism industry investment, and digital Silk Road construction. The interconnection of transportation and the development of the digital economy will bring great opportunities to the "Belt and Road" tourism, but affected by factors such as political turmoil, complex security risks, and limited openness, "Belt and Road" tourism cooperation faces certain obstacles and challenges. In the future, it is necessary to strengthen market opening to the outside world and build a new opening pattern; improve infrastructure to break through the last transportation obstacle; strengthen standard soft connectivity to build an international rules system; improve cooperation mechanisms to build a community with a shared future, continue to leverage the unique advantages of the tourism industry's first connection, and promote in-depth tourism cooperation between China and the countries along the "Belt and Road'.

Keywords: "Belt and Road"; Tenth Anniversary; Tourism Cooperation; Community of Shared Future

G.6 Innovation Dynamics of Tourism Industry in Patent Perspective

Wang Xinyu / 096

Abstract: Patent technology is an important indicator for measuring an enterprise's innovation capability. This article summarizes the patent applications of key domestic tourism enterprises, showcasing the characteristics, dynamics, and trends of technological innovation in tourism enterprises from a patent perspective. Overall, the tourism industry is not a technology driven industry, and tourism enterprises generally do not attach great importance to patented technology. However, as the tourism industry moves towards a stage of high-quality development, consumers' demands for tourism products and services are also increasing, and they value creativity, innovation, and distinctive content more and more. Tourism enterprises' innovation awareness and ability are also constantly improving, and the importance of patents is also increasing. The number of patents applied for is rapidly increasing. Currently, tourism related patents are mainly distributed in several key areas such as online tourism, theme parks, amusement equipment manufacturing, cultural tourism entertainment, and cultural and creative products.

Keywords: Tourism Innovation; Tourism Patents; Tourism Technology

G.7 Practice and Exploration of Tourism Promoting the Value Realization of Ecological Products in Mountainous Areas
—*Taking Lishui, Zhejiang as an Example*

Wang Ying, Huang Jiayang / 111

Abstract: Mountainous areas are not only areas with high value of ecological products, but also areas with relatively backward economic and social development. They are also the key to achieving common prosperity in China. To achieve high-quality development in mountainous areas, it is necessary to make good use of the advantages of mountain ecological resources and activate the value of mountain ecological products. With green low-carbon becoming a new driving force for development, the status and role of tourism in the process of realizing the value of ecological products have been fully demonstrated. The practical exploration represented by Lishui City, Zhejiang Province, fully shows that tourism is an important market path for the realization of the value of ecological products. However, the lack of evaluation of the value of ecological products for tourism project development, the incomplete measurement of the contribution of the realization of the value of ecological products to the increase of social well-being, and the lack of diversified exploration of the cultivation and realization path of market players are also the biggest problems affecting the realization of the value of ecological products promoted by tourism. It is necessary to make systematic thinking and innovative breakthroughs in scientific accounting, policy guidance and project promotion.

Keywords: Mountain Area Tourism; Ecological Products; Value Realization; Lishui Zhejiang

G.8 Analysis and Experience of "Zibo Barbecue" Phenomena

Zhang Jinshan / 124

Abstract: As an industrial and mining city, Zibo, a third tier city that has long been unknown in the national barbecue pattern, has become famous since March 2023 due to the topic of "college students forming groups to visit Zibo". The total number of tourists in just one month exceeds the total number of permanent residents in the city. "Going to Zibo for a barbecue" once became popular and fashionable. The popularity and duration of Zibo were beyond imagination, and suddenly reached a peak that many internet famous cities could not match. After a year of observation, it is necessary to sort out and reflect on the logic behind the popularity of Zibo barbecue. The Zibo Barbecue originated from the heartwarming story of college students being carefully taken care of during the epidemic period in Zibo, followed by new and moving stories. The fame of Zibo barbecue can be described as the superposition and fermentation of factors such as timing, location, and human harmony, similar to the nuclear fission reaction that releases enormous energy. This article analyzes the background and opportunity factors of Zibo barbecue becoming famous, sorts out and analyzes the process and evolution of Zibo barbecue becoming famous, and finally summarizes valuable experiences.

Keywords: Zibo Barbecue; Become Famous; Internet Famous Cities

G.9 Integration of Intangible Cultural Heritage and Tourism: Practice in China

Zhan Xuefang, Shi Meiyu / 139

Abstract: The integration of intangible cultural heritage and tourism has become one of the important ways of cultural and tourism integration. As a great historical and cultural country, China has abundant intangible cultural heritage resources. Under the promotion of the government, inheritors, enterprises, experts, consumers and other multi-stakeholders, a variety of integrated development modes of intangible cultural heritage and tourism have been formed. However, there are still problems such as large differences in the degree of activation of intangible cultural heritage in different categories, insufficient integration of intangible cultural heritage and tourism, and inability to balance protection and development. In response to the above problems, three suggestions are put forward: strengthening cultural mining and social cooperation, technological empowerment for cultural and tourism deep integration and development, and promoting systematic protection and integration.

Keywords: Intangible Cultural Heritage; Tourism and Cultural Integration; Intangible Cultural Heritage Tourism

G.10 Yellow River National Cultural Park: Current Situation, Obstacles, Paths and Trends

Cheng Suiying, Xue Yanxin and Zhang Shihan / 150

Abstract: A national cultural park is a specific cultural space established by the state for the purpose of protecting, inheriting and promoting cultural resources, spirits or values of national or international significance, with the functions of patriotic education, scientific research and practice, leisure and recreation, and international exchange. The Yellow River National Cultural Park will systematically solve the important problems in the protection, inheritance and promotion of Yellow River culture, which can promote the deep integration of culture and tourism in the Yellow River Basin and high-quality development. The nine provinces in the Yellow River Basin have rich cultural resources and a better foundation for tourism development, but they are also facing obstacles and problems in the high-level construction of the Yellow River National Cultural Park in various aspects, such as the management system, boundary demarcation, capital investment, cultural and tourism integration, cultural transimission and sustainable development, etc. They should be through innovating the institutional mechanism, increasing capital investment, strengthening the integration of culture and tourism and cultural transimission, advancing the use of digital technology and cultivating the Yellow River cultural brand, which can finally realise the high level construction and sustainable development of the Yellow River National Cultural Park.

Keywords: Yellow River National Cultural Park; Yellow River Culture; Tourist Resources; High-quility Development

G.11 Development Trends of Study Tours: Integration of Knowledge, Emotion, Intention, and Action in Embodied Learning

Li Jing, Zhang Xueting and Shen Han / 180

Abstract: With the proposal of the integrated development strategy of education, science and technology and talents, study tour, as a new form of integrated development of tourism and education, has gradually become an effective way to achieve the goal of quality education. Physical learning for study tours provides a new way of thinking, emphasizes the cognitive is through the interaction of the body and environment of cognition, emotion, intention and behavior, studies tourism through embodied learning provides learners with unified body and mind, grounding situation and participate in the interaction of diverse learning environment, help learners improve learning effect. Based on the analysis of embodied learning and its characteristics in study tour, this paper discusses the internal logic of study tour as a kind of informal learning, and provides reference for the high-quality development of study tour.

Keywords: Study tours; Embodied learning; Learning method; Learning outcome

G.12 From "Small Cultural Product" to "Big Cultural Creation": the Exploration of the Cultural and Creative Development Path of Tourism Resources
— Take the Beijing as an Example

Song Yangyang / 192

Abstract: The development of cultural and creative products is an important path to "activate" cultural and tourism resources, which is of great significance for carrying forward the excellent traditional Chinese culture, enhancing the cultural image of the city, activating the consumption potential of cultural tourism, and meeting people's needs for a better life. Relying on unique resources, Beijing Cultural and Creative Industries has achieved outstanding results in park creative products, and a number of phenomenal cultural and creative IP have gradually emerged. In order to actively explore new paths for the development of cultural and creative industries in Beijing and and explore a new situation for the development of cultural and creative industry, innovating the system, optimizing the industrial chain, keeping up with market demand, integrating into urban and rural construction, precise financial support, and strengthening the support of factors are the key elements.

Keywords: Cultural and Creative Development; Integration of culture and Towrism; Beijing

G.13 The Cultural and Tourism Implications and Sustainable Development of the "Hanfu Craze" in Luoyang

Gao Shunli / 204

Abstract: This report explores the reasons for the rise of the "Hanfu craze" in Luoyang after the COVID-19 pandemic, its main manifestations, and the cultural and tourism implications it reflects. It believes that the "Hanfu craze" has positive practical significance in expanding new areas of cultural and tourism integration, revitalizing the market for cultural and tourism factors, promoting the recovery of the post-pandemic tourism market, boosting the image and development confidence of cultural and tourism, and at the same time, carries out a cold thinking on the sustainability of the "Hanfu craze". Normalization of the phenomenon requires atmosphere and conditions. Finally, three suggestions are put forward for promoting cultural and tourism development with the help of the "Hanfu craze": trying to turn the "internet celebrity" phenomenon into the most sustainable market effect, making efforts to tap tourist markets covering all age groups, and using the strength of the whole city to promote the large-scale development of the tourism industry.

Keywords: Luoyang; Hanfu Craze; Cultural and Tourism Integration; Sustainable Development

G.14 Progress and Trends in the Development of Immersive Tourism

Jin Zhun, Xia Yalong / 216

Abstract: Tourism is an inherently immersive industry, and the trajectory of China's tourism industry over the years has been to shape increasingly immersive and in-depth experiences. In terms of the evolution of immersive experience, China's tourism industry has gone through four stages from immersion to immersion, namely, the initial immersion period of elemental activation, the sensory immersion period of pursuing the ultimate, the composite immersion period of system building, and the deep immersion period of technological empowerment, as well as the five aspects of transformation, from spectatorship to immersion, from uni-dimensionality to multi-dimensionality, from reality to mixed reality, from physical means to composite means, and from stage-like viewing to multi-dimensional interaction. Transformation. Through the discovery of culture, the transformation of technology and the integration of services, immersive tourism has formed a triple addition of culture, technology and services, highlighting the evolutionary vein of high-quality evolution of the industry, and bringing new carriers of industrial innovation to the tourism industry and promoting the high-quality development of the industry.

Keywords: Immersive Tourism; Tourism Experience; Immersion Experience

G.15 Application Mode and Optimization of Virtual Reality Technology in the Tourism Industry

Song Changyao, Li Yaxue, Wang Xiaole and Li Xinjian / 229

Abstract: Virtual reality technology is an important content of the new generation of information technology, and it is an important foundation for the application of digital economy in the tourism field, bringing extensive and profound impacts to the development of the tourism industry. The application of virtual reality technology in China's tourism industry has gone through three development stages: initial exploration stage, expanded application stage, and innovative integration stage. New innovative application modes have been continuously extended in the fields of deepening tourism experience, protecting tourism resources, improving tourism services, and promoting tourism marketing, driving the tourism industry to achieve immersive, digital, personalized, and efficient development. Virtual tourism virtualizes on-site tourism, and immersive experience space is an important scenario for the application of virtual technology in the tourism industry. Virtual tourism has inhibitory effects, complementary effects, substitution effects, and enhancement effects on on-site tourism. Faced with the new requirements and directions for high-quality development of the tourism industry in the new era, it is necessary to fully grasp the connotation and characteristics of virtual reality technology, continuously optimize its application in the tourism industry, and further promote the modernization of Chinese-type tourism.

Keywords: Tourism Industry; Virtual Reality Technology; Virtual Tourism; Immersive Experience

G.16 Exploration and Deep Thinking of Technology Empowerment on the High-Quality Development of Tourism Enterprises

Wu Jinmei / 244

Abstract: Under the background of technological development driving the world change, tourism enterprises are facing both the challenges brought by transition and the opportunities from technological progress. Tourism enterprises of various types, such as scenic spots, travel agencies, hotels, and restaurants, are all moving forward in the tide of technological development, either actively or passively innovating their products and operations. Looking ahead, the development of technology will empower the development of tourism enterprises. It is necessary to solve the balance and coordination between intelligent products and humanized services, in order to integrate and reconstruct the service industry into the large foundation of technological progress, as well as comprehensively adjust the driving force of industrial development. Starting from the application of technology, the high-quality development of tourism enterprises will be achieved by adjusting product structure, optimizing service forms, and innovating development paths.

Keywords: Technology Emporer ment; Tourism Enterprises, High-quality Development

G.17 The New Reform of High-quality Development of Sports Tourism in the Era of Digital Economy

Jiang Yiyi, Wang Shifeng / 257

Abstract: in the era of digital economy, China's sports tourism is booming, ushered in high-quality development of new changes. Digital economy gives new connotation to high quality development of sports tourism, which is embodied in the allocation of production factors at the macro level, the optimization and transformation of industrial structure at the middle level, and the improvement of business efficiency at the micro level. There are new opportunities in policy incentive and management innovation, business integration and marketing innovation, consumption upgrading and service innovation, technology application and format innovation. Meanwhile, it is faced with new challenges such as the risk of data privacy and security of tourists, the integration of digital economy and sports tourism, the shortage of multi-talented personnel in digital sports tourism, and the urgent need of the standardization system of sports tourism. On this basis, it is proposed to improve the data and personal security, enhance the ability of industry digital supervision, strengthen the application of digital technology, improve the integration of digital economy and sports tourism, training sports tourism digital talents, accurately docking market demand, promoting the construction of sports tourism standardization, guiding the healthy and orderly development of the industry and other New Directions, in order to achieve stable economic growth and to constantly meet the people's growing needs for a better life.

Keywords: the Era Of Digital Economy; Sports Tourism; High-Quality Development; Industry Convergence

G.18 Research on the High-Quality Development of Urban Tourism Public Service System Driven by Digital Economy
—A Case Study of Shanghai　　*Wu Wenzhi, Chen Xing* / 276

Abstract: With the rapid development of the digital economy, the tourism industry is experiencing an iterative renewal dominated by new crowds and new ways, which poses brand new challenges to the urban tourism public service system. Based on Shanghai's practice of building a world-famous tourism city, the study finds that the current urban tourism public service system suffers from insufficient application of digitalization and intelligence, serious service and information isolation, and lagging behind in standardized synergy and service branding. Drawing on the advanced experience of domestic and foreign cities, the study suggests that the positioning of tourism public information services should be further clarified to build a personalized and precise service system in the city; the supply of urban tourism public transportation should be further enriched to promote the intelligent transformation of transportation services; the layout of urban visitor service outlets should be further optimized to strengthen the application of digitized and intelligent services to build a 15-minute leisure and living circle. Thus, with the blessing of the digital economy, Shanghai's urban tourism public service system can be truly promoted to achieve high-quality development.

Keywords: Digital Technology; Urban Tourism; Public Service System; Shanghai

Ⅲ　Three Major Tourism Markets

G.19　The Overview and Prospect of China's Domestic Tourism Development (2022-2024)　　*Guo Na* / 292

Abstract: The domestic tourism overall showed a "low start and steady growth, fluctuation and slow rise" trend in 2022, the number of domestic tourists and domestic tourism income decreased by 22.1% and 30.0% respectively compared to 2021, reaching the lowest levels in the past three years due to the pandemic. However, domestic tourism indicators experienced a significant growth in the first three quarters of 2023 compared with the same period last year, holiday data in particular rose significantly, basically recovered to the level of 2019. In a comprehensive judgment, the tourism economy is positive and optimistic in 2023, with the annual domestic tourists and tourism income for the whole year will reach 5.407 billion and 5.2 trillion yuan respectively, which is 90% and 91% of the same period in 2019. The past three years have indeed passed, and the tourism economy will steadily enter a new stage of rational prosperity. We should seize new development opportunities to cope to meet the challenges. From the point of view of the tourist source market, the urban and rural tourist source market shows a dual structure, and the tourist source in the eastern region exceeds half of the country. From the perspective of the tourism destination market, the eastern region has a significant advantage in the national tourism destination market, the eastern tourism destination income accounts for nearly 40% of the country, and the per capita tourism consumption is significantly ahead. The transportation and tourism integration strategy injects new momentum into the development of the national tourist flow, with inter-provincial tourist flows increasing by one-fourth, and the domestic tourist flow shows the characteristics of declining with the increase of distance.

Keywords: Domestic Tourism; Source of Tourists; Tourist Destination; Tourism Flow

G.20 The Overview and Prospect of China's Inbound Tourism Development: 2022-2024 *Liu Xiangyan* / 309

Abstract: With the adjustment of COVID－19 prevention and control policies, China's inbound tourism restarted in 2023. Led by the gradual relaxation and cancellation of entry restrictions, inbound tourism has entered a recovery cycle, with the pace of recovery steadily accelerating. Among them, the China Hong Kong, Macao, and Taiwan market becomes the leader in the recovery of the inbound tourism market, with demand for business travel, which is more rigid, recovering relatively faster. In the future, as international flights continue to resume, the convenience of entry is expected to further improve, and the continuous repair of the inbound supply chain and active promotion by various levels of tourist destinations and market entities this year and next will lead to a better recovery situation for China's inbound tourism in 2024. However, it should also be noted that neighboring international tourist destinations still pose significant competitive pressure on China. In the future, China needs to elevate the revitalization of inbound tourism to the national strategic level to address long-standing obstacles to inbound tourism, enhance the competitiveness and cultural influence of Chinese inbound tourism, effectively improve the country's image, and continuously launch high-quality cultural and tourism products at all levels of tourist destinations to the international market, enhancing the cultural experience of inbound tourists.

Keywords: Inbound Tourism; Tourism competitivenes; Cultarod influence

G.21 The Overview and Prospect of Chin's Outbound
Tourism Development: 2023-2024 *Yang Jinsong* / 320

Abstract: 2023 is the year of a new departure for China's Outbound Tourism, which has experienced a slow but firm recovery. Regardless of the destinations, market participants, or tourists, they have gained a more rational understanding of China's Outbound Tourism and still firmly believe that prosperity will be in the near future. China's Outbound Tourism is expected to fully recover in 2024. In this recovery process, a new consensus on the development of China's Outbound Tourism will gradually be formed, and China's Outbound Tourism will also form new development expectations and rhythms. It is necessary to respond to and prepare for the long-term prosperity of rationality.

Keywords: Outbound Tourism; Rationchity Prosperity; High-quality Development

Ⅳ Tourism in Hong Kong, Macao and Taiwan

G.22 The Overview and Prospect of Hong Kong Tourism Development (2023-2024)

Zhao Zixi, Guo Xiaolu and Li Mimi / 333

Abstract: In 2023, the tourism industry in Hong Kong Special Administrative Region (hereinafter, *Hong Kong*) occurred at a strategic turning point with a comprehensive recovery, demonstrating a "strong starting, steady progress, and accelerated the rebound" trend. The integration of culture and tourism emerged as the driving force behind the recovery of the Hong Kong tourism market. The SAR Government and the industry actively seized the new opportunities for developing Hong Kong tourism, promoting the market towards high-quality development. This report first analyzes the current situation of the Hong Kong tourism industry in 2023. Followed by summarizing the recovery practices of the SAR Government and the industry. An outlook on the future trend of Hong Kong's tourism industry is presented, and corresponding development suggestions are put forward based on a review of "The Chief Executive's 2023 Policy Address".

Keywords: Hong Kong Tourism Industry; Strong Starting and Steady Progress; Accelerated Rebound; High-quality Development of Cultural Tourism

G.23 TheOverview and Prospect of Macao's Tourism Development (2023-2024)

Tong KaiChung / 351

Abstract: Benefiting from favorable factors such as the relaxation of entry anti-epidemic measures, the full resumption of traveling between Hong Kong and Macao, and the resumption of group tourism from mainland China to Macao, as well as observing the outbound travel trends of mainland and Hong Kong residents, the recovery of the Macao economy driven by the export of comprehensive tourism services in 2023 is expected to accelerate. The total number of inbound tourists and economic output in 2024 are expected to return to pre-epidemic (2019) levels. In the post-epidemic era, given the changes in tourist consumption behavior and market structure, it is necessary to lay a solid foundation for the recovery of the SAR economy and tourism market, accelerate the process of regional market integration, better manage the role of gaming companies in supporting economic diversification, and let every sector share more benefit in development.

Keywords: Macao Economy; Macao Tourism; Hengqin-Macao In-depth Cooperation Zone; Comprehensive Tourism; Gaming Industry

G.24 The Overview and Prospect of Taiwan Tourism Development (2022-2024)

Chen Wuxiang, Zhang Jinfu, Qin Jiajun,
Fu Junwei and Zhu Yahui / 371

Abstract: From 2022 to 2023, the Taiwan tourism industry has continued to advance five major strategies: creating charming attractions, preparing themed travel, optimizing industrial environment, developing digital experiences, and expanding visitor sources. On October 14, 2022, Taiwan lifted its ban on group tours and gradually adjusted and relaxed restrictions, leading to a gradual recovery of the tourism market. The inbound tourism market has developed rapidly, with the total number of inbound tourists reaching 896 thousand in 2022 and jumping to 3.23 million in the first seven months of 2023. In 2022, the total income of foreign exchange for sightseeing was US $1.781 billion, and both the total number of residents traveling within the island and off the island and their travel expenses showed growth trends. Travel agencies, catering businesses, hotels, and B&Bs have gradually recovered. To promote the development of the tourism industry, relevant departments have introduced several tourist policies one after another, but the actual effect is limited. Looking ahead to 2024, Taiwan tourism market will continue to develop, and mainland residents are expected to resume travel to Taiwan after March 2024. The Taiwan tourism industry will further strengthen follow-up work such as improving tourism facilities, restoring operational order, enhancing product quality, and cultivating talent in the tourism industry.

Keywords: Taiwan Tourism Industry; Tourism Market; Recovery Trend

权威报告·连续出版·独家资源

皮书数据库
ANNUAL REPORT(YEARBOOK) DATABASE

分析解读当下中国发展变迁的高端智库平台

所获荣誉

- 2022年，入选技术赋能"新闻+"推荐案例
- 2020年，入选全国新闻出版深度融合发展创新案例
- 2019年，入选国家新闻出版署数字出版精品遴选推荐计划
- 2016年，入选"十三五"国家重点电子出版物出版规划骨干工程
- 2013年，荣获"中国出版政府奖·网络出版物奖"提名奖

皮书数据库　"社科数托邦"微信公众号

成为用户

登录网址www.pishu.com.cn访问皮书数据库网站或下载皮书数据库APP，通过手机号码验证或邮箱验证即可成为皮书数据库用户。

用户福利

- 已注册用户购书后可免费获赠100元皮书数据库充值卡。刮开充值卡涂层获取充值密码，登录并进入"会员中心"—"在线充值"—"充值卡充值"，充值成功即可购买和查看数据库内容。
- 用户福利最终解释权归社会科学文献出版社所有。

数据库服务热线：010-59367265
数据库服务QQ：2475522410
数据库服务邮箱：database@ssap.cn
图书销售热线：010-59367070/7028
图书服务QQ：1265056568
图书服务邮箱：duzhe@ssap.cn

社会科学文献出版社 皮书系列
SOCIAL SCIENCES ACADEMIC PRESS (CHINA)

卡号：589592431799
密码：

S 基本子库
SUB DATABASE

中国社会发展数据库（下设 12 个专题子库）

紧扣人口、政治、外交、法律、教育、医疗卫生、资源环境等 12 个社会发展领域的前沿和热点，全面整合专业著作、智库报告、学术资讯、调研数据等类型资源，帮助用户追踪中国社会发展动态、研究社会发展战略与政策、了解社会热点问题、分析社会发展趋势。

中国经济发展数据库（下设 12 专题子库）

内容涵盖宏观经济、产业经济、工业经济、农业经济、财政金融、房地产经济、城市经济、商业贸易等 12 个重点经济领域，为把握经济运行态势、洞察经济发展规律、研判经济发展趋势、进行经济调控决策提供参考和依据。

中国行业发展数据库（下设 17 个专题子库）

以中国国民经济行业分类为依据，覆盖金融业、旅游业、交通运输业、能源矿产业、制造业等 100 多个行业，跟踪分析国民经济相关行业市场运行状况和政策导向，汇集行业发展前沿资讯，为投资、从业及各种经济决策提供理论支撑和实践指导。

中国区域发展数据库（下设 4 个专题子库）

对中国特定区域内的经济、社会、文化等领域现状与发展情况进行深度分析和预测，涉及省级行政区、城市群、城市、农村等不同维度，研究层级至县及县以下行政区，为学者研究地方经济社会宏观态势、经验模式、发展案例提供支撑，为地方政府决策提供参考。

中国文化传媒数据库（下设 18 个专题子库）

内容覆盖文化产业、新闻传播、电影娱乐、文学艺术、群众文化、图书情报等 18 个重点研究领域，聚焦文化传媒领域发展前沿、热点话题、行业实践，服务用户的教学科研、文化投资、企业规划等需要。

世界经济与国际关系数据库（下设 6 个专题子库）

整合世界经济、国际政治、世界文化与科技、全球性问题、国际组织与国际法、区域研究 6 大领域研究成果，对世界经济形势、国际形势进行连续性深度分析，对年度热点问题进行专题解读，为研判全球发展趋势提供事实和数据支持。

法律声明

"皮书系列"（含蓝皮书、绿皮书、黄皮书）之品牌由社会科学文献出版社最早使用并持续至今，现已被中国图书行业所熟知。"皮书系列"的相关商标已在国家商标管理部门商标局注册，包括但不限于LOGO（ ）、皮书、Pishu、经济蓝皮书、社会蓝皮书等。"皮书系列"图书的注册商标专用权及封面设计、版式设计的著作权均为社会科学文献出版社所有。未经社会科学文献出版社书面授权许可，任何使用与"皮书系列"图书注册商标、封面设计、版式设计相同或者近似的文字、图形或其组合的行为均系侵权行为。

经作者授权，本书的专有出版权及信息网络传播权等为社会科学文献出版社享有。未经社会科学文献出版社书面授权许可，任何就本书内容的复制、发行或以数字形式进行网络传播的行为均系侵权行为。

社会科学文献出版社将通过法律途径追究上述侵权行为的法律责任，维护自身合法权益。

欢迎社会各界人士对侵犯社会科学文献出版社上述权利的侵权行为进行举报。电话：010-59367121，电子邮箱：fawubu@ssap.cn。

社会科学文献出版社